# 동아시아 환경안보

**국립중앙도서관 출판시도서목록(CIP)**

동아시아 환경안보 = Environmental security
in East Asia /
현인택 ; 김성한 ; 이근 [공]편.
— 서울 : 오름, 2005
p. ;   cm
참고문헌과 색인수록
ISBN 89-7778-241-4 93340 : ₩16000

349.1-KDC4
327.51-DDC21              CIP2005001912

*Environmental Security in East Asia*

# 동아시아 환경안보

현인택 · 김성한 · 이 근  공편

# Environmental Security in East Asia

Edited by
Hyun, In-Taek   Kim, Sung-han   Lee, Geun

ORUEM Publishing House
*Seoul, Korea*
2005

# 머리말

인터넷 검책창에 '환경안보'를 쳐 넣으면 흥미있는 현상이 벌어진다. 환경안보라는 용어가 들어간 자료 화면만 뜨는 것이 아니라 '안보환경' 이란 용어가 들어간 자료 목록이 함께 나타나는 것이다. 실소를 머금고 영어로 'environmental security'를 검색했을 땐 이러한 헛갈림 현상이 일어나지 않는다. 이를 지켜보면서 우리말 검색엔진 회사가 '환경안보' 를—그와 전혀 뜻이 다른— '안보환경'으로 잘못 쳐 넣은 사람들을 배려 했다는 생각이 들기도 하지만, 동시에 아직 환경안보라는 개념이 그만큼 우리에게 친숙하지 못해서 그런 게 아닌가 하는 느낌을 지울 수 없다.

서구학계에서도 환경문제가 주로 사회운동적 차원에서 논의되었던 1970년대까지는 우리사회에서 현재 나타나고 있는 것과 같은 '인식의 괴리'가 존재했었다. 그러나 사회과학자, 특히 정치학자들이 환경문제 를 '안보' 문제로 접근하기 시작하면서부터 인식의 격차가 조금씩 좁혀 지기 시작했다. 단순히 '환경보존'이라고 하는 것보다 '환경안보'라고 하면 위협이 다가오고 있는 듯한 긴장감이 가미되어 정책결정자들의 관 심을 끌 수 있기 때문이다. 자연적 생태체계의 '지속가능성(sustainabili- ty)'을 유지하지 못할 경우 국가 간에 긴장이 초래될 수 있으며, 국제체 제가 불안해질 수 있다는 생각을 갖게 된 것이다.

이렇듯 '안보'라는 개념은 정치적으로는 강력한 개념이지만 느슨하게 정의되어 있는 관계로 늘 논란의 대상이다. 안보의 개념과 관련하여 세 가지 질문이 제기된다. 첫째, 안보의 '대상'은 무엇인가? 개인, 단체, 국가, 지역, 세계 중 어느 것을 대상으로 안보가 존재하는가의 문제다. 둘째, 안보의 '수단'은 무엇인가? 이는 어떤 수단을 통해 안보를 성취할 수 있느냐의 문제로서 군사적, 정치적, 외교적, 경제적 수단들이 거론될 수 있다. 마지막으로, 안보의 '비용'은 무엇인가? 이는 경제에 대해 그리고 사회 및 정치적 가치에 대해 얼마만큼의 비용을 치르면서 안보를 성취할 수 있느냐의 문제다.

냉전 종식 후 이러한 질문에 대한 답변은 끊임없이 변화하는 양상을 보여 왔다. 안보 개념은 그 범위가 넓어지고, 군사, 정치, 경제, 사회, 환경적 차원을 포괄하는 개념으로 확대되고 있는 상황이다. 그러나 이러한 안보개념들은 상호 중첩되는 영역이 존재함과 동시에 상호 충돌하는 모습을 띠기도 한다. 예를 들어 경제안보를 위해서는 경제성장이 필요하나 이는 환경안보를 침해할 수도 있는 것이다. 그 결과 이러한 안보문제를 별도의 문제로 접근하기보다는 '총체적(holistic)' 차원에서 접근해야 할 필요성이 대두된다. 이러한 총체적 접근이 심화될수록 국내정치와 국제정치의 경계선은 모호해지게 되고, 결국 가장 중요한 문제는 국가를 외부의 군사적 위협으로부터 보호한다는 것이라기보다는 국내경제와 국제경제 및 국가안보와 국제안보질서 간의 '적절한 접합 양식(optimal mode of articulation)'을 찾아내는 것이 된다.

이러한 인식의 변화 결과, 국가의 군사적 방어를 뜻하는 국가안보로부터 인간 개개인의 복지와 안위에 중점을 두는 '인간안보(human security)'로의 개념적 전환이 이루어지게 되었다. 인간안보에는 두 가지 측면이 존재한다. 하나는 빈곤, 기아, 고문, 차별, 학대 등 '으로부터의 자유(freedom from)'를 뜻하며, 다른 한편으로 인간 개개인이 자신의 삶을 최대한으로 영위할 수 있는 능력과 기회에 '대한 자유(freedom to)'를 의미한다. 이 두 가지를 한데 모아보면 결국 인간안보는 "한 사회 혹은 정치체제에 속한 국민의 삶의 질"을 뜻한다고 할 수 있으며, 이들의 삶을 위협하는 모든 것이 인간안보에 대한 위협이 된다.

이렇게 볼 때 인간안보의 핵심은 인권일 수밖에 없다. 인권을 가장 잘 보호하는 정치체제는 민주주의 체제이므로 인간안보를 증진시키기 위해서는 권위주의나 군부독재체제가 민주주의 체제로의 전환을 이룩해야 한다. 이러한 논리는 결국 전 세계적으로 민주주의 체제를 채택하는 나라의 수가 많아질수록 인간안보가 증진되고 결과적으로 인류는 평화에 보다 접근하게 된다는 '민주적 평화(democratic peace)론'으로 귀착되게 된다.

전통적인 각도에서 군사적 위협으로만 정의되었던 안보 개념이 "인간 개개인 차원에 가해지는 위협," 즉 인권침해, 환경파괴, 테러, 마약거래, 난민발생, 경제적 고통 등 비전통적 안보까지 포괄하는 개념으로 확대된 것은 군비축소와 같은 이슈뿐만 아니라 인권, 민주주의, 환경보호, 사회안정 등이 바탕이 되어야 진정한 평화가 가능하다는 인식에서 출발한다. 새로운 유형의 위기는 전통적인 안보위협인 전쟁보다는 인간의 안위(well-being)에 대한 위협, 즉 인간안보에 대한 위협으로부터 발생할수 있다.

정치적 측면에서 인간안보 문제의 출발점은 민주주의의 구현이다. 민주주의가 이루어지지 않으면 인간안보의 핵심이라고 할 수 있는 인권이 보호될 여지가 그만큼 작아지기 때문이다. 따라서 정치적 측면의 인간안보에 대한 위협은 권위주의 통치체제의 지속이며, 정권의 정통성을 경제적 측면에서만 찾으려고 하는 현상이라고 할 수 있다. 그러나 인권침해 국가에 대한 국제적 압력이 외교적 차원을 넘어 군사적 개입으로까지 확대될 수 있는가에 관해서는 논란의 소지가 있다.

그럼에도 불구하고 9·11 테러 이후 최대의 인간안보 위협은 역시 테러리즘이다. 정부와 민간인을 구별하지 않는 무차별적인 테러는 인간안보에 대한 극심한 위협이라고 하겠다. 그러나 테러리즘을 억제하기 위한 제반 조치들이 민주주의의 기본인 인권을 침해하고 있다는 주장 역시 만만치 않게 제기되고 있다.

경제적 측면에서 인간안보에 대한 위협은 역시 빈곤의 심화다. 아시아의 경우 1980년대의 화두는 경제성장이었다. 빈곤으로부터의 탈피가 곧 삶의 질의 향상을 의미했고, 아시아의 기적은 곧 경제안보의 급진전을 의미했다. 그러나 1997년도에 닥친 동아시아의 경제위기는 아시아의 경제성장의 토대가 얼마나 취약한 것이었던가를 웅변적으로 보여줌과 동시에 어느 누구든 세계화의 물결에 제대로 대응하지 못할 경우 영원한 낙오자로 전락할 수 있다는 것이 판명되었다. 그러나 경제위기를 극복해 가는 과정에서 요구되는 '신자유주의적 개혁' 이란 것이 과연 경제위기 이전과 비교해 보았을 때 사회구성원 다수의 인간안보를 보다 튼튼히 해주는 방향으로 나아가는 것인지에 대한 의문이 제기되었다. 중산층의 몰락과 부익부 빈익빈 현상의 심화는 인간안보를 보다 구조적 차원에서 위협하기 때문에 '국가의 역할' 에 관한 논의가 '제3의 길' 을 모색하는 차원에서 새롭게 전개되기도 하였다.

사회적 측면에서 인간안보에 대한 위협은 초국가적 범죄행위의 증가다. 냉전의 종식이 국제사회의 평화를 자동적으로 보장해주진 않았다. 냉전 기간 동안 이념의 대립 속에 감추어져 있었던 인종, 종족, 종교의 차이가 국내적 차원의 심각한 갈등으로 비화되었고, 이러한 과정에서 자신들의 의사와는 관계없이 삶의 터전을 떠나는 사람들의 문제가 대두되었다. 고통을 견디다 못해 고향과 조국 땅을 떠나 타국에 '불법적으로' 입국하는 과정에 국제적 조직범죄단이 개입하여 그들을 고액의 수익을 올리기 위한 희생양으로 이용하는 동시에, 여타 국제범죄(예: 마약밀매, 화폐위조 등)에도 광범위하게 관여함으로써 인간을 신체적·정신적으로 위협하는 새로운 주체로 등장했다. 국제범죄단에 의한 마약밀매나 화폐위조와 같은 명백한 범죄행위는 논란의 여지가 없으나, 난민들로 하여금 국경선을 넘도록 도와주는 — 실제로는 '이용한다' 는 표현이 더 적절하겠다 — 행위는 인도적 차원의 국제협력의 한계를 보여준다는 측면도 적지 않다.

　환경적 측면의 인간안보의 출발점은 인간과 환경의 조화다. 이는 인간이 환경에 순응한다는 의미보다는 환경을 보호하고 잘 가꿔 환경이 인간에게 위협을 가하지 않도록 하자는 것이다. 환경악화와 자원의 부족현상은 시간이 흐를수록 심화되고 있어, 인간안보에 대한 중대한 위협요인으로 받아들여지게 되었고, 국제적 협력방안도 적극적으로 모색되었다. 그러나 세계화와 신자유주의 경제의 공세는 환경문제가 첨예한 남북문제로 비화할 소지를 지니고 있다.

　이 책은 바로 이와 같은 포괄적 안보 시각에서 환경문제를 바라본 연구의 결과물이다. 미국의 포드재단은 몇 년 전부터 아시아의 '비전통적 안보(non-traditional security)'에 관한 연구를 지원해 오고 있다. 평소 북한 핵문제, 동북아 군비경쟁 등 전통적 안보문제에 주로 관심을 집중해 왔던 편집진으로서는 21세기에 진입한 직후 포드재단의 '아시아의 비전통적 안보' 연구비 신청에 응모할 때만 하더라도 이 분야에 무척 생소했었다. 그러나 막상 치열한 경쟁을 뚫고 환경안보 연구 프로젝트를 시작하게 되자 비전통 안보문제에 대한 관심과 의욕이 높아졌다. 이 분야의 국내외 전문가들을 초빙하여 본격적인 연구에 착수했고 2년여의 각고 끝에 그 결과물을 낼 수 있게 되었다. 영문으로 된 연구결과는 미국 평화연구소(USIP)에서 금년 가을에 출간될 예정이다. 그러나 영문본만 출간할 경우 환경안보 문제에 관한 서구사회와 우리사회의 인식의 간극을 메우기 힘들다는 생각이 들어 영문본 출간 시점에 맞추어 국문본 출간을 서두르게 되었다.

　최근 몇 년간 편집진 모두 환경안보문제에 천착하다 보니 비전통적 안보문제에 관해 보다 심층적으로 연구해야 할 필요성을 절감했다. 이에 환경안보에 관한 포드재단의 1단계 프로젝트에 이어 환경, 테러, 마약밀매, 인신매매 등을 포괄하는 비전통적 이슈들이 어떻게 '안보화(securitization)'하는지에 관한 포드재단의 2단계 프로젝트에 응모하여 또 다시 연구를 수행하게 되었다. 본 연구 역시 금년 중으로 완료될 것이며, 내년에는 보다 포괄적이고 심층적인 비전통적 안보 연구 결과물이 출판될 것으로 기대한다.

　어려운 여건 속에서도 본 서적의 출간에 주저 없이 동의해 주신 오름 출판사의 부성옥 사장께 감사드린다. 또한 영문원고를 번역한 관계로 까다로운 작업이 될 수밖에 없었음에도 불구하고 직접 원고 번역을 맡아준 서울대 국제대학원의 김인경, 박진우, 그리고 그 교정을 맡아준 고려대 대학원 정치외교학과 김성훈, 안진국, 이하진, 김한나 등에게도 진심으로 사의를 표한다.


'황사'가 잠시 멈춘 2005년 어느 봄날
현인택, 김성한, 이　근

# 목차

# 1장

# 동북아 환경안보의 이론과 실제

현인택\* · 김성한\*\*

## I. 환경과 안보

### 1. 환경으로부터의 경고

2002년 4월 6일.

베이징에 모래폭풍이 불어 닥쳐 가시도를 급격히 떨어뜨렸다. 베이징 국제공항에서는 항공편들의 대규모 지연사태가 초래됐다. 공항 관계자의 설명이 이어졌다. "오전 10시부터 오후 2시까지 6개의 항공편이 결항되었고 4개 항공편은 회항하였으며 40개 이상의 항공편이 지연되었습니다. 안전한 비행을 보장하기에는 오늘 가시도가 너무 낮습니다."[1]

---

\*  고려대학교 정치외교학과 교수
\*\* 외교안보연구원 교수

'봄의 불청객' 이라는 별명이 붙여진 황사의 위력은 한국에서도 예외가 아니었다. 서울, 대구, 대전, 그리고 경상북도 및 강원도는 새로운 황사경보 시스템에 의거하여 중국으로부터 불어 온 모래폭풍에 대해 가장 높은 등급인 '3급' 경보를 발령했다. 1년 전에는 이러한 황사가 전년도 한국의 축산업을 강타했던 치명적인 구제역 바이러스들을 싣고 온 주범일 수도 있다는 보고서가 나왔었다.[2]

서울에서는 세제곱 미터당 70마이크로그램의 먼지 측정치는 '정상' 으로 간주된다. 1,000마이크로그램에 이르면 심각한 건강상의 경고가 필요하다. 그런데, 4월 둘째 주 서울에서는 기록적인 분량인 2,070마이크로그램에 달하는 먼지(황사)가 검출되었다. 산업화가 빠르게 진행되고 있는 중국 내에 위치한 고비 사막과 타클라마칸 사막에서 나오는 모래는 비소, 카드뮴, 납 등을 포함하는 유독성 산업 오염물질들과 결합되어 건강을 위협한다.[3]

그 다음 달에는 또 다른 환경문제가 한반도에서 발생했다. 2002년 5월 4일 한국 정부는 북한 금강산댐이 붕괴할 경우 피해를 최소화하는 방안의 하나로서 평화의 댐과 화천댐을 비워놓겠다고 말했다. 또한 정부는 금강산댐 하류에 위치해 있는 평화의 댐을 보강할 것이며, 이로써 평화의 댐이 북한 금강산댐의 붕괴로 인해 돌진해 내려오는 물의 힘을 견뎌낼 수 있도록 하겠다고 말했다. 2002년 1월의 위성사진을 통하여 금강산댐에 커다란 균열들이 발견되었기 때문에 보강 공사가 시급했다. 김창세 건설교통부 수자원 국장은 언론 브리핑에서 다음과 같이 말했다. "만약 북한의 댐이 우기에 무너진다면 예상되는 하류의 피해는 상상을 초월할 정도일 것입니다. 우리는 그런 재난을 막기 위해 모든 노력을 기울여야만 합니다."[4]

이는 한국 국민들이 국경을 가로지르는 수로에서 발생할 수 있는 홍수

1) *The China Daily* (April 7, 2002).

2) *The Korea Herald* (MArch 10, 2001).

3) *The New York Times* (April 14, 2002).

4) *The Korea Herald* (May 4, 2002).

를 단순한 환경문제가 아닌 국가안보문제로 받아들이게 된 첫 순간이었
다. 한국 정부는 공유 수자원 및 수로에 대한 공동조사를 벌여 공동관리
를 위한 항구적인 시스템을 구축하자고 평양측에 제의했다. 그러나 북한
은 이를 거절했다. 그런 가운데 북한 당국이 금강산댐의 균열들을 수리하
기 시작했다는 보도가 나왔다.

한편, 2002년 6월 탈북자 5명이 한국으로 망명하기 위해 선양(瀋陽)에
있는 일본 영사관에 진입했다. 중국 정부의 경고에도 불구하고 유사한 사
건들이 연이어 발생했다. 가장 많았던 인원수는 스페인 대사관으로 피신
한 25명이다. '식량안보(food security)'가 위협받고 있는 북한으로부터
탈출하는 '환경난민(environmental refugee)'의 수는 급격히 증가하고 있
다. 약 1만 명에서 30만 명으로 추산되는 북한 주민이 1996~1997년 시기
부터 식량을 구하기 위해 중국으로 밀입국해 들어가고 있다.[5]

이와같은 탈북자 문제로 인해 중국은 남북한과의 관계에 어려움을 겪
고 있다. 중국은 외부 세계에 북중관계의 정확한 실상이 알려지는 것을
꺼리고 있다. 무엇보다도 중국은 탈북자 문제가 티벳과 신장 지구의 소수
민족 문제에 영향을 끼치지 않을까 우려하고 있다. 한편, 한국 정부는 중
국 정부의 반감을 사기를 원하지 않는다. 한국 정부는 또한 탈북자들이
남측에서 피난처를 얻게 되는 사실이 평양을 자극하고 '인간안보(human
security)' 측면을 부각시킴으로써 남북관계를 어렵게 할 수 있다는 사실
을 우려한다.

위에 언급한 사례가 발생하기 이전에도 동북아에서 '환경적 경고(envi-
ronmental warning)'의 징후들은 도처에서 포착되었다. 1997년 초 북한

---

5) 5년 전 한 가족의 가장이 쓴 절망적인 노트를 보며 가슴이 찢어지는 듯 했다. 그는 "우
리 늙은이들은 크게 눈뜬 채 죽음이 천천히 오는 것을 기다린다... 그러나 심지어 어린
것들도 살아있을 날들을 헤아리고 있다... 먹을 수 있는 것이라면 뭐든 보내다오... 내
몸은 너무나 말라서 나는 이 편지를 마치기 위해 펜을 잡고 있을 힘도 없다..." 라고 쓰
고 있다. 심재훈, "Death Awaits (죽음을 기다리며)," *Far Eastern Economic Review*,
Vol. 160, No. 16 (April 17, 1997), p. 22.

으로 대만의 핵폐기물을 운반하려는 계획은 한-대만 관계를 깊은 냉각상
태에 빠뜨렸다.[6] 한국으로부터의 강력한 반대에 직면하자 대만은 핵폐기
물을 북한으로 운반하려던 계획을 단념한 것으로 보였다. 그러나 수년 후,
대만은 6만 배럴의 핵폐기물을 북한으로 운반하려는 계획을 재추진했다.
물론 대만의 그 계획은 또 다시 실패했다. 한국 환경운동연합 관계자의
말처럼 "북측에 대한 핵폐기물의 매립 제의는 부도덕하고 비인도적이며
무책임한 행위로서 절대로 실현되어서는 안 된다. 그렇지 않으면 이는 앞
으로 한반도에 환경적 재해를 일으킬 뿐만 아니라 아시아의 평화를 위협
하게 될 것이다"[7]라는 우려가 한국이 대만의 핵폐기물 이전에 반대한 주
된 이유였다.

　이 모든 사례들이 시사하는 바는 환경문제의 '안보적 맥락(security con-
text)'이 중요해지고 있다는 점이다. 따라서 환경문제를 보다 잘 이해하고
처방하기 위해선 환경과 안보 사이의 연결 고리를 잘 파악해야 한다.

## 2. 환경의 안보적 맥락

　탈냉전 시대를 맞아 '환경안보(environmental security)'는 국제관계의
담론 가운데 가장 열띤 논쟁거리들 중 하나가 되었다. 비전통적 안보문제
들을 국가안보의 관점에서 논의하려는 시도는 별로 새로운 것이 아니다.
사실 비군사적인 문제들을 포함시킬 수 있도록 국가안보개념의 범위를
확대해석하려는 노력은 이미 지난 30년간 진행되어 왔다. 1970년대에 안
보의 개념은 국제경제학 분야를 포함하는 것으로 확대되었으나, 1980년
대에 이르러서는 세계적인 정세진전에 따라 자원적, 환경적, 인구통계학
적 문제들까지도 포괄할 수 있게끔 안보개념을 보다 넓게 해석해야 할 필

---

6) Charles S. Lee and Julian Baum, "Radioactive Ruckus," *Far Eastern Economic Review*,
　　Vol. 160, No. 6 (February 6, 1997), p. 16을 참조할 것.
7) *The Korea Herald* (August 22, 2000).

요성이 대두되었다.[8]

초강대국 간 대결의 종식은 국가적, 지역적, 세계적 안보의 전통적 개념들에 대한 사고의 전면적인 전환을 가져왔다. 전통적인 안보개념들은 초강대국 간의 경쟁, 국가주권의 보호 내지는 외부적 군사위협 등에 초점을 맞추었다. 반면 신사고에 입각한 안보개념은 추가적으로 3개의 차원들을 강조하고 있다: 1)보다 폭넓은 범위의 외부적 위협요소들과 국제분쟁의 잠재적 근원들(환경악화, 자원부족, 에너지부족 등 포함); 2)인간안보[9] 위협요소들, 다시 말해 국가내부 문제 및 국가간 관계로부터 오는 개인 및 공동체의 생명과 생계수단에 대한 위협들(경제적 부족〈예: 식량〉이나 생태계 악화, 차별〈민족, 종교, 성별 등〉및 인권탄압 등 포함), 3)국가안보를 강화하기 위한 필수적인 방법 가운데 하나로서 지역적 세계적 수준의 협력과 국가 및 비국가 행위자들(non-state actors)에 의한 협력에 대해 초점을 맞추는 점 등이다.[10]

특히 국가간의 경계를 초월하여 영향을 미치는 환경문제들로 인한 부담은 국가주권의 범위를 위협할 뿐만 아니라 각국의 정부들로 하여금 국제무대에서 논란의 소지가 다분한 새로운 문제들과 씨름하게끔 만들었다. 국가의 안전이 환경악화와 같은 비군사적 위협을 포함하는 다차원적인 요소들에 의해 결정된다는 점을 인식한 울만(Richard H. Ulman)은 국

---

8) Jessica Tuchman Mathews, "Redefining Security," *Foreign Affairs*, Vol. 68, No. 2 (1989년 봄), pp. 163-177.

9) Woosang Kim and In-Taek Hyun, "Toward a New Concept of Security: Human Security in World Politics," and Sung-Han Kim, "Human Security and Regional Cooperation: Preparing for the 21st Century," in William Tow, Ramesh Thakur, and In-Taek Hyun (eds.), *Asia's Emerging Regional Order* (Tokyo: UN University Press, 2000), pp. 33-46 and pp. 289-301.

10) Nautilus Institute, and Center for Global Communications (GLOCOM), "Energy, Environment and Security in Northeast Asia: Defining a U.S.-Japan Partnership for Regional Comprehensive Security," *Energy, Security and Environment in Northeast Asia (ESENA) Project Final Report* (December 1999).

가안보에 대한 위협을 "급격하게 그리고 비교적 짧은 시간에 걸쳐 한 국가 주민들의 삶의 질을 떨어뜨리거나, 또는 한 국가의 정부나 민간 또는 비정부 조직들이 이용 가능한 정책적 선택의 폭을 줄이기 위해 현저한 위협을 가하는 하나의 행동 또는 일련의 사건들"로 재정의하고 있다.[11] 우리는 이와 같은 안보에 대한 울만의 견해에 동의한다. 영토분쟁, 정치 경제적 문제들, 그리고 환경악화 등과 같은 다양한 문제들은 국가간 관계에 영향을 끼치게 된다. 그 가운데 '환경적 위협(environmental threats)'이라는 것은 환경악화와 부족현상을 유발하는 천연자원 고갈 등과 같은 상태를 말하며, 이들은 직접 또는 간접적으로 안보를 위태롭게 한다.[12] 이러한 환경적 위협들은 중요한 전략적 이익이 걸려있는 지역이면 세계 어디든 사회불안, 집단적 폭력, 국가간 분쟁 또는 불안정화를 조성함으로써 안보를 위협한다.

그러나 환경적인 문제들이 언제나 직접적으로 폭력적인 충돌 내지 정치 불안정을 초래하는 것은 아니다. 어떤 경우 환경적인 문제들은 분쟁과의 인과관계를 가지고 있는 반면, 다른 경우에 있어서는 그런 인과관계는 단지 부분적인 데 불과하다. 사실 환경악화와 분쟁 간에 인과관계가 있는지의 여부는 환경안보 연구의 중심 주제였으며, 따라서 이 문제에 대해 찬반양론으로 나뉜 많은 연구저술이 있어 왔다.[13]

찬성론자들은 환경변화가 국가 내부적 분쟁과 국가간 분쟁의 근저에

---

11) Richard H. Ullman, "Redefining Security," *International Security*, Vol. 8, No. 1 (1983 년 봄), pp. 129-153.

12) Gregory D. Foster and Louise B. Wise, "Sustainable Security: Transnational Environmental Threats and Foreign Policy," *Harvard International Review*, Vol. 21, No. 4 (1999년 가을), p. 20.

13) 이에 대한 뛰어난 논평에 대해서는 다음을 참조할 것: Geoffrey D. and David D. Dabelko, "Environmental Security: Issues of Conflict and Redefinition," the Woodrow Wilson Centre Environmental Change and Security Project's 'Bibliographical Guide to the Literature,' pp. 3-13 on their web site at http://ecsp.si.edu/ecsplib.nsf/(검색일: 2001년 1월 28일).

있는 원인(underlying cause)으로 작용한다고 주장한다. 예를 들면, 호머-딕슨(Thomas F. Homer-Dixon)은 환경악화와 폭력적 분쟁 간의 연결고리를 연구하기 위한 정교한 분석틀을 제공하고, 심층적인 사례연구에 근거한 보다 바람직한 연구의 필요성을 역설했다.[14] 한편 반대론자들은 환경악화가 국가안보 위협요소가 아니므로 국가간 분쟁을 초래하지 않는다고 믿는다.

후자, 즉 반대론자들의 문제는 그들이 주로 국가안보 개념에 입각하여 너무 엄격하고 좁게 정의된 안보개념에 의존하고 있다는 점이다. 환경안보는 전통적인 국가안보 개념에 의해서만 정의되어서는 곤란하다. 간단히 말해, 환경위협이란 전통적인 군사위협이 아닌 것이다. 위협의 수단과 위협대처 방법은 서로 다르다. 전통적인 국가안보 개념은 국가 중심의 안보의제들에 기초하고 있다. 이러한 관점에서는 국가안보(national security) 개념과 안보(security) 개념 간에 차이점이 없어지기 때문에 환경악화는 분명 국가안보 사안이 아니다. 그러나 우리가 안보의 개념을 보다 폭넓게 정의한다면, 환경안보는 손쉽게 안보개념의 범주에 들어가게 된다. 문제는 국가안보와 환경안보 사이에 분명한 구분을 둘 수 없다는 점이다. 환경안보는 "최소한 전통적인 국가 중심의 안보의제와 거리를 두는 점에 있어서만큼은 '상식'에 도전하고 있지만, 난점은 바로 이 거리가 항상 분명하지는 않다"는 것이다.[15]

일부의 경우, 환경안보는 단순히 기존 안보 관심사들의 연장선상에 머무르는 경향을 보이는데, 이는 주로 환경안보가 환경문제에서 비롯된 군사위협을 초래하는 경우이기 때문이다. 기타의 경우, 환경악화는 단지 국가적인 테두리 내에서만 사람들의 재산과 복지를 위협한다.

---

14) Thomas F. Homer-Dixon, "On the Threshold: Environmental Changes as Causes of Acute Conflict," *International Security*, Vol. 16, No. 2 (1991년 가을), pp. 76-116.
15) Hugh Dyer, "Environmental security and international relations: the case for enclosure," *Review of International Studies*, Vol. 27, No. 3 (2001년 7월), pp. 441-450.

환경안보가 새로운 안보개념이란 사실에도 불구하고, 모든 환경문제가 다 안보문제인 것은 아니다. 모든 환경문제가 다 글로벌한 차원의 문제인 것도 역시 아니다.[16]

환경적 부족과 분쟁 간의 연결고리 또한 항상 성립되는 것이 아니다. 단지 이들 문제들이 일정 기간에 걸쳐 국가 행위를 현저히 위협할 때에서야 비로소 안보문제화 되기에 이른다.[17] 때때로 이 연결고리들은 단지 부분적으로만 성립된다. 일부의 경우, 환경악화는 국가간 분쟁에 있어서 단지 개입변수가 되고 마는 경향이 있다. 엄밀히 말하면 환경문제들 가운데 상당수는 안보문제라고는 할 수 없는데, 그 이유는 그들이 일반적으로 적절한 시간 범위 내에 들어오지 않거나, 자주 정부의 대응능력을 제한시키기 때문이다. 대다수 환경문제들로 인한 영향은 단기간에 발생하지 않으며, 그들로 인한 영향이란 것은 안보공동체의 전통적인 관심사에 충격을 미치기 전까지는 좀처럼 감지되지 않는다. 그러나 그렇다고 해서 우리가 환경위협이 분쟁의 내재적인 원인이 될 수 있다는 점까지 부정할 필요는 없다. 단지 우리는 환경적 사안들을 안보문제와 자동적으로 동일시하는 것을 피하면 된다.

환경문제가 분쟁으로까지 발전할 수 있는지의 여부가 '맥락적(context-ual)'이라는 점은 명백해지고 있다. 다시 말해, 환경문제의 중요성은 국가 간 관계에 따라서 좌우된다는 것이다. 예를 들면, 이스라엘과 요르단 또는 남북한 사이의 물 문제는 캐나다와 미국 사이의 물 문제에 비해 확실히 다른 함의를 가지고 있다. 따라서 환경과 안보 사이의 관계를 발전시키기 위해서는 다음 세 가지 사항들을 고려해야 한다. 첫째, 안보와 환경적 사안

---

16) 이와 비슷하게 Dyer는 다음과 같은 세 가지 중요한 질문을 던지고 있다: i) 모든 것이 안보 사안인가? ii) 모든 것이 환경 사안인가? iii) 모든 것이 국제적 사안인가? 위의 글.

17) Brian R. Shaw, "When are Environmental Issues Security Issues?" *Environmental Change and Security Project (ECSP) Report 2* (1996년 봄), http://ecsp.si.edu/ecsplib.nsf/ (검색일: 2001년 1월 30일).

들은 모두 "맥락에 따른 것"이라는 점을 인식하는 것이 중요하다. 주어진 문제의 범위와 그것이 미치는 충격은 영향을 받는 시스템의 위치와 민감성에 따라서 상대적이다. 둘째, 환경적 사안들이 미치는 충격을 이해하는 데 필요한 맥락을 제공하는 것은 바로 안보사안이다. 셋째, 환경적 사안들의 분석은 관련된 안보사안들에 대한 분석과 양립할 수 있어야 한다.[18]

## 3. 환경안보의 유형

이러한 환경안보의 맥락에서 볼 때, 환경문제의 근원, 충격의 범위, 타 국가들이 인지하는 위협의 수준 등에 따라 전반적으로 세 개의 서로 상이한 환경안보문제의 군집들(clusters)이 있다. 환경악화의 근원은 자연적인 것과 인간 또는 국가에 의한 것 두 가지로 나뉜다. 충격의 범위에는 국내적인 것과 초경계적인 것이 있다. 환경적 위협은 타 국가들에 의해 인지되거나 또는 무시되기도 한다. 〈표 1-1〉에서는 환경안보문제들의 상이한 군집들을 보여준다.

군집 A에 속해있는 환경안보문제는 국가 간의 충돌로 발전할 가능성이 적다. 환경문제의 원인이 자연적인 것 또는 인간과 국가에 의한 것들이

〈표 1-1〉 환경안보의 유형

| 분류 | 근원 | 범위 | 다른 국가들이<br>인지하는 위협 | 안보의 형태 |
|---|---|---|---|---|
| A | 자연,<br>인간·국가 | 국내적 | 낮음 | 환경/인간안보 |
| B | 자연,<br>인간·국가 | 초경계적 | 높음 | 환경안보 |
| C | 국가 | 초경계적 | 매우 높음 | 환경/전통적 안보 |

---

18) Brian R. Shaw, 앞의 글.

다. 환경악화의 범위는 단지 국내적 영역으로 제한된다. 더욱이 이웃하는
나라들은 이를 그들의 국가안보에 대한 심각한 위협이라고 받아들이지는
않는다. 이러한 의미에서 환경안보는 정치, 군사, 경제, 사회, 공동사회, 그
리고 환경적 영역 등에 걸친 인도적인 재난에 의해서 고통받는 개별 인원
들에게 초점을 맞추는 인간안보 개념과 대체로 동일하다.[19] 이러한 관점
에서 보면 환경안보와 인간안보는 상호 보완되는 개념이라고 할 수 있다.
그러나, 이러한 환경안보의 범주에서조차 환경적 불안정을 극복하려는 노
력은 국가에 의해서 이루어진다. 다른 모든 인도적인 사태들과 마찬가지
로 환경적인 사태 역시 절박한 사회적 위기이며, 국가간 분쟁(interstate
conflict)까지는 아니더라도 국내적 분쟁(intrastate conflict)으로 발전할 가
능성이 높다. 그러므로 이러한 범주의 환경안보는 인간을 관심 대상의 단
위로 놓고 초점을 맞추고 있으나, 환경적 안정(또는 불안정)에 대한 전략,
정책, 활동들은 국가 스스로 수립하고 집행해야 한다.
　군집 B는 환경안보문제 유형의 가장 전형적인 형태다. 군집 A에서와
같이 그 근원은 자연적인 것 또는 인간과 국가에 의한 것이다. 그러나 그
충격은 국가 영토 밖에까지 미친다. 그래서 타국가들이 인식하는 위협의
수준이 높고, 관련된 국가들 사이에서 분쟁을 유발할 수도 있다. 그러나
이 범주 내에서 분쟁의 강도는 군집 C보다는 강하지 않다. 이러한 형태에
속하는 분쟁들의 대부분은 직접적으로 그리고 쉽게 군사적 대결에까지
치닫지는 않는다. 국가들이 환경악화에 대해 느끼는 민감성과 취약성에
는 차이가 있을 수 있다. 대부분의 환경적 재난들은 의도되지 않은 재난
들이다. 이를 처리하지 못하는 국가의 무능이 문제가 되는 것이지, 국가가
다른 국가들에 위해를 끼칠 수 있는 능력이 문제가 되는 것은 아니다.
　군집 C는 환경안보문제의 가장 극단적인 경우다. 환경적 문제들은 타
국가들을 의도적으로 위협하는 하나의 수단으로 이용된다. 이는 국가들
사이에서 전형적인 '안보 딜레마(security dilemma)'를 초래한다. 즉 이

---

19) Woosang Kim and In-Taek Hyun (eds.), 앞의 글, p. 39.

범주에서는 환경안보와 국가안보 사이에 아무런 분명한 차이가 없다. 국가간 분쟁은 국가가 일으킨 고의적인 환경적 위협으로부터 생겨나며, 군사적 대결로 발전될 가능성이 높다.

아무튼, 환경안보는 생태학적 악화, 자원부족, 그리고 인구압력이 분쟁의 근원이라는 점(환경적 문제들이 "분쟁을 야기한다"는 점), 또는 반대로 환경적 사안들에 대한 지역협력이 신뢰구축과 지역평화 증진에 있어 주요 역할을 수행할 수 있다는 점(환경협력이 "평화를 가져온다"는 점)을 강조한다. 지역적 포괄안보(regional comprehensive security)라는 우산 아래, 환경안보개념은 동북아 환경안보 이슈들의 관계에 대한 양자 및 다자적 이니셔티브를 지원하는 공통의 틀(common framework)을 제공한다. 환경안보개념은 지역적 환경과 안보 사안들에 대한 공통의 이해와 언어, 그리고 공통의 이익이 건설될 수 있는 기초를 제공할 수 있다. 그러므로 환경안보는 단지 분쟁의 근원일 뿐만 아니라 평화건설(peacemaking)의 근원이기도 한 것이다. 시발점은 역시 지역 내 환경 전문가들과 여론 주도층 간에 의견의 일치점이 도출되는 것이다.

지역적 포괄안보 틀에 필수적인 두 가지 주제로는 우선, 지역적 규모의 환경악화가 제기하는 안보적 함의를 들 수 있고, 또 하나는 환경악화에 대처하여 동북아 내 다자기구 설립 프로세스를 강화하는 등의 지역적 환경협력이 있을 수 있다.

## II. 동북아 환경과 안보의 상호 연계성

### 1. 환경안보와 동북아

동북아시아(일본, 중국, 대만, 북한, 한국, 몽골, 그리고 극동 러시아로 정의되는)는 세계에서 가장 제도화가 진전되지 않은 지역 가운데 하나로서 전체 지역을 아우르는 대화나 협력 기구들이 전무하다. 이는 참으로 걱정스러운 현상이라고 아니할 수 없다. 그 이유는 동북아 지역은 현재 실제 전쟁이 벌어지고 있는 것은 아니지만 세계에서 군사적인 충돌이 일어날 가능성이 높은 두 개의 발화점(flashpoints), 즉 한반도와 중국-대만을 포함하고 있으며, '역내 안정자(regional stabilizer)' 역할을 담당해 온 미국을 또 다른 핵보유국(북한 또는 중국)과의 분쟁으로 끌어들일 수 있는 가능성이 큰 지역이라는 점 때문이다. 우리는 일개 지역으로서의 동북아를 환경안보의 관점에서 어떻게 정의할 수 있을 것인가? 이는 지정학적 관점에서 본 지역의 개념과 다른 것인가? 이 점에서 이근 교수는 매우 유용한 개념을 제공하고 있다. 이 교수에 의하면, 동북아 지역은 "국가간 환경적인 영향의 상호의존도가 높은 지리적 공간"으로 정의될 수 있다고 한다.[20] '환경적 상호의존(environmental interdependence)'은 환경안보의 관점에서 이 지역을 이해하는 데 필요한 열쇠가 된다.

동북아는 환경안보라는 관점에서 여러 개의 뚜렷한 특징을 가지고 있다. 첫째, 이 지역 내에서 한 특정 국가의 지리적 위치는 그 국가의 환경안보 이익에 큰 영향을 미친다. 지리적 위치는 환경안보에 있어서 각 국가들 간의 관계를 결정하는 요소라고 할 수 있다. 환경적 상호의존은 각 국가들의 지리적 위치와 매우 밀접히 관련되어 있다. 예를 들면, 중국과 일본은 권력정치(power politics)라는 측면에서 상호 경쟁 관계에 있다. 중국의 부상 문제는 지금까지 일본의 주요 관심사였으며 앞으로도 그럴 것이다. 그 반대의 경우도 물론 마찬가지다. 그러나 양국 간 환경안보 차원의 이해관계는 전통적인 국가안보 차원의 이해관계와는 일치하지 않을 것이다. 한편은 대륙, 다른 한편은 열도로서 지리적으로 분리되어 있고, 서로 공유하는 하천이나 바다가 없다. 양국의 환경적 이해관계는 바로 인접한 이웃국가들처럼 민감하지 않은 것이다.

둘째로, 미국은 지역적 질서와 정치적 측면에서 지역 내 가장 중요한 행위자라고 할 수 있다. 비록 미국은 지리적으로 이 지역 내에 위치하고 있

---

20) 본서에서 제2장 이근 교수의 글을 참조할 것.

는 것은 아니지만, 정치, 군사, 경제, 그리고 심지어 문화적인 측면 등 그 어떠한 범주에 놓고 보더라도 미국은 역내 주요 행위자로 여겨지는 것이 마땅하다. 그러나 환경안보의 측면에 있어서만큼은 미국은 분명 역내 주요 행위자가 아니다. 미국은 동북아 지역의 환경적인 사안들에 대한 중대한 이해관계에 걸려 있지 않다. 환경문제들의 긍정적 또는 부정적 외부성들(externalities)은 미국에 별다른 영향을 끼치지 못한다.

셋째로, 이 지역에는 두 곳의 잠재적인 군사적 발화점(한반도와 중국-대만)이 있다. 이들 사이의 환경안보문제들은 쉽게 국가간 분쟁으로 치달을 수 있다. 만약 상대방이 자신들을 고의로 위협한다고 느낀다면 그들에 대한 환경적 위협은 단지 또 다른 형태의 군사적 위협인 것이다. 이것은 상기 〈표1-1〉에서의 전형적인 군집 C 형태의 분쟁이라 할 수 있다.

넷째로, 동북아 지역의 지리적 특징으로 인해 일부 환경문제들은 다른 문제들에 비해 두드러지기도 하고 그렇지 않기도 하다. 이는 동북아 지역이 다른 지역들, 이를 테면 유럽, 동남아, 북미 지역들과 다른 점이다. 동북아는 대륙(중국), 열도(일본), 반도(남북한), 섬(대만) 및 나머지 대륙(극동 러시아)으로 구성되어 있다. 예를 들어 '수자원안보(water security)'는 아마 이 지역에서 가장 문제시되지 않을 환경 사안들 가운데 하나일 텐데, 그 이유는 남북한을 제외한 대다수 국가들이 하천을 서로 공유하고 있지 않기 때문이다.

다섯째, 냉전 이후 동북아시아 지역에서는 국가들 간의 전반적인 지역적 구조와 권력정치적 요소가 환경안보에 영향을 미치고 있다. 냉전 종식은 범세계적 양극체제 및 이데올로기의 쇠락과 국제정치의 지역화(regionalization) 현상의 증대를 의미한다. 세계 정치의 이러한 경향에서 파생된 부산물은 분쟁관리의 국지화(localization of conflict management)이다.[21]

---

21) Arthur A. Stein and Steven E. Lobell, "Geostructuralism and International Politics: The End of the Cold War and the Regionalization of International Security," in David A. Lake and Patrick M. Morgan (eds.), *Regional Orders: Building Security in a New World* (University Park, PA: Pennsylvania State University Press, 1997), p. 119.

동북아 안보문제의 주무대에서는 미국과 중국이 중요한 행위자로 남아 있고 일본이 새로운 행위자로 부상한 반면, 러시아는 주무대와 변방 사이의 경계선상에 어정쩡하게 위치하고 있다. 러시아는 유럽 세력으로서 동북아에서는 제한된 발언권을 가지고 있다. 유럽과는 달리, 동북아에는 다자안보협력 메커니즘이 없다. 더욱이 앞서 언급한 바와 같이 미국은 이 지역에 중대한 환경적 이해관계가 없다. 환경문제로 인해 분쟁이 발생할 경우 분쟁의 국지화가 역내 국가들에 의해서 심화될 가능성이 크나 환경안보를 위한 분쟁 해결 메커니즘은 충분히 발전하지 못했다는 점이 문제이다.

## 2. 에너지안보

대규모로 소비되고 있는 에너지는 동북아시아 환경안보의 연결 고리를 이해하기 위한 출발점이다. 에너지 사용은 그 상호관계가 반드시 선형적(linear)은 것은 아니지만 근본적으로 경제성장에 따라 좌우된다. 동북아에는 세계 2위의 경제대국 일본과 세계에서 가장 빠른 경제성장을 기록하고 있는 국가들 가운데 하나인 중국이 있다. 경제성장의 장기적 패턴은 북한과 몽골을 제외한 모든 국가들에서 지속될 것으로 예상된다.

빠른 경제발전은 에너지 수요증가를 크게 촉진시켰고, 이러한 수요를 충족시키기 위해 과거에 취해졌던 선택들(choices)은 많은 안보적·환경적 딜레마로 귀결되어 왔다. 이 점에서, 우바이(Wu Baiyi) 박사는 동북아의 여섯 가지 에너지 딜레마를 다음과 같이 구분하고 있다: (1)외부 에너지에 대한 의존은 경제적 위험으로 귀결될 수 있다는 점; (2)석유와 가스 탐사가 영토적 분쟁 내지 안보 불투명성의 근원이 된다는 점; (3)석탄연소에 따른 산성비가 초국경적 공해의 근원이라는 점; (4)통합 정리된 조정 없이 대체 에너지를 개발하는 것은 위험하다는 점; (5)핵누출과 핵폐기물 처리의 문제점; 그리고 (6)핵확산의 가능성 등이다.[22] 모두 합쳐 이 가운데 가

---

22) 본서에서 제8장 우바이(Wu Baiyi) 박사의 글을 참조할 것.

장 큰 안보 또는 환경적 위험을 야기하는 세 가지 에너지원들은 석탄, 석유, 그리고 핵연료이다.

첫째, 동북아는 석탄 매장량이 풍부한 지역이다. 중국은 세계에서 가장 큰 석탄 매장량을 가지고 있고 전력생산용으로 석탄을 가장 많이 사용하는 국가이다. 결과적으로 중국의 석탄 화력발전소들은 국지적, 지역적, 그리고 세계적 차원에서 온실가스 배출, 산성비 유발물질 배출을 비롯한 기타 오염물질들의 주범이다. 중국이 동북아 지역 내 석탄관련 에너지 사용 문제에 있어 중심에 위치해 있고, 가까운 장래 이러한 문제들이 중국 내 에너지 사용에 있어 두드러지게 될 것이라는 점에는 의심의 여지가 없다.

둘째, 동북아 국가들 대부분은 수입 원유에 대한 의존도가 높다. 지역 내에서 경제적으로 가장 발전한 일본과 한국은 대부분 중동으로부터 수입되는 원유에 거의 전적으로 의존하고 있는 형편이다. 원유자원과 관련해서 두 가지의 기본적인 긴장관계가 있는데, 하나는 원유 수입과 연관된 긴장관계이며, 또 다른 하나는 역내 해저 원유자원 탐사와 관련된 긴장관계이다. 동북아(극동 러시아 제외)의 수입원유 의존도는 향후 수십 년간 증가할 것으로 예측되고 있다. 정치적인 관점에서 이는 이 지역의 원유 생명선(oil lifeline)이 중동, 중앙아시아, 동남아시아의 사건 사고들, 그리고 이들 지역으로부터 동북아에 이르는 해상 원유수송로에 걸친 사건 사고들과 연관되어 있음을 의미한다. 동북아시아에서 원유와 관련된 모든 환경적 긴장관계들 가운데 눈에 띄는 두 가지는 원유 유출과 관련된 문제 그리고 정제소와 자동차 연소가스로부터 나오는 대기 오염물질 배출과 관련된 것들이다.

마지막으로, 비록 핵에너지는 동북아시아의 전체 에너지 수급상황에 비추어 볼 때 작은 부분을 차지하지만, 잠재적으로 환경에 끼칠 위험성과 핵무기 확산 위험성이라는 측면에서 볼 때 중요하게 다루어져야 할 사항이다. 원자력 발전에는 개방순환(open cycle)과 폐쇄순환(closed cycle)이라는 두 가지의 기본적인 형태가 있으며, 각각 환경적·안보적 문제들과 관련되어 있다. 개방순환 방식에서는 발전과정에서 핵원료가 단지 한 번만 사용되며, 이 과정에서 반드시 폐기 처리되어야 하는 핵폐기물이 만들어진다. 반면 폐쇄순환 방식에서는 방사성 원료가 재처리되고 재사용되며, 이 과정에서 플루토늄이 생산된다. 이 두 가지 방식 모두 핵연료 사용과정과 관련해서 다음과 같은 세 가지의 중심적인 환경위험요인들을 내포하고 있다: 1)사고 발생시 방사성 물질이 누출될 위험; 2)방사성 폐기물의 보관과 관련된 위험; 3)방사성 물질의 운반에서 발생할 수 있는 위험 등이다. 일본은 폐쇄순환 방식을 적극적으로 개발하고 있는 유일한 국가이다. 개방순환 핵 프로그램 보유 국가들로는 중국, 일본, 한국, 북한, 대만, 러시아 등이 있다. 동북아 지역에는 일본에서 발생한 핵안전사고 (1999년 9월)를 비롯해 러시아의 핵폐기물 동해 무단투기, 북한과 베트남에 대한 대만의 핵폐기물 수출 등 원자력과 관련된 수많은 환경적 긴장관계들이 존재해 왔다. 이러한 점에서 배영자 교수는 '방사성 폐기물 관리 (radioactive waste management)' 에 대해 정책 입안자들과 학자들이 보다 관심을 가져야 할 필요가 있다고 주장한다. 전통적으로 방사성 폐기물 관리는 기술적인 문제로 다루어져 왔으나 상기 사건들이 분명히 보여주는 바와 같이 "도덕적·환경적 고려, 대중적·사회적 수용 여부 그리고 정치 전략적 관심사 및 기술적인 선택 등의 사항들이 그 안에 얽혀져 있다는 점에서 이는 훨씬 더 복잡한 문제인 것이다."[23]

동북아 지역 내 핵폐기물 처리문제 및 1994년 미·북 제네바 기본합의 (Agreed Framework)에 따라 경수로 건설이 추진되던 (2005년 5월 현재 중단 중임) 북한의 핵안전 문제에 대해서는 촉각을 곤두세울 필요가 있다. 지금까지 미국과 동맹국들은 북한의 대량살상무기(WMD) 생산 수출과 관련한 프로그램의 억제에는 노력을 경주해 왔으나, 그동안 경수로가 완공된 이후 핵폐기물 처리에 대해 어떻게 조치할 것인지, 또 어떻게 핵안전을 유지할 것인지라는 문제들에 대해서는 논의해 오지 않았다.[24] 이에

---

23) 본서에서 제4장 배영자 교수의 글을 참조할 것.

대한 비용은 경수로를 건설하는 비용을 훨씬 상회하리라고 예측된다.[25]

원자력[26]과 안보문제 사이의 관계는 에너지와 안보의 연관성이 가장 두드러지는 분야다. 그러나 안보문제들과 초국경적 대기 · 해양오염에 기인한 지역적 규모의 생태계 악화 사이의 관계는 최근까지도 지역 내에서 별다른 관심을 불러일으키지 못했으며, 외부의 관심도 거의 전무한 실정이다. 초국경적인 환경문제로 인해 조성되는 긴장은 지역화합에 대한 실제적인 위협이 되고 있는데, 그 이유는 이것이 보다 폭넓은 지역 안보협력에 대한 인센티브를 약화시키기 때문이다. 그리고 다자협력에 의해 안정적인 평화가 유지되지 않고서는 경제개발이 저해될 것임은 물론 동북아시아 전체의 삶의 질 역시 피해를 입게 될 것이다.

## 3. 대기오염

현재 동북아시아의 대기오염 문제들은 기후변화, 성층권 오존 감소, 황사, 산성퇴적작용(산성비), 그리고 도시 공기오염 등과 결부되어 있다. 오

---

24) Research products on nuclear power safety에 관해서는 다음을 참조할 것, the website of the Division of Nuclear Power Safety, Sweden's Department of Energy Technology, http://www.egi.kth.se/nps (검색일: 2001년 1월 31일).

25) Peter Hayes and David Von Hippel, "Ecological Crisis and the Quality of Life in the Democratic People's Republic of Korea," in Chung-in Moon (ed.), *Understanding Regime Dynamics in North Korea* (Seoul: Yonsei University Press, 1998), pp. 259-260.

26) 핵에너지 문제는 다시 뉴스거리가 되고 있다. 이는 환경운동가들과 에너지 산업 관련 그룹들과 같은 일부 사람들에게 있어서는 언제나 이슈가 되어왔으나, 이따금씩 발생하는 사건들이 원자력 발전소에서 발생할 수 있는 재앙적인 사고에 대한 공포를 부각시켰음에도 불구하고, 핵에너지 문제는 일반 대중의 의식에서 대체적으로 사라져 버렸다. 그러나 이러한 무관심이라는 사치는 이제 막 종말을 고하려 하고 있다. 새로운 정치적·경제적 압력요인들은 국가들로 하여금 핵에너지에 대한 어려운 결정들을 내리도록 강요하고 있다. 정부의 정책과 대중의 정서 간의 모순은 향후 수십 년간 보다 두드러지게 될 것이다. Brad Glosserman, "Solving Asia's Nuclear-Waste Dilemma," *PacNet Newsletter*, No. 24 (June 15, 2001).

존 감소와 황사를 제외한 나머지 문제들은 모두 에너지 사용, 그 중에서도 주로 화석연료 연소와 밀접한 관련이 있다. 그러나 에너지 사용만이 대기 오염물질들의 유일한 근원인 것은 결코 아니다. 광범위한 산업적·비산업적 근원들이 다방면에 걸쳐 다양한 유기적·비유기적 오염물질 배출의 원인이 되고 있다. 중국은 지역 내에서 단연 최대규모의 대기 오염물질 배출국이다. 중국의 온실가스 배출 문제는 중국과 산업화된 국가들(미국, 유럽, 일본 등) 간의 관계에 있어 환경적 긴장 상태를 초래하고 있다.

예를 들어 미국 의회는 중국과 같은 국가들이 유엔기후변화협약(UN Framework Convention on Climate Change) 및 교토의정서(Kyoto Protocol)에 서명하기 이전에 온실가스 배출을 줄이겠다고 서약할 것을 요구했다. 지역적 수준에서 볼 때, 중국, 일본, 그리고 한국 간에는 초국경적인 대기오염, 특히 국경을 넘는 산성 대기오염물질 문제를 두고 긴장관계가 형성되고 있다. 발전소와 산업시설들 때문에 발생한 중국의 국지적인 대기오염은 중국 대부분의 대도시 지역에서는 거의 위기 수준에 이를 정도로 악화되어 왔다. 이러한 공해는 대기오염 문제들에 대한 국내적인 환경적 긴장상태—그리고 시민운동—를 조성하고 증대시킨다. 이러한 대기오염 문제들 가운데 산성비는 지역적 규모의 생태계 악화의 근원 또는 잠재적 근원으로서 중대한 지역적 문제이다.

동북아시아는 세계에서 세 군데 지역적 규모의 초국경적 대기오염 '분쟁 지대(hot spot)' 가운데 하나이다. 나머지 두 곳은 유럽과 북미 지역이다. 각각 이 세 곳에서 처음으로 주목을 받게 된 초국경적 대기오염은 산성비라고 알려진 문제다. 1980년대에 일본의 과학자들은 산성 오염물질이 중국 본토로부터 장거리 이동을 해서 날아온다는 증거를 발견했고, 중국은 곧 이러한 오염물질의 대량 배출자로서 지목받기에 이르렀다. 이 문제는 1979년 중국의 시장지향 경제개혁과 이에 수반된 산업의 급격한 발전의 결과라고 판명되었다. 지역 내에서 장거리를 이동하는 산성 오염물질의 주 배출원은 석탄을 연료로 사용하는 중국의 화력 발전소들이다. 그러나 중국은 1992년에 이르러서야 초국경적 산성비 문제의 가능성을 공식적으로 시인하고 중국의 산성비가 아마도 일본에까지 미칠 것이라는 점을 인정했다.

중국어로 'Huangsha,' 일본어로 'Kosa,' 또는 한국어로 '황사' 라 불리는 대규모 먼지폭풍은 대기의 구성과 지역 내 외부의 기후에 대해서 광범위한 영향을 미친다. 브레텔(Anna Brettell) 박사는 동북아에서 발견되는 대규모 먼지폭풍으로 인한 직접적 영향이 심각하다고 주장한다. 그 이유는 먼지폭풍이 에어로졸 및 방사선 물질이 포함되었을지도 모르는 오염물질을 운반하고, 이에 따라 생태계 및 인류의 건강과 복지를 해치기 때문이다. 더군다나 먼지폭풍은 그 영향이 동북아 밖에서도 관찰되는 초국경적인 문제다. 게다가 또 중요한 것은 이러한 문제들이 아직 최고조에 달하지도 않았다는 점이라고 그녀는 지적하고, 대규모 먼지 폭풍의 높은 발생주기는 막 시작되고 있으며 앞으로 무려 90년간이나 지속될 수 있다고 한다.[27]

향후 20~30년 이내에는 지역적 이산화황(sulfur dioxide) 배출이 증가함에 따라 유황퇴적물의 수준이 1970~1980년대 유럽과 북미지역에서 관측된 것보다도 높은 수준에 이를 것으로 예상되고 있다. 그리고 일부 경우에 있어서는 과거 중부유럽과 동유럽의 가장 오염된 지역들에서 관측되었던 수준을 초과할 수도 있을 것이다. 이러한 유황배출물의 증가는 이 지역의 많은 자연적 농업 생태계 유지의 기반을 심각하게 위협할 것이다. 유황퇴적물의 수준은 많은 자연적 생태계와 농작물의 생장환경에 영향을 미치며 아시아의 광대한 지역에 걸쳐 토양 화학성분의 현저한 변화를 초래할 수도 있다. 더구나, 이산화황의 순환 수준은 도시 지역에서 뿐만 아니라 시골 지역에서도 세계보건기구(WHO)의 보건기준을 초과하게 될 것이다. 만일 아무런 대응조치도 취하지 않는다면 환경의 질은 전례없는 수준으로까지 악화될 수도 있다. 또 이는 매우 우려할 만한 안보적 차원의 함의를 갖는다. 다른 오염물질들도 이산화황과 비슷한 유형을 따를 가

27) 본서에서 제3장 안나 브레텔 박사의 글을 참조할 것.

능성이 있는 것이다. 이와 같은 심각한 상황을 피하기 위해서라도 에너지
는 반드시 보다 효율적으로 그리고 청정하게 사용되어야 한다.

산성퇴적물 문제의 지역적 양상은 동북아시아 지역에 있어 상당한 도
전요소가 되고 있다. 동북아의 상황은 유럽과 미국이 산성퇴적물 문제에
직면했을 때와는 많이 다르다. 유럽의 경우, 유럽연합(EU)이 국가들 간에
이 문제를 의논하는 데 필요한 포럼을 제공했고, 유황과 질소 배출물을 줄
이는 데 초점을 맞춘 정책들을 개발했다. 게다가 유럽에는 활발한 공동협
력과 공동연구 활동이 있었기에 이러한 문제 협의에 대해 과학적인 기여
를 할 수 있었다. 초국경적 대기오염 문제를 해결하기 위해서는 동북아
지역 내 연구와 정책 포럼들 모두 보다 활성화되어야 한다.

현재 일본은 초국경적 대기오염 문제들을 다루는 데 있어서 역내 과학
적·정치적 지도자 역할을 맡고 있으며, 적극적으로 국제적인 과학 정치
협력을 증진시키고 있다. 일본 환경청(EAJ)은 동아시아 산성물질 퇴적 감
시네트워크(EANET) 설립의 실질적인 원동력이었다. 비록 미국은 북미
지역의 초국경적 대기오염 문제들을 다루어 본 경험을 다양한 개인들과
조직체들의 접촉을 통해서 기꺼이 공유해 왔음에도 불구하고, EANET의
설립 및 대부분의 동북아 지역 내 과학협력 활동에 직접적으로 관련되지
는 않았다. 이와 비슷하게 미국은 본 문제에 관한 동북아 지역 내의 어떠
한 정치적 노력에도 관련을 맺지 않았다. 동북아에서 미국이 초국경적 대
기오염 사안들에 직접 개입할 수 있는 수준에는 한계가 있다.

최근까지도 미국은 동북아에서의 초국경적 대기오염 문제를 자국과는
완전히 동떨어진 문제라고 인식해 왔다. 그러나 이런 미국의 인식은 빠르
게 변화할지도 모른다. 1998년 중·후반 사이 아시아로부터 대기오염 물질
이 태평양을 건너 이동한다는 증거가 나오기 시작했다. 아시아로부터 장
거리를 이동해 날아오는 대기오염 물질의 출현은 미국, 일본, 그리고 기타
동북아 전체를 아·태 규모의 대기오염이라는 하나의 공통된 문제에 맞서
결속시키게 된다.[28]

현재까지 가장 관심을 끌어 모은 태평양을 횡단하는 대기오염의 양상

은 동북아의 오염 배출원들로부터 태평양을 건너 북미의 서부 해안에 이르는 오염물질의 이동이다. 현재 이 문제는 가장 큰 관심을 끌고 있으나, 결코 이것이 태평양 지역에 있어 유일한 오염물질의 이동 통로는 아니다. 오염물질의 근원들은 환태평양 일대에 걸쳐서 분포되어 있다. 그러나 지구의 대기순환 패턴으로 인해 동북아-북미 축이 주된 관심의 대상이 되는데, 그 이유는 태평양의 맞바람 쪽인 동북아에 오염 배출원들이 가장 많이 집중되어 있기 때문이다.

## 4. 해양오염

동북아에서 초국경적 해양오염은 아직 본격적인 문제로 대두되지는 않았으나 잠재적 폭발성이 큰 문제이다. 현 시점에서 정부 또는 일반 대중으로부터 첨예한 관심을 끌고 있지는 않지만, 앞으로 큰 논쟁거리가 될 수 있는 문제인 것이다. 현재 세계에서 가장 인구가 밀집된 지역 가운데 하나인 동북아의 해양환경은 스트레스에 시달리고 있다. 동북아의 초국경적 해양오염 문제에 대한 활동과 관련 협정들은 초국경적 대기오염 문제들에 대한 정치적 활동과 협정에 비해 미미한 수준이지만, 이 문제 영역은 지역 내 환경과 안보 간의 연결고리를 파악하기 위한 협력 방안을 모색하는 데 다양한 기회를 제공해 주고 있다.

동북아시아에는 대양 및 지역 내 바다와 관련된 광범위한 환경문제들이 존재한다. 공해문제, 해안지대 관리문제, 그리고 어업과 해양(공해 해저)자원 문제들이 그것이다. 가장 논란이 되고 있는 해양문제들은 1982년 유엔해양법협약(UNCLOS: UN Convention on the Law of the Sea)이 200해리 배타적 경제수역을 합법화하기 이전까지 간과되어 왔던 아주 작은 섬들과 관련되어 있다. 이것은 남지나해의 스프래틀리(중국명 난사 · 南沙) 군도, 동해의 독도, 그리고 동중국해의 댜오위다오(釣魚島)/센카쿠 열

---

28) Nautilus Institute, and GLOCOM, 앞의 글, pp. 23-24.

도(尖閣諸島) 등과 같은 과거에는 가치가 없었던 섬들에 대한 영유권 분쟁이라는 판도라의 상자를 열었던 것이다. 갑자기 이 섬들이 가치 있게 여겨지게 된 것은 영토적 가치 때문이라기 보다는 이 섬들을 둘러싼 200해리 영역과 이 영역 내 포함된 어업 및 해저자원 때문이다. 가장 열띤 쟁탈전에 휩싸여 있는 곳은 스프래틀리 군도로서 중국, 대만, 베트남, 말레이시아, 브루나이, 그리고 필리핀이 동시에 영유권을 주장하고 있다. 스프래틀리 군도가 가치 있는 전략적 목표물인 이유는 본 군도가 위치상 주요해상 운송로 한 가운데 있다는 점 때문만 아니라 막대한 해저 원유 및 가스 매장지 바로 위에 놓여있다는 점 때문이다.

가장 논쟁거리가 되고 있는 해양오염 이슈들은 동해, 황해, 동중국해, 그리고 남지나해 등과 같은 동북아시아 내 반(半)폐쇄해(Semi-enclosed sea)의 오염과 연관되어 있다. 제일 중요한 오염원은 육지에 위치하고 있다. 부가적으로는 산업폐기물 투기 내지 방사성 폐기물 처리, 그리고 석유 탐사와 운송 등과 같은 오염원들이 있다. 지역 내 여러 오염 물질들의 초국경적 해상운송은 하나의 주요한 문제로 대두되고 있다.

모든 해양오염 문제들 가운데, 원유 유출, 특히 동해상의 원유 유출은 가장 주목할 만한 것이다.[29] 무엇보다 동해는 비교적 덜 오염된 역내 바다이며, 따라서 보존의 최우선 대상이기도 하다. 동해의 연안 국가들은 일본, 러시아 연방, 북한, 한국이 포함된다. 중국 역시 중국 국경선을 따라 흐르는 두만강으로 인해 동해의 환경적 상태에 영향을 미치고 있다. 요컨대 동해 연안 국가들 간에 협력을 촉진하는 일은 논쟁의 소지를 안고 있는 황해, 동중국해, 또는 남지나해 등지에서 보다는 쉬울 것으로 보인다.

---

29) 1997년 1월, 나홋카(Nakhodka)라는 러시아 유조선이 폭풍우에 부서지면서 6,240 킬로리터에 달하는 기름이 동해의 후쿠이(Fukui) 관할구 해안근처에 유출되었다. 기름으로 뒤범벅이 된 새들의 사진과 수천 명의 시민들이 바다로부터 기름을 떠내는 광경은 엑손 발데즈(Exxon Valdez) 기름 유출사고가 미국에 미친 것과 비슷한 충격을 일본에도 주었다. http://www.erc.pref.fukui.jp/news/Eoil.html (검색일: 2001년 1월 9일).

둘째, 동해는 비록 과거 냉전의 장이었으나 가까운 장래에 상당한 발전을 경험하게 될 것으로 기대된다. 극동 러시아, 일본의 동해 연안지역, 한국의 남동부 해안, 특히 부산과 울산 부근, 북한의 동해안, 그리고 두만강 유역 등은 현재 개발 중이거나 개발준비 중에 있다. 사할린 대륙붕 위에 있는 해안 원유매장지는 이 지역 내 경제발전을 위한 커다란 희망으로 손꼽힌다. 이 원유매장지들은 북극지방의 영향을 받아 지진 활동권 내에 위치해 있다. 따라서, 사할린 대륙붕에서 원유와 가스를 시추하는 것은 기술적으로 어려운 일이다. 굴착과 원유/가스 수송과 관련된 오염을 막는 일은 장래 이 지역에 있어 주요 도전요소가 될 것이다. 만약 지속가능한 개발조치들이 역내 개발계획의 초기 단계에(현재 두만강 유역에서 시도되고 있는 것과 같이) 합쳐질 수 있다면 개발로 인한 최악의 부산물은 아마도 피할 수 있을 것이며 바다도 온전히 보전될 수 있을 것이다.

셋째, 현재 동북아시아에는 동해 지역 모든 국가들을 포괄하는 다자적 정치기구도 없다. 모든 동해 관련 당사국들이 동시에 참여할 수 있는 다자적인 과학협력의 노력이 부재하며, 동해의 어업 국가들이 만나서 어획량 배분을 논의할 수 있는 포럼도 없고, 원유 유출에 대응할 수 있는 적절한 지역적 비상대응 메커니즘도 마련되어 있지 않다.

동해에서 두 개의 에너지와 관련된 주요 해양 이슈들은 원유오염과 핵폐기물로 인한 오염(주로 방사성 폐기물을 바다에 투기하는 것 내지는 방사성 물질의 운반과정 중 사고로 인한) 등이다.[30] 원유오염 문제는 모든

---

30) 러시아가 동해에 방사성 폐기물을 무단투기해 온 것은 일본의 오랜 걱정거리였다. 1993년 러시아 태평양 함대가 액체 방사성 폐기물을 동해에 버리는 것이 군사 저널리스트인 파스코(Gregory Pasko) 대위에 의해 촬영되었다. 일본은 러시아가 핵폐기물을 바다에 무단투기해 온 것이 정기적인 것이었다는 사실에 경악하고, 러시아가 핵안전 및 낮은 수준의 액체 핵폐기물의 안전 처리 강화에 착수하는 데 대한 지원 패키지를 놓고 러시아와 직접 협상을 시작했다. 이 지원 패키지의 중요한 요소는 러시아 극동 함대의 핵잠수함을 위한 액체 방사성 폐기물의 정화시설에 대한 자금지원이었다. Clay Moltz, "Japanese Assistance to Russia in the Nuclear Sector," in Tsuneo Akaha (ed.), *U.S.-Japan Cooperation in the Sustainable Development of the Russian*

연안국들이 관련되어 있음은 물론이거니와 핵폐기물 문제에 비해 다자협력이 비교적 용이하므로, 원유오염, 특히 원유 유출에 대비한 협력을 강화하는 문제에 대해 관심을 집중할 필요가 있다.

원유로 인한 공해상의 오염은 전체 해양오염의 10~20%만을 차지하고 (해안과 내륙에서 나오는 오염이 나머지 80~90%를 차지함), 원유 유출은 공해상 오염의 10~20%를 차지(기름기 있는 쓰레기의 투기가 나머지 80~90%를 차지함)하는 데 불과하지만, 재앙적인 원유 유출에서 올 지도 모르는 잠재적인 충격에 대한 공포는 해양, 특히 연안지역 환경보호에 대한 여론 형성과 정책 실행의 원동력이 되고 있다.

## 5. 물과 식량안보

물은 여전히 전쟁과 평화의 촉매제이다. 머비오(Mika Mervio) 교수는 물은 국가적 생존과 국가 건설에 절실한 것으로 여겨질 때 안보 사안이 된다고 주장한다. 그는 "수자원안보(water security)라는 것은 모든 공동체와 생태계의 유지에 필요한 수자원을 확보한다는 것을 의미하며, 수자원안보를 위한 투쟁은 대개가 아주 지역적인 것"[31] 이라고 강조하고 있다. 불공평하게 분배될 때, 물 부족은 내부적 분쟁의 원인이 될 수 있으며, 공유 하천이나 수로의 문제가 국경을 초월하는 분쟁의 원인이 될 수도 있다.[32] 물을 둘러싼 분쟁은 최근의 현상이 아니다. 수자원에 대한 분쟁은 저 멀리 기원전 3,100년 유프라테스 강을 두고도 있었다. 이러한 수자원 분쟁은 지리적으로 넓게 분포되어 있고, 각 대륙별로 일정 부분을 가지고 있다.[33] 그러므로 21세기의 가장 긴급 이슈들 가운데 하나가 바로 이 제한

---

Far East (Monterey: Center for East Asian Studies, Monterey Institute of International Studies, 2000년 9월 20일), pp. 95-96.

31) 본서에서 제5장 미카 머비오 교수의 글을 참조할 것.

32) Lorraine Elliott, *The Global Politics of the Environment* (New York: New York University Press, 1998), pp. 222-223.

된 세계의 담수자원 관리 문제이다.

대부분의 국제적인 물 분쟁들은 지리적으로 중동과 아프리카에 위치해 있다. 동북아에서는 수자원이 풍족한 관계로 물 문제가 국제분쟁의 원인이 된다거나 지배 또는 협박의 수단이 될 가능성은 거의 없었다. 가장 주목할 만한 예외는 홍콩과 대만의 경우다. 홍콩은 현재 70%에 해당하는 담수 수요를 중국의 동강(東江)으로부터 공급받고 있다. 대만은 지금 이미 상당 부분 담수 처리된 물에 의존해야만 하는 형편이며, 후잔(Fujian) 지방으로부터 킨맨(Kinmen)과 맛스(Matsu) 섬들까지 25킬로미터에 달하는 해저 파이프라인 건설 가능성을 둘러싼 계획과 소문이 돌고 있다. 파이프라인을 건설하려는 동기들 가운데 하나는 분명 상호 대립되어 있는(중국-대만) 정부 사이에 긴장완화를 촉진하자는 것이다. 그러나 이 계획과 관련, 중국과 대만 양측 모두 명백한 정치적 문제들을 안고 있으며, 대만 국민들은 중국으로부터의 물 공급에 지나치게 의존하게 되는 문제를 결국 꺼리게 될 지도 모른다.[34]

이에 덧붙여, 중국 농부들이 필요로 하는 물 공급이 돌연 감소한 것은 세계 식량안보에 대한 점증하는 위협요소가 되고 있다. 중국은 13억이라는 엄청난 인구를 위한 곡물생산의 70%를 관개지(irrigated land)에 의지하고 있으나, 급격히 발전하는 도시와 산업수요의 충족을 위해 점점 더 많은 농업용수를 끌어 쓰고 있는 실정이다. 하천들이 말라가고 지하수가 고갈됨에 따라 대두되고 있는 물 부족 현상은 중국의 곡물수입 수요를 급격히 증가시키고 있다.

---

33) George William Sherk, et al., "Water Wars in the Near Future? Reconciling Competing Claims for the World's Diminishing Freshwater Resources — The Challenge for the Millennium," *The Journal*, Vol. 3, No. 2, http://www.dundee.ac.uk/petroleum-law/html/articles3-2.htm (검색일: 2001년 1월 5일).

34) Mika Mervio, 앞의 글. 그러나 중국 수자원부(The Chinese Ministry of Water Resources)는 그 계획의 존재를 부정했다, http://english.peopledaily.com.cn/20008/15/eng20000815_48220.html (검색일: 2001년 1월 30일).

만일 이 문제가 강력한 조치들에 의해서 시정되지 못하고, 중국의 식량 자립도에 대한 어떤 위협요소가 발생될 경우, 세계 곡물가격을 상승시킴으로써 제3세계 내 도시들의 사회적·정치적 불안정을 유발할 것이다. 물 상황의 악화에 관한 새로운 정보들은 실제 이러한 가능성이 임박했음을 알리고 있다.[35] 치솟는 곡물가격은 곡물 수입국인 일본과 한국에게는 직접적인 타격을 줄 수 있다. 이는 또한 식량위기로 고통을 받고 있는 북한에 대해 국제사회가 제공하는 식량원조를 위축시킬지도 모른다. 중국 정부가 직면해 있는 도전은 "어떻게 자국 농업과 국제적 지역적 식량안보를 훼손시키지 않으면서도 팽창하고 있는 도시와 산업 부문의 치솟는 물 수요를 충족시킬 것인가" 라는 점이다.

북한에서는 식량안보가 위협받고 있으며, 식량과 피난처를 찾아 중국 북동부로 가려고 중국과 북한 사이의 국경을 넘는 모험을 감행하는 '환경난민'[36]의 숫자가 급증하고 있다. 국내적으로 정치 경제적 난관에 봉착했던 쿠바 지도자 카스트로(Fidel Castro)는 미국 플로리다 해안으로 향하는 쿠바 보트피플들에 대한 통제를 느슨히 함으로써 쿠바 난민들을 '수출' 하려 했었다. 1980년에는 12만 5,000명의 쿠바 난민(상당수 범법자들을 포함)들을 미국에 보내버린 '마리엘 난민송출사건(Mariel boatlift)' 라는 것이 있었다. 또 1994년에는 카스트로가 쿠바 난민 수만 명을 보내서 미국의 클린턴 행정부를 당혹시켰다. 그러나 1980년과는 달리, 이때 미국 정부는 그간 쿠바 난민들이 오랜 기간 누려왔던 쿠바 난민의 특별 지위

---

35) Lester R. Brown and Brian Halweil, "China's Water Shortage Could Shake World Food Security," *World Watch* (1998년 7월~8월), http://www.worldwatch.org/mag/1998/98-4a.html (검색일: 2001년 1월 29일).

36) 북한의 '식량난민' 은 법규상 난민으로 여겨지지 않으므로, 탈북자들이 '환경난민' 이라 불릴 수 있는지 여부에 대해서는 논란의 여지가 있다. 그러나 유엔 난민고등판무관실(UNHCR)과 기타 국제기구들은 1980년대 중반 이디오피아 기아 이재민들과 같이 유사 상황으로부터 탈출한 사람들을 보호했던 전례가 여러 차례 있었다. Shin-wha Lee, *Environment Matters: Conflicts, Refugees & International Relations* (Seoul/Tokyo: World Human Development Institute Press, 2001), pp. 101-103.

(즉, 쿠바 난민이 미국 해안에 도달할 경우 피난처를 보장한다는 내용)를 폐지함으로써 대부분의 쿠바 난민들을 다시 쿠바로 송환시켰다.[37] 그러나 카스트로의 '난민 카드'는 미국의 대(對) 쿠바 봉쇄정책에 대한 미국 내 비판여론에 힘을 실어 주었다. 이와 마찬가지로 북한도 정권의 생존에 대한 도전에 직면할 경우, 한국의 동·서해안으로 '난민'을 송출하는 환경난민 카드를 쓸 수 있으며, 이는 또한 남북한 관계 및 지역적인 안보구조에 있어 중요한 함의를 갖게 될 것이다.

## III. 환경안보협력의 방향

### 1. 환경-안보 연결고리의 파악

동북아는 국제문제의 중심지이기에 역내에서 발생하는 사건들은 전 세계에 반향을 불러일으킨다. 동북아는 다양한 생태계를 보유하고 있으며, 세계 인구의 상당 부분이 집중되어 있고, 이질적 정치체제와 경제개발 수준의 복합체라고 할 수 있으며, 다채로운 문화들이 공존하고 있다. 그러나 이와같이 세계에서 동북아가 차지하고 있는 중요성에도 불구하고, 동북아는 세계에서 가장 제도화되어 있지 않은 지역 가운데 하나이다. 바꾸어 말하면, 동북아는 지역 전체에 걸친 대화 협력 기구가 거의 없는 지역이다. 이는 가장 제도화가 발달된 지역 가운데 하나인 유럽과 좋은 대조를 이룬다.

협력적인 관리 구조들로서 보다 조밀한 네트워크를 구성하는 것은 이 지역에서 지속가능하고 안전한 미래를 실현하는 필수 요건이다. 안보 그리고 환경적 긴장관계의 폭발적인 증가는 협력의 제도화를 무력화시킬 수도 있다. 현재 동북아에는 크고 작은 수많은 정치적 불안정 지대들이 존재

---

37) Nancy R. Gibbs, "Dire Straits," *Time*, Vol. 144, No. 9 (1994년 8월 29일)를 참조할 것.

하고 있는데, 가장 두드러진 네 곳은 1)분단된 한반도, 2)중국-대만 관계, 3)영유권 분쟁, 그리고 4)중국과 러시아 국경 지대 등이다. 또한 동북아는 강대국 간 권력정치의 핵심 지역이기도 하다. 강대국들과 동북아의 지역 맹주들에게 있어서 대량살상무기 문제는 민감한 문제일 수밖에 없다. 동북아 지역은 세계 여러 지역들 가운데 미국을 또 다른 핵보유국(북한 또는 중국)과의 분쟁으로 이끌 가능성이 있는 지역이다.

지역 내 소규모 또는 국내적 긴장상태에 있는 지대들은 다음과 같다. 1)북한의 기근과 국가 기능장애; 2)민족 또는 소수 민족 간 긴장관계 (예: 티베트, 중국 서부의 위구르, 러시아내 소수 민족들); 3)중국 내 경제적 긴장관계 (예: 해안-내륙 지역 간 소득 격차); 그리고 4)러시아 내 경제적 긴장관계 (예: 극동 러시아에 대한 모스크바의 지원 부족) 등이다.

상기 정치적 불안정 지대들의 일부 공통점은 환경적 긴장관계를 갖고 있는 점이다. 무엇보다 중요한 동북아의 환경문제 영역들에는 에너지 사용과 관련된 부분들(특히, 석탄, 석유, 핵연료), 대기 문제(기후 변화, 산성비, 도시 공기오염), 내륙 수자원 문제(물 부족, 수질 악화, 홍수, 중국의 삼협댐), 어업과 해양자원 문제(연안어업, 해저 자원, 연안지대 관리), 토지 황폐화 문제(도시화에 따른 경작지 손실, 삼림벌채, 사막화), 그리고 인구증가와 인구통계적 변화 문제(중국의 인구증가, 대도시 인구유입, 환경난민) 등이 있다.

일단 우리가 환경안보 연결고리들을 파악하게 되면 환경문제들이 갖는 상대적 중요성을 가늠할 수 있게 되어, 과연 무엇이 안보관계에 보다 큰 영향이나 잠재적인 영향을 가지고 있는지 알아낼 수 있을 것이다. 무엇보다도 원자력과 안보문제 간의 관계는 에너지와 안보 간의 연결고리가 가장 분명한 영역으로서 이에 대해 촉각을 곤두세울 필요가 있다. 둘째, 물과 식량안보 사안에 대해서는 상당히 단기적인 대응이 요구된다. 중국 농업용수 공급의 돌연한 감소는 세계 식량안보에 있어 점증하는 위험이 되고 있으므로 현재 위험에 처해 있는 북한의 식량안보 상황이 양자적 그리고 지역적 분쟁으로 비화될 소지가 있다. 셋째, 대기와 해양오염 등과 같은 초국경적

환경악화 문제는 비록 그 영향이 잠재적이며 점진적인 것이지만 보다 광범
위한 지역적 안보협력을 위한 인센티브를 약화시킬 수 있다는 점에서 지역
화합에 대한 실질적 위협이 되고 있다. 그러므로 지역적 협력을 위해 지속
적이고도 인내심 있는 노력이 요구되며, 이러한 지역적 협력은 앞서 언급
된 바 있는 기타 환경적 문제들에 대해서도 적용되어야 할 필요가 있다. 이
러한 맥락에서 다양한 정치적·환경적 긴장관계가 인내할 수 없는 수준에까
지 이르지 않도록 예방하기 위해서는 개별적 차원 혹은 공동으로 한층 높
은 수준의 협력이 체계적으로 제도화되도록 하는 것이 중요하다.

## 2. '예방적' 지역협력

　역내 환경문제들을 관리하고 해결하기 위한 효과적인 지역적 메커니즘
을 확립하는 것은 쉽지 않은 일이다. 이코노미(Elizabeth C. Economy) 박
사는 지역적인 환경보호 노력에 대한 점증하는 도전들로서 1)무엇보다 중
요한 환경전략의 공식화와 실행을 위한 다자기구들의 부족, 2)환경보호
기구들의 빈약한 자원, 3)역내 대다수 국가들의 불안정한 경제 사회 상황
과 환경문제에 대한 상대적으로 부족한 관심, 4)이 지역의 취약한 NGO
들, 그리고 5)지역적 협력을 위한 장애물로서 주권에 관한 문제 등을 열거
하고 있다.[38]
　이러한 도전들의 근본 원인은 지역 내 환경문제들에 대한 민감성 및 취
약성의 부족이다. 디지털 시대의 이점들을 향유하는 계층과 그렇지 못한
계층 간의 격차를 '디지털 격차(Digital Divide)'라고 부르듯, 우리는 이
지역에서 '환경 격차(Environmental Divide)'를 경험하고 있다. 일부 국
가들은 다른 국가들에 비해 보다 민감하고 취약하다. 이러한 민감성과 취
약성의 상이한 수준이 국가간 분쟁의 잠재적인 원인들을 유발시키는 것
이다. 그러나 이러한 문제와 맞서려는 지역적 차원의 노력들은 아주 미미

---

38) 본서에서 제10장 엘리자베스 이코노미 박사의 글을 참조할 것.

하다. 이근 교수에 의하면, 동북아의 지역 환경안보 복합체(regional envi-
ronmental security complex)는 기껏해야 위협들이 지역적 생태계의 수준
으로만(달리 말하면 과학 또는 사회과학의 세계 안에서만) 인식되는 '잠
재적 지역 환경안보 복합체(latent regional environmental security com-
plex)' 단계에 도달해 있다. 이러한 단계에서 환경 위협들은 지역 내에서
사회적으로 구성되지 않는다. 그러므로 '부정적 외부성(negative exter-
nalities)'은 일단 피해를 당한 이후에야 인지되는 것이다.[39]

어떻게 이 문제를 풀 것인가? 하나의 방법은 예방적인 지역협력 메커니
즘을 제도화하는 것이다. 전 유엔 사무총장 부트로스 갈리(Boutros
Boutros-Ghali)가 적절히 정의한 것처럼, 예방외교(preventive diplomacy)
란 "당사자 간 논쟁이 발생하는 것을 막고, 현존하는 논쟁이 분쟁으로 비
화하는 것을 막으며, 분쟁 발생시 이것이 확대되는 것을 제한시키는 행동
이다."[40]

예방외교의 방안들로는 신뢰구축, 사실규명, 조기경보, 예방적 배치와
비무장 지대 등과 같은 여러 사용가능한 조치들이 있다. 제도 구축과 인
도주의적 예방행동은 이러한 예방외교 조치들의 범주에 포함될 수 있다.

예방외교가 새로운 관심을 받게 된 이유는 냉전 기간의 오래된 집단안

---

39) 세 가지 상이한 지역적 환경 복합체들이 있다. (1) 환경문제들에 대한 국가의 자세는
각국의 환경안보 위협(예를 들어, 생태학적 취약성, 또는 자원에 대한 분쟁)의 평가
에 따라 결정된다는 "이익 균형 체계," (2) 환경안보 문제들을 풀기 위해 국가들이 지
역 기구의 조치들에 호소하는 "지역적인 기구," (3) 지역적인 환경안보 문제들이 국
가 스스로의 것으로 상호주관적이게 받아들여지는 "지역 상호주관적 공동체" 등이
그것이다. 이근, 앞의 글.
40) Boutros Boutros-Ghali, *An Agenda for Peace: Preventive Diplomacy, Peace-Making
and Peace-Keeping* (New York: The United Nations, 1992), p. 5. 냉전이 종결된 이
래 예방외교는 대체로 정의되지 않은 채 남아 있었기에, 예방외교를 하나의 개념과
행동으로 정의하려는 것은 뛰어난 시도였다. 냉전 기간 중 예방외교의 목적은 단순
히 지역적 분쟁이 초강대국의 대립관계 속에 휘말리는 것을 막는 데 있었다. 다시 말하
면, 그들은 진영 차이의 영역 밖에서 새롭게 떠오르는 분쟁들을 막아야만 했던 것이다.

보의 개념을 대체한 '협력안보(cooperative security)' 개념의 부상에 따른 것이다.[41] 탈냉전기에 들어와서는 경제 분쟁, 인구 이동, 마약, 초국가적 환경 문제들, 그리고 종교와 민족 민족주의 등과 같은 비전통적인 안보위협들에 대한 관심이 증대되고 있다. 만일 이러한 위협들이 전통적인 형태의 준비와 억제에 의해서 효과적으로 대처되지 못한다면, 보다 건설적이고 세밀한 형태의 영향력과 개입이 요구된다. 이것이 탈냉전시대에 있어 협력 안보의 존재이유인 것이다.

따라서 우리는 우선 환경적 위협들이 국가간 분쟁으로 번지는 것을 막고, 분쟁이 발생할 경우 어떻게 대처할 지에 대한 준비를 해야 한다. 환경관리체제 구축이나 지역적 협력은 환경문제에 관한 전문가 집단, 즉 인식공동체(epistemic community)의 활성화로부터 시작되어야 한다. 환경협력체제의 구축은 환경에 대한 영속성이 있는 연구와 실용적인 이해에 기초해야 한다는 얘기다. 인식공동체는 하나의 특정 분야에 있어 인식된 전문지식과 역량을 가진 전문가들의 네트워크이고, 이 공동체에 대한 권위 있는 주장은 다양한 학문 분야와 배경으로부터 나온 전문가들로부터 도출될 수 있을 것이다.[42]

위에서 강조된 것과 같이, 환경안보는 서로 연결된 다양하고 복잡한 문제들을 포괄하고 있으며, 따라서 정책입안자들에게는 그들의 국가이익을 식별하고 환경안보의 특정 문제 영역에 적합한 행동을 결정하기 위한 지식과 정보가 요구된다. 지식과 정보에 대한 통제는 권력(power)의 중요한 원천이고, 새로운 아이디어와 정보의 보급은 새로운 행동 패턴을 창출할 수 있으며 국제적 정책 조정의 중요한 결정요인이 될 수 있다. 그러므로 환경안보에 관한 인식공동체는 점증하는 동북아 및 동아시아 전체에

41) Janne E. Nolan, et al., "The Concept of Cooperative Security," in Janne E. Nolan (ed.), *Global Engagement: Cooperation & Security in the 21st Century* (Washinton, D.C.: The Brookings Instiution, 1994), pp. 5-6.

42) Peter M. Haas, "Introduction: Epistemic Communities and International Policy Coordination," *International Organization*, Vol. 46, No. 1 (1992년 겨울), pp. 2-3.

서의 환경안보 이슈들에 대처하기 위해 그 역할과 기능이 보다 강화되어야 할 필요가 있는 것이다.

## 3. 미국의 참여 유도

미국은 동북아에서 중요한 '전통적' 국가안보 이익을 가지고 있다. 미국이 재래식 안보이익에 민감한 관심을 기울이는 동안, 미국은 환경문제들과 군사문제들 간의 관계는 거의 고려하지 않았다. 미국의 정책 입안자들은 동북아에서의 전략적 군사력 변화가 미국의 안보이익에 영향을 미치는 것과 같이 환경적인 변화들이 미국의 안보이익을 침해할 수 있음을 인식하지 못하고 있다.

미국은 이 지역 내 환경적 불안으로부터 자유로운 것처럼 보인다. 그러나 이는 단지 부분적으로만 옳다. 서쪽에서 불어오는 강력한 바람에 의해서 동북아로부터 북미에까지 운반되는 오염물질은 다름 아닌 미국, 특히 알래스카의 생태적 안보에 대한 위협이 될 수 있다. 아직 결정적으로 입증된 것은 아니지만 동북아로부터 미국에 이르는 오염물질의 해양이동 역시 진행 중인 것으로 보인다. 기타 동북아의 해양, 육지, 그리고 대기환경에 있어서의 환경적 변화는 개별적으로 혹은 복합적으로 다양한 미국의 생태학적 이익 및 인간 보건 이익들을 위협할 수 있다.

더욱이, 환경문제에서 야기된 분쟁으로부터 미국은 완전히 자유롭지 못하다. 종종 환경문제로 촉발된 분쟁이 보다 심각한 군사적 대결로 치달을 수 있기 때문이다. 이는 잠재적으로 미국의 군사적 대응이 필요하게 만들 수 있다. 따라서, 미국에게는 환경문제의 중요성을 일깨우는 알람 시계가 필요하다. 미국은 이미 환경문제의 중요성을 인식하기 시작했으며, "천연자원의 부족은 종종 분쟁을 일으키고 악화시킨다. 환경적인 위협들은 … 미국 시민들의 건강을 직접적으로 위협하고 있다 … 미국의 국가안보 계획은 과거 어느 때 보다도 환경문제에 대한 분석을 반드시 포함하고 있다"고 말하고 있다.[43]

전통적 안보의 장에서와 같이, 미국이 동북아 내 환경문제들의 관리에 있어서도 지도적 역할을 맡을 필요가 있다. 만일 전통적 안보와 환경 간에 연결고리가 있다면, 전통적 안보관계의 구조적 특징들을 잘 파악하는 것이 보다 현실적이다. 그래야만 환경문제를 포함한 비전통적 안보 사안들이 전통적인 국가간 안보관계에 까지 파급되는 것을 방지할 수 있을 것이다.

중국은 경제성장을 가속화하는 가운데 더 많은 환경문제들을 야기하고 있는 것으로 보인다. 그러므로, 미국은 부담의 공유를 위해서라도 한일 간의 긴밀한 협력을 통해 중국과의 협력을 보다 적극적으로 추구해 나감으로써 점증하는 환경적 위협들에 보다 효과적으로 대처할 수 있게 될 것이다. 미국은 전통적 안보문제처럼 한·미·일 협력을 동북아의 환경안보의 중심축으로 유지하는 한편, 여러 가지 구체적 사안들의 진전 여부를 가늠할 수 있는 분명한 목표와 가이드라인을 가진 명확하고도 일관성 있는 대(對) 중국 정책을 수립해야 한다.[44] 전통적 안보문제에서처럼 미국을 배제하기보다 미국을 적극 활용하는 것이 환경안보협력을 위한 현실적인 접근법이 될 수 있을 것이다.

---

43) William Clinton, *A National Security Strategy for a New Century* (Washington, D.C.: The White House, 1997), p. 24.

44) 미중 환경협력에 관해서는 다음을 참조할 것. Aaron Frank, "Solving China's Environmental Problems: Policy Options from the Working Group on Environment in U.S.-China Relations," *ECSP Report* 4 (1998년 봄), http://ecsp.si.edu/ecsplib.nsf/ (검색일: 2001년 2월 2일).

## 2장

# 지역 환경안보 복합체 시각에서 본 동아시아 환경안보

이 근*

## I. 환경과 안보의 관계

안보의 개념을 환경 영역으로 확대하려는 최근의 노력으로 인해 학계와 정책 서클에서 '환경안보'라는 용어를 정의하려는 다양한 시도가 있어 왔다. 그러나 환경안보를 정의하고 개념화하려는 시도는 잘 짜여진 분석 틀과 정책 방향을 제시하기 보다는 더 많은 개념적, 정책적 혼란을 가져왔다. 이런 혼란이 생기는 이유 중 하나로 안보라는 개념 고유의 모호성을 들 수 있다. 전통적인 안보 연구는 안보를 국가간의 물리적인 충돌이나 세력균형 혹은 그의 변형된 형태로서의 국제정치로서 이해했다.[1] 그

---

* 서울대학교 국제지역학 대학원 교수
1) 같은 맥락에서 듀드니(Daniel Deudney)는 "우리가 생명, 부, (넓은 의미의) 복지에 위협을 주는 모든 세력이나 사건을 국가안보에 대한 위협으로 간주한다면, 이 용어를

러나 국가 수준이 아닌 그 상위 또는 하위의 분석수준에 관심을 두게 되면 안보 연구의 대상은 훨씬 넓고 복잡해진다. 예컨대, '인간안보'는 전통적인 무력으로부터 개인의 신체적 안전을 지키는 것뿐만 아니라 경제적 복지, 문화적 통합, 심리적 안정, 인권 등과도 관련된다. 이 경우 국민의 보호자로 여겨지는 국가가 경우에 따라서는 특정 시민의 인권이나 경제적 복지를 침해하는 안보위협으로 바뀔 수도 있다. 또 지구적 차원의 분석수준에서 보면, 주권에 기초한 안보개념은 점점 상호의존이나 네트워크에 기반한 지구적 안보와 밀접한 관계를 가지면서 섞이기 시작한다. 즉 지구촌에 대한 위협이 때에 따라서 개별 국가로부터 오고, 총알이나 폭탄이 아니라 금융 투기나 화석 연료의 사용에서 오기 때문에 지구적 안보와 국가안보가 추구하는 목표가 서로 부조화를 이룰 수 있다.

일반적으로, 안보라는 개념을 전통적인 안보 연구에서는 외국의 위협으로부터의 주권국가의 물리적 안전이라는 좁은 의미로 정의하여 왔고, 동시에 국가를 국제정치의 가장 중요한 행위자로 보는 현실주의자들이 안보연구를 지배해 왔다. 그러나 앞에서 설명했듯이 안보는 사람들이 진정 안전한 상태가 무엇인지 생각하기에 따라 정신적 행복이나 생태적 균형, 시장의 안정성을 의미할 수도 있다. 월트(Stephen Walt)가 말했듯이 위협이라는 것은 인식과 주관적 판단의 영역이다.[2] 따라서 위협이 완전히 없는 상태라는 뜻의 안보는 사회적으로 구성된(socially constructed) 개념인 것이다.[3] 안보개념은 상황에 따라 달라질 수 있고 넓은 스펙트럼 상의

어떤 의미로든 갖다 붙일 수 있다"고 주장했다. Daniel Deudney, "The Case Against Linking Environment Degradation and National Security," *Millenium*, Vol. 19, No. 3 (1990년 겨울)을 참조할 것.

2) Stephen Walt, *The Origins of Alliances* (Ithaca: Cornell University Press, 1987).

3) 국제 관계와 국제 안보의 사회적 구성에 대해서는, Alexander Wendt, "Constructing International Politics," *International Security*, Vol. 20, No. 1 (1995년 여름), pp. 71-81; Peter Katzenstein (ed.), *The Culture of National Security* (New York: Columbia University Press, 1996); John Gerard Ruggie, "What Makes the World Hang Together? Neo-Utilitarianism and the Social Constructivist Challenge," *International Organiza-*

다양한 점들에 위치할 수 있다.

어떤 문제 영역에서 안보 분석이 상황적인, 즉 맥락에 따라서 중요성이 달라지는 변수에 의존한다면, 그 분석은 일관된 정밀함이나 정연한 논리를 잃어버리게 되어 안보정책 결정자들을 위한 잘 짜여진 정책 제안을 뽑아내기 어렵게 된다. 따라서 잘 고안된 분석 틀과 안보에 대한 설득력 있는 정의야말로 환경안보와 같이 비전통적 안보 분야의 안보정책을 정부, 특히 군사안보와 경제 발전에 높은 우선순위를 두는 정부들에 효과적으로 제시하기 위해 반드시 필요하다.

이런 문제들을 고려하여 많은 환경안보 전문가들이 정밀한 분석틀과 환경안보라는 개념을 설득력있게 정의하기 위해 노력해 왔다. 1980년대 후반 저명한 저널에 고무적인 논문들이 무수히 발표되면서 안보이슈로서의 환경이 두각을 드러내기 시작했다.[4] 이런 1980년대 후반의 노력에 자극된 최근 논의의 확산은 국가 중심적인 접근으로부터 벗어나서, 환경문제가 개인, 집단, 생태계와 지구에까지 미치는 결과를 강조하고 있다.

일반적으로 최근의 환경안보 논의는 "인간이 초래한 환경파괴와 자원고갈은 근본적인 물리적 위협을 일으킨다"[5]고 주장한다. 그러나 이 말이 정확히 무엇을 의미하는지는 학자들마다 의견이 달라서, 환경과 안보를 접목시키는 데에서도 서로 다른 접근법이 발달했다. 이같이 다양한 관점이나 접근법은 다음과 같이 분류할 수 있다:

---

*tion*, Vol. 52, No. 4, (1998년 가을), pp. 855-886을 참조할 것.

4) Terrif, Croft, James, Morgan은 다음을 1980년대의 고무적인 논문들로 인용하고 있다. Jessica Tichman Mattews, "Redefining Security," *Foreign Affairs*, Vol. 68, No. 2 (1989년 봄), pp. 162-177; Norman Myers, "Environment and Security," *Foreign Policy*, 74(1989년 봄), pp. 23-41; David Wirth, "Climate Chaos," *Foreign Policy*, 74(1989년 봄), pp. 3-22; Neville Brown, "Climate, Ecology and International Security," *Survival*, Vol. 31(1989년 11월, 12월), pp. 519-532. 인용된 것은 Terry Terriff, Stuart Croft, Lucy James, and Patrick M. Morgan, *Security Studies Today* (Cambridge: Polity Press, 1999), p. 117.

5) 위의 책, p. 118.

① 환경난이 정치적 불안이나 갈등을 유발한다는 관점
② 환경파괴는 전쟁이나 그 준비 행위로 인한 것이라는 관점
③ 환경파괴는 인간의 건강이나 복지를 위협한다는 관점
④ 환경파괴가 주권을 침해한다는 관점[6]

간단히 설명하자면, 앞의 두 범주는 군사적인 결과나 의미를 갖는 환경문제만 다루고 있고, 뒤의 두 갈래는 군사적 관심사를 포함하여(혹은 포함하지 않는) 보다 넓은 범위의 환경 이슈들을 다루고 있다. 그러나 이와 같이 두 가지의 범주로 구분하는 것이 항상 적절한 것은 아니다. 왜냐하면 현재 군사적 의미를 갖지 못하는 환경 이슈들도 미래에는 군사적 갈등을 야기할 가능성이 있으며, 어떤 환경파괴는 사람들이 관심을 기울일 겨를과 여유가 없을 경우에 환경파괴가 건강이나 복지에 대한 위협으로 인식되지 않을 수 있기 때문이다. 이런 의미에서 두 가지 범주 중 어디에 해당하느냐를 결정하는 것은 주관적인 판단의 문제가 될 수 있다. 그래서 매덕(R. T. Maddock)은 환경안보 이슈를 선택하는 데 있어서 네 가지의 기준을 두고 있는데, 1)광범위하고 신속하고 지속적인가, 2)생태적 가치나 다른 중요한 가치 사이에 실질적인 모순이 심각한가, 3)상충하는 목표들 사이에서 적절한 타협점을 찾는 데 드는 실질적이고 금전적인 비용이 크고 증가하는가, 4)국내에 다른 구조적 또는 정치적 결함과 부정적으로 상호작용하여 사회적 혼란을 야기하는가가 그것이다.[7]

이 네 가지 기준이 환경안보에 대한 연구를 행하는 데 출발점이 될 수는 있겠지만 정책적인 관점에서 한 가지 중요한 요소가 빠져 있다. 즉 "누가 그 기준들을 정당화하고, 누가 특정 환경문제가 이 기준에 맞는지를 결정할 것인가, 또 환경문제들을 효과적으로 해결하기 위해 정책 결정을 누

---

6) 위의 책, p.118.
7) R. T. Maddock, "Environmental Security in East Asia," *Contemporary South Asia*, Vol. 17, No. 1, (1995년 7월), p. 25.

가 할 것인가"와 같은 것들이다. 이런 문제들을 풀기 위해서는 다시 국가
라는 행위자를 환경안보 논의의 중심으로 끌어와야 할 필요가 생긴다. 왜
냐하면 아직까지 이러한 질문에 대하여 판단하고 그에 따라서 가장 효과
적인 대응책을 마련할 수 있는 조직 중에서 국가를 능가하는 조직이 없기
때문이다.

　이런 맥락에서 본 논문의 환경안보는 "환경위협(environmental threat)
과 환경문제로 인한 위협(threat of environmental origin)으로부터 국가가
국민을 보호하는 것"을 의미한다. 즉 환경문제가 국가로 하여금 이런 문
제들에 대처하기 위해 비상 조치를 취할 상황까지 갔을 때 환경은 곧 안보
문제가 되며 따라서, 국민에게 안보를 제공하는 행위자는 국가다. 그러므
로 환경위협은 "이를 해결하기 위해 국가가 비상조치를 취할"[8] 구실이 되
는 환경문제를 의미한다.

　한편, 환경문제로 인한 위협은 보다 전통적인 군사안보와 밀접한 관련
을 갖는다. 즉 환경문제가 발전하여 국가 내부의 다양한 행위자들 간 또
는 국가 간에(주로 자원고갈의 문제로 인한) 갈등을 일으키게 되면 이 또
한 국가가 군사적인 비상조치를 취할 구실이 되기 때문이다. 이러한 논리
에 입각하여 본 논문은, 국가가 문제 해결을 위해 비상조치를 취할 구실이
될 수 있는 환경문제가 바로 환경안보 이슈라고 규정하고 있다.

## II. 분석 틀: 지역 환경안보 복합체

　대부분의 환경안보 이슈들은 한 지역에 국한되지 않는다. 왜냐하면 환
경활동은 주로 지구적 생태계 전체와 관련이 있기 때문이다. 그러나 일정

---

8) 이 정의는 부잔(Barry Buzan), 위버(Ole Waever) 그리고 윌드(Jaap de Wilde)의 글에
　서 차용한 것이다. 동 저자의 *Security: A New Framework for Analysis* (Boulder:
　Lynne Rienner Publishers, 1998)을 참조할 것.

지역을 벗어나지 않는 초국경적 환경문제는 그 지역 차원에서 다뤄야 한다. 더욱이 지역적이 아닌 전지구적 생태계가 관련되면 '공공영역의 비극(tragedy of the commons)' 이 생길 수 있기 때문에, 실제로 국가들은 초국경적 환경문제를 더욱 효과적으로 다루기 위해 지구라는 공공영역을 몇 개의 지역 단위로 분할할 필요가 있다.[9] 그런데, 환경안보에 대한 지역적 접근을 채택하기 위해서 두 가지 기준이 적용될 수 있다. 첫째, 특정 환경문제에 대한 위협 인식 수준이 특정지역에서 높지만 그 이외의 지역에서는 낮아야 한다. 둘째, 지구적 수준의 국제협력은 반드시 필요하지 않을 수도 있지만, 지역 내의 국제협력은 환경문제를 효과적으로 해결하기 위해 필요하다. 이 두 번째 기준의 함의는 협력에 응하지 않는 국가는 역내의 다른 국가에 부정적인 영향을 야기하여 국가간 갈등을 유발할 수 있다는 점이다.

그렇다면 지역이라는 개념을 어떻게 정의할 것인가? 사실 지역을 정의하는 문제를 둘러싸고 사회 과학자들 간에 복잡하고 끝없는 논쟁이 있어 왔다. 이러한 논쟁을 보면 지역을 단순히 특정 국가나 물리적 영토를 포함하거나 제외하는 한 극단의 시각이 있는가 하면, 다른 극단으로 지역 사람들이 '우리' 라는 느낌을 갖는 범위의 주관적(인식적)인 지역 개념이 있다. 그러나 이 글의 서두에서 밝힌 바와 같이 국가중심적, 정책적 관점에서 환경안보문제를 접근한다면 국가들이 지역적 환경안보문제를 해결하는 데 도움을 줄 수 있는 실천적 지역 개념을 찾아내는 것이 필요하다. 즉 국가들이 어떠한 정책 대안들이 가능하고 실현 가능한지 분간할 수 있게 하는 방향으로 지역개념을 정의해야 한다.

---

9) 공공영역이 한정되어 있다고 가정할 때 합리적·자기 중심적인 사람들은 공공영역을 남용함으로써 결국 모든 공공영역 전체를 파괴하는 비극을 낳게 된다. 공공영역의 비극에 관해서는 Garnett Hardin, "The Tragedy of the Commons," *Science*, 162(1968년 12월 13일), pp. 1243-1248을 참조할 것. UNEP의 지역 해양 프로그램(regional seas programs)은 지구적 공공영역을 개별적인 지역으로 나눠 효과적으로 해양을 관리하는 좋은 예다.

　이러한 목적을 따라서 본 논문에서는 지역을 "환경문제로 발생하는 결과의 국가간 상호의존 정도가 높은 대략적인 지리적 공간"이라고 규정한다. 그러므로 한 국가 내의 환경문제나 환경과 관계된 활동이 다른 국가에 긍정적이든 부정적이든 외부효과를 야기했을 때, 지역은 일정한 지리적 공간에서 환경문제와 환경활동의 외부효과를 통하여 상호간에 묶여 있는 국가들의 집합을 의미한다.[10] 그럼 상호의존의 수준은 어떻게 측정할 것인가?

　이는 특정 지역의 환경활동과 결과 간의 관계를 과학적으로 분석함으로써 측정할 수도 있고, 보다 주관적으로 그 지역 국가들이 특정 환경문제를 유난히 서로에게 두드러진 환경문제로 볼 때 상호의존관계가 높다고 측정할 수도 있다. 과학자들은 인위적 환경문제가 특정 지역 내에서 국가 간 서로 얼마나 밀접하게 연결되어 있는지 밝혀낼 수 있을 것이다. 그러나 과학적으로 상호의존을 발견한다 해도 사람들의 일반적인 관심을 이끌어내지 못한다면 상호의존으로 발생하는 환경적 위협에 대한 인식의 수준은 높아지지 않을 수 있다. 그래서 환경문제에 대한 대중적 인식이 상호의존의 실제적 수준을 측정하는데 있어 매우 중요한 것이다. 게다가 모든 환경 이슈가 국가들 간에 똑같은 상호의존도를 갖는 것은 아니기에, 지역개념은 이슈에 따라 달라질 수 있다. 예컨대 유럽의 초국경적 대기오염이 유럽의 일부 국가만 관련되어 있다면, 지구온난화 문제는 지구상의 모든 국가를 포괄한다. 본 논문에서는 동아시아 전체가 지역을 구성한다고 보지 않는다. 반대로 동아시아에는 환경안보 이슈에 있어서 하부지역(sub-region)들이 존재한다고 보고, 이는 곧 동북아시아와 동남아시아를 의미한다.

　본 논문의 분석 틀은 기왕의 전통적인 안보연구에서 발전된 지역 안보

---

10) 이와 비슷한 접근이 모건(Patrick Morgan)에 의해 발전되었다. Patrick Morgan, "Regional Security Complexes and Regional Orders," in Patrick Morgan (ed.), *Regional Orders* (University Park, PA: Pennsylvania State University Press, 1997)을 참조할 것.

복합체 이론(regional security complex)을 동북아 지역의 환경문제에 적용하기 위해 필요한 수정을 가하여 개발한 지역 환경안보복합체 이론(regional environmental security complex)이다.[11] 위에서 지역개념을 정의할 때 언급했듯이, 여기서 지역 환경안보 복합체란 환경문제와 이를 해결하기 위한 노력이 서로에게 긍정적이든 부정적이든 외부효과를 갖는 국가들의 집합이다. 이러한 지역 환경안보 복합체는 다음과 같은 네 가지의 형태를 취한다:

①  "잠재적 지역 환경안보 복합체(latent regional environmental security complex)" : 위협을 지역 생태계에서만 인식 하는 경우 (오직 학자와 사회과학자들만의 세계)

②  "이익 균형 시스템(balance of interests system)" : 환경문제에 대한 국가들의 입장이 각국의 환경안보위협(특히 생태적 취약성이나 자원으로 인한 갈등)에 대한 평가와 그 위협을 해결하는 데 소요되는 비용의 계산에 의해서만 결정되는 경우.[12] 여기서는 국가가 자율적 결정을 내릴 수 있는 것으로 가정하기 때문에, 특정 환경 이슈에 대해 국가간 이해가 충돌하는 경우 그들 간에 긴장이 고조될 수 있다.

③  "지역레짐(regional regime)" : 환경안보문제를 해결하기 위하여 지역의 제도적 수단에 의존하는 경우

④  "상호주관적 지역 공동체(regional inter-subjective community)" : 국가들이 지역 환경안보문제를 자국의 문제라고 상호주관적으로 인식하는 경우

---

11) 지역 안보 공동체에 관해서는 앞의 글을 참조할 것.

12) 환경문제에 대한 국제협력과 관련하여, 스프린츠(Detlef Sprinz)와 바토란타(Tapani Vaahtoranta)가 생태적 취약성과 정화비용에 초점을 맞춘 흥미로운 분석틀을 개발했다. Detlef Sprinz and Tapani Vaahtoranta, "The Interest-based Explanation of International Environmental Policy," *International Organization*, Vol. 48, No. 1 (1994년 겨울), pp. 77-105 참조할 것.

이 네 가지 지역 환경안보 복합체는 이상형(ideal type)의 규범적인 순서를 보여주는데, 즉 안보가 순서에 따라서 네 번째의 복합체에서 가장 잘 실현되고 첫 번째의 복합체에서 가장 덜 실현된다는 것이다. 그러나 이러한 이상형들은 환경 이슈나 지역레짐의 효용성에 따라 종종 서로 공존하는 경우도 있다. 지역 안보에 대한 각각의 복합체가 주는 함의는 다음과 같다. 만약 어떤 환경 이슈에서 전문가들만이 위협을 인식하고 이들의 정책제안을 정책 입안자가 듣지 않을 경우, 환경위기는 느닷없이 닥칠 수 있다. 국가들이 비상조치로 빠르게 대응하지 못하면 이 위기는 경제나 국민복지에 타격을 줄 수 있다. 더욱이 이 위기가 그 특성상 자원부족을 심화시키는 경우 국가 내 또는 국가간의 물리적 충돌이 일어날 수 있다. 국가들은 환경위협에 제대로 준비하지도 못하였고, 위기가 국가간 갈등이나 국민에게 치명적인 타격을 줄 정도까지 제대로 대응하지 못하였기 때문에 국민들에게 안보를 제공한다고 할 수 없다.

그러나 만약 국가가 환경문제에 제대로 대응하지 못하였을 때 겪을 정치적인 손실을 알고 있다면, 위기가 실제로 닥쳤을 때 전문가와 정책 입안자 간의 협력은 증대될 가능성이 크다. 또한 일단 위기가 발생하면 그 환경 이슈는 안보문제화되는(securitize) 경향이 있다.[13] 그 지역 국가들이 환경문제보다는 영토분쟁, 빈곤, 사회적 불안과 같이 전통적으로 국가의 생존이나 부와 관련된 이슈에 첨예한 관심을 쏟는다면 이 지역에서는 이와 같은 잠재적 지역 환경안보 복합체가 발달하기 쉽다. 그러므로 지역 환경안보 복합체가 더 상위의 지역 환경안보 복합체로 발전하기 위해서는 먼저 영토문제와 사회적 불안이 상당부분 해소된 안정된 근대 주권국가 시스템이 구축되어야 한다. 그렇지 않으면 국가는 환경문제에 신경을 쓸 겨를이 없을 것이다.

국가들이 자신들의 경제적·정치적 손익만을 따져서 행동한다면, 일부 국가가 환경위협을 감지하더라도 부정적인 외부성을 갖는 국가가 편협한

---

13) 안보화에 관해서는 Barry Buzan, et al., 앞의 글을 참조할 것.

이익을 위해 협력하지 않을 경우에는 위협에 제대로 공동 대처하기 힘들다. 위협이 위기로 발전된다면 과학적 데이터가 확실히 위협의 원인을 밝히지 못할 때 국가들이 서로를 비난할 것이기 때문에, 이들 간에 긴장의 수준은 더욱 높아질 것이다. 그러나 부정적 외부성이 그 지역 국가들의 다른 다양한 환경 이슈와 깊숙이 접목되어 있다면 관련국들이 레짐형성이나 국제협력을 강구할 가능성도 있다. 부정적 외부성이 밀접히 연관되어 있지 않아 레짐 형성이 어렵다고 하더라도, 코아스 정리(Coase Theorem)에서 보듯이 만일 가해국을 원조하여 문제를 해결하는 것이 문제를 국내적으로 자체 해결하는 것보다 싸다면 갈등의 유발 없이 원조를 통하여 문제를 해결하려 할 것이다. 그러나 종종 근시안적인 자기 이익만을 추구하여 공동 이익을 추구하는 협력에 실패하게 된다. 또 앞에서 언급하였듯이 위기가 실제로 닥쳤을 때 국가는 특정 이슈를 안보문제화 할 수 있다.

역내에 적대국가가 있다면 이익 균형 시스템이 발달할 가능성이 크다. 그리고 환경위협이 전략적 계산에 의해 의도적으로 만들어 질 가능성도 없지 않다. 따라서 환경위협의 해결이 역내 국가들의 공동 이익이라는 차원으로 발전하지 않는 한, 이익 균형 시스템은 지역의 환경안보를 보장해 주기는 어려울 것이다. 그리고 역내 국가들이 환경문제 해결을 통하여 공동 이익을 달성할 수 있다고 하더라도, 불안정하고 불투명한 리더십, 환경에 무심한 국내 이익 단체들의 정치적 우위, 적대적인 역사적 경험과 같은 여러 이유들로 인해 서로를 믿지 못하면 이익 균형 시스템은 환경안보를 보장하는 데 큰 공헌을 하지 못한다.

그렇지만 이익 균형 시스템은 각국 국내 정치과정에서 국익에 대한 새로운 인식이 생겨날 경우 이에 따라 변화할 여지가 크다. 예를 들어, 최근 국민들은 점점 환경에 대해 민감해지고 있으며 녹색운동이 영향력을 행사하게 됨에 따라 환경위협과 관련하여 국가들이 국익의 정의를 환경문제를 포함하여 보다 포괄적으로 넓히는 추세에 있다. 환경위협의 안보문제화와 같은 다양한 이유들로 인해 지속가능한 발전이나 에너지 보전과 같은 개념들이 역내 국가들의 국익 개념에서 큰 비중을 차지하게 된다면, 환경문제로 인한 부정적 외부성들은 국가간의 어려운 협상을 거치지 않더라도 해결이 가능해 질 것이다. 따라서 자기 이익에 기초한 이익 균형 시스템이 환경안보를 해결하는 데 꼭 불안정하지만은 않다. 사실 상호주관적 지역 환경안보 복합체로의 이행은 각국이 국내적으로 지속 가능한 개발을 국익의 주요 요소로 재정의하는 것으로부터 출발할 수 있다.

지역레짐에서는 국가들이 환경위협을 다룰 공동의 도구를 공유하고 있기 때문에 앞의 두 공동체보다는 환경안보가 보다 잘 확보된다고 할 수 있다. 그러나 지역환경레짐의 효율성은 참가국의 정치적 의지와 그 레짐이 해결하려는 환경 이슈의 심각성에 따라 달라진다. 환경레짐은 국가들이 이기적으로 계속 생태적 취약성과 그 환경문제를 해결하는 데 드는 비용에 대한 평가에 따라 행동하고 있을 때에도 형성될 수 있다. 어떤 경우에는 지역레짐이 외교적 경합이나 업적의 결과물로 탄생하여 중복되는 레짐들이 아무런 상승효과도 없이 병존하는 경우도 있다. 또 지역환경레짐은 대개 순수한 환경문제에 초점을 맞추고 있어 안보적인 의미를 간과한다. 따라서 갈등 관리 메커니즘이나 조기 경보 시스템, 또는 위기 관리 시스템이 레짐에 포함되지 않을 경우가 많다. 그러나 레짐이 일단 형성되면 레짐은 국가나 담당자들에게 권위를 부여하고, 이들의 학습을 촉진하며, 역할을 정의하고, 이들간 연합을 새롭게 재편성하는 기능을 하게 되어 특정조건 하에서 레짐은 스스로 효율성을 높일 수도 있다.[14] 또한 국가들이 점점 환경위협을 안보문제화 하면, 지역환경레짐은 순수한 환경문제뿐만이 아니라 안보를 위해서도 기능할 것이다.

지역레짐과 국익의 재정의를 통한 국제협력은 국가들이 지역환경안보를 자신의 안보라고 상호주관적으로 이해하도록 자극할 것이다. 이러한

---

14) 레짐 효율성 문제에 관해서는 Oran Young (ed.), *The Effectiveness of International Environmental Regimes: Causal Connections and Behavioral Mechanisms*(Cambridge, MA: MIT Press, 1999)을 참조할 것.

과정을 통하여 형성될 상호주관적 지역 환경안보 공동체의 가능성은 지금으로서는 요원하다. 그러나 전통적인 안보문제와 관련하여 최근 논의되고 있는 안보 공동체(security community)의 논의를 볼 때, 덜 갈등적인 이슈들에 관한 환경안보 공동체의 형성이 전통적 안보 공동체의 형성보다 다소 쉬울 수 있다. 국가들이 환경문제에 더 관심을 둔다면 환경안보 영역에서 그러한 공동체를 만드는 것이 불가능한 것만은 아닐 것이다.[15]

## III. 동아시아의 환경안보

### 1. 동북아시아의 초국경성 대기오염

동북아시아의 대기는 아황산과 미세 입자들의 농도가 높은 것이 특징인데, 일본의 경우에는 이산화황 농도가 상대적으로 낮다.[16] 동북아시아의 초국경성 대기오염과 관련한 중대한 질문 중 하나는 어느 정도의 산성침전물이 자국에서 생성된 것이고, 어느 정도가 다른 나라에서 온 오염물질로 인한 것인가이다. 동북아에서 중국은 가장 많은 아황산가스와 이산화질소를 배출하고 있다. 여름을 빼고는 편서풍이 불기 때문에 중국에서 배출된 대기 오염물질은 한국, 중국, 북태평양(심지어 북미)에까지 이른다.[17] 데이터의 신빙성은 낮지만, 1994년 중국에서 아황산가스와 질소산화물의 배출량은 각각 3,122만 톤과 970만 톤에 이른다. 이에 비해 한국은 1996년

---

15) 안보 공동체에 관한 논의에 대해서는 Emanuel Adler and Michael Branett (eds.), *Security Communities* (Cambridge: Cambridge University Press, 1998)을 참조할 것.

16) Sahng-Gyoo Shim, "Transboundary Air Pollution in the Northeastern Asian Region," a paper presented at International Workshop on Environmental Peace in East Asia, Seoul and Wonju, Korea(2000년 7월 5~7일).

17) D. Jacob, J. A. Logan, and P.P. Murti, "Effects of Rising Asian Emission on Surface Ozone in the United States," *Geographical Research Letters*, 26(1999년), pp. 2175-2178.

에 150만 톤과 125만 8천 톤, 일본은 98만 6천 톤과 193만 5천 톤을 기록했다.[18] 여기서 한국과 일본의 데이터 신뢰성은 높다. 중국에서 발생하여 한국과 일본에서 내린 황침전물의 양에 대해서는 측정 기술과 계절에 따라 전문가들마다 결과가 다르다. 그러나 한국의 황침전물의 최소 13% 이상이 중국에서 발생한 것이고,[19] 계절의 변화를 고려할 때 한국에서 발생한 것보다 중국에서 유입된 양이 훨씬 많다.[20] 일본의 경우, 중국에서 발생한 황침전물은 3.5%에서 50%에 걸쳐 다양하다.[21] 중국에서 저급 에너지원 소비가 늘어남에 따라 한국과 일본에 미치는 부정적 외부성이 함께 늘어나고 있다. 물론 중국 정부는 이런 결과를 공식적으로 시인하지는 않았다. 그러나 중국의 석탄 사용량이 1990년에서 2010년 사이에 두 배로 늘 것이기에 한국과 일본으로의 아황산가스 유입은 더 늘어날 전망이다. 그러므로 중국이 부정적 외부성에 대한 고려 없이 급속한 경제발전에 우선 순위를 두는한, 초국경성 산성침전물은 특히 한국과 일본에서 이에 대한 대중적 인식이 커짐에 따라 더욱 심각한 국가간 갈등을 야기할 것이다.[22]

동북아 지역에서 또 다른 초국경성 대기오염 문제는 황사가 중국 내륙의 건조 지방과 고비 사막으로부터 한국과 일본으로 날아오는 것이다. 봄에 황사가 편서풍을 타고 한국에 오는 데는 하루에서 이틀이 걸리고 심각한 호흡기 질환과 안질환을 유발한다. 설상가상으로 중국의 산업화 과정에서 발생한 대기 오염물질과 중금속이 황사와 함께 날아온다.[23] 이러한 황사의 영향은 일반 대중에게 훨씬 직접적이기 때문에, 정부는 중국과의 긴밀한 협력을 통해 이 문제를 해결해 나가야 한다.

---

18) Sahng-Gyoo Shim, 앞의 글, p. 20.
19) R. L. Arndt and G. R. Carmichael, "Long-range Transport of Air Pollutants in Northeast Asia," *Water, Air, and Soil Pollution*, No. 85, 1995, pp. 2283-2288.
20) K. C. Moon, Y. P. Kim, and J. H. Lee, "Long-range Transport of Air Pollutants in Northeast Asia," *NIER Report* (1998).
21) Sahng-Gyoo Shim, 앞의 글, p. 23.
22) 중국도 자국의 아황산 가스로 인해 피해를 입고 있다.
23) http://www.moenv.go.kr (검색일: 2001년 7월 6일).

## 2. 동북아시아의 해양오염

해양오염은 국가 간에 서로 겹치거나 경합하는 해양관할권에서 발생하기 때문에 공동 환경관리를 어렵게 만든다. 동아시아의 반폐쇄해는 그래서 탄화수소, 중금속, 공업 화학물질과 농업 화학물질, 방사성 폐기물, 하수, 열 폐기물, 석유 누출 등과 같은 화학적 오염물질의 피해에 노출되어 있다.[24] 이 중 동북아의 잠재적인 갈등 요인으로서 이슈가 되는 것은 해양으로의 일반폐기물 투기와 핵폐기물 투기다.

쓰레기 매립이나 하천 또는 연안에 대한 직접적인 투기는 단지 비용이 저렴하기 때문에 최근까지 행해져 왔다.[25] 그러나 땅의 가치가 오르고 투기물의 양이 늘어남에 따라 중국, 일본, 한국, 그리고 대만은 해양폐기를 대안으로 보기 시작했다. 한국과 일본은 관할권 마찰이 있는 동해에 폐기 장소를 만들어 사용해 왔고, 동북아시아의 다른 나라들도 해양폐기를 늘릴 전망이다.

1993년 러시아와 일본이 대량의 방사능 폐기물을 동해에 투기해 왔다는 사실이 밝혀진 이후 핵폐기물 투기는 정치적, 환경적으로 민감한 문제가 되어왔다.[26] 구 소련과 러시아 해군은 폐로된 원자로와 핵폐기물을 동해에 투기해 온 것으로 알려져 있고, 일본도 도쿄 전력회사가 연간 9천 톤에 이르는 방사능 폐기물을 투기해 왔음을 시인했다. 남북한은 이에 대해 강력히 항의했으며 일본과 한국에서 많은 시민단체들이 반대 운동을 추진했다.

---

24) Peter Hayes and Lyuba Zarsky, "Regional Cooperation and Environmental Issues in Northeast Asia," (1993), p. 5, ftp://ftp.nautilus.org/napsnet/hayes1093.txt (검색일: 2001년 1월 10일).

25) Mark J. Valencia, "Northeast Asian Marine Environmental Quality and Living Resources: Transnational Issues for Sustainable Development" (1995), p. 6, ftp://ftp.nautilus.org/aprenet/Library/Papers/marinenv (검색일: 2001년 2월 1일).

26) 위의 글, p. 7.

지리적으로는 한국과 중국이 공유하고 있는 황해가 해양오염으로 가장 시달리고 있다. 양국의 해안에 위치한 산업시설들이 황해 연안의 오염의 주 원인이다. 산업폐수나 생활하수와 같이 육지에 근원을 둔 오염 외에도 상선에서 발생하는 석유 유출도 황해 오염 증가의 원인이다. 황해는 이미 세계 7대 "죽어가는 바다" 중 하나이다.[27] 황해만큼 상황이 나쁜진 않지만 동해도 일본의 산업 폐기물 투기[28]와 많은 해상 교통량으로 인해 계속 오염이 되고 있다. 1997년 1월에는 일본 연안에서 러시아 유조선이 침몰하여 어업과 양식업에 큰 피해를 입혔는데, 이 사고로 인해 일본과 러시아 사이에 책임문제를 놓고 갈등이 고조된 바 있다.[29]

원래 동북아시아에서 해양오염에 대한 관심은 높지 않았다. 해양오염에 대한 관심을 끌어낸 가장 큰 사건 중 하나는 1993년 동해 방사능 폐기물 투기 사건이다. 앞에서 언급했듯이 이로 인해 일본과 한국에서 일반 대중과 국내의 여러 단체들이 엄청난 관심을 갖게 되었다. 양국의 국내 이해 집단, 지방정부, 전문가 그룹이 느슨하게나마 운동을 전개했다.[30] 투기 문제가 이 지역레짐 형성 활동에 얼마간 자극을 준건 사실이나, 이 문제가 대중매체에서 별로 다뤄지지 않는다는 사실만 보더라도 알 수 있듯이 해양오염에 대한 이 지역 일반의 관심은 아직은 미미한 수준이다.[31]

27) Shin-wha Lee, "A New Agenda for Security: Environmental Conflict and Cooperation in East Asia," Kwang-Il Baek (ed.), *Comprehensive Security and Multilateralism in Post-Cold War East Asia* (Seoul: KAIS, 1999), p. 152.

28) 위의 글, p. 152.

29) Alan Dupont, "The Environment, Conflict and the Security of East Asia," a paper presented at International Workshop on Environmental Peace in East Asia (Seoul and Wonju, Korea, 2000년 7월 5~7일), p. 7.

30) Hyon-Jin Kim, "Marine Environmental Cooperation in Northeast Asia," a paper presented at the ESENA Workshop on Energy-Related Marine Issues in the Sea of Japan (Tokyo, Japan, 1998년 7월 11~12일).

31) 위의 글, p. 3.

## 3. 동남아시아의 삼림 황폐화

일반적으로 삼림 황폐화는 식량부족이나 물 부족처럼 자연재해를 더 심화시키는 요인이다. 자연재해나 자원고갈의 문제가 초국경적 의미를 가질 때는 국가간 갈등으로 비화될 수 있다. 삼림 황폐화와 안보의 관련성의 전형적인 예로 1997년 후반에서 1998년에 인도네시아 수마트라 섬과 칼리만탄 섬의 숲에서 발생한 불로 유독가스가 동남아시아의 광범위한 지역을 둘러쌌던 경우를 들 수 있다. 이러한 연무(煙霧)가 최소 200만 명의 인도네시아 국민의 건강에 영향을 주었고, 인도네시아 정부와 주변 아세안 국가들과의 긴장이 고조되었다.[32] 이 화재가 비록 그 삼림에서 자연적으로 주기적으로 발생해 왔지만, 1997~1998년의 연무는 인재였다. 팜유 생산을 크게 늘리려는 인도네시아 정부의 결정에 따라 특히 다국적 기업이 팜유 재배 농장 건설을 위해 삼림파괴를 가속화했다. 농장 건설을 위해 숲을 태우는 것이 가장 싸고 빠른 방법이었고, 엘 니뇨 현상으로 인한 심한 가뭄으로 인해 산불은 설상가상이 되었고, 그리고 연무에 포함된 발암물질이 동남아시아 지역에 심각한 환경문제로 발전했다.[33] 화재는 통제 불능한 상태였고 오염물질은 바람을 타고 날아가 말레이시아와 싱가포르에 심한 대기오염을 초래했다.

연무 현상이 악화되자 말레이시아 야당 당수인 림킷시앙(Lim Kit Siang)이 비상안을 제안 했고 말레이시아 환경부 장관은 효과적인 조치가 없는 인도네시아 정부를 비난했다. 싱가포르 환경부 장관도 인도네시아의 비효과적인 조치에 유감을 표시했다.[34] 앞으로도 인도네시아가 개발의 방향을 바꾸지 않는 한 더 심각한 화재가 발생할 지도 모르고 이로 인한 연무가 인도네시아와 주변국 사이에 정치적 긴장을 계속 야기할 것이다.

32) Alan Dupont, "The Environment and Security in Pacific Asia," *Adelphi Paper 319*, (London: The International Institute For Strategic Studies, 1998), p. 11.
33) 위의 글, p. 12.
34) 위의 글, p. 13.

주지하다시피, 삼림 황폐화는 자연재해와 자원고갈의 문제를 낳고 토양오염, 농장유실, 수질오염의 주원인이 된다. 동남아시아의 원시림 면적 중 거의 50%가 파괴되었고, 동아시아의 황폐화 비율이 세계에서 가장 높기 때문에,[35] 특히 연무, 식량이나 물 부족으로 인한 국가간 갈등 가능성이 먼저 해결되어야 한다.

## 4. 동남아시아의 대기오염과 해양오염

산업화와 동반하여 발생하는 주요한 환경문제의 하나로, 증가하는 에너지 소비의 부산물인 대기오염을 들 수 있다. 연료의 질을 고려하지 않은 에너지 소비의 급격한 증가로 인해 아황산가스($SO_2$), 질소산화물($NO_x$), 이산화탄소($CO_2$) 등이 증가하게 된다. 중국과 몇몇 아세안(ASEAN) 국가들이 경제발전의 심화단계에서 이런 문제들을 보이고 있다. 더욱이 동아시아는 장차 세계 전체 이산화탄소와 아황산가스 증가의 50%를 차지할 것으로 예측되고 있다.[36]

중국, 태국, 말레이시아, 인도네시아에서의 대기오염물질의 배출은 매우 급속하게 증가하고 있으며, 높은 인구밀도와 국가들의 인접성으로 인해 배출된 오염물질이 다른 나라로 옮아갈 가능성이 크다.[37] 그러나 강한 편서풍과 동남아시아 국가와 중국의 상이한 오염통제수준을 따져 볼 때, 싱가포르와 같은 선진국과 동쪽에 위치한 나라들이 이로부터 피해를 받기 쉽다. 하지만 초국경성 대기오염이 심각한 정치적 문제가 되기 위해서는 그에 대한 대중적 인지도 역시 선진국 수준으로 높아져야 한다.

동아시아 도시들 대부분은 해안이나 바다로 흘러 들어가는 강 하구에

35) Alan Dupont, "The Environment, Conflict and the Security of East Asia," p. 7.
36) Gautam Kaji, "Challenges to the East Asian Environment," *The Pacific Review*, Vol. 7, No. 2 (1994), p. 211.
37) Sunwong Kim and Yoshio Niho, "Regional Environmental Cooperation in East and Southeast Asia," *Pacific Focus*, Vol. X, No. 2 (1995), p. 160.

위치하고 있다. 도시가 확장됨에 따라 해안지역을 둘러쌌던 식물들이 파괴되고 점점 많은 산업 폐기물이나 생활 폐기물이 강 어귀와 연해에 그대로 쏟아지게 되었다. 타이 만, 마닐라, 자카르타 만, 남지나해, 메콩 델타 지역에서 가장 심각한 해양오염이 발생하고 있다. 수확을 늘리기 위한 화학비료의 남용과 해양교통의 급격한 증가로 인해 황해, 동지나해, 남지나해의 오염이 심화되는 것이다.[38] 1980년대 중반 자료에 따르면 적어도 3분의 1에 달하는 중국연안의 해수가 엄청난 카드뮴, 수은, 중금속을 포함하고 있으며 이후 상황은 더욱 악화되고 있다.[39]

해상 운행량이 많은 말라카 해협에서는 석유누출이 해협통행을 방해하거나 아예 폐쇄할 지경까지도 갈 수 있다는 것에 각국 정부가 우려하고 있다. 이 해협을 통하는 지역간 무역의 비중이 크기 때문에, 대량의 석유누출과 그로 인한 해협폐쇄는 말레이시아, 싱가포르, 인도네시아, 또는 그 이상의 지역에 최악의 환경적·경제적 결과를 초래할 것이다.[40]

높은 인구 밀도, 역내 국가의 인접성, 도시의 확장을 고려할 때 해양오염은 장래 동남아 지역 국가 간에 갈등의 소지가 될 것이다. 해양오염이 해양자원의 고갈을 가져오므로, 한정된 자원을 얻기 위한 역내 국가들의 경쟁을 유발하는 문제도 생길 것이다.

## 5. 동아시아의 자원과 에너지 관련 문제

국가내, 국가간 환경갈등의 중심에는 지구의 수용능력(carrying capacity)의 한계, 그리고 이 한정된 양의 자원에 더 접근하기 위한 사람들과 국가 간의 경쟁이 있다. 그래서 이런 환경갈등이 일어나는 것을 막기 위해

38) Alart Dupont, "The Environment and Security in Pacific Asia," p. 15.
39) Vaclav Smil, "Environmental Problems in China: Estimates of Economic Costs," *East-West Center Special Report*, No. 5(1996년 4월), p. 28, 인용은 Alan Dupont, "The Environment and Security in Pacific Asia," p. 15.
40) Alan Dupont, "The Environment and Security in Pacific Asia," pp. 15-16.

서는 두 가지 문제가 먼저 다뤄져야 한다. 즉 인구과잉과 "공공영역의 비극"이 그것이다. 이런 배경에도 불구하고 동아시아의 인구 경향을 볼 때 환경 평화로의 징후는 별로 보이지 않는다. 동아시아의 인구는 이미 세계 인구의 3분의 1에 달하고 향후 더 늘어날 추세다. 2025년까지 동아시아의 인구는 25억이 될 것이고[41] 증가분의 인구는 대도시에 집중될 전망이다. 동아시아의 인구과잉이 자연자원의 역량, 또 정부와 다른 기관들이 이를 조절할 역량을 넘어설 정도가 된다면, 특히 경제적 위기나 불황기일 때 이러한 인구 증가는 궁극적으로 사회적·정치적 갈등을 낳을 것이다. 인구 과잉은 경작지를 줄이고 환경적 압박과 오염을 가중함으로써, 적절한 식량, 물 외 기타 생필품 수준을 제공하는 국가의 능력을 약화시킨다.[42] 그러나 궁극적으로는 불만 세력의 자원동원 능력과 조직력이 자원부족 문제가 정부에 대한 폭력적 갈등으로 발전할 지를 결정할 것이다.

공공영역의 비극 문제는 일반적으로 공공영역을 이기적인 행위자가 사용할 때 일어난다. 급속한 산업화에 사로잡혀 개도국은 특히 한때 무한하다고 생각되었던 자원들을 남용하여 고갈시키는 경향이 있다. 전형적인 예로 동아시아의 어획량 감소를 들 수 있다. 태평양은 동아시아 사람들의 단백질의 원천이다. 세계 어획량의 반 이상을 아시아가 차지하고 있고, 중국, 일본, 한국, 태국, 대만 등은 세계 10위 안에 들어가는 어업대국이다.[43] 태평양은 과다한 어획과 연안오염으로 인해 환경적 압박을 받고 있는 것으로 나타났다. 이를 규제하지 않으면 마침내는 많은 동아시아 국가들이 남은 어획량을 놓고 경쟁하는 현상이 발생할 것이다. 부족한 자원을 두고 벌이는 경쟁은 관련국 간의 긴장 악화로 이어지는 경우가 많다. 이와 비슷한 공공영역의 비극이 삼림, 담수, 청정 공기, 에너지 등과 같은 다른 자원영역에서 나타날 수 있는 것이다. 인구과잉과 공공영역의 비극이 동아

---

41) *Concise Report on the World Population Situation in 1993: With Special Emphasis on Refugees* (United Nations, 1994), pp. 12-13.

42) Alan Dupont, "The Environment, Conflict and the Security of East Asia," p. 4.

43) *Far Eastern Economic Review* (1997년 3월 13일), pp. 50-51.

시아에서 함께 나타난다면, 환경적 갈등이 심각한 안보문제가 될 것이다.

아시아의 에너지 수요는 이 지역 국가들이 급속히 성장하면서 엄청나게 증가했고, 산업, 교통, 가정 부문에서 에너지 사용이 증가해 왔다. 1997년 금융위기가 잠시 경제성장과 에너지 수요를 둔화시켰지만, 그 이후 자료에 의하면 아시아의 일차적 에너지 수요는 2010년까지 매년 4~5%씩 증가할 것으로 보인다.[44] 아시아 국가들이 에너지 수요에 맞추기 위해 석탄과 석유에 크게 의존하고 있는 현실로 인해 산성침전물, 온실가스의 배출 등과 같은 문제들은 이미 이 지역에 만연한 상태다. 게다가 중동으로부터의 석유 수입 의존도가 증가하고 있기 때문에[45] 중동으로부터의 석유 공급에 장애가 생긴다면 동아시아 경제가 큰 타격을 받을 것이다. 동아시아 국가들이 에너지 공급구조를 원자력으로 바꾸려면 안전성과 잠재적인 핵확산과 같은 문제들을 해결해야 한다. 앞에서 언급했듯이 동아시아 에너지 문제가 지역간, 지구적 안보이슈와 밀접히 연결되어 있으므로 이런 에너지 관련 환경안보문제를 좁은 지역 안보 복합체 틀에서만 이해하는 것은 부적절할 것이다.

## IV. 동아시아 지역 환경안보 복합체

지금까지 간단히 분석한 동아시아의 환경 이슈들은 인간으로 인한 환경문제들이 초래한 부정적 외부성이 그대로 동아시아 전체에 미치지는 않는다는 것을 시사하고 있다. 오히려 외부성은 더 좁은 하부지역, 즉 동

44) Daniel Yergin, Dennis Eklof, and Jefferson Edward, "Fueling Asia's Recovery," *Foreign Affairs*, Vol. 77, No. 2 (1998년 3월, 4월), p. 38.
45) 1997년에는 아시아 태평양 지역의 원유 수입량 중 76%가 중동에서 수입되었다. Lyuba Zarsky, "Energy and the Environment in Asia-Pacific: Regional Cooperation and Market Governance," in Pamela Chasek (ed.), *The Global Environment in the Twenty First Century* (Tokyo: United Nations University Press, 2000), p. 278.

북아시아와 동남아시아로 나뉘어진다는 것이다. 외부성이 하부지역을 넘어서게 되면 에너지안보나 지구온난화와 같은 경우처럼 지역간 또는 전지구적 이슈가 될 것이다.

## 1. 동북아시아의 지역 환경안보 복합체

동북아시아 지역 환경안보 복합체는 중국, 한국, 러시아의 산업활동이 서로의 환경에 부정적인 영향을 미치기 때문에 초국경성 대기·해양오염 분야에서는 두드러지게 나타난다. 그러나 환경위협에 대한 각국의 민감성은 다르다. 산성침전물의 경우 일본과 한국은 중국이나 러시아보다 훨씬 민감하다. 이러한 다양한 민감성에는 세 가지 요인이 작용한다.

첫째, 주로 부는 바람의 방향이 편서풍이기 때문에 동쪽에 위치한 나라는 초국경성 대기오염에 더 취약하다.

둘째, 위협이라는 인식의 문제는 사회적으로 구성되는 것이기에 다양한 산업화 수준과 대중 인지도가 민감성에 큰 영향을 미친다. 개도국의 국민과 정부는 빠른 경제 성장에 높은 우선순위를 두고 있고, 환경보호에 투입할 충분한 자원이 없다. 이런 이유로 국민들은 환경문제를 위협으로 인식하기보다 참는 쪽을 택한다. 한국과 일본의 경우에는 점차 국민들이 환경문제를 일상 생활에 대한 심각한 위협으로 인식해가고 있지만, 중국과 러시아의 경우에는 아직 다소 뒤떨어져있다.

셋째, 환경위협에 대한 인식은 적어도 부분적으로는 특정사건 발생이나 학습에 의해 발전된다. 큰 환경 사고가 발생했을 때 환경문제의 위험성이 대중에 알려지고, 사람들은 그 특정 환경 이슈에 관심을 갖게 된다. 동북아시아에서 산성비 문제가 뉴스 미디어의 관심을 끌지 못하는 것은 아직 극적인 사건이 발생하지 않았기 때문이다.

해양오염에 있어서는, 위에서 언급한 요소 중 뒤의 두 개가 민감성의 수준을 결정하는 데에 마찬가지로 적용된다. 즉 핵폐기물 투기 사건은 일본과 한국 언론의 큰 관심을 끌어, 핵폐기물 투기문제가 동북아시아 지역에서 중요한 정치적 이슈로 부각되었다. 그러나, 일반적인 해양오염 문제에 대한 대중의 인식 수준은 일본이나 한국에서조차 높지 않은 편이다. 예컨대 여론조사에 따르면 해양오염에 대한 한국과 일본의 대중적 관심은 보통 정도에 머무르고 있다. 일본인의 66%와 한국인의 80%가 "환경에 관한 상당한 개인적 관심"을 표시했지만 해양문제에 대한 관심은 훨씬 낮았는데, 일본 응답자의 43%, 한국 응답자의 49%가 하천, 호수, 해양의 오염이 "아주 심각한 수준"이라고 대답했다. 일본에서는 국가가 닥친 가장 주요한 위협으로 환경문제를 꼽은 사람이 12%밖에 없었고, 한국에선 9%만이 그랬다.[46]

간단히 말해 초국경성 대기오염과 해양오염 문제에 대한 동북아시아의 지역 환경안보 복합체는 "잠재적 지역 환경안보 복합체" 단계에서 점차 "이익 균형 시스템" 단계로 나아가는 단계라 할 수 있다. 북서태평양 보전 실천계획(NOWPAP), 아시아-태평양 환경회의(ECO-ASIA), 동북아 환경협력고위급회의(NEASPEC)와 같은 레짐을 형성하여 오염문제를 해결하려는 노력이 있긴 하지만, 이런 시도가 일반 대중은 차치하더라도 안보영역의 최고 결정자에게조차 제대로 알려지지 않고 있다. 게다가 지역레짐을 형성하기 위한 정부간 협상 과정에서는 이익 균형 정치의 전형적인 예를 보여주고 있다. 따라서 동북아 국가들은 환경문제를 심각한 지역적 안보 위협으로 다루고 있지 않다고 말할 수 있다. 그러나 지역환경안보 복합체가 "이익 균형 시스템" 단계로 나아감에 따라, 또한 일본과 한국에서 중국과 러시아보다 민감성이 더 높아짐에 따라 중국과 러시아가 원인 제공자가 되는 국가간 갈등의 가능성은 가까운 미래에 더욱 높아질 수도 있다.

---

46) Riley E. Dunlap, George H. Gallup, Jr., and Alec M. Gallup, *Health of the Planet*, *Princeton* (Gallup International Institute, May 1993), Figure 1, Figure 3, Table 6. 인용은 Peter Haas, "Prospects for Effective Marine Governance in the Northwest Pacific Region," a paper presented at the ESENA Workshop on Energy-Related Marine Issues in the Sea of Japan(Tokyo, Japan, 1998년 7월 11~12일).

## 2. 동남아시아의 지역 환경안보 복합체

동남아시아의 높은 인구밀도와 국가간 인접성 때문에 모든 국가들이 초국경적 환경오염에 취약한 상황이다. 그러나 싱가포르를 제외한 모든 역내 국가들이 아직 빠른 산업화 과정에 있기 때문에 환경 이슈가 아직은 심각한 정치적 긴장을 낳고 있지는 않다. 그렇지만 인도네시아의 연무문제와 같은 경험이 있기 때문에 동남아시아 국가들은 화재로 인한 연무를 계속 주요한 정치적·안보적 문제로 인식할 것이다. 동북아시아에서처럼, 동남아시아의 지역 환경안보 복합체는 대부분의 경우 여전히 "잠재적 지역 환경안보 복합체"의 단계에 머무르고 있으며 이와 함께 연무나 석유누출문제에 있어서는 "이익 균형 시스템"의 모습을 보여주고 있다. 따라서 환경문제가 지역 안보에 주는 함의는 안보전문가보다는 우연한 사고에 의해 다루어지는 수준이다.

## V. 결론

동아시아에서 환경문제에 대한 민감성은 대중적 인지도의 부재와 환경보호에 할당할 만한 여력의 부족으로 인해 상대적으로 낮은 편이다. 부정적 외부성들의 연관관계가 동북아시아와 동남아시아 모두에서 현저히 나타나지만, 환경 이슈들이 이런 하부 지역에서 안보문제로 되기에는 극적인 계기가 발생하여 대중적인 센세이션이 일어나지 않는 한 어렵다. 이점에서 동북아와 동남아의 지역 환경안보 복합체는 "잠재적 지역 환경안보 복합체"로 나타나고, 여기서 위협은 지역 생태계 수준에서만 인식되고 있다.

환경위협이 지역 안보 이슈가 되기 위해서는 부정적 외부성이 인식될뿐만 아니라 교육되어야 한다. 동아시아에서 교육은 주로 연무나 핵폐기물 투기와 같은 사건들로 인해 행해졌고, 이로 인해 이런 특정 이슈들에 대한 대중적 인식수준이 높아지게 되었다. 이런 패턴은 상당히 위험스러운 것이, 피해가 일어난 이후에야 위협이 인식되기 때문이다.

게다가 민감성의 수준이 이 지역에서 높아지더라도, 특정 문제영역에 대한 자원 할당의 차원에서 국가들이 서로 다른 정책 우선순위와 대응 능력을 갖고 있기 때문에 서로 다른 취약성을 갖게 된다. 지역 환경안보 복합체 분석에 따르면 지역적 환경위협은 아직 동남아시아에서 사회적으로 구성되지 않았다. 훨씬 더 많은 사고가 발생하고 훨씬 많은 어류가 희생되고 난 후에야 지역 환경안보 복합체가 "잠재적 지역 환경안보 복합체" 단계로부터 벗어날 수 있을 것이다.

이 지역의 환경문제가 복잡한 부정적 외부성의 관계를 형성하기 때문에 개별 국가들은 독립적으로 문제들을 효과적으로 해결할 수 없다. 또한 환경문제가 국가간 갈등의 잠재적인 원인이 될 것이다. 게다가 민감성과 취약성의 수준이 국가마다 다르다면 이것도 갈등의 소지가 될 것이다. 이런 점들을 고려해 볼 때, 동아시아의 지역 환경안보 복합체를 "잠재적 지역 환경안보 복합체" 로부터 적어도 역내 국가들이 비슷한 민감성을 갖는 "이익 균형 시스템" 까지는 끌어 올릴 방법을 강구해야 한다. 그 다음에야 더욱 높아진 민감성으로 인한 환경위협에 대해 공동 방위 시스템(지역레짐)을 구축할 수 있을 것이다.

국익개념이 점차 지속 가능한 개발을 우선 순위에 두는 방향으로 재정의된다면, 이익 균형 시스템 안에서 지역 환경안보에 대한 상호 주관적 이해가 가능해 질 것이다. 안보의 관점에서 볼 때, 취약성이 높은 국가들은 환경적 위협이 미리 효과적으로 예방되지 않는다면 심각한 정치적 불안을 겪을 것이다. 따라서 레짐 형성은 환경적 재앙을 미연에 방지하고 재앙이 닥쳤을 때 취약한 국가를 지원하는 문제까지도 고려하여야 한다. 환경문제가 갖는 안보적 함의를 고려할 때, 지역레짐은 단순히 환경문제 만을 다룰 것이 아니라 긴장·위기 관리 또는 조기 경보 시스템과 관련한 안보 문제까지 다뤄야 할 것이다.

# 3장

## 동북아 환경협력: 대기오염 문제

안나 브레텔(Anna Brettell)*

동북아시아의 대기오염은 단연코 세계에서 가장 심각한 수준이다. 세계에서 오염이 가장 심각한 도시의 대다수가 이 지역에 속해 있다. 중국과 몽골에서 발생한 대량의 먼지 폭풍인 황사는 동북아 국가들에게 많은 문제를 일으키고 있다. 동북아 4개국인 중국, 러시아 연방, 일본, 한국은 성층권에 위치한 오존층을 파괴하는 오존파괴물질(ODS: Ozone Depleting Substance)의 세계 상위 15위 권에 드는 생산자이자 소비자이다. 지구 온난화를 가속화하는 온실가스(GHG) 중 하나인 이산화탄소의 배출에 있어 세계 제 2, 3, 4위국이기도 하다. 게다가 동북아시아는 유럽과 북미 다음으로 산성비로 인해 골치를 앓고 있는 지역이다.

동북아시아에는 우리가 관심을 가지고 지켜봐야 할 대기오염 문제가 산적해 있다. 이들 중 일부는 국내 수준에서 환경의 질에 영향을 미치는

* 미국 코넬대학교 교환 조교수

데 그치지만, 다른 것들은 국가간의 수준으로 이동하여 소지역, 혹은 세계의 다른 나라들에도 영향을 끼치게 된다. 동북아 국가들은 대기오염물질의 국가간 이동 문제에 대한 해결을 위해 쌍무 또는 다자협력 활동을 이제막 시작한 상태이다. 이런 협력 활동이나 기관들에는 동북아의 두 개 이상의 국가가 참여하거나 좀 더 넓게는 아태 지역 혹은 다른 지역의 국가들이 참여하기도 한다. 본 글에서는 황사, 기후변화, 그리고 산성비의 국가간 이동 문제에 중점을 두고 이 세 가지의 대기오염 문제를 검토한 뒤 이들 간의 상관관계에 대해서 알아볼 것이다. 이러한 문제 제기를 위해 세워진 소지역, 지역 기관들도 살펴보고, 이러한 문제들을 동북아의 국제 관계 그리고 지역 에너지안보의 측면에서 분석할 것이다. 또한 보다 긴밀한 협력을 가로막는 장애물을 집중 조명하고 상호이익을 가져올 수 있는 적절한 협력방안도 제시할 것이다.

위에서 언급한 세 개의 대기오염 문제에 대한 지역적·소지역적 협력은 여러 가지 면에서 필요하다. 우선, 지구물리학적 현실과 국가간 이동을 하는 대기오염물질의 특징은 아시아 태평양 연안의 국가들을 하나로 연계시키고 있다. 둘째, 이런 종류의 환경문제는 장기적인 관점에서 볼 때 동북아의 경제 성장이나 삶의 질을 위협할 것이다. 따라서 협력이 최상의 결과를 가져올 것이라는 가정하에 지역 내의 국가들이 서로 협력하는 것이 각 국가의 이해관계에 적합할 것이다. 셋째로, 소지역 협력 포럼의 창설은 참여국들에게 정치적 이득을 가져온다. 대기오염물질의 국가간 이동 문제는 공동으로 맞닥뜨리게 된 대표적 도전이고, 소지역 차원에서 긴장을 고조시킬 수 있는 문제들을 야기한다. 동시에 이러한 문제들은 신뢰구축과 국가간 정치·경제적 관계를 공고히 할 수 있는 기회를 제공하기도 한다. 네 번째로, 온실가스 방출과 산성침전물을 다루는 공동 연구 프로그램은 다른 요소들과 더불어 천연가스 수송관이나 재활용 에너지 프로젝트와 같은 에너지 프로젝트의 소지역적 협력에 커다란 진척을 가져올 수 있다.

# I. 황사

일본에서는 코사(こは, Kosa), 중국에서는 黃砂(Huangsha), 한국에서는 황사라고 불리는 이 거대한 먼지 폭풍은 타클라마칸 사막과 고비 사막의 중심에서 발생하여 거의 매년 봄 동아시아를 휩쓸고 지나간다. 중국의 한 과학자에 따르면 지난 50년간 중국 북서지역에 약 70차례에 걸친 이런 모래 폭풍이 발생했다고 한다. 이 중 21건은 지난 10년 동안 발생한 것이다. 황사현상이라고 불리는 이 거대한 모래폭풍이 1998년에는 너무 강해서 심지어 미국의 몇몇 주의 대기에까지 영향을 미칠 정도였다.[1] 중국 기상센터(Chinese State Climatic Center)의 통계에 의하면 중국은 1999년에 지난 50년 이래 최악의 황사를 겪었다. "지난 1700년간 중국에는 모래 폭풍이 높은 빈도로 발생했던 다섯 번의 시기가 있었습니다. 한 시기가 대략 90년 정도 지속되는데, 중국은 이제 막 모래폭풍이 빈번하게 발생하는 또 하나의 새로운 시기에 들어선 것으로 보입니다" 라고 중국의 한 과학자가 말했다.[2]

모래와 먼지가 아시아 대륙에서 태평양 건너의 대기까지 운송되는 과정에 관해서는 많은 문헌들이 나와 있다.[3] 황사는 지표의 빠른 바람이 차가운 기후 시스템과 함께 모래를 대기층 혹은 그 위로 끌어올릴 때 생기게 된다. 모래 폭풍에 대한 연구는 수십 년 동안 진행되어 왔지만 장거리 운송이나 제거의 구체적 사항에 대해서는 아직도 이해가 부족한 실정이다.

---

1) Toshiyuki Murayama, et al., *Lidar Network Observation of Asian Dust over Japan in the Spring of 1999* (Tsukuba, Japan: National Institute for Environmental Studies, 1999), p. 30.

2) "China Faces High Frequency of Sand Storms," *People's Daily*, July 18, 2000, http://english.peopledaily.com.cn (검색일: 2001년 6월 1일).

3) 아시아에서 발생한 유출물들에 대한 연구는 1980년대 초반에 많이 이루어졌다. 당시 연구들에 대한 간단한 논평을 R. B. Husar, D. M. Tratt, B. A. Schichtel, S. R. Falke, F. Li, D. Jaffee, S. Ciasso, T, Gill, N. S. Laulainen, et al., "The Asian Dust Events of April 1998," *Journal of Geophysical Research* (2000년 7월)에서 찾아볼 수 있다.

황사현상은 5일에서 10일 정도 지속되며 중력이나 건조, 습식의 제거 과정과 같은 다양한 메커니즘을 통해서 서서히 사라지게 된다.[4]

황사현상은 대기 구성이나 기후에 광범위한 영향을 끼칠 수 있으며 국제 사회에서 경시되어서는 안될 문제이다. 비록 1998년과 같은 황사현상이 매우 드문 현상[5]이긴 하지만, 그 사건이 말해주듯이 황사는 그 영향력이 동북아시아를 넘어서는 초국경적인 문제인 것이다. 바다를 건너서 이동하고 시간이 흐름에 따라 황사의 국지적인 영향력은 감소하게 된다. 그래서 황사가 동북아에 끼친 영향이 미국에서 관찰되었던 것보다 더 뚜렷했던 것이다. 하지만 황사가 오염물질 혹은 방사선 물질을 아시아에서 북미 대륙까지 운반할 수 있다는 점을 생각할 때, 미국이나 다른 국가들도 황사에 분명히 이해관계가 있다. 또한 황사는 대기의 화학적 성질이나 기후에도 영향을 끼친다. 모래나 다른 소립자와 같은 에어로졸은 빛을 산재시키거나 흡수함으로써 지구 대기의 직접 복사량과 반사 복사량에 영향을 준다. 이는 결국 다시 기후에 영향을 주게 된다. 에어로졸은 지구의 표면 온도를 낮추는 음의 복사 강제력을 가지고 있는 것으로 알려져 있다.

동북아 국가들이 직면하고 있는 황사의 위협은 보다 직접적인 것들이다. 즉 지역 생태계와 인간 건강, 복지는 황사에 의해 직접적인 위협을 받고 있다. 중국에서는 지난 수 년간 황사로 인해 여러 명이 목숨을 잃었다. 1998년의 대규모 황사는 중국 신장(新疆) 자치지구에서만 12명의 사망자를 냈다.[6] 중국은 1999년의 황사로 내몽골 지역에서만 미화 360만 달러 이상의 피해를 기록했다.[7] 황사가 동반하는 강풍은 나무를 뿌리째 뽑고, 산불을 악화시키고, 표토를 침식시키고, 차를 전복시키기도 하고, 도시의

---

4) 위의 글.

5) 위의 글, p. 12.

6) "Dust Enshrouds Northwest China," *CNN newscast* (1998년 4월 26일).

7) "China Faces High Frequency of Sand Storms," *People's Daily* (2000년 7월 18일), http://english.peopledaily.com.cn (검색일: 2001년 6월 1일).

옥외 광고판이나 창문을 망가뜨리고, 전기나 수도 시설을 부수기도 한다. 황사는 시계(視界)를 떨어뜨리고, 식물의 광합성을 방해하고, 눈에 염증이나 질병, 호흡기 질환을 유발하기도 하며, 비행기 엔진과 같은 기계를 손상시키기도 한다. 또 오염물질과 다른 독성물질도 모래폭풍에 함께 운반되어 올 수 있다.

한국에서는 황사를 '봄의 불청객(gatecrashers of spring)' 이라고 부른다. 황사현상이 일어나면 하늘은 황갈색을 띠며 남북한 모든 인구의 건강과 복지에 영향을 미친다. 2001년 아시아를 휩쓸고 지나간 황사는 북한의 일부 지역에서 시계를 2.5킬로미터까지 떨어뜨리기도 했다.[8] 한국 언론은 황사로 인해 구제역이 비감염 지역으로 퍼지고 있을지도 모른다는 추측 보도를 하였지만, 이에 대해서는 아직 확인된 바가 없으며 구제역의 만연을 설명하기 위해서 다른 이론들이 제시되었다.[9]

황사에 대한 지역 협력은 아직 초기 단계에 머무르고 있지만 쌍무 혹은 다자간 협력활동이 증가하는 추세이다. 1997년 일본에 기반을 둔 '일본 황사 관찰 광선 라이다 네트워크(LINK-J: Lidar Network Observation of Kosa in Japan)' 라고 알려진 한 집단의 과학자들이 황사에 대한 조직적인 연구를 시작하였다. LINK-J는 4년이라는 기간 동안 더욱 확대되어 지금은 중국과 한국, 미국의 연구자들도 함께 참여하고 있다. 2001년 2월 이 연구자들은 '선진 에어로졸 추적 네트워크(AD-Net: Advanced Aerosol-Detection Network)' 라는 좀더 형식을 갖춘 온라인 커뮤니티를 구성하고 황사현상의 연구에 초점을 맞추게 된다. AD-Net의 원래 목적은 황사현상의 3D 영상을 얻는 것이었다. AD-Net은 이제 다양한 분야의 연구자들을 포함할 정도로 성장하여서 AD-Net의 활동 범위도 황사와 기타 에어로졸의 운송 메커니즘의 지도 제작, 운송 도중 에어로졸의 상태 추적, 해양 생물

---

8) "Unseasonable Dust Arrives in Most Areas of The ROK," *People's Daily* (2001년 1월 3일), http://english.peopledaily.com.cn (검색일: 2001년 5월 1일).

9) "Foot-and-mouth disease continues to spread rapidly," *The Korea Herald*(2000년 4월 12일).

에 미치는 영향으로까지 확대되었다.[10]

CAPITA라는 또 다른 학자들의 온라인 연구 커뮤니티는 텍사스의 러복(Lubbock)까지 영향을 끼쳤던 1998년의 엄청난 황사 이후 생겨났다.[11] Sea WiFS 위성이 미 항공우주국(NASA)의 장비(Goddard Sea WiFS Global Browser Facility)를 이용하여 먼지 구름을 포착하였고, 세인트 루이스에 위치한 워싱턴 대학의 CAPITA의 연구자들은 이 모래 구름을 주시하기 위해 서로 상호작용을 할 수 있는 웹사이트를 만들었다. 1998년 4월 말까지 북미와 아시아의 과학자와 대기 관리자 40여 명이 임시 워킹그룹에 등록했다. 워킹그룹 참가자들은 다양한 관찰 결과, 의견 교환, 자료 공유, 웹에서 얻은 정보 등을 바탕으로 예비 보고서를 작성하였다.

황사문제는 중국, 일본, 그리고 한국의 고위 장관급 회의(TEMM)에서도 다루어졌다. 2000년 4월 베이징에서 열린 제2차 한·중·일 3국 환경장관회담에서 세 나라의 환경 장관들은 황사에 대처하기 위한 특별 워크숍을 개최하기로 결정하고 관리, 연구자, 시민 단체 등을 초대하였다.[12] 장관 회담을 통해 황사에 대처하기 위해서 북경 근처에 1,000여 그루의 나무를 심는 프로젝트가 진행되었다.[13] 이는 2001년에 시작된 중국과 몽골 국경의 대규모 조림사업의 시작을 알리는 것이었다. 2001년의 제3차 한·중·일 3국 환경장관회의에서 각국의 대표들은 황사에 대한 토의를 계속하였고 모니터링과 조림사업에까지 영역을 확장하였다. 이들 국가의 입법자들은 황사문제를 다룰 지역 협력체 구축에 대해 토의하고, 조직 위원회 구성을 위

---

10) http://www. AD-Net.com을 참고할 것.
11) R. B. Husar, D. M. Tratt, B. A. Schichtel, S. R. Falke, F. Li, D. Jaffee, S. Gasso, T. Gill, N. S. Laulainen, et al., 앞의 글.; Jessica Gregg McNew, "Specks of Dust Make Worldwide Impact," http://www.disasterrelief.org, 1998년 7월 23일(검색일: 2001년 7월 10).
12) "Korea, Japan, China to Cope with 'Yellow Dust' : Officials from Three Countries Will Hold a Workshop to Deal with the Problem," The Korea Herald, (2000년 9월 7일).
13) "Korea, China to Plant Trees to Fight 'Yellow Dust'," The Korea Herald(2000년 4월 1일).

3장 | 동북아 환경협력 79

해 동경에서 회합을 가졌다. 이제까지는 한·중·일 3국만이 지역 협력체에 대한 토론을 계속하여 왔지만 몽골도 여기에 참여해야 할 것이다. 중국의 입법자들은 일정상의 문제로 동경 회의에 참가하지는 못했지만 대체적으로 적극적인 참여 의지를 보여왔다. 중국은 몽골의 관리들과 황사문제에 관한 회담을 가질 예정이고 한국에도 참여 요청을 하였다.[14]

국제지구대기화학프로그램(International Global Atmospheric Chemistry Program)에서는 ACE-Asia(Aerosol Characterization Experiments in Asia)라는 프로그램을 시작하였다.[15] 이 프로그램의 목적은 황사가 기후 변화에 미치는 영향과 관련한 과학적 불확실성을 줄이는 데 있다. 이 프로그램은 황사를 연구하는 학자들이 황사의 공간적, 수직적 분포, 형성 과정, 진화, 그리고 소멸 등에 대한 귀중한 정보를 얻을 수 있는 훌륭한 기회를 제공할 것으로 보인다. 태평양 상공의 운송과 화학적 전개(TRACE-P: Transport and Chemical Evolution over the Pacific)라고 불리는 또 하나의 프로그램은 2001년 3월과 4월에 아시아에서 유출된 황사가 지구 대기 구성에 어떤 영향을 끼치는지에 초점을 둔 실험이었다.[16] TRACE-P의 연구

---

14) "Lawmakers from 3 N.E. Asian Nations to Jointly Deal with 'Yellow Dust' Problem," *The Korea Herald*(2001년 3월 26일).

15) ACE-Asia는 국제지구대기화학(IGAC)의 활동의 일환인 동아시아/태평양지역연구(APARE) 조정위원회의 승인을 받았다. ACE-Asia는 ACAOPS (Aerosol Characterization and Processes Study), ACI (Aerosol-Cloud Interactions), and MAGE (Marine Aerosol and Gas Experiment)와 같은 국제지구대기화학프로그램의 다른 연구 활동에도 함께 참여할 예정이다. 오스트레일리아, 중국, 대만, 프랑스, 일본, 한국, 몰타, 영국, 미국 등 세계 각지의 연구자들이 여기에 함께 하고 있다. http://saga.pmel.noaa.gov/aceasia//index.html (검색일: 2001년 11월 4일)을 참조할 것.

16) TRACE-P의 목적은 두 가지이다. 1)아시아에서 유출되는 화학적 그리고 복사적으로 중요한 가스, 에어러졸과 이들의 전구체를 이해하고 측정하기 위해서 봄에 아시아에서 서태평양을 건너 운반되는 황사의 화학적 성분을 알아내는 것, 2)봄에 서태평양을 건너 아시아에서 운반되는 황사의 화학적 발달을 측정하고, 그 발달 과정을 통제하는 과정을 이해하는 것이다. 이 프로그램은 동아시아/태평양지역연구(APARE)의 후원으로 미 항공우주국(NASA)의 GTE(the Global Tropospheric Experiment)에

자들은 수산화물, 질산화물, 황, 에어로졸 등 황사현상과 관계 있는 대기의 각종 기체와 소립자를 보다 잘 측정할 수 있을 것이다.

황사는 중국과 몽골에서 시작되므로 황사연구와 황사현상의 완화에 이들 국가의 참여는 절대적으로 중요하다. 중국은 황사를 하나의 문제로서 인식하고 황사의 영향력을 완화시키기 위해서 다양한 조치를 취하려고 노력해 왔다. 1998년 이래 내몽골과 북경 근방의 조림사업이 강화되었고, 여러 개의 비정부 환경 단체가 식수(植樹) 캠페인에 매년 참여하고 있다. 중국의 중앙 정부는 정부 관리, 재계, 학계가 함께 사막 지역의 산업화를 앞당기기 위한 프로그램을 진행시켜 왔다. 이 프로그램은 경제발전을 촉진시키고 대규모의 황사를 막을 수 있는 환경 인프라 구축에 도움을 줄 것이다.[17] 그러나 중국 북서부의 빠른 산업화나 황사가 지나가는 길에 나무를 심는 것만으로는 이 거대한 모래 폭풍을 막을 수는 없다.

몽골은 황사와 관련된 이 모든 협력 프로그램에서 분명히 빠져 있다. 몽골의 학자들은 AD-Net이나 ACE-Asia에 참여하고 있지 않으며, 3국 환경장관회의에서도 몽골은 포함되지 않는다. 황사가 몽골에서 시작된다는 점을 생각할 때, 중국과 일본, 한국이 먼저 시작한 지역연구와 황사를 완화시키기 위한 활동에 몽골, 그리고 북한을 끌어들이려는 더 많은 노력이 필요할 것이다.

과학적 차원에서의 협력만이 이루어지는 환경문제인 황사를 둘러싸고 잠재적인 지역 환경안보의 복합적인 문제가 대두되었다.[18] 동북아 국가들이 이 문제 해결을 위한 지역 협력체를 구성하고 제도상의 조치를 취한다면 지역 체제가 세워질 가능성이 더 높아질 것이다. 하지만 지금으로서는 황사는 과학의 영역에서 환경안보문제로만 남아있는 실정이다.

---

의해 실시되었다. 이것은 PEM-West A and B(Pacific Exploratory Missions - West)와 같은 기존의 GTE의 임무에 입각한 프로그램이다.

17) "Kejijie Wei Shoudu Fangsha Zhisha Jiji Xingdong," *The Xinhua News Agency*(2000년 11월 17일) 참조할 것.

18) 본서에서 제2장 이근 교수의 글을 참조할 것.

황사의 피해를 완화시키기 위해서는 동북아 국가들의 협력이 급선무이다. 동북아의 연구자들은 황사에 대한 보다 광범위한 협력으로부터 계속적인 이득을 얻을 수 있게 될 것이다. 아시아 외 지역으로의 황사 유출에 대한 광범위한 연구는 대기의 에어로졸 운반, 제거, 그리고 기후에 미치는 영향 등에 대한 연구와 연결되어 있다. 황사의 이런 특성들이 TRACE-P와 같은 보다 대규모의 장기적인 연구에 장차 기여하게 될 것이다.

## II. 지구온난화 (기후변화)[19]

기후변화는 매우 까다로운 문제이며 황사와 같이 겉보기에는 전혀 관계 없어 보이는 현상도 기후에 직접적인 영향을 줄 수 있다. 기후변화가 이처럼 복잡하고 광범위한 결과를 가져오기 때문에 기후변화라는 도전에 대해서 범세계적인 대응이 필요하지만 각 지역의 특수한 문제들도 함께 고려될 필요가 있다. 어떤 지역의 국가들이 기후변화의 과정과 영향을 이해하

---

19) 기후변화에 관한 정부간회의(IPCC)는 기후변화를 "자연적 기후 변동이나 인간 활동이 원인이 되어 일어나는 시간에 따른 기후변화"라고 정의하고 있는 반면, 기후변화협약조약(FCCC)의 정의에서는 "인간의 활동이 직간접적으로 원인이 되어 발생하는 기후변화"만을 기후변화에 포함시킨다. Intergovernmental Panel on Climate Change, "Summary for Policymakers: A Report of Working Group I of the Intergovernmental Panel on Climate Change," http://www.ipcc.ch/ p. 1 참조할 것. 전세계의 연구자들은 인간으로 인한 기후변화의 과정에 대한 연구를 진행하고 있다. 이 연구들에 대한 정보는 IPCC나 세계기상기구(World Meteorological Organization), 미 환경 보호국(Environmental Protection Agency) 등의 홈페이지에서 얻을 수 있다.
참고서적으로는 Michael D. Morgan, Joseph M. Moran, and James H. Wiersma, *Environmental Science: Managing Biological & Physical Resources* (Dubuque, IA: Wm. C. Brown Publishers, 1993); Mark B. Bush, *Ecology of a Changing Planet*, (Upper Saddle River, NJ: Prentice Hall, Inc., 1997); and Robert W. Christopherson, *Elemental Geosystems: A Foundation in Physical Geography* (Englewood Cliffs, NJ: Prentice Hall, Inc., 1995) 등이 있다.

고 기후변화 방지 혹은 변화 적응을 위한 그 지역 특유의 필요에 맞는 조치
를 취하려고 할 때, 지역협력활동이나 조직이 필요하게 된다.

아시아 태평양 지역이 세계 기후에 끼치는 중대한 역할을 생각할 때 기
후변화 연구에서 이 지역에 초점을 두는 것은 의미가 있다 하겠다. 아시
아 계절풍과 엘니뇨 현상은 이 지역에서 발생하는 기후 현상들이다. 동북
아시아와 동남아시아 국가들은 모두 계절풍과 동인도양, 북서태평양 열
대 저기압의 영향력하에 있다. 따라서 이 지역의 국가들은 과거 기후 데
이터를 모아서 지역 기후변화의 과정과 영향에 대한 협동 연구를 하는 것
이 바람직할 것이다.[20]

아시아 대륙에서 발생하는 황사는 대기의 에어로졸 입자를 태평양까지
운반하고 이렇게 아시아에서 유출된 물질들은 온실가스의 온실효과를 거
스르는 음의 복사 강제력(지구의 열 균형의 섭동)으로 지구상의 대기 성
분에 영향을 줄 것이다.[21] 대류권의 에어로졸에 의한 복사 강제력의 규모
는 기후변화 예측의 가장 큰 불확실성 중의 하나이다. 대류권 에어로졸은
빛을 분산 혹은 흡수함으로써 또는 구름 응축핵과 같은 역할을 하면서 구
름의 반사력, 수명, 범위, 강하 등에 영향을 줌으로써 직·간접적으로 지구
의 복사 균형에 영향을 준다.[22]

동북아 지역 국가들 간의 기후변화에 대한 소지역적 협력이 왜 필요한
지에 대한 이유는 다음과 같은 것들을 들 수 있다. 기후변화는 동북아 인
구의 특별 관심사인 에너지와 경제안보와 연관이 있다. 중국, 일본, 러시
아 연방과 같은 온실가스의 주요 배출국이 온실가스 배출 문제를 제기한

20) IPCC, "Temperate Asia," *3rd Assessment, 2001: Regional Impacts of Climate Change*,
    United Nations Environment Program and the World Meteorological Organization
    (2001년 1월).
21) IPCC Working Group I, *IPCC 2nd Assessment Climate Change 1995, Summary for
    Policymakers: the Science of Climate Change* (Cambridge: Cambridge University
    Press, 1995).
22) http://www.ogp.noaa.gov/ace-asia/index.htm (검색일: 2001년 7월 11일).

다면 세계적인 반향을 불러일으킬 것이다. 만약 이 소지역에서의 협력이 지역 전체 이산화탄소 배출량을 감소시킨다면, 이는 세계적인 이득을 가져올 것이다. 게다가 공통으로 가지고 있는 환경문제는 지역 국가들 간의 상호 의존, 신뢰와 믿음을 증가시킬 수 있는 지역의 집단 행동과 협력을 이끌어낼 수도 있다.[23] 동북아에서는 많은 국가들의 국경이 맞닿아 있지만 경제 분야를 제외하면 이들 간의 다자간 협력의 수준은 매우 낮다. 환경협력이 이러한 협력 구조를 세우고 다자간 협력으로 확대시킬 수 있는 기회를 제공하게 될 것이다.

## 1. 동북아시아의 기후변화와 협력

기후변화 과정, 기후변화의 원인이 인간에게 있느냐 혹은 자연에 있느냐에 대한 토론, 그리고 지구의 기온 상승이 가져올 결과에 대한 예측은 모두 상당히 논쟁적인 이슈들이다. 기후변화 문제는 그 이슈 자체에 논쟁의 여지가 있고 영향이 전세계적으로 고르지 않다는 특징이 있다. 때문에 과학자나 국가 지도자들은 기후변화로 인한 위험에 대해 서로 다르게 인식하게 되었다. 동북아의 각 국가들이 기후변화의 위험에 대해서 어떻게 인식하는가는 그들의 전체적인 대응 방식, 국제 교섭 과정에서의 위치, 쌍무, 지역, 혹은 범세계적인 협력 활동에 참가할 의향 등에 영향을 줄 것이다. 또한, 지구온난화를 방지하거나 온난화에 적응하기 위한 예상 비용도 국가들이 이 문제에 어떻게 대처할 것인지를 결정하는 데 영향을 미칠 것이다. 그렇다고 해서 국가가 이런 기준들에만 근거해서 기후변화에 대한 입장을 정리하리라고는 생각하지 않는다. 한 국가의 국제 환경조약 참가 여부에는 다른 요소들도 영향을 미친다.[24] 하지만 기후변화가 동북아 국가

---

23) Ken Conca는 동아시아의 신뢰 구축을 위한 환경협력의 이론적 측면에 대해 논의했다. Ken Conca, "Environmental Confidence Building and Regional Security in Northeast Asia," in Miranda A. Schreurs and Dennis Pirages (eds.), *Ecological Security in Northeast Asia* (Seoul: Yonsei University Press, 1998), pp. 41-65를 참조할 것.

들에 미치는 영향에 대한 인식은 그들이 내릴 결정과 분명 관계가 있을 것
이다.

## 2. 세계적 시각에서 본 기후변화

기후변화에 관한 정부간 회의(IPCC)[25] 제1분과위 3차 평가 보고서에 따
르면 지구의 지표 평균기온이 20세기 백년 동안 섭씨 $0.6\pm0.2$도 정도 상
승했다고 한다. 이는 1995년에 발표된 2차 평가 보고서보다 높은 수치이
다. 인간의 활동으로 인해 발생한 온실가스의 증가가 지구온난화에 적어
도 일부는 책임이 있다. 대기중의 이산화탄소 농도는 1750년 이래 31% 증
가하였다. 메탄($CH_4$)이나 아산화질소($N_2O$), 기타 할로겐화 탄소 기체 등
의 온실가스[26] 수치도 증가했다.

그동안 지구 전반에 중요한 기후변화가 있어 왔다. 눈과 얼음으로 덮힌
지역이 1960년대 말 이후로 약 10% 감소하였다. 세계의 평균 해수면이 상
승하였고 바다도 점점 따뜻해지고 있다. 북반구의 중위도 이상의 국가들
과 열대 지역의 강우량도 확실히 증가해 왔다. 반대로 북반구 아열대 지
역의 강우량은 약간 감소하였다.[27]

---

24) 국제환경체제에 참여하려는 중국의 국내 진전 상황에 대해 알아보려면, Elizabeth C.
   Economy, "Negotiating the Terrain of Global Climate Change Policy in the Soviet
   Union and China: Linking International and Domestic Decision-Making," *Dissertation*
   (Ann Arbor, MI: University of Michigan, 1994), pp. 5-6과 pp. 139-186을 참조할 것.
25) IPCC는 1988년 국제연합환경계획(UNEP)과 세계기상기구(WMO)에 의해 창설되었
   고 수백 명의 세계 유수의 과학자들이 참여하고 있다. 워킹 그룹 I은 세계 기후변화와
   지구온난화와 관련한 과학적 작용에 대한 연구에 초점을 두고 있다. 수백명의 저자와
   평론가가 워킹 그룹 I에 보고서를 기고하였고, 최종판은 2001년 상해에서 열린 제 8
   차 워킹 그룹 I 회의에 참가한 99개국의 대표들에 의해 승인되었다. 보고서의 요약본
   은 http://www.ipcc.ch/에서 PDF 파일로 볼 수 있다.
26) 이산화탄소 농도, 성층권의 오존 감소의 영향, 황산 에어로졸의 방사선 효과 등 수많
   은 요소가 실제 기온변화에 영향을 끼친다.

기후변화가 모든 면에서 발생한 것은 아니다. 남반구의 해양과 남극지역의 온도는 상승하지 않았고 온대 폭풍의 강도와 발생 빈도도 변하지 않은 것으로 보인다. 토네이도나 천둥, 우레, 우박 등의 횟수나 강도에도 체계적인 변화는 발견되지 않았다.[28]

기후변화의 불확실성과 복잡함이 기후변화문제를 유례없이 특별한 도전으로 만들고 있다. 이 문제는 (몇 세기간 지속될 수도 있는) 장기적인 성격을 가지고 있고, 기후, 환경, 경제, 정치, 제도, 사회, 기술적 과정들 간의 복잡한 상호 작용을 수반한다. 기후변화는 단선적이지 않으며 역행할 수 없는 변화일 가능성이 있기 때문에 의사 결정 과정을 불확실성과 위험 요소로 가득차게 만든다.[29]

## 3. 동북아시아: 기후변화의 원인과 영향

동북아 지역은 기후변화를 방지하고 그 영향력을 완화시키려는 범세계적 노력에 있어서 대단히 중요한 위치를 차지한다. 중국의 1인당 이산화탄소 배출량은 상대적으로 낮은 편이지만 엄청난 인구로 인해서 전체 배출량은 어마어마하다. 1991년 산업으로 인해 발생한 중국의 전체 이산화탄소 배출량은 8억 8천 5백만 톤 이상이었지만 1인당 배출량은 겨우 750킬로그램이었다. 1997년 이산화탄소 총배출량은 25억 톤에 이르렀고 1인당 배출량도 2.2톤으로 상승하였다. 이 상태로라면 2025년 경에는 중국이

---

27) IPCC Working Group I, *Summary for Policymakers: A Report of Working Group I of the Intergovernmental Panel on Climate Change* (United Nations Environment Program and the World Meteorological Organization, 2001), pp. 2-5; IPCC Working Group I, *Summary for Policymakers for Information on Other Important Changes Observed over the Last 100 years*를 참조할 것.

28) IPCC, Working Group I(2001), 앞의 글, p. 5.

29) IPCC Working Group III, *Summary for Policymakers of the IPCC Working Group III, 3rd Assessment Report* (United Nations Environment Program and the World Meteorological Organization, 2001), p. 1.

온실가스의 세계 최대 배출국인 미국을 따라잡을 것으로 보인다. 1991년 구소련의 모든 국가들이 배출한 이산화탄소의 총배출량은 약 36억 톤에 달하였으나, 1인당 배출량은 12.31톤에 지나지 않았다. 세계 4위의 이산화탄소 배출국인 일본은 11억 톤의 이산화탄소를 배출하였으나, 개인의 연간 배출량은 8.79톤이었다. 한국의 연간 이산화탄소 배출량은 2억 6천만 톤을 넘었고 개인당 배출량은 연간 6.05톤을 기록했다. 몽골은 980만 톤의 이산화탄소를 배출했고 개인당 배출량은 4.36톤이었다.[30]

동북아 지역 기후변화의 잠재적인 영향을 평가하는 것은 매우 복잡한 작업이다.[31] 지역간의 기후, 생태계 변수가 너무 많고, 사용한 평가 접근방법과 실제 기온 변화에 따라 그 영향이 달라지기 때문이다. 기본적으로 기온 상승은 세계, 지역, 그리고 국지적인 기후 패턴에 영향을 주어서 날씨 패턴과 생태계 구성에도 일정한 변화를 가져온다.[32] 2050년까지 산악 빙하의 25% 정도가 녹아 사라지게 되어[33] 중국과 일본 일부 지역에서는 지금보다 해수면이 훨씬 높아질 것이다. 홍수가 보다 더 빈번하고 심하게 발생한다는 것이 가뭄이 줄어들 것이라고 말하는 것은 아니다. 중국에서

---

30) 이 수치들은 모두 공업으로 인한 이산화탄소 배출량이다. World Resources Institute (WRI), *World Resources 1994-1995* (Washington, D.C.: World Resources Institute, 1994). pp. 22-23을 참조할 것.

31) 동북아시아는 크게 몬순 아시아, 건조/반건조 지역, 시베리아의 세 개의 기후 지역으로 나뉘어지는 온대 아시아에 위치하고 있다. 극남지역은 열대 몬순 기후, 북쪽은 습하고 시원한 온난 기후, 서쪽과 북서쪽은 사막이나 스텝 기후, 인구 밀도가 높은 지역은 습하고 온난한 기후가 나타난다. IPCC, "Tropical Asia," *Assessment, 2001: Regional Impacts of Climate Change*, United Nations Environment Program and the World Meteorological Organization (2001년 1월).

32) "Changes in the magnitude, frequency and duration of hydrological factors influence the availability of water resources, flooding intensity as well as agricultural and natural terrestrial ecosystems," in Asian-Pacific Integrated Model (AIM) Project Team, *Environmental Changes and Their Impacts in the Asian-Pacific Region* (Tsukuba, Japan: National Institute for Environ mental Studies, Global Warming Response Team, Global Environment Group, 1995), p. 13.

33) IPCC, "Temperate Asia," 앞의 글, p. 3.

만도 현재보다 18% 이상의 땅이 가뭄으로 인해 심각하게 타격을 받을 것이다. 사막의 생태계는 더욱 건조해지고 온도도 상승하여서 호수나 다른 물 공급원의 양이 현저하게 감소하게 될 것이다.[34] 생태계에 다른 중대한 변화도 일어날 것이다. 아한대(亞寒帶) 숲이 주로 러시아 연방에서 50% 이상 줄어들 것이다. 아한대의 생태계에서 초원은 현저하게 팽창하겠지만 툰드라 지대는 50% 정도 감소하게 될 것이다.[35]

이산화탄소 농도의 증가, 기후변화, 그리고 생태계 변화는 건강에 악영향을 끼치고, 농업 생산량의 변화, 해수면 상승 등에 실제적이고도 지속적으로 영향을 끼칠 것이다. 기후변화로 인해 말라리아균의 매개체인 모기의 서식이 쉬워지고 말라리아균의 생식력도 높아져서 말라리아 발생률이 증가할 것으로 보인다. 전문가들은 중국의 말라리아 감염지역이 30% 증가할 것으로 예상하고 있다. 곡물이나 나무 작물이 온도, 습도, 이산화탄소 농도 등의 변화에 민감하다는 것은 많은 연구에서 알려져 있다. 쌀, 밀, 수수에 대한 어떤 연구에 따르면 이산화탄소 농도의 증가로 인한 생산량의 증가는 기후나 습도 변화로 인한 생산량의 감소보다 적을 것이라고 한다. 하지만 지역 전반에 걸친 변화의 순효과에 대한 예측은 매우 불확실하다. 아시아 온대 기후 전 지역에서 쌀, 밀, 그리고 옥수수의 생산은 크게 증가 또는 감소할 것이다.[36] 바다의 열팽창과 산악 빙하, 작은 빙모의 해빙으로 인해 상승한 해수면은 중국, 일본, 한국, 러시아 연방 등 아시아 해양 국가에 영향을 끼칠 것이다. 단 1미터의 해수면 상승으로도 중국의 경제 발전 수준은 심각한 위험에 처하게 될 것이다. 중국 GNP의 거의 절반을 생산하는 상해는 완전히 물밑으로 가라앉게 된다.[37] 일본의 경우, 해수면

34) AIM Project Team, 앞의 글, p. 1.

35) IPCC, "Temperate Asia," 앞의 글.

36) IPCC, "Tropical Asia," 앞의 글, p. 2; IPCC, "Temperate Asia," 앞의 글.

37) Rene Bowser and others, *Southern Exposure: Global Climate Change and Developing Countries* (College Park, MD: Center for Global Change, University of Maryland, 1992년 11월), pp. 12-14; Mukang Han, "Socioeconomic Impact of One Meter Sea-

이 1미터 상승할 때 2.7배의 땅이 더 물에 잠기게 된다. 현재 물에 잠기고 있는 지역에는 410만 명의 인구가 거주하고 있으며 109조 엔(미화 9,080억 달러) 가량의 자산이 여기에 있다.

현재 온대 아시아의 온난화 경향은 IPCC의 예측과 일치한다. IPCC는 지난 세기 동안 온대 아시아의 평균 기온이 1℃ 이상 올랐다고 추정했다. 동부와 동북부 지역은 기온이 2~4℃ 정도 상승했으며, 해안 지역을 제외한 중국의 동남쪽에서는 2℃ 정도 기온이 하락했고, 시베리아의 기온도 떨어졌다. 이산화탄소의 농도가 연간 1%의 비율로 상승한다는 예측을 바탕으로 하면, 이산화탄소의 농도가 두 배가 되었을 때 그 지역의 연간 평균 기온은 2~3℃ 이상 상승할 것이다.

지역적 범위에서 볼 때 측정된 강수량 수준은 예측 수준과 일치한다. 하지만 소지역으로 볼 때는 약간의 불일치가 있으므로 좀 더 면밀한 분석이 필요하다. 연구자들이 특정 소지역에 대해 언급할 때 일정한 용어를 사용하는 것이 하나의 해결책이 될 수 있다. 다른 문제들은 다루기 좀 더 어려운데다가 과학적 불확실성과도 연관이 있다. 예를 들어서, 강수량 패턴의 변화는 10년간의 변화로 보면 다소 불분명하지만, 지역적으로 보면 강수량이 전반적으로 증가한 것을 알 수 있다. 이는 IPCC의 예측과 일치한다. 소지역적으로 살펴보면, 연구자들은 중국의 북부, 서부, 남부 지역의 강수량이 줄어들 것이라고 예측했지만, 중국의 동북지역, 화이해(Huaihe)강 유역, 황화강 유역과 한반도에서 관측한 실제 연간 평균 강수량은 10~20% 증가하였다.[38]

동북아 국가들은 기후변화의 영향력하에 있다. 하지만 지구온난화에 대한 위험이 강도 높은 기후변화협약에 대해 이들 국가에서 보여주는 국내의 전반적인 지지를 증대시키기에는 충분하지 못할지도 모른다. 작은 도서 국가들과 같은 아시아 태평양의 다른 국가들은 기후변화로 인해 훨

---

Level Rise on China," Center for Global Change (1990)에서 재인용.
38) IPCC, "Temperate Asia," 앞의 글.

씬 큰 영향을 받을 것으로 보인다. 아시아 태평양 지역 전체가 중심이 되는 협력이 이 지역이 맞닥뜨리고 있는 현실 문제에 지속적으로 초점을 맞출 수 있도록 해줄 것이다. 동북아의 기후변화 협력활동에 대만을 포함하도록 확대시켜 나가는 것이 중요하고, 소지역 협력에 관여하고 있는 국가들의 시각을 넓히는 데에도 도움을 주어야 한다.

일부 정치가나 기업가들은 기후변화와 이와 관련된 모든 영향을 방지하려는 노력이 경제 침체를 가져올까봐 두려워한다. 이들은 낮은 경제 안보를 이산화탄소 방출량의 감소와 연관시켜 생각하지만 이것이 항상 그런 것은 아니다. 중국의 경우를 살펴보면, 1996년과 2000년 사이에 중국의 GDP는 성장했지만 이산화탄소 배출량은 감소하였다. 경제 성장과 이산화탄소 배출과의 무관함을 보이기 위해서는 보다 많은 연구가 필요하겠지만 초기 연구 결과로는 석탄의 질 향상, 작은 공장과 발전소의 폐쇄, 실제보다 낮게 보도된 석탄 생산과 소비, 부풀려진 GDP 성장률과 같은 요소들이 원인이 되는 것으로 보인다.[39]

## 4. 동북아시아의 기후변화와 에너지안보[40]

화석연료, 특히 석탄의 연소는 기후변화를 초래하게 된다. 화석연료는 연소되면서 자연적인 기후변화를 악화 또는 강화시키는 이산화탄소를 공기 중으로 배출한다. 화석 연료는 현재 동북아뿐 아니라 세계 대부분의

---

39) Jeffrey Logan, "Recent Energy Trends in China and Implications for U.S. Collaboration," Paper presented at the Conference on Conference on Japan (the United States, and the Promotion of Sustainable Development in East Asia, University of Maryland, 2001년 3월 8~9일).

40) Kent Calder는 동아시아의 에너지 문제가 긴장을 고조시킬 수도 있고, 협력 관계를 만들어낼 수도 있는 양면성을 가졌다고 지적한다. Kent Calder, "Energy and Security in Northeast Asia' s Arc of Crisis," in Michael Stankiewicz (ed.), *Energy and Security in Northeast Asia: Fueling Security* (La Jolla, CA: Institute on Global Conflict and Cooperation, University of California, 1998년 2월).

나라의 주요 에너지원이다. 따라서 기후변화는 에너지안보와 연관이 있다. 기후변화와 에너지안보 간의 관계는 동북아시아의 몇몇 국가에서 쓰여진 논문에서 다루어졌다. 중국은 에너지안보를 정의할 때 에너지원이 환경의 질에 끼치는 영향력을 포함시키는데[41] 이 정의에 따르면 환경의 질을 유지하는 것이 에너지안보의 기준이기는 하지만 사실 이것이 크게 강조되지는 않는다.

기후변화는 동북아의 에너지안보와 인간안보의 미묘한 균형에 영향을 미친다. 한일 양국은 중국의 에너지 선택에 관심을 가지고 있다. 중국은 수백 년간 에너지안보를 보장할 수 있는 엄청난 석탄 매장량을 가지고 있지만, 석탄은 연소 과정에서 대기를 오염시키는 이산화탄소와 이산화황을 배출함으로써 인간안보를 위협한다. 만약 중국과 다른 국가들이 균형적인 해결점을 찾지 못한다면 초국경적인 대기오염이 인간안보의 수준을 저하시키고 국가간의 긴장을 악화시키게 될 것이다.

기후변화와 산성비를 완화시키기 위한 몇몇 에너지 협력 프로젝트는 다른 지역에도 환경보호의 혜택을 주게 된다. 일례로, 재식림에 중점을 둔 청정개발체제(CDM)는 기후변화를 완화시키는 데 도움을 줄 뿐 아니라 모래 폭풍이나 국내의 침식 문제 해결에도 도움을 주게 된다.

천연가스 수송관과 같은 에너지 프로젝트에 대한 동북아 국가들의 협력은 기후변화의 위협을 줄일 수 있을 것이다. 천연가스 수송관에 대한 동북아 국가의 협력이 성공적으로 이루어진다면 에너지 공급원으로서 석탄에 대한 의존도를 떨어뜨리는 데도 도움이 될 것이다. 이는 또한 이 지역에서 이산화탄소와 이산화황의 배출량을 줄임으로써 세계 기후변화에 대한 위험도 줄이게 될 것이다. 온실가스로 인한 피해에 대한 지역적 협력은 수송관 협력 프로젝트가 진전이 없다면 생길 수 있는 대기오염 문제

---

41) 에너지안보는 에너지 가격의 상승과 하락으로 인한 급격한 변화, 에너지 공급에 대한 급작스러운 방해, 에너지 오염으로 인해 경제발전뿐 아니라 사회 환경에 발생할 피해를 막을 수 있는 국가의 능력이다. 본서에서 제8장 우바이 박사의 글을 참조할 것.

에 초점을 둘 수 있게 도움을 줄 것이다.

미국 노틸러스 연구소(Nautilus Institute)의 해이즈(Peter Hays) 박사는 "개별적인 에너지 관심사가 동기가 되지 않는다 해도 환경 외부성(environmental externalities)이 지역 에너지안보의 실질적인 증가를 가져오는 중장기적 지역 협력을 이끌어낼 것"이라고 말한다.[42] 만약 환경의 질이 에너지안보의 정의에 포함되고 이 정의가 실제로 유효하다면, 환경의 외재성들은 분명히 협력을 촉진시킬 것이다. 하지만 에너지안보 정의에 환경의 질이 포함되지 않을 경우, 환경의 외부성들은 암묵적이고 승인되지 않은 형태의 협력만을 가져올 것이다.

환경 외부성이 실제적으로 에너지안보 결정에 영향을 주는지의 여부를 알아보기 위해서는 이것이 국내 에너지 선택을 어떻게 조종해 왔는가에 주목해야 한다. 이런 점에서 국내 관습과 패턴은 지역적 행동에 영향을 준다. 일본의 경우, 국내의 대기오염 문제에 대해 — 상대적으로 빠른 시기라고 할 수 있는 — 1960년대부터 대응을 해왔다. 일본의 이러한 반응을 이끌어 낸 것은 단순히 객관적인 오염의 정도만이 아니었다. 오염에 대한 사회적 관심 증가와 대중의 요구가 일본의 기적적인 대기 오염 정화를 촉발시킨 것이다.[43] 반대로 북경의 대기오염 정화는 다른 동기 요소가 있었을 것으로 보인다. 올림픽의 유치에 대한 관심, 국제 사회에서의 이미지, 정치적 요소들이 북경의 대기오염을 기적적으로 개선시켰다. 이 두 가지 경우에서 볼 수 있듯이 환경 외부성만이 국내 에너지 선택의 결정요소로 작용하지는 않는다. 각 국가들은 대중의 압력이나 경제 안보와 같은 변수들을 고려하지 않고 지역적 수준에서 에너지를 선택하지는 않을 것이다.

42) Peter Hayes, "Regional Cooperation for Energy and Environmental Security in Northeast Asia," *Review of Environmental Cooperation in Northeast Asia and Prospects for the New Millennium* (Seoul: Kyobo Foundation for Education & Culture, 2001).

43) Jeffery Broadbent, *Environmental Politics in Japan* (Cambridge, MA: Cambridge University Press, 1999).

국내의 권력 관계와 다른 국내 요소들도 지역의 에너지 협력 전략 형성에
함께 고려되어야 할 것이다.[44]

## 5. 기후변화에 대한 지역 협력

기후변화는 모든 국가들이 공통으로 당면한 도전이기에 중국, 북한, 일
본, 몽골, 한국, 소련은 1990년대 초반부터 아태지역의 다른 국가들과 함

〈표 3-1〉 지역 기후변화에 대한 활동 관련 국제기관

| 국제 기관 | 기후변화가 주요 관심사인가 | 활 동 |
|---|---|---|
| 국제태평양연구센터 (IPRC), 하와이 대학 | 아니오 | 개별 연구자들이 자연과 기후변화 예측, 기후변화의 지역적 특성 등에 대한 연구를 수행 |
| 지구환경변화에 대한 국제인류차원 프로그램(IHDP) (국제과학위원회(IC SU)와 국제사회과학위원회(ISSC)가 창설) | 예 | 기후변화에 대한 과학 네트워크와 연구를 장려; 교육 훈련과 활동 지원; 회의, 워크숍 개최; 세계, 지역 연구 프로젝트 지원; 인간에 초점을 맞추고 인간의 행동이 세계 변화에 어떻게, 왜 영향을 끼치는가? 세계의 변화가 인류의 삶을 어떻게 변화시키는가? 세계의 기후변화에 대응하고 이를 완화시키기 위해서 누가, 어떤 조치를 취해야 하는가? 등에 중점을 둔다 |
| 지구권-생물권 국제 협동 연구계획(IGBP) (ICSU와 ISSC가 창설) | 아니오 | 세계 기후변화 연구에 개발 도상국의 참여를 장려하기 위해 전구(全球) 기후변화 연구센터(START)를 설립 (8개의 핵심 프로젝트); 회담, 연구 논문 지원 |

---

44) Elizabeth C. Economy, 앞의 글, pp. 23-65.

| 국제 기관 | 기후변화가 주요 관심사인가 | 활 동 |
|---|---|---|
| 국제연합개발계획 (UNDP) | 아니오 | 지역프로그램-아시아 온실가스 저비용 감소 전략(ALGAS); 온실가스 목록 평가, 에너지효율 프로젝트, 석탄 에너지 이용 기술, 교육 훈련 프로젝트, 국가 보고서 준비 보조 |
| 국제연합환경계획 (UNEP) | 아니오 | 각 지역의 국가들의 활동을 돕는 연구, 회의를 후원; 다른 국제기구와 함께 연구를 진행함 |
| 세 계 은 행 | 아니오 | 환경 에너지 전략, 녹색에너지가족(GEF) 프로젝트, 국가전략연구프로그램(RFF), 탄소기금 원형, 국가별 에너지 효율, 기후변화 프로그램 |
| 세계기후계획 (WCRP) (1980년 국제과학위원회〔ICSU〕, 국제사회과학위원회〔ISSC〕에 의해 시작됨, 정부간 해양학위원회〔IOC〕후원) | 예 | 물리적인 기후 시스템과 과정, 인간이 기후 시스템을 예측하거나 영향을 끼칠 수 있는 범위를 이해하고자 함. 지구대기감시(GCOS)계획에 다른 국제기구들과 함께 일함. 세계해양관측시스템(GOOS)과 기후를 위한 해양관측패널(OOPC)을 공동 후원. 다른 기구들과 협력체제 유지. 전구기후변화 연구센터(START) 지원 |

께 기후변화 협력활동에 대한 참여를 지속적으로 늘려왔다. 지역 협력은 기후변화에 대한 범세계적 협력을 촉진시킬 수 있을 것으로 여겨진다.

위의 표에서 알 수 있듯이, 대부분의 협력 프로그램은 동북아의 소지역에 위치한 국가들만으로 참여가 제한되지 않고, 광범위한 아시아 태평양 지역의 많은 국가들을 포함하고 있다. 이러한 현상은 온대 아시아 생태계의 변화가 중국, 북한, 일본, 몽골, 한국, 러시아 연방은 물론 이들 국가 이외에도 영향을 미치며, 협동 연구의 이득은 보다 많은 국가가 지식을 모을수록 더 커지기 때문이다. 다만, 온대동아시아지역위원회(TEACOM)만은 동북아 국가들의 집중적인 참여로 이루어지고 있다.

〈표 3-2〉 지역 기후변화에 대한 활동 관련 지역기구

| 지역기구 | 설립 기관과 후 원 | 기후변화가 주요 관심사인가 | 회 원 국 | 활 동 사 례 |
|---|---|---|---|---|
| 기후변화에 대한 아시아 태 평 양 네 트 워 크 (AP-NET) | 일본 정부 (다수의 기타 후원) | 예 | 오스트레일리아, 방글라데시, 캐나다, 중국, 피지, 인도네시아, 일본, 카자흐스탄, 키리바시, 말레이시아, 몽골, 미얀마, 네팔, 뉴질랜드, 파키스탄, 필리핀, 한국, 스리랑카, 태국, 투발루, 미국, 우즈베키스탄, 베트남 | 기후변화 정보의 웹 링크; 기후변화 웹사이트; 회담, 세미나; 정보교환; 기후변화 협약 (FCCC)과 기술 이전 활성화; 교육 훈련 |
| 지 구 변 화 연구를 위한 아 시 아 태 평 양 네 트 워 크 (A P N ) | 회원국 정부, 전구 기후변화연구 센터의 온대 동아시아 지역 위원회 (TEACOM-START), 국제인류차원프로그램(IHDP), 지구권-생물권 국제 협 동 연 구 계 획 (IGBP), 세계기후계획(WCRP) | 예 | 오스트레일리아, 방글라데시, 캄보디아, 중국, 피지, 인도, 인도네시아, 일본, 한국, 라오스, 말레이시아, 몽골, 네팔, 뉴질랜드, 파키스탄, 필리핀, 러시아, 스리랑카, 태국, 미국, 베트남 | 기후변화와 관련한 과학 데이터 교환; 교육 훈련; 대중에게 과학적 지식 전달; 뉴스 레터 |
| 아시아개발 은행(ADB) | N/A | 예 | 프로젝트에 따라 다양함 | 재생 가능 에너지, 에너지 효율, 온실가스 감소 연구 계획; 다수의 프로그램 |
| 동 아 시 아 대 기 행 동 네 트 워 크 (AANEA) | 한국 NGO 포럼 (1995~?) | 아니오- 산성비도 연구 | 중국, 일본, 몽골, 러시아 연방, 한국, 타이완의 NGO 단체들 | 기후, 산성비를 비롯한 대기오염문제에 대한 회의, 교육 |
| 아 시 아 태 평 양 환 경 의 회 (ECO-Asia) | 국제연합환경계획 기구(UNEP) (국제연합환경개발회의[UNCED]) (1991) | 아니오 | (17개국 장관과 11개 국제기구) 오스트레일리아, 방글라데시, 브루나이, 중국, 피지, 인도, 인도네시아, 일 | 기후변화 당사국회의(COP)의 지역 참여 장려; 교육 훈련; 정보 교환 장려 |

| 지역 기구 | 설립 기관과 후 원 | 기후변화가 주요 관심사인가 | 회 원 국 | 활 동 사 례 |
|---|---|---|---|---|
| 아 시 아 태 평 양 환 경 의 회 (ECO-Asia) | | | 본, 한국, 말레이시아, 몰디브, 몽골, 네팔, 뉴질랜드, 파키스탄, 파푸아뉴기니, 필리핀, 싱가포르, 스리랑카, 태국, 베트남 | |
| 동북아환경 협력 회의 (NEAC) | 한국(1988)- 일본과 국제연합환경계획기구의 지원 받음 | 아니오 | 중국, 일본, 몽골, 한국, 러시아 연방 | 정보 교환, 지역 주도 사업 장려 |
| 동북아지역 환 경 협 력 프 로 그 램 (NEASPEC)- 동북아 지역 환경 고위급 회의 | 국제연합환경계획기구(UNEP), 국제연합 아시아 태평양경제사회 이 사 회 (UNES- CAP), 국제연합 개 발 계 획 (UNDP), 아시아 개발은행 (ADB), 세계 은행 | 아니오 | 중국, 북한, 일본, 몽골, 한국, 러시아 연방 | 워크숍, 회의 후원; 에니지 효율, 청정 에너지, 대중 계몽 장려; 소지역 협동 장려 (기술, 관리 교육 훈련); 환경 자료 수집 훈련; 오염 줄이기 |
| 전구기후 변화 연구센터 (START)의 온대 동아시아지역위원회 (TEACOM) | START, 국제인류차원 프로그램 (IHDP), 지구권-생물권 국제협동 연구계획(IGBP), 세계 기후계획 (WCRP), 중국 과학원 (1995) | 예 | 중국, 북한, 일본, 몽골, 한국, 러시아 연방 (러시아 극동) | 지역의 기후 모델링; 에어러솔, 생물자원 연소, 강수량 측정; 데이터 수집과 관리 |
| 국제연합아시아 태평양 경제 사회 이 사 회 (UNESCAP) | 유엔 | 아니오 | 52개 회원국과 아시아 태평양 지역의 9개 준회원 | 정보 교환, 다른 기관이 실행하는 프로그램 후원 |

TEACOM은 기후변화 연구에 중국을 끌어들이는 데 유용한 접근법이 될 수 있다. 이 위원회는 전구기후변화연구센터(START)가 주도하는 여러 프로그램 중의 하나로 지구 환경변화에 대한 국제인류차원프로그램(IHDP), 지구권-생물권 국제협동연구계획(IGBP), 세계기후계획(WCRP)이 함께 창설한 것이다. 중국과 몽골은 국내 에너지안보에 대한 관심 때문인지 아니면 이런 프로젝트에 참여하려고 해도 적절한 장기 연구를 수행할 만한 재정적, 기술적 관리 능력을 가지고 있지 못하기 때문인지 몰라도 지역 기후변화 프로젝트에 적극적으로 참여할 가능성이 매우 적다. 중국과 몽골이라고 해서 기후변화의 영향으로부터 면제되지 않을 것이다. 하지만 이들 국가에게 기후변화가 가져오는 위험은 미래의 것이고 현재 당면한 국내의 경제, 사회, 환경문제만큼 긴급하지 않다. 예를 들어, 1998년 중국 양쯔강의 엄청난 홍수는 중국의 지도자들이 양쯔강 상류 유역의 벌목을 금하게 된 이른바 "공식적인" 이유였지만, 동시에 기후변화가 중국에게 끼칠 잠재적인 영향과 중요성을 일깨워주는 기회가 되었다. TEA-COM은 중국과 몽골이 기후변화 연구에 참가하고 이들 국가를 광범위한 지역 기후변화 포럼에 끌어들이는 데 도움을 줄 수 있다.

현재 TEACOM에서 중국을 중심으로 하는 프로그램은 중국의 연구자들로 하여금 단순히 서구의 기후변화 연구결과를 중국에 대입하여서 추론 결과를 얻어내는 식의 연구가 아닌 기후변화 과정과 영향에 대한 근본적인 연구를 하도록 하고 있다. 점점 많은 중국의 연구자들이 단순한 지식의 전수에 의존하여 중국의 상황을 평가하고 국가 지도자들에게 정책 제안을 하는 패턴에서 벗어나려 하고 있다.[45] TEACOM은 개발도상국의 참여를 도모하는 한편, 기후변화 협력을 위한 소지역포럼으로서 훨씬 더 유용하게 활용될 수 있을 것이다.

국가 지도자들은 다자간 기구 혹은 일본 정부의 지원으로 기후변화에 대한 지역협력 프로그램을 창설하였다. 동북아시아의 유일한 비정부포럼

---

45) Interview (2000년 가을).

은 동아시아대기행동네트워크(AANEA)이다. 일본은 동북아시아 협력 포럼을 창출해내기 위해 엄청난 노력을 기울여 왔다. 이러한 협력체를 지원함으로써 얻을 수 있는 경제적·정치적 혜택 때문에 일본은 기후변화 문제와 관련한 지역포럼을 만드는 데 커다란 인센티브를 가지고 있다. 일본은 동북아시아의 유일한 Annex I 국가이고 (한국이 Annex I 국가가 되지 않거나 혹은 될 때까지는) 청정개발체제 설립이나 소지역 배출권 거래 프로그램에 있어서 다른 나라들과의 경쟁에 맞닥뜨리지 않을 것이다. 러시아 연방, 중국, 북한, 몽골에서의 청정개발체제 프로젝트를 놓고 경합을 벌일 Annex I 국가가 이 지역에는 존재하지 않는다. 국제적·지역적 협력을 지원하고, 교토의정서의 성공을 위해 지원하는 것은 일본에게 있어서 훌륭한 외교 전략이다. 교토의정서에 대한 일본의 지지는 경제적 수준에 따라 좀 더 적극적인 역할을 맡을 것을 요구하는 국제 사회의 압력에 대한 일본의 대응으로 보인다.[46] 일본은 교토의정서가 채택되었던 당사국 회담을 개최하였다. 따라서 교토의정서의 성공적인 이행이야말로 '국제조약 중재국'으로서 일본의 이미지를 공고히 할 것이다. 국제기구나 일본의 도움이 없었더라면 기후변화에 대한 국제협력은 미미했을 것이다.

러시아 연방은 자국의 탄소 배출권을 세계 또는 지역 배출권 거래시장에 팔아 막대한 재정적 이득을 얻을 수 있을 것이다. 따라서 교토의정서를 지지하고 배출권 거래 체제에 적극적으로 참여하는 것이 러시아 연방에게 이득이 된다. 세계 은행의 한 보고서는 러시아 연방이 온실가스 시장의 초기 단계에서 가장 큰 몫을 차지하게 될 것이라고 밝혔다. 러시아 연방은 일찍부터 배출권 시장에 참여할 뜻을 보여왔고 1998년에는 배출권 협상을 지지하는 세계 기후변화협상에 관여하는 국가들이 만든 '선진국 그룹(Umbrella Group)'에 동참했다.[47]

---

46) Paul Harris, "International Environmental Politics and Policy in East Asia: A Comparative Synopsis of Foreign Policy," International Studies Association Annual Conference, Chicago (2001 2월 20~24일), pp. 19-20.

47) Alexander Golub, et al., *Study on Russian National Strategy of Greenhouse Gas*

동북아에는 기후변화라는 공통의 문제를 다룰 기관들, 말하자면 소지역 체제가 있다. 이런 기관들은 보다 광범위한 지역 혹은 국제 기후변화 체제 안에 속해 있다. AANEA, NEAC, NEASPEC, TEACOM과 같이 동북아에서 기후변화에 중점을 두는 기관들은 다른 문제들도 다루고 있다. 이들은 어떤 한 국가의 지원에 의존하고 있거나 기존의 국제기구들과 같은 외부 세력에 의해 형성되었다. 동북아 국가들은 여전히 자국 생태계의 취약성과 감가상각 비용의 정도에 따라 행동하고 있다.

한·중·일 3국은 모두 교토의정서에 대한 지지를 철회한 미국 부시 행정부의 결정을 강도 높게 비난했다.[48] 현재 동북아 국가들은 교토의정서의 진척 상황에 지대한 관심을 가지고 있다. 일본은 교토의정서가 국제 중재국으로서의 자국의 이미지를 높이게 될 것이며 청정개발체제 프로젝트에 대한 소지역의 경쟁이 거의 없을 것이므로 의정서의 실행을 희망하고 있다. 중국은 협상 테이블로 돌아가 경제 발전을 지속시켜 나갈 수 있는 기회를 잃기 보다는 교토의정서를 지속시켜 나가고자 할 것이다. 한국 또한 교토의정서가 해체되면 손실이 더 클 것이다. 동북아에서는 기관들이 공동의 대책을 마련함으로써 기후변화 문제에 대처해 나가는 데 비해, 산성비 문제에서는 좀 더 강력한 형태의 환경협력이 이루어지고 있다.

---

*Emissions Reduction* (Washington, D.C.: World Bank, 1999).

48) 2001년 4월, 일본 참의원은 교토의정서 관련 협상에 미국의 참여를 촉구하는 결의안을 통과시켰다. 또한 일본 의회는 미국을 포함한 모든 국가가 교토의정서의 비준을 지지할 것을 요구했다. 같은 달 일본의 환경청 장관인 가와구치(Yoriko Kawaguchi), 중국의 환경 보호 총국 장관 셰진화(Xie Zhenhua)와 한국의 환경부 장관 김명자는 미국이 제6차 당사국 회의에서 교토의정서를 지지할 것을 요구하는 공동성명을 발표했다.

# III. 산성비

산성비는 황산화물과 질소산화물이 대기중에서 수분과 작용하여 만들어진 황산이나 질산 성분의 물방울을 말한다. 이 물방울은 강수, 비, 눈, 안개 등으로 변화하면서 산성 농도가 더 높아지게 된다. 산성비는 보통 수소 이온의 농도가 5보다 낮은 강우이다. 산성 물방울은 강우를 일반적인 경우보다 200배나 더 산성을 띠게 만들 수 있다. 산성비는 전기력, 산업, 자동차 등의 연료 연소로 인한 배출 가스 전구체 때문에 발생한다. 전력을 얻기 위한 석탄 연소는 황산화물의 주배출원이다. 습기가 없을 때 오염물질은 시계를 떨어뜨리는 산성 입자로 변하게 되고, 인간이 이것을 흡입하면 건강에 해를 끼치게 된다. 산성비는 또한 해양생태계와 산림에도 잠재적인 위협이 되고 있다. 산성비는 석회암이나 대리석, 콘크리트와 같은 건축 자재의 풍화작용을 촉진시킨다. 땅에 떨어진 산성비는 호수나 하천의 수소이온 농도를 떨어뜨려서 물고기의 생식주기를 파괴할 수도 있다. 물이 강한 산성을 띠게 되면 그 영향으로 어류집단이 감소하거나 멸종하기도 하고, 수은 성분이 어류에 잘 흡수되는 성질의 메틸 수은으로 쉽게 변화하여 물고기의 체내 수은 축적 농도가 높아지게 된다.[49]

## 1. 동북아의 산성비 이동

동북아에서 산성비 장거리 이동 문제의 가능성을 처음으로 제기한 나라는 일본이다. 일본의 과학자들은 1980년대 중반쯤 이러한 결론에 도달하였다. 1985년에 일본 아사히 신문에 실린 산성비에 관한 17개의 기사 가운데 8개가 중국의 산성비가 장거리 이동을 통해 일본으로 운송될 가능성에 초점을 맞추었다.[50] 1989년 산성비에 대한 한 국가조사는 일본 열도

---

49) Mark B. Bush, 앞의 글, pp. 339-348.
50) Miranda A. Schreurs, "Shifting Priorities and the Internationalization of Environ-

에 내리는 산성침전물이 자국의 황산화물 방출량보다 많다는 것을 확인
했다.[51] 과학자들은 한국과 중국에서 배출되어 일본으로 운송된 유황이
이러한 차이를 만들어냈을 것이라는 가설을 세웠다. 최근의 보고서에 따
르면 중국에서 일본으로 수송되어 온 황산화물 이온 농도가 1986년과
1991년 사이에 30 %나 증가하였다고 한다.[52]

산성비의 영향을 받는 동아시아 국가는 일본뿐이 아니다. 북한, 한국,
대만, 베트남, 몽골 등 모든 국가에 장거리 이동을 한 산성침전물이 내리
고 있다. 일부에서는 동아시아의 황산강하물의 농도가 1970년대와 1980
년대 당시 유럽과 북미에서 관찰된 수치보다 높을 것이라고 추정하고 있
다. 장차 동아시아의 산성비 농도는 구 소련이나 동유럽 국가들에 있어
아주 심하게 오염된 지역보다 장차 더 높아지게 될 것이다.[53] 동아시아에
서 국가간 장거리 이동하는 산성 강하물의 대부분은 중국에서 배출된 황
산화물과 질소산화물이다. 하지만 동아시아의 다른 나라들에 도달하는
배출물의 양은 중국 내에 남아있는 양에 비하면 미미한 수준이다.

산성비는 중국의 가장 심각한 일곱 가지 환경문제 중 하나가 되었다.
중국의 이산화황 배출량은 1970년에서 1990년의 기간동안 두 배로 증가
했다. 1988년 중국의 연간 이산화황 배출량은 2,050만 톤이었다.[54] 일부의

---

mental Risk Management in Japan," in Social Learning Group, William C. Clark and
others (eds.), *Learning in the Management of Global Environmental Risk: A Com-
parative History of Social Responses to Climate Change, Ozone Depletion and Acid
Rain* (Cambridge, MA: MIT Press, 2001).

51) Shin-ichi Fujita, "Overview of Acid Deposition Assessment Program in CRIEPI," in
Yoshihisa Kohno (ed.), *Proceedings of CRIEPI International Seminar on Transport
and Effects of Acidic Substances*, Central Research Institute of Electric Power Industry
(1997년 3월), p. 6.

52) "Acid-rain Ions From China Said Increasing," *FBIS*, East Asia(1992년 12월 1일).

53) Gregory R. Carmichael and Richard Arndt, "Baseline Assessment of Acid Deposition
in Northeast Asia," *Energy, Environment and Security in Northeast Asia: Defining a
U.S.-Japan Partnership for Regional Comprehensive Security* (Berkeley, CA: Nautilus
Institute and Center for Global Communications(1999년 12월), p. 18.

추정에 따르면 2015년부터 2020년 사이의 5년 동안 중국의 이산화황 배출량은 매년 4,000만 톤 이상 증가할 것이라고 한다.[55] 중국은 이미 미국과 구소련에 이은 세계 3위의 이산화황 배출국이고 아마 2025년 무렵에는 세계 최대 배출국이 될 것이다.[56] 몇몇 중국 도시의 겨울철 이산화황 농도는 1952년 4,000여 명의 목숨을 앗아갔던 런던의 대기오염 소동 당시와 비슷한 수준에 이르렀다고 한다.[57] 런던의 경우가 그랬던 것처럼 석탄 연소가 중국 황산화물 배출의 주범이다. 중국은 필요 에너지의 70% 이상을 석탄에 의존하고 있다. 석탄의 의존과 이에 따른 분진과 황산화물의 배출로 인해 인간의 건강은 물론 농작물, 산림, 건축 자재 등이 상당한 피해를 입게 된다. 인간의 건강을 해치는 대기오염으로 인한 금전적 손실은 76억 위안화에서 130억 위안화에 이른다. 곡물, 산림, 원자재에 대한 손실은 49억에서 100억 위안화에 이른다.[58] 중국의 지도자들은 산성비가 경제에 미치는 영향을 무시할 수 없었다. 중국은 산성비를 국내 문제로 인식하기는 하지만 산성비의 장거리 이동으로 발생하는 영향에 대해서는 책임을 회피하고 있다.

---

54) "Energy, Coal Combustion and Atmospheric Pollution in Northeast Asia, Inter-Country Project," United Nations Development Program (1994년 7월), p. 2.

55) Daniel Mendelsohn, Robert Esty, Daniel Rosen, and Therese Feng, *Powering China: The Environmental Implications of China's Economic Development*, mimeo (1999).

56) Susan J. Pharr and Ming Wan, *Yen for the Earth: Japan's Pro-Active China Environment Policy*, in Michael McElroy, Chris Nielsen, and Peter Lydon (eds.), *Energizing China: Reconciling Environment Protection and Economic Growth* (Cambridge, MA: Harvard University Committee on the Environment, distributed by Havard University Press, 1998), p. 3.

57) Energy, Coal Combustion and Atmospheric Pollution in Northeast Asia, Inter-Country Project (1994).

58) Vaclav Smil, "Environmental Problems in China: Estimates of Economic Costs," No. 5: East-West Center (1996년 4월), pp. 54-55.

## 2. 산성비에 대한 쌍무 · 다자간 협력

1992년 중국의 지도자들은 마침내 중국의 황산화물과 질소산화물이 장
거리이동 산성비 문제의 원인일지도 모른다고 시인했다.[59] 당시 중국의
부총리 주지아화는 중국이 장거리이동 오염물질 문제에 책임이 있다는 것
을 시인하고 상호 협력을 위한 길을 열어 놓았다.[60] 이로부터 한 달 후 중
국은 정부개발원조(ODA)의 일환으로 저가의 탈황기술을 포함시켜 줄 것
을 일본에 요구하였다. 환경청, 교육성, 통상 산업성(MITI) 등 일본의 여러
정부 기관이 산성비와 관련하여 중국과의 쌍무 협력 활동에 착수하였다.
1992년에는 통상 산업성이 탈황기술의 연구에 9년간 미화 5,760만  달러
를 할당하였다.[61] 일본의 환경청은 지역의 산성비 감시 네트워크의 설립을
제안하고 과학 연구, 훈련 프로그램, 감시와 운송 모델링 등의 산성비 협력
프로젝트를 위해 중국에 정부개발원조 예산 중 일부를 배당했다.

## 3. 동아시아 산성비 모니터링 네트워크의 발전

동아시아 산성비 모니터링 네트워크(EANET)는 1993년 처음으로 분과
위원회를 개최하고 그 이후로 동아시아 산성침전물 감시 네트워크라는
공식 네트워크를 발전시켰다. 중국, 인도네시아, 일본, 한국, 말레이시아,
몽골, 필리핀, 싱가폴, 러시아 연방, 태국, 베트남을 비롯한 동북아와 동남
아의 여러 나라들이 이 분과위에 참석했다. 회원국의 과학자와 정책 입안

59) Miranda A.Schreurs, "Japan: Elite Newspaper Reporting on the Acid Rain Issue From
1972-1992," in William C. Clark, and Nancy M. Dickson (eds.), *The Press and Global
Environmental Change: an International Comparison of Elite Newspaper Reporting
on the Acid Rain Issue From 1972-1992* (Cambridge, MA: Harvard University, John F.
Kennedy School of Government, Center for Science and International Affairs, 1995).
60) 1993년에는 당시 중국 환경 보호청의 국장인 Qu Geping이 비슷한 발언을 했다.
Vaklav Smil, 앞의 글, p. 20.
61) MITI Project Outline (1996), p. 11.

가들은 이 전문가 회의를 통해 네트워크의 청사진을 제시하고 회원국들이 사용할 산성비 모니터링 방법에 대한 개략적인 가이드라인을 만들고자 하였다.

EANET의 첫 단계 목표는 산성비 모니터링과 산성비가 각 회원국에 끼치는 영향; 모니터링 프로그램의 관리 및 통제; 감시 데이터의 축적, 평가, 저장, 유포; 동아시아의 산성비 상태에 대한 보고서 발간; 상기 활동에 대한 협력의 촉진 등이다. 일본은 두 번째 단계로 회원국들이 장거리 국경 이동을 하는 황산화물의 양에 대한 합의를 할 수 있게 되기를 기대하고 있다. 이 네트워크의 이념에는 산성침전물의 중장기적 수송을 수치 모델링하는 것이 장래 목표 중의 하나라고 명시되어 있으며 모든 당사국들이 이를 이미 승인한 상태이다. 세 번째 단계에서는 유황물질의 배출 감소 전략에 중점을 두게 된다.

1996년 중국은 제5차 국가 5개년 계획(1996~2000)에 산성비의 장거리 이동 연구를 처음으로 포함하였고 공동 연구, 기술 이전, 개발 프로젝트 등에 협조하려는 노력을 기울여 왔다. 그러나 중국은 여전히 지역 산성비 규제 체제를 회피하려 하고 장거리 이동 대기오염물질을 통제 요구에 주저하는 모습을 보이고 있다.[62]

과학자와 정책 입안자들은 수년간에 걸쳐 이 네트워크를 구상하는 동안 수많은 도전에 직면했다. 국가주권에 대한 이해관계의 차이, 국가간 위험 인식의 괴리, 재정적, 기술적 제약 등이 보다 심도 깊은 협력을 가로막는 장애물로 작용했다.[63] 이 지역 내의 황산화물의 국가간 이동량에 대한 의견 차이는 회원국들에게 가장 큰 과학적 장애물이었다.

---

62) Jonathan E. Sinton, "China's View of Acid Rain in Northeast Asia and Regional Cooperation Strategies for Mitigation," *Energy, Environment and Security in Northeast Asia: Defining a U.S.-Japan Partnership for Regional Comprehensive Security* (Berkeley CA: Nautilus Institute and Center for Global Communications, 1999년 12월).

63) Anna Brettell, and Yasuko Kawashima, "Sino-Japanese Relations on Acid Rain," in Miranda A. Schreurs and Dennis Pirages (eds.), 앞의 글.

  각 국가마다 고유의 모니터링 방법, 분석 기술, 국가간 이동 산성비 모
델을 가지고 있기 때문에 모니터링 방법을 표준화하거나 수송 메커니즘
에 대한 논의를 시작하는 것이 쉽지 않았다. 중국의 과학자들은 산성비의
국가간 이동량과 도착지를 알아내기 위해 '율러리안 모델(Eulerian
Model)'을 사용한다. 이 모델에 따르면 중국 황산화물은 겨울에는 단
1.1%, 여름에는 0.1%만이 다른 나라에 퇴적된다. 중국은 자국 내에 축적
되지 않는 황산화물의 대부분이 인근 해양에 침전된다고 주장했다. 일본
환경청의 한 연구결과는 일본으로 오는 국가간 이동 산성비의 대부분이
한국에서 오는 것임을 밝혔다.[64] 일본의 사설기관인 일본전력중앙연구소
(CRIEPI)는 율러리안 모델과 궤적 모델을 혼합한 모델을 사용한 연구에서
일본 서쪽 해안지대에 내리는 산성비의 약 40% 정도가 아시아 대륙(중국,
한국, 대만, 몽골, 극동 러시아)으로부터 온 것이라고 결론지었다.[65] 세계
은행과 아시아개발은행은 산성비의 원인과 대기 수송, 수송지에 끼치는
영향 등을 밝혀내기 위해 레인스-아시아 모델(Rains-Asia model)을 개발
하였다. 이 모델에 따르면 중국에서 발생한 산성비의 3%가 다른 국가(북
한에 0.8%, 일본에 0.5%)에 떨어진다.
  그러나 중국에서 다른 나라로 배출되는 이 작은 양이 이웃국가의 총퇴적
량에는 상당한 비율을 차지하게 된다. 북한에 퇴적되는 황산화물의 35%와
베트남에 퇴적물의 39%가 중국에서 온 것이다.[66] 러시아의 배출량은 일본
의 북쪽 지역에 가장 큰 영향을 끼치고, 측정 가능한 산성침전물을 약
10~20% 가량 증대시킨다.[67] 국경을 넘어 이동하는 이 산화물들의 양은 계

64) 위의 글.
65) Shin-ichi Fujita, Hiroshi Hayami, and Yoichi Ichikawa, "Development of Long-
   Range Transport Models for East Asia," in Yoshihisa Kohno (ed.), *Proceedings of
   CRIEPI International Seminar on Transport and Effects of Acidic Substances,* Central
   Research Institute of Electric Power Industry (1997년 3월), p. 67.
66) 동아시아에서 사용된 모델은 ATMOS 모델이다. 동아시아 산성비의 근원지와 수용지
   에 대해 좀 더 자세한 평가를 알고 싶으면 Gregory R. Carmichael and Richard Arndt,
   위의 글 참조.

절에 따라 변화하지만, 산성강하물의 국가간 이동에 대한 예측은 인구와 경제 성장의 다양한 시나리오, 에너지 소비 수준, 기술적 요소에 달려 있다.[68]

수송 모델의 비교, 대조를 위한 초반 작업은 이미 진행되었지만, 이 작업은 EANET 안에서 이루어지는 것이 아닐 뿐더러 율러리안 모델을 포함하지 않고 있다.[69] EANET이 아직 첫 번째 단계에 머무르고 있기 때문에 회원국들이 여러 수송 모델에 대한 공식적인 논의를 아직 시작하지 않은 상태이다. 하지만 비공식적 대화나 과학적 교류는 이루어지고 있다.

이런 장벽에도 불구하고, EANET에 속한 국가들은 1998년 'EANET 제1차 정부간 회의'를 개최하였다. 이 정부간 회의가 네트워크의 '준비 단계'의 시작을 알리는 것이었다.

시간이 흐르면서 중국은 EANET에 대한 입장에 약간의 변화를 보였다. 준비 단계에서는 중국의 대표가 정부간 회의와 임시 과학 자문 그룹에 참관인 자격으로 참석했지만 그 이후의 여러 실무 그룹 회의에는 정식 참가자로 참여하였다.[70] 그 이후로 중국은 EANET의 정식 참가국이 되었고, 과

---

67) 위의 글; Yoichi Ichikawa, and Shin-ichi Fujita, "An Analysis of Wet Deposition of Sulfate using a Trajectory Model for East Asia," *Water, Air and Soil Pollution*, Vol. 85 (1995), pp. 1927-1932에서 재인용.

68) 황산화물 배출 시나리오에 대한 변화와 분석에 대해 좀 더 자세한 설명을 원한다면 다음을 참조할 것. Gregory R. Carmichael and Richard Arndt, 앞의 글; David Streets, "Energy and Acid Rain Projections for Northeast Asia," Paper for 2nd Energy, Environment and Security in Northeast Asia Workshop, *Energy, Environment and Security in Northeast Asia: Defining a U.S.-Japan Partnership for Regional Comprehensive Security* (Berkeley, CA: Nautilus Institute, 1999년 12월); and David Von Hippel, "Technological Alternatives to Reduce Acid Gas and Related Emissions from Energy-Sector Activities in Northeast Asia," *Energy, Environment and Security in Northeast Asia: Defining a U.S.-Japan Partnership for Regional Comprehensive Security* (Berkeley, CA: Nautilus Institute, 1996년 11월).

69) Carmichael and Arndt는 다음의 책에서 이러한 시도들에 대해 간략하게 설명하고 있다. Gregory R. Carmichael and Richard Arndt, 앞의 글.

70) The 1st Meeting of the Working Group, EANET, Tokyo, Japan, Acid Deposition and Oxidant Research Center, 1998; The 1st Intergovernmental Meeting, EANET, Tokyo,

거에 비해 다자간 포럼에 적극적으로 참여하려는 모습을 보여주고 있다.

2000년 10월에 열린 제6차 실무 그룹 회의에서 EANET의 참가국들은 유엔환경계획(UNEP)이 네트워크의 상설 사무국이 될 것을 제안했고, 이 제안은 제 2차 정부간 회의에서 승인되었다. 사무국은 UNEP의 아시아 태평양 환경 평가 프로그램(EAPAP)에 속해 있으며 유엔환경계획 아시아태평양지역사무소(UNEP-EAPAP)의 지원을 받고 있다. 사무국은 제3차 정부간 회의 이후에 임무를 시작할 예정이다. 제3차 정부간 회의는 EANET의 미래에 매우 중요한 의미를 가진다. UNEP를 상설 사무국으로 두는 것이 EANET의 미래에 도움을 줄 것이라는 사실에는 의심의 여지가 없다.

지역 체제가 산성비 이슈와 관련해서 어떤 결과를 이끌어 낸 것은 동북아시아에만 국한되는 이야기는 아니다. 지구물리학적 현실은 아시아의 산성비 문제 해결을 위해 설립된 기관들이 동북아 지역 외의 국가들도 포함해야 함을 말해준다. 그러나 북아시아의 대기수송 메커니즘과 남아시아의 메커니즘은 같지 않다. 이 문제는 네트워크의 두 번째 단계에서 네트워크 내에 산하 그룹을 설립하는 것으로 해결될 수 있다. 동북아시아 산하 그룹과 동남아시아 산하그룹은 각각의 소지역에서 산성침전물의 현실적인 수송 모델을 만들어낼 수 있을 것이다.

이런 많은 발전에도 불구하고 완전한 모니터링 네트워크에로의 장벽은 여전히 남아 있다. 우선, 회원국들이 네트워크 참가 비용을 스스로 조달하도록 되어 있지만 EANET는 일본으로부터의 재정 지원에 여전히 의존하

Japan, Acid Deposition and Oxidant Research Center, 1998; The 1st Meeting of the Interim Scientific Advisory Group, EANET, Tokyo, Japan, Acid Deposition and Oxidant Research Center, 1998; The 6th Meeting of the Working Group, EANET (Tokyo, Japan, Acid Deposition and Oxidant Research Center, 2000). 중국이 초반에 옵서버로서만 참여했던 이유 중의 하나는 중국이 대대적인 행정 과도기에 있었기 때문이다. 이 기간에 국가 환경 보호국(NEPA)이 장관급인 지금의 환경 보호국(SEPA)으로 격상되었다. Wakana Takahashi, "Formation of an East Asian Regime for Acid Rain Control: The Perspective of Comparative Regionalism," *International Review for Environmental Strategies*, Vol. 1, No, 1 (2000).

고 있다. 동북아의 대부분의 국가들은 경제적 사정이 여의치 않기 때문에 지역 네트워크에 사용할 만한 재정 자원을 가지고 있지 않으며 선진국이 네트워크를 후원할 책임이 있다고 믿는다. 또한 일부 국가들은 '난징 대학살' 이나 한국 '종군위안부 문제' 와 같은 과거 일본의 만행에 대한 보상 차원으로 일본이 다른 국가의 발전 계획을 도울 도의적 의무가 있다고 생각한다. 두 번째 문제점으로, 한국과 일본의 지나친 경쟁이 완벽한 협력을 방해할 수 있다는 것이다. EANET의 설립 과정에서 양국은 임시 사무국의 위치와 네트워크 중심 등 여러 문제에 대해 심각한 의견 차이를 보였다. 또한 한국은 일본이 EANET에 지나치게 고압적인 자세를 취하고 있다고 비난해 왔다.

한국은 독자적으로 동북아 대기오염물질의 장거리 국가간 이동에 대한 협동 연구 프로그램(LTP)을 통해 산성비의 장거리 이동 문제를 다루기 위한 지역적 노력을 시작했다. 이 프로젝트는 1995년의 동북아 오염물질의 장거리 이동에 대한 북아시아 워크숍에서 착수되었으며 중국, 일본, 한국이 참가하고 있다. 대기오염물질의 장거리 이동에 대한 전문가 회의도 이 프로젝트와 연관되어 있으며 1996년, 1997년, 2000년에 회담이 열렸다. 두 개의 워킹 그룹이 만들어졌고 모니터링, 모델링 워킹 그룹의 첫 번째 회합은 1999년에 이루어졌다. 이때 회원국들은 협동 모니터링과 모델링 가이드라인을 채택하였다. 이 발안이 EANET만큼 명쾌하거나 그만큼의 재정적 지원을 받는 것은 아니지만, 일본은 LTP가 대기오염물질의 국가간 이동 문제를 다루는데 유용한 수단이 될 것으로 여기고 있다. LTP는 장차 보다 큰 역할을 수행하게 될 것이다. 그러나 한·중·일 3국이 이미 EANET이라는 구조 안에서 산성비 모니터링과 질에 대한 통제 기준에 동의한 상태이기 때문에 LTP는 동북아 고유의 수송 모델 같은 다른 문제들에 초점을 맞출 수 있을 것이다. 몽골과 러시아도 LTP 체제 안에서 맡을 역할이 있다.

여러 국제기구가 동북아시아 산성비의 국가간 이동을 다루는 다양한 프로젝트를 후원하고 있다. TEMM은 산성비와 황사를 포함한 공통의 환

경 관심사에 대한 협력을 강화할 필요성을 인식하고 구체적인 프로젝트
를 발전시킬 것을 제안했다.[71] 하지만 산성비나 황사 모두 다 TEMM의 5
대 중점 과제에는 포함되지 않았다. 세계 은행은 국제응용시스템 분석연
구소(IIASA), 아시아개발은행과 함께 유럽에서 사용되는 레인스 장거리
이동 모델을 아시아에 적용하기 위한 프로젝트를 진행중이다. 동북아환
경협력고위급회의(NEASPEC)[72]는 산성비 모니터링 활동에 관여하는 기관
이다. 국제연합개발계획(UNDP)은 중국, 몽골, 한국, 북한을 한데 모으는
동북아의 에너지, 석탄 연소, 대기오염(Energy, Coal Combustion and
Atmospheric Pollution in Northeast Asia)이라는 프로젝트에 착수했다. 이
프로그램의 목적 중의 하나는 이 지역의 오염물질 수송 모델을 확실히 만
드는 것이다.[73] 위에 언급된 프로그램들이 EANET이나 LTP와 직접적으로
관련되어 있지는 않지만 이들은 두 기관의 업적에 대해 모두 찬사를 보내
고 있다.

## 4. 상호작용: 기술과 정책 딜레마

황사의 에어로졸과 이산화탄소, 황산화물 배출물 사이에 일어나는 상
호작용은 이들을 다룰 기술이나 정책 선택에 영향을 미친다는 점에서 관
심을 요한다.[74] 원래 에어로졸은 기후에 전면적인 냉각효과를 주지만 이

---

71) *Progress Report on the 3rd Tripartite Environmental Ministers Meeting* (Seoul, Korea: Korean Ministry of Environment, 2001년 4월).
72) 이 소지역 기관은 유엔 환경계획(UNEP), 유엔 아시아 태평양 경제 사회 이사회 (UNESCAP), 유엔 개발계획, 아시아 개발 은행, 세계 은행 등의 국제 기관의 후원을 받고 있다.
73) Energy, Coal Combustion and Atmospheric Pollution in Northeast Asia, Inter-Country Project, 앞의 글.
74) 이 중 몇 가지의 상호작용에 대한 구체적 정보는 Alan McDonald, "Combating Acid Deposition and Climate Change: Priorities for Asia," *Environment*, Vol. 21, No. 3, (1999년 4월); David Von Hippel, 앞의 글에서 얻을 수 있다.

산화탄소 배출물은 보온효과가 있다. 이산화탄소와 이산화황 배출물 사이에도 이와 같은 상호작용이 발생한다. 이산화황 배출물은 에어로졸과 같은 역할로 냉각 효과를 가지고 있지만 탄산화물 배출물은 보온효과를 가지고 있다. 이런 상호작용은 심각한 결과를 초래하므로 정책이나 기술 계획을 수립하는 데 있어서 우선적으로 고려되어야 한다.

IIASA는 전세계 농업 생산량에 총체적인 영향과 관련된 이와 같은 딜레마에 대해 연구해 왔다. 이산화황 배출물은 양날을 가진 칼처럼 농작물에 즉각적인 해를 입히기도 하지만 한편으로는 대기에 냉각작용을 함으로써 온도 상승으로 발생할 수 있는 피해를 막아주기도 한다. 이산화탄소 배출물의 증가 역시 두 가지 작용을 한다. 이산화탄소의 농도 증가는 식물의 성장을 촉진시키고 생산량을 늘릴 수 있지만 동시에 지구 기온의 상승을 가져와 생산량에 부정적 효과를 야기한다. IIASA 연구자들은 이산화탄소나 이산화황 배출을 통제할 새로운 조치가 취해지지 않는다 하더라도 에어로졸의 냉각 효과가 지구 기온 상승을 상쇄하고, 높은 이산화탄소 농도는 작물 생산량에 전반적인 증가를 가져올 것이라고 지적했다.

이 시나리오의 문제점은 세계의 다른 지역, 즉 아시아의 개발도상국에서는 이와 정반대의 현상이 일어날 수 있다는 사실이다. 높은 이산화탄소 농도가 가져올 생산량 증가 효과는 몇 년이 지나면 사라지게 되므로 이로 인해 얻을 수 있는 세계적인 이익이 단기적이라는 점도 문제이다.[75] 아무런 조치도 취하지 않는 것이 최선이라는 주장의 또 한 가지 문제점은 이것이 농업 생산량에 미치는 영향만을 고려하고 지구온난화나 이산화황이 가져올 다른 영향들에 대해서는 고려하지 않는다는 점이다. 이산화탄소 배출물 통제 정책이 먼저 실행된다면 장기적으로 볼 때 유황배출물의 감소에도 도움을 주는 파급 효과를 가져올 것이다. 반대로 유황 배출물 감

---

75) 듀크 대학의 연구자들은 여분의 이산화탄소가 공급된 나무가 처음 3년간은 25% 빠른 성장을 보였으나 결국에는 보통의 성장 수준과 같게 된다고 밝혔다. 이 빠른 성장 속도를 지속시키려면 다른 영양분도 함께 나무에 공급되어야 한다. "Global Warming and Trees," *The Washington Post* (2001년 5월 28일), p. A11.

소 정책이 먼저 실행된다면 결과는 더 악화될 것이다. IIASA 연구자들은
이 두 가지 문제를 동시에 해결할 수 있는 기술의 발전을 위해 기술혁신을
고무하는 것이 최상의 선택이라고 결론을 내렸다.[76]

# IV. 결론

동북아 소지역은 황사현상, 기후변화, 산성침전물과 같이 도전적이고
난해한 대기오염 문제를 가지고 있다. 중요한 것은 이 오염 문제가 아직
최악의 상황에 이르지 않았다는 것이다. 과학자들에 따르면 황사가 자주
발생하는 주기가 이제 막 시작되었으며 이것이 90년간이나 지속될 수 있
다고 한다. 이산화탄소와 황산화물 배출은 2015년까지 두 배로 증가할 것
으로 예상된다.

이 세 가지 문제를 둘러싸고 몇몇 안보 집합체들이 생겨났다. 황사에
대한 협력은 최근 보다 광범위한 아시아 - 태평양 지역으로 확산되었지만
아직도 초기의 안보 체제 수준에 머무르고 있다. 동북아 황사문제 해결을
위한 어떤 제도나 기관이 설립되지는 않은 상태이지만 곧 성과가 있을 것
으로 보인다. 몽골을 황사에 대한 소지역 협력에 끌어들이기 위해 보다
많은 노력을 기울여야 할 것이다. 기후변화에 있어서 이를 다루기 위한
소지역, 지역 수준의 여러 기관이 있기는 하지만 이들은 대개 기존의 국제
기후변화 체제에 속해 있다. 산성비를 다루는 지역 체제에서는 동북아 소
지역 외의 국가들도 포함되어 있다. 남아시아와 북아시아 간 산성침전물
수송 메커니즘이 다르기 때문에 EANET 내에 남아시아와 북아시아를 다
루는 별개의 하위그룹을 만드는 것이 합리적이다. 중국, 일본, 한국이 속
해 있는 LTP는 이런 하위 그룹 설립을 위한 기반이 될 수 있다.

몇 가지의 특별한 조치를 취할 경우 동북아의 협력 체제를 보다 개선시

---

76) Alan McDonald, 앞의 글, pp. 40-41.

킬 수 있을 것이다. 대만을 협력 기관에 포함시키는 것이 정치적으로는 민감한 문제이기는 하지만, 대만의 가입은 지역 내 신뢰구축에 도움을 줄 것이다. 만약 이것이 힘들다면 대만이 최소한 참관인 자격으로라도 지역, 소지역 협력 프로그램에 참가할 수 있을 것이다. 황사와 기후변화 연구에 몽골을 포함시키기 위한 보다 많은 노력이 요구된다.

어떤 기후변화는 그 영향력이 국지적이므로 동북아 국가들이 국지적인 협력을 바탕으로 한 프로젝트를 추진할 필요가 있다. 해수면 상승으로 영향을 받게 되는 지역들은 일부 지역에서만 영향을 받는 지방이나 국가보다 해수면 상승에 대한 연구 프로젝트에 보다 많은 관심을 가질 것이다. 지방의 관계자들은 이해관계 때문에 협력 프로그램에 보다 적극적으로 참여하게 될 것이고, 이에 따라 협력도 보다 용이해지고 성공할 가능성도 높아지게 된다. 하지만 기술 노하우, 재정, 필요 등이 정확히 일치되게 하려면 좀 더 많은 작업이 진행되어야 할 것이다.

아시아 - 태평양 지역 내의 지역협력은 본 글에서 언급한 세 가지의 대기오염 문제에 있어서 중요하다. 지역협력을 이끌어낼 수 있는 가장 중요한 요소는 지구물리학적인 근접성과 대기 시스템의 현실이다. 아시아 - 태평양 지역 국가들의 기후는 인근 해양의 아시아 계절풍과 열대 저기압에 의해 크게 좌우되며 대기 순환 패턴이 아시아 - 태평양 국가들을 연결하고 있다. 동북아 소지역의 협력은 에너지안보에 대한 공통적인 관심, 동북아 국가들이 온실가스의 주요 배출국이라는 사실, 이들이 협력으로 얻게 될 정치, 경제, 사회적 이득 등으로 설명될 수 있다.

석유와 가스 공급원의 지구물리학적 현실과 에너지 수요를 감안할 때, 동북아의 국가들이 천연가스 수송관이나 에너지 효율 전략을 포함하는 에너지 프로젝트에 협력하는 것이 최상이다. 대기오염물질의 국가간 이동은 동북아 에너지 효율과 에너지 공급 프로젝트의 협력 실패를 보여주는 하나의 사례가 될 것이다. 지역 에너지안보와 대기오염 문제 간의 연결 고리가 인식되고는 있지만 에너지 이슈는 지역간 의사소통에서 좀 더 강조되어야 한다. 동북아 국가간 협력을 보다 용이하게 하기 위해 에너지 환경 실무자 그룹을 설립할 수 있다. 이런 실무자 그룹은 여러 국가의 환경 보호와 에너지 전문가들을 한데 모아 포럼을 개최할 경우 기관간의 협력을 수월하게 할 수 있을 것이다.

소지역 협력, 특히 기후변화에 대한 소지역협력은 다양한 과학 네트워크, 그리고 비정부 기관과 정부 기관 간의 커뮤니케이션을 증대시켜 상호 주관적인 공동체를 만드는 데 도움을 줄 것이다. 지역과 소지역의 기후변화 기관들이 주도하는 협력 활동은 각 국가들로 하여금 세계적인 환경포럼에 보다 적극적으로 참여하도록 유도할 수 있다.

동북아시아는 역사적 유산, 정치 문화적 차이, 경제 사회 문제, 제도적 협력을 위한 역사적 기반의 부족 등으로 몸살을 앓고 있는 지역이다. 이들이 공통으로 가진 대기오염물질의 국가간 이동 문제들에 협력하는 것은 동북아 국가간에 신뢰 구축에 대한 가능성을 제시한다. 협력은 결국 불확실성을 줄이고 투명성, 상호의존, 상호이익을 증대시켜 동북아 국가들에게 지속적이고 장기적인 상호 이익을 가져올 것이다.[77]

몇몇 기관들이 이 세 가지의 대기오염 문제 중 두 개 이상을 다룰 프로그램을 설정하고 있기는 하나 아직도 이 문제들은 이슈 중심으로 다뤄지고 있다. 대기오염문제를 종합적으로 다룰 최적의 틀에 대해 우리가 생각해야 할 두 가지 중요한 문제가 있다. 첫째로, 여러 기관의 프로그램 중 일부가 중복되기 때문에 전체적인 결과를 놓고 볼 때 효율성이 떨어진다. 둘째, 이 문제들은 서로 연결되어 있기 때문에 한 가지 문제의 해결을 위해서 다른 문제들이 희생되는 식이 아니라 문제들의 통합 관리를 보장할 수 있는 최적의 기술과 정책 결합이 필요하다.

세 가지 오염문제에 대한 현재의 협력 프로그램들을 살펴봤을 때, 각 기관들 간에 불필요한 중복이 많음을 알 수 있다. 중복 문제를 어느 정도 해

---

77) 위의 글, 하지만 이러한 견해는 지나치게 순진하다는 비판을 받기도 한다. 어떤 방향으로든 명확한 답을 얻기 위해서는 환경협력의 파급효과에 대한 좀 더 많은 연구가 이루어질 필요가 있다.

소하기 위해서는 국가간 경쟁 문제에 대한 논의가 필요하다. 예를 들어, 한국의 LTP, EANET는 둘 다 표준 모니터링 절차를 만들기 위해 설립되었다. 하지만 중국, 일본, 한국이 EANET하에서 모니터링과 질 관리 기준에 이미 합의를 한 상태에서 LTP라는 이름으로 표준화 과정에 대한 논의를 다시 하는 것은 그다지 효율적이지 않다. 대신 LTP는 산성비의 국가간 이동의 실질적인 측정에 사용될 수송 모델에 이견을 보인 동북아 주요 국가로부터 합의를 이끌어내는 다른 임무를 맡을 수 있다. LTP에 대한 다국적 지원은 협력 노력에 보다 힘을 실어줄 것이고 또한 EANET이나 산성비 관련 다른 협동 프로그램과의 긴밀한 공조 노력에도 도움을 줄 것이다.

본 글에서 다룬 황사, 기후변화, 산성비는 서로 연관되어 있다. 이 문제들과 관련해서 같은 혹은 비슷한 대기 현상이 아시아 대륙에서 발생한 먼지, 광물질, 중금속, 기체 오염물질의 크기, 구성, 발생, 궤적에 영향을 준다. 또한 황사의 에어로졸, 이산화탄소와 황산화물 배출물, 그리고 이를 다룰 정책과 기술은 서로 영향을 미친다.

대기문제와 해결책 간의 중대한 상호작용에 대한 논의를 위해 과학, 기술, 그리고 정책 분야의 전문가들을 한데 모아야 한다. 문제는 이러한 그룹의 구성원을 동북아시아의 전문가만으로 한정할 것인가, 아니면 좀 더 포괄적으로 할 것인가 하는 것이다. 백지장도 맞들면 낫다는 속담을 따르자면 보다 많은 국가의 참여가 보다 바람직한 결과를 가져올 것이다. 하지만 그렇다고 해서 소지역 규모의 협력이 필요 없다는 얘기는 아니다. 소지역 협력으로 인한 정치, 경제, 환경적 혜택이 여전히 존재하기 때문이다.

# 4장

## 동북아 환경안보: 방사능 폐기물 사례를 중심으로

배영자*

2차 세계대전 이후 원자력 에너지가 평화적이고 상업적인 용도로 사용되기 시작한 이래 원자력은 중요한 에너지원으로서 많은 국가의 에너지 수요를 충족시키는 데 일익을 담당해 왔다. 2001년 말 현재 세계적으로 438개 원자력 발전소가 가동중이고, 이는 전세계 발전량의 약 16%인 353 기가와트에 달한다.[1] 원자력은 자본 집약적이고 비교적 선진 기술을 요구하기 때문에 세계 원자력 발전의 83%가 선진국에 집중되어 있다. 전세계적으로 볼 때, 지난 수십 년간 유럽 OECD 국가들과 북유럽에서 원자력 발전량은 안정적으로 유지되거나 줄어들어 왔지만, 동북아시아와 동유럽 지역에서는 원자력 이용이 빠르게 증가해 왔다. 2001년 현재 건설중인 발전소 32개 중 31개가 아시아나 중동부 유럽에 위치해 있다.

* 건국대학교 정치외교학과 교수

1) IAEA, *2001 Annual Report*(2002).

전체 발전량의 20%를 원자력에 의존하고 있는 미국의 경우 지난 10여 년간 핵발전소 신규증설 계획은 한 건도 없었고 원자로 수도 증가되지 않았다.[2] 서유럽의 경우, 핵에너지 의존도는 오스트리아의 0%에서 프랑스의 75%에 이르기까지 나라마다 편차가 심하지만, 전체 핵발전 용량은 기존 원전의 보수 및 개선 등을 통해 안정적으로 관리되고 있다.[3]

그러나 동북아시아에서 핵에너지의 사용은 급격히 증가하여 왔다. 1990년대 후반 일본, 한국, 대만에서 핵에너지는 이미 총 발전량의 30%을 넘어서고 있고, 전체의 1%를 핵발전에 의존하는 중국은 현재 추가적인 원자력 발전을 위해 박차를 가하고 있다. 원전 확장 계획은 일본, 한국, 대만에서도 지속적으로 추진되어 왔다. 비교적 짧은 기간 동안 이루어진 급격한 경제 성장으로 인해 동북아시아 국가들의 에너지 소비량은 빠르게 증가해 왔고, 늘어나는 에너지 수요에 대응하기 위해 동북아 국가들은 원자력발전을 적극적으로 활용해 왔으며, 결과적으로 핵에너지가 이 지역 발전량에서 차지하는 비중이 상대적으로 높아진 것이다.[4]

1970년 말까지만 해도 핵에너지는 대체로 화석연료에 비해 깨끗하고 싼 에너지원으로 평가받았고, 원자력의 이용 여부는 정부 관리나 전문가들 집단에 의해 결정되어 왔다. 그러나 1979년 미국의 스리 마일 섬(Three Mile Island)과 1986년 체르노빌에서 벌어진 원전 사고 이후, 핵발전의 위험성에 대한 대중적 관심이 높아지면서 많은 나라에서 그 사용 여부가 논란이 되어 왔다. 최근 핵발전소 가동에 따른 위험과 관련해서 가장 중요한 문제로 부상되고 있는 것이 바로 방사능 폐기물 문제이다. 모든 핵발전소는 운영 과정에서 폐기물을 배출하게 되는데, 그 중 일부는 아주 오랜

---

2) 최근 네바다의 유카산(Yucca Mountain)에 사용후 핵연료와 고준위 방사성 폐기물 처리장을 건설하기 위한 부시 대통령의 제안이 의회에서 승인됨에 따라 미국의 원자력 활용이 보다 활성화될 것으로 전망되고 있다(유카산 프로젝트 홈페이지 http://www.ymp.gov를 참조할 것).

3) NEA, *Annual Report 2001*(2002).

4) http://www.world-nuclear.org/info/nshare.htm(검색일: 2001년 5월 1일).

기간 높은 방사성을 함유하기 때문에 수십만 년간 생태계로부터 격리되어야 한다. 게다가 발전소의 수가 늘어나면서 방사능 폐기물의 양은 빠르게 증가하고 있다.

동북아시아 국가들이 핵발전량을 늘림에 따라, 발전 과정에서 불가피하게 생기는 방사능 폐기물을 안전하게 관리하고 처리하는 것이 원자력 발전과 관련된 주요 관심사 중 하나로 부각되었다. 원자력 폐기물 문제는 한 국가에서 잘못 관리를 하게 될 경우 지역 전체에 영향을 줄 수 있기 때문에 더욱 심각하다. 동해에 러시아가 방사능 폐기물을 투기한 사건이나 대만이 북한에 핵폐기물을 수출하려 한 사건 등을 비롯하여, 최근 동북아시아 국가들간  방사능 폐기물 관리와 관련한 긴장이 조성된 경우가 있었다. 방사능 폐기물과 관련한 갈등의 대부분은 일부 국가가 폐기물을 저장할 공간이 부족하거나 저장시설 구축에 따르는 높은 비용을 감당할 수 없는 것에 기인하고 있다.

방사능 폐기물 문제의 위험성과 긴급성을 지역적 차원에서 고려해야 할 필요성을 강조하면서 본 논문은 동북아시아의 방사능 폐기물 문제를 '지역 환경안보 복합체' 라는 틀에서 분석하고자 한다.[5]

특히 이 논문에서는 두 종류의 질문에 대한 답을 구하려 한다. 첫 번째 질문은 안보와 관련된 것으로, 방사능 폐기물 문제가 왜 그리고 어떻게 안보문제로 생각될 수 있는지, 어떤 위협이 관련되어 있는지, 누가 누구를 위협하는지, 그리고 불안 요인을 완화 내지 해결하는 주요 행위자는 누구인지 등의 문제이다. 두 번째는 지역적 분석과 관련된 것으로 방사능 폐기물 문제에 대하여 지역적 차원의 접근이 왜 중요하고 또 국가 차원이나 지구적 차원의 접근과 비교하여 어떤 장점이 있는지, 현재 동북아에 어떤 종류의 지역적 안보 복합체가 형성되어 있는지, 또 동북아시아의 방사능 폐기물 관리를 위한 지역협력을 촉진하기 위한 방법으로 어떤 것이 있는지와 관련된 문제들이다.

---

5) 본서에서 제2장 이근 교수의 글을 참조할 것.

# I. 방사능 폐기물 문제의 중요성

방사능 폐기물 문제에 대해서는 극히 대조적인 견해가 상존한다. 방사능 폐기물을 처리할 기술적인 해결 방안이 존재하고 폐기물을 안전하게 관리하기만 한다면 보건이나 환경에 아무런 위협이 되지 않는다고 보는 견해가 있는 반면,[6] 반대로 원자로에서 생긴 방사능 폐기물은 아주 오래 방사성을 띠기 때문에 격리해야 되지만 현재로서 그런 격리는 불가능 하다는 견해[7]도 있다. 최고의 기술력을 동원하여 방사능 폐기물을 저장, 운반, 처리한다고 해도 커다란 불확실성이 도사리고 있다. 이 같은 시각을 가진 사람들에게는 미래를 위한 최선의 해결책은 세계 어느 곳에서도 핵폐기물이 생기지 않게 하는 것이다.

국제원자력기구(IAEA)의 정의에 따르면 방사능 폐기물이란 '방사성 핵종을 함유하거나 그것에 오염되어, 방사능량이나 농도가 관계 당국에 의해 설정된 기준을 초과하는, 더 이상 사용할 수 없는 물질'을 뜻한다.[8] 방사능 폐기물은 몇 가지로 분류할 수 있는데, 이는 폐기물이 방출하는 방사선의 강도와 폐기물이 방사성을 띠고 있는 기간에 따른 것이다. 폐기물은 방사능 농도와 기간에 따라 저준위 폐기물(LLW), 중준위 폐기물(ILW), 고준위 폐기물(HLW)로 나눌 수 있다. 고준위 폐기물의 경우 원자로에서 배출된 연료와 재처리 후의 찌꺼기가 이에 속하는데, 방사선의 강도가 강하여 환경과 보건에 심각한 위협이 되지 않게 하려면 수백 년간 격리해야 한다. 중준위 폐기물에는 우라늄 연료를 담았던 금속제 연료통과 원자로

---

6) Morris Rosen, "Managing Radioactive Waste: Issues and Misunderstandings," Paper Presented at the 23rd Annual Symposium, London, September 28, 1998, World Nuclear Association (the Uranium Institute), http://www.world. nuclear.org(검색일: 2001년 5월 1일).

7) http://archive.greenpeace.org/~comms/no.nukes/waste01(검색일: 2001년 5월 1일).

8) IAEA, "The Principles of Radioactive Waste Management, Safety Series No. 111-F," Vienna, 1995, p. 3.

를 구성하는 금속 부품들이 포함된다. 저준위 폐기물은 원전의 일상적인
가동 시에 사용된 장갑, 방호복, 기타 장비들이다. 저준위 폐기물과 중저
준위 폐기물(LILW) 또한 운반 및 처리 과정에서 노출을 방지해야 한다.[9]

OECD 국가에서 발생하는 전체 유독성 폐기물의 양은 매년 30억 톤에
달하며 그 중 1%가 방사성 폐기물이라고 알려져 있다.[10] 산업 및 가정 폐
기물의 전체 양에 비한다면, 아직 핵발전으로 인한 방사성 폐기물의 비중
은 크지 않다. 그러나 유해 방사물의 잔존 기간과 방사성 폐기물의 독성
으로 인하여 이에 대한 관심이 고조되고 있다.

방사성 폐기물은 주로 처리를 위한 초기 분류 작업(압축, 정화, 소각),
조절 작업(고착료에 고정), 운반, 중간 처리과정, 그리고 최종 처리와 같은
일련의 과정에 의해 관리되지만, 저·중·고 준위 폐기물에 따라 다른 방식
으로 처리된다. 방사성이 강하고 잔존 기간이 길수록 최종 치리 과정에서
인공적 내지 자연적인 방어막을 다양하게 설치해야 폐기물의 방사성이
줄어들 때까지 효과적으로 격리할 수 있다. 세계적인 중저준위 폐기물 처
리장은 지표면에 근접한 시설에서 심지층 저장소에 이르기까지 다양하
다. 처분시설과 저장소의 종류는 장소와 폐기물 자체의 성격뿐만 아니라
사회경제적인 요소에 의해 결정된다. 1944년 테네시주(州)의 오크 리지
(Oak Ridge)에서 사상 처음으로 방사성 폐기물이 처리된 이래 100여 개
이상의 중저준위 폐기물 처분시설이 가동 중이며 IAEA 회원국에서 42개
이상의 저장소가 건설 중에 있다.[11]

우라늄은 소위 '핵연료 주기'라는 독특하고 복잡한 연료 주기를 갖고
있다. 핵연료 주기는 우라늄 채광 및 가공에서부터 원자로를 통해 발전을
하고 사용후 핵연료(spent fuel)와 핵폐기물을 배출하는 과정까지를 포함

9) NEA/OECD, *Radioactive Waste Management in Perspective* (Paris: OECD, 1996), pp. 19-20.
10) 위의 글, pp. 10-11.
11) Kong Won Han, Norma Heineken, and Arnold Bonne, et al., "Radioactive Waste Disposal: Global Experience and Challenges," *IAEA Bulletin*, 1997.

한다. 이 핵연료 주기에는 몇 가지 단계가 있는데, 채광 및 정련, 변환, 농축, 연료 집합체 제작이 바로 '선행' 주기에 해당한다. 우라늄이 발전을 하고 나서 '사용후 핵연료'가 되면, 임시 저장, 재처리, 재활용, 그리고 폐기물 처리 등의 '후행' 핵연료 주기가 따른다.[12]

후행 핵연료 주기와 관련하여 가장 심각한 문제 중 하나는 핵폐기물을 안전하게 관리하고 지정학적으로나 사회적으로 적당한 장소를 찾아 폐기물을 저장하고 처분하는 것이다. 처분 장소의 선정에서는 기술적 문제와 기타 요소들을 고려하게 된다. 기술적인 문제는 여러 가지가 있는데, 지질학, 수리지질학, 지질 화학, 구조학적 문제들이 그것이다.[13] 저장과 처분을 위한 장소 선정은 대중의 이해관계가 증가함에 따라 갈수록 어려워지고 있다. 폐기물 저장소가 거주지 부근에 건설되는 것을 원하지 않는 소위 님비(NIMBY) 현상이 일반적으로 보여지고 있다. 이로 인해 부지 설정의 초기 단계에 정책 결정자는 사회적 요소를 보다 많이 고려해야만 하게 되었다. 다시 말해서 방사능 폐기물 관리는 기술적 문제일 뿐만 아니라 정치적·사회적 인정이 중요한 문제가 된 것이다.[14]

후행 핵연료 주기에서 생기는 또 하나의 문제는 '사용후 핵연료' 관리에 대한 것이다.[15] 우라늄이나 플루토늄 같은 귀중한 물질들이 사용후 핵연료에 포함되어 있다. 일부 국가에서는 사용후 핵연료를 직접 처분해 버리는 1회성 주기를 채택하고 있는 반면, 어떤 국가는 플루토늄을 분리해 내기 위해 재처리 과정을 거친다. 사용후 핵연료 문제의 핵심은 플루토늄이 핵무기를 만드는 주요한 재료라는 사실이고, 재처리 작업이 핵확산의

12) http://www.world-nuclear.org/education/nfc.htm (검색일: 2001년 5월 1일).

13) INSC, Action Plan 1997-1998, "Radioactive Waste," 1997, http://www2s.biglobe.ne. jp/~INSC(검색일: 2001년 5월 1일).

14) Riley Dunlap, Michael Kraft, and Eugene A. Rosa, *Public Reactions to Nuclear Waste: Citizens' Views of Repository Siting* (Durham, NC: Duke University Press, 1993).

15) Frans Berkhout, "International Regulations of Nuclear Fuel Cycles: Issues for East Asia," *Case Studies 97-3*, Center for International Studies at Yonsei University (Seoul, Korea, 1997).

가능성을 안고 있다는 점이다. 비핵국가들의 재처리 프로그램은 많은 의 혹을 불러 일으켜 왔고, 한국이나 대만을 포함한 많은 국가들은 바로 이러 한 전략적 이유로 인해 사용후 핵연료의 재처리를 포기하도록 압력을 받 아 왔다. 핵연료 사용국이 어떤 후행 주기를 채택하든 사용후 핵연료를 재처리하고 폐기물을 운반, 보관, 처분하는 과정이 일련의 안전 요건을 충 족해야 한다.

이 논문에서는 후행주기 가운데 특히 방사능 폐기물 관리에 주로 초점 을 맞춘다. 이것은 사용후 핵연료의 재처리 문제가 국가적 차원이나 국제 적 차원에서 덜 중요하다는 것을 의미하는 것은 결코 아니다. 오히려 사 용후 핵연료의 관리는 핵비확산의 핵심적인 문제이기 때문에 주요한 안 보문제로서 정책 결정자와 학자들의 관심을 끌어왔다. 한편, 방사능 폐기 물 관리는 전통적으로 기술적인 문제로 치부되었지만 최근 핵폐기물 투 기 사건 등을 볼 때 이를 안전하게 저장하고 처분하는 것이 중요한 정치적 문제로 부각되고 있다. 윤리적·환경적 차원의 고려, 대중적·사회적 지지, 정치적·전략적 문제가 기술적 문제와 함께 방사능 폐기물의 안전한 관리 에 복잡하게 얽혀 있다. 핵폐기물 문제는 상대적으로 새로운 문제이자, 동 시에 안보 구조와 전략적 이해관계가 상당히 복잡한 동북아시아 지역에 서는 더 복잡하게 작용하는 문제이다. 동북아지역에서 원자력 발전은 각 국이 안전한 폐기물 관리 시스템과 관행을 지역적 기반 위에 정착시킬 때 지속적인 지지 속에서 성장할 수 있을 것이다.

## II. 동북아의 방사능 폐기물 현황

### 1. 원자력 발전소와 방사능 폐기물

동북아시아 국가들은 국내의 증가하는 전력 수요에 맞추기 위해 원자 력 에너지 사용을 늘려왔다. 〈표 4-1〉은 동북아시아에서 현재 가동중이거나 건설중인 원자로 현황을 나타낸 것이다. 대부분의 동북아시아 국가들이 원자력 발전 용량을 계속 증대시켜 왔다. 예컨대 일본에는 현재 54기의 원자로가 국내 전력 소비량의 40%에 해당하는 양을 공급하고 있고 3기의 원자로가 추가로 건설되고 있다. 한국, 대만, 중국은 모두 핵연료로부터 얻는 전력 공급량을 늘릴 계획하에서 몇 개의 새로운 원자로를 건설 중에 있다.

　동북아시아 국가들의 원자로는 〈그림 4-1〉에 나타나 있듯이 황해와 동해 주변에 위치해 있다. 한국의 원자력 발전소, 즉 울진, 월성, 고리 발전소와 토마리, 카시와자카-카리와, 겐카이를 비롯한 일본의 원자력 발전소, 그리고 러시아의 동아시아 발전소가 동해에 근접해 있고, 그 외 일본 발전소, 즉 후쿠시마 다이이치와 후쿠시마 다이니 발전소는 태평양 연안에 있다. 친샨과 따야 만에 위치한 중국의 핵발전소, 그리고 한국의 영광 발전소와 대만의 발전소는 황해 연안에 위치해 있다.

　이 지역 국가들은 각기 다른 후행 주기를 채택하고 있다. 일본, 중국, 러시아는 사용후 핵연료를 재처리하고 있는 반면 한국과 대만은 임시저장소에 보관중이다. 일본은 로카쇼무라에 재처리 발전소를 건설 중에 있으며, 일본에서 사용된 연료는 현재 프랑스와 영국에서 재처리 되고 있다. 러시

〈표 4-1〉 동북아시아의 원자력 발전소

| | 가동중인 원자로 | | 건설중인 원자로 | | 원자력 의존도 |
|---|---|---|---|---|---|
| | 단위 수 | 총 MW(e) | 단위 수 | 총 MW(e) | % |
| 중　국 | 3 | 2,167 | 8 | 6,426 | 1 |
| 일　본 | 54 | 44,289 | 3 | 3,696 | 40.7 |
| 한　국 | 16 | 12,990 | 4 | 3,820 | 40.1 |
| 러시아 | 30 | 20,793 | 2 | 776 | 15 |
| 대　만 | 6 | 4,884 | 2 | 2,770 | 29.1 |

출처: IAEA, PRIS database, www.iaea.org(2002).

아와 중국에서는 재처리가 국내 발전소에서 이루어진다고 알려져 있다.

연료 주기와 관련하여 동북아시아 각국이 어떤 방식을 채택하든지 간에, 사용후 연료와 방사능 폐기물은 이 지역에 축적되고 있고, 동시에 원전의 수도 늘어나고 있다. 이들 국가에서는 원전에서 발생한 저준위 고체

〈그림 4-1〉 동북아시아의 원자력 발전소

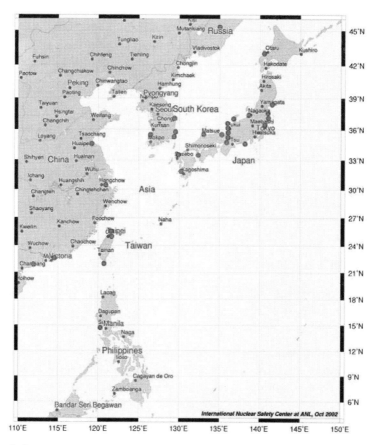

출처: International Nuclear Safety Center Database 2002, http://www.insc.anl.gov.

방사능 폐기물을 원전 주변에 매장하는 한편 고준위 폐기물은 고체로 변환시켜(유리 고화) 냉각을 위해 현장에서 30~50년 동안 임시 저장하고 있다. 심층 처분은 고준위 방사능 폐기물을 격리하는 최선의 방법으로 알려져 있으나 이 지역의 어느 국가도 고준위 방사능 폐기물 저장소를 건설하고 있지 않다.

동북아시아의 원자력 에너지 이용이 크게 증가함에 따라 사용후 핵연료와 방사능 폐기물을 관리하는 프로그램에 변화가 진행되어 왔다.[16] 저장 시설의 용량이 한계에 달하자 동북아의 대부분 국가들은 지하 저장소 건설을 고려 중이다. 2000년 10월 핵폐기물 관리기구(NUMO)를 설립하면서 일본은 방사능 폐기물 저장소를 위한 부지를 물색하고 있다.[17] '고준위 폐기물 처분의 기술적 토대 마련을 위한 H-12 프로젝트'의 최종 보고서에서는 가능성 탐색 차원에서 벗어나, 저장소 부지를 선별하는 데 초점을 맞추고 지하 암반 연구실 설치를 포괄하는 프로그램을 시행하고 있음이 나타나 있다. 한국 역시 방사능 폐기물 저장소 부지를 물색 중이다.

중국은 1980년대 중반부터 부지 심사를 실시했고 현재 다섯 군데를 검토중에 있으며, 여기에는 고비 사막에 설치할 지하 연구소도 포함된다. 그러나 핵폐기물에 대한 대중적 관심이 높아짐에 따라 대부분의 국가들은 부지 선정과 조사 진척에 어려움을 겪고 있다. 대만의 경우 임시 저장소 주변의 주민과 환경 운동가의 격렬한 저항에 부딪쳐, 원자력 위원회(AEC)는 국제적 안전 기준이 충족되고 수용국의 규제가 확립되는 조건하에 방사능 폐기물의 국외 처분을 허용하는 입장을 취하고 있다.[18] 핵발전의 잠재적

---

16) http://www.nwmp.sandia.gov/wlp/intl.htm(검색일: 2001년 5월 1일).

17) Department of Energy (DOE), USA/ Office of Civilian Radioactive Waste Management, "Japan's Radioactive Waste Management Program,"; "China's Radioactive Waste Management Program,"; "Russia's Radioactive Waste Management Program,"; "Radioactive Waste: an International Concern," *Fact Sheets*(2002), http://www.rw.doe.gov (검색일: 2001년 5월 1일).

18) WuuKune Cheng and RueyYau, Wu "Current Status of Radwaste Administration in Taiwan," Fuel Cycle and Materials Administration, Taiwan, 2001, http://www.fcma.

〈표 4-2〉 동북아시아의 방사능 폐기물 저장 현황

| | | HLW 임시 저장 (톤) | 중저준위 저장소 (종류, 용량: 톤, 가동년도) | 건설 예정인 중저준위 저장소 (용량, 톤: 가동 예정년도) | |
|---|---|---|---|---|---|
| 일 본 | R | 30,300 | 로카쇼무라 (ENSF, 600,000, 1992) | | |
| 한 국 | TBD | 6,000 | | 장소 미정 (20,000, 2008) | 2006년까지 기존 저장공간 사용완료 |
| 대 만 | TBD | | | | 저장시설 부족, 2007년이후 용량한계 |
| 중 국 | R | 5,500 | 깐쑤省 고비 (ENSF, 20,000, 1998) | 광둥 (80,000-240,000) 서북(200,000) | 핵용량 및 저장 시설의 급격한 팽창 |
| 러 시 아 연 방 | R+DD | 63,300 | 세르기예프 파사트(ENSF, 188,600, 1961) 외 13 개소 | | 핵폐기물 관리 미흡 |

출처: IAEA Database 2000, Uranium Institute 1999를 편집
　　　International Nuclear Safety Center 1997
저자주: R: 재처리, TBD: 결정 예정, DD: 직접 처분, ENSF: 천층 처리시설

인 환경 위협에도 불구하고 현재 동북아시아 지역에 80여 개의 원자로가
가동중이며 적어도 17여 개가 새로 건설 중에 있다. 불충분한 저장 공간과
대중적 관심의 증가를 고려할 때, 동북아시아 국가들이 함께 모여 사용후
연료와 핵폐기물 처리 문제를 논의해야 할 필요성이 증대되고 있다.

---

　aec.tw(검색일: 2001년 5월 1일).

## 2. 국가 핵폐기물 통제 시스템

동북아시아 각국 정부는 핵에너지 사용을 적극적으로 추진해 왔지만, 동시에 핵폐기물과 전체 원자력산업을 규제하는 역할도 하고 있다. 이러한 이중적 역할은 종종 각 정부 부처 간에 복잡한 문제를 발생시킨다. 방사능 폐기물 관리에 대한 국가적 차원의 제도적 합의를 이루어 내려면, 국가, 폐기물 생산자, 폐기물 처리자 간 관계가 잘 조정되어야 한다.[19] 방사능 폐기물 관리에 대한 IAEA 지침에서는 감시자, 폐기물 생산자, 폐기물 처리자의 세 역할을 구분하는 '삼각형 모델' 을 언급하고 있다. 즉, 이 3자가 각각 개별적인 기관으로 독립되어 있을 때 방사능 폐기물을 관리하는 시스템이 효과적으로 작동한다는 것이다. 대부분의 국가들은 폐기물 생산자를 규제 기관 및 방사능 폐기물 부서와 분리하고 있지만, 일부 국가는 폐기물 생산자 내지 전체 원자력 산업 발전을 담당하는 부서에 방사능 폐기물 관리를 맡기고 있는 경우도 있다.

동북아시아에서는 모든 국가가 핵산업 발전 기관과 핵폐기물 관리 기관을 따로 두고 있다. 일본의 경우, 원자력 위원회(AEC)와 원자력 안전 위원회(NSC)가 방사능 폐기물 관리의 기본 가이드라인을 설정한다. 문부과학성(MEXT)과 경제산업성(METI)은 원자력 에너지 개발과 안전을 담당한다. 원자력 위원회는 1956년 1월 1일, 원자력의 개발, 이용과 연구에 대한 민주적인 국가정책 시행을 목적으로 원자력 기본법에 의거하여 총리부에 설치되었다. 원자력 위원회는 원자력 이용 계획에 대한 주요 문제에 대하여 기획, 심의, 결정을 할 권한을 갖는다. 또한 원자력 위원회는 필요한 경우에는 언제든지 총리를 통해 관계 부서의 장과 협의할 권한을 가진다. 1978년 10월 4일 원자력 기본법이 개정되어 안전에 관한 권한은 신설된 원자력 안전위원회로 이관되었다. 일본 원연 주식회사(JNFL)가 저준위 폐기물 처리를 맡고 있고, 2000년 폐기물관리법의 통과와 함께 핵폐기물 관

---

19) INSC, 앞의 글.

〈표 4-3〉 동북아시아 각국의 방사능 폐기물 관리 책임

| 국 가 | 중앙 부서 | 처 리 | 저 장 | 처 분 |
|---|---|---|---|---|
| 중 국 | CAEA | | | |
| 일 본 | AEC, NSC, MEXT (핵사용품 폐기물) METI (핵발전소 폐기물) | 폐기물 생산자 | 폐기물 생산자 | JNFL (LLW) NUMO (HLW) |
| 한 국 | MOST MOCIE | 폐기물 생산자 | 폐기물 생산자 | ETEC (KEPCO) KAERI |
| 대 만 | AEC MOEA | 대만전력 | 대만전력 | |

출처: IAEA WMDB-ST-1 2001; INSC, 1997: 기타 관련 사이트.

리기구(NUMO)가 설립되어 고준위 폐기물 처분을 담당하고 있다.[20]

한국에서는 과학기술부(MOST)와 산업자원부(MOCIE)가 원자력에 대한 관할권을 갖는다. 한국 전력공사의 특수 기관인 원자력 환경기술원(NETEC)은 중저준위 폐기물 저장소 부지 선정, 저장소 건설과 운영, 폐기물 수집과 처리 등을 수행한다. 또한 저장 시스템 개발을 위해 1997년 초부터 고준위 폐기물 처분에 관한 연구개발이 원자력연구소(KAERI)에서 이루어 지고 있다. 원자력법에는 핵시설에 대한 규제와 허가에 대한 법적 조항이 명시되어있다.[21] 중국에는 미국의 에너지부에 해당하는 원자력부(CAEA)가 핵산업의 주요 규제 기관이다.[22] 원자력부는 국방과학기술공업위원회(COSTIND) 산하 기관이다. 과거에는 원자력부가 중국핵공업집단

---

20) The Database of Radwaste Information, http://cobweb.businesscollaborator.com; DOE/ Office of Civilian Radioactive Waste Management (OCRWM), http://www.rw. doe.gov (검색일: 2001년 5월 1일).

21) The Database of Radwaste Information, http://cobweb.businesscollaborator.com; 각 연구소의 웹사이트.

22) http://www.nti.org/db/china/sptfuel.htm (검색일: 2001년 5월 1일).

공사(CNNC)의 하위기관이었으나 1998년 5월 정부개편에 따라 신설 국방 과학기술공업위원회의 두 하위 기관 중 하나로 편입되었다. 이로 인해 규제 기관인 원자력부가 핵수출과 핵산업 발전 촉진을 목적으로 하는 핵공업집단공사로부터 분리된 것이다. 핵공업집단공사는 또 각 지역의 저장소 부지 선정, 건설 및 운영을 담당한다. 그리고 핵공업집단공사의 보조기관인 청정기술공사가 설립되어 중저준위 고체 방사능 폐기물 처분을 맡게 되었다.[23]

대만에서 원자력위원회(AEC)와 경제부(MOEA)는 원자력과 관련한 주요 정부 부서이다.[24] 원자력 위원회 산하 기관인 핵연료주기 및 원료부(FCMA)가 방사능 폐기물 관리 문제를 관할한다.[25] 원자력연구소(INER)는 소규모 생산자로부터 방사능 폐기물을 수거하여 필요시 처분까지도 할 수 있는 권한을 원자력위원회로부터 위임받고 있다. 원자력의 주요 생산자인 대만 전력공사는 방사능 폐기물의 현장 관리를 담당하고 있다. 또 1968년 제정된 원자력법은 대만의 원자력 발전을 규제하는 법적 근거를 제공하고 있다.

## III. 방사능 폐기물과 안보

1972년 유엔 인간환경회의에서 전지구적 환경문제에 대한 국제협력의 중요성이 강조된 이후 환경문제가 국제관계의 주요한 의제로 부상하여 왔다. 환경문제를 연구하는 일부 학자들과 정책 결정자는 환경문제를 안보적 관점에서 해석하며 '환경안보'라는 용어를 사용해 왔다. 환경문제는 흔히 에너지나 물과 같은 희소한 환경적 자원에 대한 경합이 있어서 잠재적으로 정치적 갈등의 소지가 있을 때 안보문제와 연결되어 왔다. 그러

23) http://www.nti.org/db/china/cnnc.htm (검색일: 2001년 5월 1일).
24) Cheng and Wu, 앞의 글.
25) 위의 글.

나 환경변수와 정치적 갈등 사이에 일관된 인과관계를 발견하기는 쉽지 않다.[26] 환경문제의 시급성을 강조하고, 동시에 인류 복지에 위협을 주는 새로운 요소들을 포괄하는 개념으로 안보를 확장하여 정치적·군사적 측면에만 치중한 전통적 안보개념에 도전한다는 측면에서 환경문제가 안보의 시각에서 접근되는 것은 나름의 의미가 있다.

방사능 폐기물은 전통적 안보 논의에서도 주요하게 다루어져 왔는데, 이는 특정 방사능 폐기물(사용후 핵연료)이 원자폭탄의 주원료인 플루토늄을 함유하고 있기 때문이었다. 일부 단체나 국가가 불법적으로 방사능 폐기물을 거래하거나 훔쳐 핵무기를 제조할 수도 있고 또는 전략적으로 폐기물 저장시설이 테러리스트나 적대국에 의해 공격 목표가 될 수도 있는 것이다.

그러나 플루토늄 요소를 제외하더라도 원전의 안정성이나 방사능 폐기물의 위험성에 대한 대중적 관심이 높아짐에 따라 최근 핵폐기물의 부실한 관리 자체도 안보 관점에서 다뤄지기 시작했다. 예컨대, 저장시설이 파괴되거나 누출이 생겨 넓은 지역에 걸쳐 방사능오염이 발생하는 경우 이는 심각한 위협이 될 수 있는 것이다.

환경안보는 이미 대중적인 개념이 되었지만 이 용어를 사용하고 정의하는 것에는 학자들 간에 차이가 있다. 이 논문에서는, 환경문제가 실제적이거나 인식된 위협을 갖고 있을 때, 또 국가가 환경문제로 인한 위협의 원인을 제거하거나 국민들로 하여금 위협을 덜 느끼게 하기 위해 일련의 비상 조치를 취할 때, 환경문제는 안보문제가 된다고 주장한다.[27]

---

26) Thomas F. Homer-Dixon and Valerie Perceivably, *Environmental Scarcity and Violent Conflict: Briefing Book*, Prepared for Project on Environment, Population, and Security, American Association for the Advancement of Science and University College, University of Toronto, 1996, http://www.Pnl.gov/ces/academic/rimco.htm (검색일: 2001년 5월 1일); Astri Suhrke, "Pressure Points: Environmental Degradation, Migration and Conflict," *American Academy of Arts and Sciences*, Occasional Paper No. 3(1993년 3월)을 참조할 것.

27) 본서에서 제2장 이근 교수의 글을 참조할 것.

우선 안보문제는 실제적이거나 인식된 위협(real or perceived threat)이 존재하는 데서 발생한다.[28] 특정한 환경문제가 실제적 위협을 내포하고 있거나 위협적이라고 인식될 때 안보적 관심사가 된다. 방사능 물질이 보건이나 환경에 미치는 치명적인 영향은 1945년 히로시마에 원폭이 투하된 이후에 널리 인식 되었다. 방사능 물질의 독성에는 의문의 여지가 없지만, 이로 인해 방사능 폐기물에 대한 위협 인식이 저절로 생기는 것은 아니다. 핵발전소의 일상적 가동과 핵폐기물의 위험성이 대중적 관심을 끌고 위협으로 인식된 것은 1980년대 초부터이다. 1970년대까지만 해도 방사능 폐기물은 관리가 가능하고 전적으로 기술적인 문제라 인식되었다. 원자력산업 종사자, 과학자, 원자력산업 담당 정부 관료 등으로 이루어진 폐쇄적인 전문가 집단의 네트워크가 원자력에 대한 논의를 독점하고 원전의 안정성에 대한 사회전반의 신뢰가 있었기에 핵폐기물 문제가 비교적 용이하게 다루어질 수 있었다.

방사능 폐기물에 대한 긍정적인 태도가 바뀌고 위협이 인식되기 시작한 데에는 여러 요소가 작용하였다. 즉 핵폐기물의 양적 증가와 원전 주변의 저장 공간 부족, 일부 저장시설의 누출사고 등에 의해 원자력 발전과 폐기물의 위험성에 대한 대중적 불안감의 증가, 원자력 발전에 노골적으로 반대하는 반핵운동과 이것이 여론과 정책 결정자에 미치는 영향 등이 언급될 수 있다.[29] 전문가의 기술적 조언에 따라 관리되는 방사능 물질조차도 위험할 수 있느냐에 대해 아직 과학적 연구가 만족스런 대답을 주지 못하고 있다. 게다가 과거의 경험에서 알 수 있듯이 저장, 운반, 처리 중 어느 단계에서든지 사고가 발생할 수 있다. 체르노빌 사고와 같은 경우 방사능 폐기물 문제와는 직접적으로 상관은 없지만, 이 사건 이후 방사능 물질 자체에 대한 위협 인식 수준이 높아지게 되었다. 이 모든 요소들이

28) Barry Buzan (ed.), *People, States and Fear: An Agenda for International Security Studies in the Post-Cold War Era* (Boulder, Colorado: Lynne Rienner Publishers, 1991), p. 36.
29) Riley Dunlap, et al., 앞의 글.

복합적으로 작용하여 원전에서 배출되는 방사능 폐기물이 인간과 환경에 대한 위협으로 인식되기 시작한 것이다.

대부분 국가에서 핵폐기물 문제에 대한 대중적 인식이 전체적으로 증가한 것은 사실이나, 같은 방사능 물질이라도 그에 대한 민감성의 정도는 나라마다 또는 국가내 집단에 따라 달라질 수 있다. 예컨대, 대개 선진국 국민들은 개도국 국민들보다 핵폐기물에 대해 인지도도 높고 민감한 반응을 보인다. 환경문제에 대한 민감성은 그 집단이 처한 경제적, 정치적, 교육적 맥락에 따라 크게 달라진다. 일반적으로 행위자들 간에 민감성 차이가 크면 갈등이 일어날 소지가 더 높은 것으로 알려져 있다.

둘째로, 환경문제는 그로 인한 위협 원인을 제거하거나 국민들로 하여금 위험을 덜 느끼게 하기 위해 국가들이 비상 조치를 취할 때 안보문제가 된다.[30] 일반적으로 갈등을 해결하고 국민에게 안보를 제공하는 주체가 국가일 때, 이를 안보문제로 분류한다. 이러한 맥락에서 환경안보는 환경상의 위협이나 환경적 원인으로 인한 위협으로부터 국가가 국민을 보호하는 행위라 정의될 수 있다. 즉 환경문제는 국가간이나 국내 집단간의 갈등을 야기하지만 안보적 관점에서 환경문제에서 발생하는 위협을 제거 내지 완화할 책임은 국가에 있다는 것이다.

국가, 원자력산업 관련자, 국제 기구, NGO, 과학자와 같은 다양한 행위자들이 방사능 폐기물에 관련된 위기를 발생시키고, 이에 대응해 왔다. 이들 행위자는 방사능 폐기물로 인한 불안정을 완화 내지 해소하기 위해 각기 다른 역할을 수행하고 다양한 수단을 동원한다. 예를 들어, IAEA나 OECD 산하 원자력기구(NEA)와 같은 국제기구는 핵폐기물과 관련된 재해와 사고를 예방하기 위해 권고 사항을 작성하고 방사능 폐기물의 국제적 기준, 규제 및 관리 기준을 마련했다. 또한 이들 기구들은 필요할 때마다 기술적인 도움을 제공하고, 국가간 협의의 장을 마련했다. 그린피스와

---

30) Barry Buzan, Ole Waeber and Jaap de Wile, *Security: A New Framework for Analysis* (Boulder, Colorado: Lynne Rienner Publishers, 1998).

같은 NGO는 원자력에 대한 의존도와 핵폐기물의 양을 줄이도록 각국 정부에 압력을 행사하고 대체 에너지원을 개발하도록 촉구하고 있다. 이러한 역할들이 중요한 것은 사실이나, 환경문제의 핵심적인 부분은 대부분 국가의 규제 범위 안에 남아 있다. 방사능 폐기물 관리를 통제하고 국민들을 핵폐기물로 인한 환경적 위협으로부터 보호하는 주체는 바로 국가인 것이다.

전통적인 안보연구에 있어서 국가가 취하는 비상 조치는 대개 군사적 수단과 관련된다. 환경적 위협으로 인해 동원령이나 무력 행위와 같은 안보문제가 발생할 수도 있다.[31] 그러나 비상 조치를 반드시 군사적 수단에 국한시키지 않고 다양한 정치적 수단을 동원하여 환경적 위협을 해결하려는 노력으로 넓게 이해할 수도 있다.

## 1. 동북아시아의 방사능 폐기물 지역 안보 복합체

### 1) 방사능 폐기물과 지역

환경문제는 국경의 제약을 넘는다. 바람이나 바다가 오염된 공기나 폐기물을 국경을 넘어 운반하는 것을 통제할 수 없다. 따라서 기후변화나 산성비와 같은 환경문제를 해결하려면 지구적 차원의 협력이 반드시 필요한 것이 사실이다. 방사능 폐기물도 산성비나 지구온난화 현상과 같은 다른 환경문제들과 마찬가지로 지구적 수준에서 고려될 수 있다.

그러나 특정 국가에서 환경적 자원을 잘못 관리했을 때, 인접국이 다른 지역 국가보다 더 많은 위협을 느끼게 된다. 다시 말해서 많은 환경문제의 위협 인식 수준은 특정 지역에서는 높고 다른 지역에서는 낮다. 특정 국가가 느끼는 피해와 위협 수준으로 보아 지구적인 갈등보다 지역적 갈등이 유발될 확률이 높다는 것이다. 따라서 기능적으로 볼 때, 한 지역의

---

31) Brian Shaw, "When are Environmental Issues Security Issues?" http://www.pnl. gov/ces/ academic/ww_1shaw.htm (검색일: 2001년 5월 1일).

몇 개 국가가 함께 공통의 환경문제를 해결하도록 하는 지역적 내지 하위
지역적 접근법이 지구적 접근법보다 더 유용하고 효과적일 수 있다.  또
한 지역적 접근법은 지역 내지 하위지역 차원뿐만 아니라 지구적 혹은 국
가적 차원의 집단적 노력을 보완하고 촉진시킬 수 있다.[32]

　NEA 보고서에 따르면, 방사능 폐기물이 심지층 처분시설에 보관될 경
우 문제가 생기더라도 저장소로부터 수십 킬로미터 범위 이상까지 영향
을 주지 않는다고 한다.[33] 이 보고서에 따르면 시설이 국경 근처에 아주 가
까이 있지 않는 한 초국경적 문제가 생기지는 않는다는 것이다. 그러나
일국의 저장 시설 근처에서 산사태가 발생하여 그 지역뿐만 아니라 인접
국에까지 방사능 폐기물이 운반되는 경우가 자주 발생하고 있다.[34] 한 국
가에서 방사능 폐기물이 잘못 관리되었을 때, 대기, 물 등의 방사능오염을
통해 인접국의 국민과 환경에 위협을 줄 수 있음은 자명하다. 그리고 사
용후 핵연료를 상업적인 재처리 서비스와 재사용이 가능한 연료로 만들
기 위해 다른 나라로 운반할 때, 연료가 지나가는 경로 주변에 위치한 국
가들이 위협을 느낄 수도 있다. 따라서 방사능 폐기물의 안전한 관리는
국가적 차원만의 문제가 아닌 것이 분명하다.

　본 논문에서는 지역 안보 복합체 개념을 사용하여 방사능 폐기물 투기
사건이 동북아의 환경안보와 어떻게 관련되는지 살펴보고자 한다. 지역
안보 복합체 이론에 따르면, 불안정은 지리적 근접성과 밀접하게 관련되
므로 지역 단위가 환경문제를 다루기에 가장 적절하다는 것이다. 안보 복
합체란 '안보 인식과 관심사가 밀접하게 연관되어 일국의 안보문제를
타국과 따로 떼어 분석 내지 해결할 수 없는 국가들의 집합'으로 정의

---

32) Kato Kasu and Takahashi Wakana, "An Overview of Regional/Subregional Environ-
　　mental Cooperation in Asia and the Pacific," Submitted to Regional Review Meeting
　　in Preparation for the Ministerial Conference on Environment and Development in
　　Asia and the Pacific (Bangkok, Thailand, 2000년 5월 9~10일).

33) NEA/OECD, 앞의 글.

34) http://www.irinnews.org/report (검색일: 2001년 5월 1일).

된다.[35]

지역 안보 복합체 이론에서 지역이란 고정된 실체가 아니라 사안에 따라 달라지는 개념이다. 한 국가의 환경문제가 다른 국가에 부정적이든 긍정적이든 외부성(externality)을 가질 때, 환경문제의 외부성으로 연결된 이들 국가들의 집합이 지역을 구성한다. 방사능 폐기물 문제는 아시아 동북부 지역에서 두드러지는데, 이는 이 지역에 아시아의 핵발전 국가가 집중되어 있기 때문이다. 구체적으로 보면 일본, 중국, 대만, 러시아 동부(경우에 따라 북한과 몽골)가 핵폐기물 문제에서 안보 복합체를 형성한다.

이 지역에서 최근 핵폐기물 투기와 관련하여 긴장이 고조된 사건이 있었다. 1990년대 중반 러시아가 동해에 핵폐기물을 투기한 것을 시인한 것과 1997년에 대만이 핵폐기물을 북한에 수출하려 했던 것이 두드러진 예이다. 방사능 폐기물과 관련한 지역적 불안은 대개 일부 국가의 저장 공간 부족이나 고가의 저장 시설을 부담할 능력이 없기 때문에 발생한다. 방사능 폐기물에 대한 지역 안보 복합체가 동북아시아에서 어떻게 형성되고 작동하는지 살펴보기로 한다.

## 2) 러시아의 동해 핵폐기물 투기사건

러시아 연방(구소련)은 원전에서 배출된 다량의 핵폐기물을 자국 영토, 북해, 북극해, 동해에 투기해 온 것으로 알려져 있다. 구소련의 투기 관행에 대한 정보는 러시아의 비정부 환경단체에 의해 처음 알려졌다.[36] 폐기물 투기로 인한 해양오염을 막기위해 1972년 채택된 런던협약에서 옵서버 지위를 갖고 있는 그린피스가 1991년 이 문제를 공식적으로 제기했다. 1993년 러시아 공화국은 이 문제에 대한 완전한 정보를 제공하라는 당사국회의의 압력에 의해, 1959년~1992년 사이에 북극해와 북동태평양에 투

35) Barry Buzan (ed.), 앞의 글, p. 190.
36) K. Sjoeblom and G. Linsley, "The International Arctic Seas Assessment Project: Progress Report," *IAEA Bulletin*(1996).

기한 고준위 및 저준위 방사능 폐기물에 대한 정보를 IAEA에 제출했다. IAEA는 투기가 보건과 환경에 미치는 결과를 평가하는 프로젝트를 마련하고 일본, 한국, 러시아는 IAEA의 지지하에 1994년, 구 소련이 지난 30년간 동해에 방사능 폐기물을 얼마나 투기하여 그 지역을 오염시켰는지 연구하는 공동 조사팀을 발족시켰다. 최종 조사보고서에서는 동해의 오염수위는 주변국이 러시아의 투기에 대해 조치를 취할 정도로 심각하지는 않다고 결론지었다.

　동해의 핵폐기물 투기에 대한 국제적인, 특히 일본의 비판과 우려에 부딪쳐 러시아는 일본 역시 이 지역에 핵폐기물을 투기했다고 밝혔다. 이로 인해 동북아시아에서 또 다른 긴장이 발생하기도 하였다. 현재로서는 투기된 폐기물이 지역적 혹은 지구적 문제를 일으키고 있지는 않지만, 러시아의 방사능 폐기물 관리방식은 이 지역 방사능 폐기물 관련 불안정의 주요한 요인으로 관심이 모아지고 있다.

### 3) 대만의 대북한 핵폐기물 수출 시도

　자국 영토 내에 핵폐기물 처분시설을 위한 적절한 부지를 마련하는 데 어려움을 겪어왔던 대만은 1997년 북한에 방사능 폐기물을 판매하려 했었다. 대만전력은 20만 배럴의 방사능 폐기물 영구 저장을 위해 미화 2억 3천만 달러에 북한으로 반입하는 계약을 체결했다고 발표했다. 주변국 정부와 NGO들은 이 계획에 반대했다. 특히, 한국의 정부와 환경단체가 한반도 전체의 오염이나 대만에서 북한으로의 운송 도중에 생길 수 있는 사고의 가능성을 들어 이 계획에 강하게 반대했다. 한국 정부는 대만의 계획이 국제 규범과 관행, 즉 방사능 폐기물이 정부 통제하에 대내적으로 관리되고 처리되어야 한다는 것을 무시한 처사라고 비난했다. 한국 국회는 대만이 북한에 방사능 폐기물을 수출하지 않도록 하고 유사한 시도를 즉시 철회할 것을 요구하는 결의안을 채택했다. 또한 여기서 북한이 대만뿐만 아니라 어떤 나라로부터도 방사능 폐기물을 수입하지 말도록 촉구했다. 이 결의안은 IAEA에 회원국 자료로서 제출되었다.[37] IAEA 이사회는 대만의 대북 방사능 폐기물 수출 시도에 대한 우려를 표명했다.

1992년 한국과 대만의 단교에 유감을 느꼈던 대만 정부와 일부 국민들은 이러한 한국의 반응이 대만 정부의 자주적 결정에 대한 도전이라며 불편한 감정을 드러냈고, 다른 한편 대만의 환경단체들은 한국의 입장을 지지했다. 대만과 한국의 갈등은 고조되었지만, 심각한 정도로 발전되지는 않았다. 대만은 공식적으로 폐기물 저장 예정지인 서울에서 북쪽으로 90킬로미터 떨어진 폐광이 처분시설로서 충분치 않다는 이유로 방사능 폐기물의 북한 수송을 취소했다.

### 4) 동북아시아 방사능 폐기물 안보 복합체 평가

안보 복합체는 여러가지 형태를 가질 수 있다[38]

(1) '잠재적 지역 환경안보 복합체' – 위협이 지역 생태계 수준에서만 인식되는 경우 (학문적 수준).

(2) '이익 균형 시스템' – 환경문제에 대한 국가들의 태도가 자국의 생태적 취약성과 특정 환경문제 해결에 소요되는 비용에 의해서만 결정되는 경우.

(3) '지역레짐' – 환경문제에 대해 지역적 제도라는 수단에 의존하는 경우.

(4) '상호주관적 지역 공동체' – 국가들이 지역적 환경문제를 자국의 문제로 상호주관적으로 인식하는 경우.

앞의 두 사례에서 볼 수 있듯이, 방사능 폐기물 문제에 대한 현재 동아시아지역 안보 복합체는 두 번째 수준인 이익 균형 시스템 해당한다. 핵폐기물 관리에서 오는 위협들은 과학자나 전문가 집단 외에도 널리 인식되어 있다. 대만의 대북 방사능 폐기물 수출 시도와 러시아의 동해 핵폐기물 투기는 과학자나 전문가는 물론이고 환경운동가들과 일반 대중과

---

37) IAEA Information Circular, "Communication by South Korea to the IAEA" (1997).
38) 본서에서 제2장 이근 교수의 글을 참조할 것.

같은 다양한 그룹의 관심을 끌었다. 이들이 대만과 러시아 정부로 하여금 방사능 폐기물의 안전 조치를 보장하지 않는다면 수출하거나 투기하지 못하게 압력을 행사한 것이다. 이런 점에서 방사능 폐기물에 대한 지역 안보 복합체의 수준은 잠재적 안보 복합체보다는 높다고 평가된다.

동북아시아 각국은 방사능 폐기물 투기로부터 오는 위협에 의한 불안정을 완화하기 위해 여러 조치를 취했다. 남한은 대만의 대북 폐기물 수출 계획에 가장 강하게 반대했고, 한편 일본은 러시아의 투기 행위를 열렬히 비난했는데, 이는 각 사례의 위협수준이 각각 한국과 일본에서 가장 높았기 때문이다. 그러나 일상적으로 핵폐기물을 관리할 수 있는 하부지역 범위의 기구나 규율은 아직 마련되어 있지 않은 상태이다. 각국은 환경문제에 대해 수동적이거나 즉흥적인 태도로 대응했을 뿐이고, 특히 이는 방사능 폐기물 수출이나 투기가 자국의 국민과 영토에 주는 (또는 그렇다고 인식된) 위협이 클 경우에 더욱 그러했다.

## 2. 방사능 폐기물에 대한 동북아의 지역적 협력 전망

### 1) 방사능 폐기물에 관한 국제레짐

국제원자력기구는 원자력과 관련한 모든 문제들을 논의하는 가장 주요한 정부간 기구이다. 1957년 국제연합(UN) 산하의 자율적인 기구로 설립된 IAEA는 핵 비확산, 핵안전, 기술이전, 핵폐기물과 같은 다양한 문제를 다루면서 광범위한 서비스와 프로그램을 제공하고 있으며, 2002년 4월 현재 137개 회원국이 가입하고 있다. IAEA는 방사능 안전 확보를 위한 기준을 마련하는 데 가장 중요한 역할을 했다. 특히, 최근의 노력으로 '사용후 핵연료 관리 및 방사능 폐기물관리의 안전에 관한 공동협약'이 2001년 6월 18일부로 발효되어 지하 처리로부터 환경 복원에 이르는 영역을 포괄하는 새로운 안전 기준을 마련했다.

NEA 역시 방사능 폐기물에 있어서 중요한 정부간 기구이다. 이 기구는 1958년 서유럽 국가들이 원자력 에너지 개발을 위해 과학적·재정적 자원을 공유할 수 있도록 유럽 원자력기구로 처음 설립되었다. 1970년 이 기구는 오스트리아와 일본, 후에 미국과 캐나다가 가입하면서 원자력기구로 개칭되었다. 현재 회원국은 유럽, 미주, 아시아, 호주에 걸쳐 28개국에 이른다. 이는 전세계에 설치된 핵발전 용량의 85%에 해당하며 원자력 분야의 선진국을 대부분 포함한다.

  방사능 폐기물 관리에 대한 NEA의 일반적 목표는 특히 기술적 가능성 및 장기적 안전성 검토를 통해 회원국들이 안전하고 효율적인 정책과 운영방식을 채택하도록 돕는 것이다. 주요 초점은 수명이 긴 방사능 폐기물, 즉 연료 재처리에서 나오는 고준위 폐기물과 사용후 핵연료를 처리하고, 장기적 안전성과 지하 처분 시설 건설에 적당한 장소를 평가하는 데 있다. 방사능 폐기물의 관리에 관한 정책은 방사능 폐기물 관리위원회(RWMC)의 감독을 받는다. RWMC는 폐기물 처리 전략과 정책 이행 과정을 감독한다.

  1972년 체결된 런던협약, 즉 폐기물 기타 물질의 투기에 의한 오염 방지 협약에는 방사능 폐기물의 해양투기를 금지하는 조항이 있다. 고준위 폐기물의 투기는 런던협약에서 허용된 적이 없다. 저준위 방사능 폐기물의 투기에 대해서는 1983년 이후 이에 대한 광범위한 정치적, 법적, 경제적 및 사회적 양상에 대한 연구와 더불어 과학적 기술적 연구가 완료될 때까지 일시정지되어 있다. 이 연구가 완료됨에 따라 1993년 회원국들은 모든 방사능 폐기물 투기를 금지하도록 부속서 1과 2를 개정하는 데 동의했다. 법적 구속력 있는 금지가 1994년 2월 20일부터 발효되었다.[39]

  IAEA, 공동 협약, NEA, 런던협약과 같은 국제레짐은 동북아시아에서 방사능 폐기물 문제를 다루는 데 주요한 역할을 했다. 중국, 일본, 한국은 IAEA의 회원국이고, 한국과 일본은 NEA 당사국이다. 예컨대, IAEA와 런던협약은 러시아 핵폐기물 투기 사건 해결에 결정적인 역할을 했다. IAEA

---

39) http://archive.greenpeace.org/~odumping/radioactive/reports/history (검색일: 2001
  년 5월 1일).

이사회는 대만과 북한이 회원국이 아님에도 불구하고 대만의 핵폐기물 수출 시도에 대한 회원국의 우려를 표명했다. 그러나 효과적이고 안전한 핵폐기물 관리 시스템을 갖추지 못한 상태에서 핵사용이 늘어나고 있는 상황은 동북아시아의 일부 학자들과 정책 결정자로 하여금 지역적 기반을 가진 강력한 통제의 필요성을 느끼게 하고 있으며 나아가 동북아시아의 핵폐기물 관리를 담당하는 지역 기구의 출범을 고려하게 하고 있다.

## 2) 방사능 폐기물에 대한 동북아시아의 지역협력

핵문제와 관련하여 동북아시아 국가 간의 협력을 촉진하려는 다양한 노력이 있어 왔다. IAEA의 후원하에 아시아 태평양 지역의 국가들이 '핵기술과 관련한 연구, 개발 및 훈련을 위한 지역 협력 협정(RCA)'을 1972년 체결했다. 30개 이상의 지역 공동 프로젝트가 RCA의 틀하에 실시되고 있다. 지역의 대표 자격으로 RCA는 IAEA에 기술 지원과 협력을 의뢰하여 프로젝트에 필요한 자원의 일부를 충당하고, 나머지는 아태 지역 국가들의 기부금이나 지원을 통해 조달하고 있다. 그러나 RCA의 주된 활동은 원자력 기술, 훈련 코스 제공, 연구 조정 회의와 워크숍에 초점을 맞추고 있어 방사능 폐기물에 대한 논의가 이루어 질 기회는 적은 편이다.[40]

'아시아 원자력 협력포럼(FNCA)'은 아시아 국가들 간에 원자력 협력 증진을 위해 2000년에 창설되었다.[41] 일본 원자력 위원회는 원자력 개발과 관련된 공통 문제들을 협의를 통해 도출해 내기 위해 1990년 도쿄에서 '제1차 아시아 원자력협력회의(ICNCA)'를 개최했다. 이후 1999년 ICNCA는 FNCA로 개칭되었다. 제1차 회의 이후 참가국은 호주, 중국, 인도네시아, 한국, 일본, 말레이시아, 필리핀, 태국, 베트남 등이며 국제원자

---

40) http://www.rca.iaea.org/regional/newFiles/about_rca.html (검색일: 2001년 5월 1일).

41) http://www.iips.co.jp/AsiaNNet (검색일: 2001년 5월 1일).

력기구의 대표도 참가하고 있다. 새로운 포럼 구조하에서 원자력 협력 활동을 증진한다는 관점에서, 각국의 총체적인 협력 활동을 조정할 '조정자'와 개개의 그룹 프로젝트를 담당할 '프로젝트 리더'를 임명하게 되었다. 현재 일곱 개 그룹 프로젝트가 실시되고 있고, 여기에 방사능 폐기물 관리도 포함되어 있다.

핵안전과 방사능 폐기물 관리 문제는 1994년 제 5차 회의에서 인도네시아 대표에 의해 제기되었고, 방사능 폐기물 관리에 대한 프로젝트가 1995년 6차 ICNCA에서 채택되었다. 이 프로젝트의 주요 활동은 각국이 매년 돌아가며 주최하는 세미나와 워크숍이다. 일본 원자력 연구소와 일본 원자력 산업회의가 세미나와 워크숍을 주최하는 사무 책임을 맡고 있다. 모든 참가국들은 방사능 폐기물 관리와 관련된 문제의 인식도가 워크숍에서의 보고서와 정보교환을 통해 전체적으로 깊어졌다는 사실에 동의했다. 그리고 정보 네트워크(뉴스 레터, 홈페이지, 관련국의 리스트) 구축은 폐기물에 대한 협력을 증진 및 지속시키는 데 일조했다.[42]

동북아시아의 핵협력의 기본적·제도적인 틀이 이미 제한적으로 존재하고 있지만, 각국의 협력을 넓히고 심화해야 할 필요성은 계속 지적되고 있다. 사실 핵 문제에 대한 지역 기구에 대한 요구가 1990년 중반부터 특히 일본에서 자주 제기되기 시작했다. EURATOM을 참조로 한 ASIATOM, PACATOM, PACIFITOM과 같은 다양한 제안들이 지역 제도의 범위에 대해 서로 상이한 개념들을 담고 있다.[43] 이들 제안의 대다수가 핵 비확산,

---

42) http://www.fnca.jp (검색일: 2001년 5월 1일).

43) Richard Speier and Brian Chow, *Asiatom: Proposals, Alternatives, and Next Stage* (Washington, D.C.: Rand, 1996); Suzuki Tatsujiro, "Lessons from EURATOM for Possible Regional Nuclear Cooperation in the Asia-Pacific Region (ASIATOM)," in Ralph Cossa (Ed.), *Asia Pacific Multilateral Nuclear Safety and Non-Proliferation: Exploring the Possibilities*, Conference proceedings by Council for Security Cooperation in the Asia Pacific, 1996, http://www.cmc.sandia.gov/CSCAP/newdocs/Title_pg.htm (검색일: 2001년 5월 1일); Robert Manning, "PACATOM: Nuclear Cooperation in Asia," *The Washington Quarterly* (1997년 봄); Ralph Cossa, "PACATOM: Building Confi-

핵연료 주기, 안전성, 방사능 폐기물 관리 등 모든 종류의 핵문제를 망라
하는 포괄적인 지역 제도의 필요성을 강조하고 있다.

핵폐기물에 관해서 일부는 중저준위 폐기물에 대한 지역적 저장시설을
운영하고 지하 핵폐기물 처분 기술에 대한 공동 연구를 할 것을 주장하고
있다. 예컨대, 지역적-다국적 저장소가 고비사막과 같은 곳에 건설되어
동북아시아의 방사능 폐기물 문제를 해결한다면 일부 국가들은 자국 내
에 처분장을 지을 필요가 없어진다는 것이다. 이는 특히 지질학적 상황이
불리한 국가들에게는 이익이 될 것이다. 그러나 지역적 저장소는 안전한
운반의 문제를 해결할 것을 요구하고 있으며, 모든 참가국의 정치적·제도
적 상황의 변화에도 유지될 수 있는 장기간의 협력 시스템을 구축하는 것
은 쉽지 않은 상황이다.

핵문제에 대한 지역 협력을 증진하려는 제안들과 노력은 동북아시아
국가간의 협력에 걸려있는 공동의 이익을 암시하고 있지만, 지역적 제도
를 마련하는 데는 수많은 장애물이 존재한다. 동북아시아 국가들은 일본
이 이 지역에서 원자력에 기반한 우위를 확보하려는 의도가 있다고 의심
하고 있기 때문에, 일본의 리더십에 대해 어느 정도 불편한 감정을 가지고
있다. 한국과 대만은 연료 재처리 능력의 확보를 위한 노력을 지속할 것
이며 다른 한편으로는 적당한 저장부지를 물색할 것이다. 대만과 북한이
핵에 관한 지역수준의 레짐에 참가할 지는 양안 관계와 남북한 관계를 고
려해 볼 때 불확실하다. 따라서 지역레짐이 효과적으로 작동할 수 있도록
모든 관련국을 묶는 것이 중요하지만 이것이 쉽지는 않아 보인다.

재처리 문제는 지역적 제도의 창설과 관련된 중요한 사안이다. 그러나
재처리 문제를 둘러싼 국익간의 심한 갈등을 고려해 볼 때, 핵문제에 관한
지역 협력은 우회적으로 접근하는 것이 현실적이고 바람직해 보인다. 즉,
원자력 협력의 다양한 영역 중에서 지역협력이 비교적 쉽게 이루어지는

dence and Enhancing Nuclear Transparency," An Occasional Paper, Council for
Security Cooperation in the Asia Pacific (CSCAP) Working Group(Malaysia, 1998).

부분부터 출발해 보는 것이다. 핵안전과 공동 폐기물 처분 문제에서 지역 협력을 시작하고, 제도화 초기단계에서 재처리와 같은 복잡한 문제는 건 드리지 않는 것이 나을지도 모른다.[44]

이 지역 대부분 국가는 IAEA 핵문제에 관한 세이프 가드에 전적으로 관할을 받게 되어있지만, 핵폐기물에 대한 긴장은 줄어들지 않고 있다. 핵안전과 핵폐기물에 대한 예비적 지역 제도 창설은 원자력 협력을 심화하고 긴장을 완화하는 한 방법이 될 수 있다. 그러나 새로운 제도 창설의 성공 가능성은 지금으로서는 그리 높아 보이지 않는다. 따라서 동북아시아 국가간의 원자력 협력의 양자적인 혹은 종래의 다자적인 제도 틀을 활용하여 협력을 증진시키고 이를 바탕으로 새로운 제도 창설에로 나아가는 것이 장기적으로 합리적인 방안일 수 있다. 중요한 것은 어떤 제도적 협정 하에서든 핵폐기물과 안전에 대한 성공적인 협력 경험이 지역 제도의 지속적인 발전에 초석이 될 것이라는 점이다.

---

44) Logan Wright, "ASIATOM: Promises and Pitfalls of an Asian Nuclear Cooperation Regime," 1998, http://www.georgetown.edu/sfs/programs/stia/students/vol.02/wrightl.htm (검색일: 2001년 5월 1일); Ralph Cossa, 앞의 글.

# 5장

# 동북아 수자원안보

미카 머비오(Mika Mervio)*

물은 단순한 듯 하면서도 그 본질을 파악하기 매우 어렵다. 인간은 물 없이는 살 수 없으므로 수자원의 효과적인 관리야말로 정부가 해야 할 가장 기본적인 임무이다. 중앙 정부나 지역자치단체 할 것 없이 청정하고 풍부한 수자원 보호를 위한 대책을 마련해야만 하는 것이다.

수자원의 가용 규모와 사용량이 국가마다 다르므로 인접 국가 간에도 수자원 문제의 중요성에 대한 이해가 상당히 다를 수 있다. 그러나 물은 사람들이 사용하는 각종 언어에 상관없이 거의 동일한 의미를 지닌다. 작은 컵으로 바닷물을 한 모금 마셔 본다고 해서 바다를 이해할 수는 없다는 말이 있다. 이 말은 동북아 국민 개개인의 안전과 환경에 대해 물이 끼치는 영향을 굳이 언급하지 않더라도 물이 인간에게 미치는 영향을 평가하는 것이 매우 어려운 작업임을 시사한다.

---

* 일본 시마네(島根) 대학 교수

따라서 수자원안보를 분석하기 위해서는 관련된 모든 문제들에 대한 이해를 넓힐 수 있는 다양한 접근법이 종합적으로 요구된다. 본 글에서는 물이 동북아의 사회 경제 발전, 농업, 산업, 에너지정책, 문화에 어떤 역할을 하는지 살펴봄으로써 동북아의 수자원안보의 중요성을 분석하고자 한다. 이와 더불어 지역 이슈를 인권이나 국제협력과 같은 국제적 이슈들과 함께 연관시켜 생각해 볼 예정이다.

물이 국가의 존속이나 민족 국가 건설에 중대한 요소로 인식될 때 물은 '안보 이슈(security issue)'가 된다. 수로는 종종 국가 간의 경계를 표시하는 데 사용되어 왔고, 이는 수로가 기타 용도와 더불어 매우 커다란 상징적인 의미를 지니게 되었음을 뜻한다. 게다가 물은 경제 발전과 밀접하게 관련되어 있기 때문에 '국익' 차원에서 통제되어지는 '자원(resource)'으로 여겨지는 상황에 이르렀다. 최근 많은 문헌들에서 냉전 종식으로 자원 고갈에 대한 인식과 사회적 수요가 증가하게 되면서 안보 이슈로서 물의 중요성이 증대되었다고 밝히고 있다. 이들은 또한 자원 고갈과 환경 요인들이 대립, 폭력, 분쟁을 유발할 가능성이 아주 높다는 이론적 가정을 받아들이고 있다. 그러나 인간이 물로 인해 서로를 죽이도록 만드는 어떤 보편적인 힘이 존재한다고 할 수는 없으며, 사실 환경은 다른 분야들 보다 진전을 이루기 쉬운 국제협력 분야 중 하나이다. 자연고갈과 생태적 위협에 대한 불안은 군사안보 분야에 대한 계속적인 투자를 정당화할 수 있는 변명으로 쉽게 사용될 수 있다. 때문에 우리는 '수자원안보(water security),' '생태안보(ecological security),' 혹은 '인간안보(human security)'에 대한 어떤 종류의 일반화에도 주의를 기울여야 한다.[1]

수자원안보를 '새로운 안보 위협'으로 다루는 데 대해 비판적인 자세를 유지하면서도 물이 이제까지 또 지금도 여러 국제 분쟁의 중요한 요소라

---

1) Joachim Blatter, Helen Ingram, and Suzanne Lorton Levesque, "Expanding Perspectives on Transboundary Water," in Joachin Blatter and Helen Ingram (eds.), *Reflections on Water: New Approaches to Transboundary Conflicts and Cooperation* (Cambridge, MA and London: MIT Press, 2001), p. 37.

는 점, 그리고 무분별하고 이기적인 개발 계획으로 인해 새로운 분쟁의 가능성이 생겨나고 있다는 점을 인식할 필요가 있다. 본 논문에서 논의하겠지만 물 소비는 세계 대부분의 지역에서 비교적 쉽게 줄일 수 있다. 하지만 가난한 국가들의 비효율적 수자원 관리가 미래의 물 공급 부족에 서서히 영향을 미치고 있으므로 안이하게 대처해서는 안된다.

개발 원조 분야의 많은 기관과 단체들이 인구 증가, 농업 생산량 증가, 생활수준 향상으로 인한 물 수요의 점진적 증가에 대해 경고를 해왔으나, 각국 정부와 국제기구들은 수자원 관리에 투자하려 하지 않았다. 2001년 3월 기독교 구호개발 단체인 '티어펀드(Tearfund)'는 2025년까지 세계 인구 3명 중 2명이 물 부족을 겪을 것이라는 매우 비관적인 보고서를 제출했다. 이 보고서에 따르면 이 위기가 수백만의 인구가 물을 찾아서 헤매는 '물 난민'이 될 정도로 심각할 것이라고 예측했다. 이 보고서는 동북아 국가들 중 중국의 상황에 대해 가장 비관적이었다.[2]

그런데 대부분의 연구 조사는 인간이 세계적 위기 상황에 닥치기 전에 수자원 관리를 심각하게 여길 것이라는 이성적인 가정에서 출발한다. 수자원 관리에서 소비의 한계는 쉽게 예측할 수 있고, 비슷한 이치로 필요와 공급 간의 균형을 찾는 것은 더 쉬울 것이다. 세계 공동체와 정부들이 이러한 상황을 통제할 수 있다면, 당장의 전세계적 불안도 없을 것이고 물을 기름처럼 전략적 자연 보고로 다룰 필요도 없을 것이다. 그 대신 물은 (주지하다시피) 생명의 주 구성성분이자 생명의 공급원임을 전인류가 인식하고 이에 걸맞는 적당한 배려를 가지고 다루어져야 한다. 수자원안보는 모든 공동체와 생태계가 지속적으로 사용할 수 있는 물 공급원을 확보하는 것을 의미한다. 이것은 보통 매우 국지적인 노력이 될 것이다. 또한 생명의 안전과 생존 자체가 서로 불가분의 관계에 있기 때문에 수자원안보가 정

---

2) 세계 수자원에 대한 최근의 보고서를 개략적으로 보려면 *Nihon no mizu shigen 2000*, pp. 291-303을 참조할 것, http://www.tearfund.org/generic/content.asp?idx= 220 (검색일: 2001년 4월 1일).

의상 '전통적 군사안보' 뿐 아니라 인간안보의 범위를 포괄하는 것이다.

# I. 동아시아의 수자원 사용

동아시아의 수자원 사용량은 나라마다 다르며, 〈표 5-1〉에서 보듯이 각 국가 내에서도 지역 및 산업별로 차이가 있다.

〈표 5-2〉에서와 같이 동아시아 지역 내 수자원의 가용성 역시 상이하다.

〈표 5-1〉에서 보듯 산업화와 근대화에 따라 농업용도 이외의 물의 사용은 꾸준히 증가해 왔다. 이와 동시에 보다 발전된 관개 시스템과 생산성과 생산량 증가에 대한 압력으로 인해 농업용수의 수요도 증가했다. 또한 위의 통계는 도시화와 근대화가 도시의 물소비 비율을 증대시켰음을 알려준다. 하지만 수도 서비스는 항상 유효한 수자원 공급과 재정적 자원, 지방 기본조직과 연관되어 있다. 물의 질은 수자원 확보를 위해 얼마나 엄격한 잣대를 택할 것인가와 물을 위해 얼마나 지불할 것인가에 대한 우선권 선택의 문제라 할 수 있다. 물이 풍부할 때 개인의 물소비가 증가하

〈표 5-1〉 동아시아의 수자원 사용량

|  | 총 사용량 | 1인당 총 사용량 | 도 시 | 산 업 | 농 업 |
|---|---|---|---|---|---|
| 중 국 | 500km³ | 435m³ | 7% | 10% | 83% |
| 일 본 | 90km³ | 731m³ | 18% | 17% | 65% |
| 한 국 | 29km³ | 658m³ | 22% | 11% | 67% |
| 말레이시아 | 12km³ | 653m³ | 10% | 13% | 77% |
| 필 리 핀 | 44km³ | 717m³ | 12% | 4% | 84% |
| 태 국 | 33km³ | 591m³ | 5% | 4% | 91% |

출처: *Ajia kankyo hakusho 1997-1998* (Tokyo: Toyokeizai shinposha, 1997), pp. 332-333(유엔과 유엔 식량농업기구 통계 편집, 대부분 1995년의 통계를 바탕으로 함).

는 것과 어느 정도 관련이 있다. 수자원이 풍부하지 않은 동아시아의 국가들도 수자원이 풍부한 국가들의 물소비 패턴을 따르게 될 것이다.

비록 물소비와 낭비를 극적으로 감소시킨 일본의 사례는 인구 밀도가 높은 기타 동북아 국가들도 장차 수자원을 보다 효율적으로 관리하게 될 수 있을 것이라는 가능성을 주고 있지만, 동북아의 물소비는 앞으로 최고조에 이를 것이다. 필리핀이 물의 대부분을 농업용으로 사용하는데도 1인당 물소비율이 도표에서 가장 높다는 점은 매우 흥미로운 사실이다. 위와 같은 간단한 비교로도 동아시아 지역의 물소비 패턴이 매우 다양함을 알 수 있다. 나아가 동아시아의 개발도상국들이 농업용도로서의 물 사용에서 벗어나 부유한 공업국의 경험과 기술을 습득하고 효율적인 수자원 관리와 물 낭비를 줄일 수 있는 메커니즘을 도입함으로써 많은 이익을 얻을 수 있음은 분명하다.

수자원의 가용성은 자연적인 지형적 요소의 결과이다. 이는 인구 집중과 산업은 물론이고 농업 활동에도 커다란 영향을 미쳤다. 간단히 말하자면 물의 가용성은 국가적·지역적 발전에 중대한 영향을 미친 변수들 중 하나이므로 동북아시아 문명의 역사는 이미 물 가용성에 대한 기본 사실

〈표 5-2〉 동아시아의 수자원 가용성

|  | 연간 사용 가능량 (㎦) | 가용량 중 실제 사용비율 |
| --- | --- | --- |
| 중　　국 | 2,812 | 18% |
| 일　　본 | 435 | 21% |
| 한　　국 | 70 | 41% |
| 말레이시아 | 566 | 2% |
| 필 리 핀 | 356 | 30% |
| 태　　국 | 210 | 16% |

출처: Economic and Social Commission for Asia and the Pacific, *Sustainable Development of Water Resources in Asia and the Pacific: An Overview* (New York: United Nations Publication, 1997), p. 3.

들을 반영하고 있다. 동아시아 국가들 중에서 한국은 다른 국가에 비해
수자원이 풍부한 편이 아니므로 이러한 자원을 인근 국가들 보다 좀 더 세
심하고 효율적으로 관리할 필요가 있다. 한국의 경우 연간 강우량의 약
60%가 초여름 우기에 내리고, 한반도의 동쪽에는 대부분 산이, 서쪽에는
대체적으로 농업 용지가 위치한다. 따라서 한국 정부는 대규모의 토목 공
사나 다목적댐 건립 등의 방법으로 수자원 확보를 위한 노력을 기울여 왔
다.[3] 그럼에도 불구하고 한국은 국가 전체가 동아시아/아시아 태평양 지
역의 물 부족 현상에 대해 가장 취약한 나라가 될 것이다. 더욱이 남북한
의 불편한 관계는 수자원 관리의 협력에도 장애가 되어 왔다. 사실 수자
원안보는 양측을 평화로 이끌 유인책이 될 수 있다. 특히 북한은 남한의
경험과 기술을 유용하게 사용할 수 있을 것이다. 한반도의 통일은 자연적
으로 현 상황을 극적으로 변화시키고 한반도의 천연 자원을 보다 합리적
이고 공정하게 사용할 수 있는 기반을 제공할 것이다.

　현재 한국은 동북아에서 독자적인 1인당 수자원 가용량을 갖고 있다.
그러나 『담수원에 관한 세계보고서(*Global Reports on Freshwater
Resources*)』의 편집자로 잘 알려져 있는 글리크(Peter H. Gleick)의 예측
에 의하면 (1인당 사용 가능한 171만 리터 중 98만 8천 리터를 사용한다는
계산에 근거하여) 2025년에 한국은 이 지역 내에서 '제한된' 수자원을 가
진 유일한 국가로 분류될 것이라고 한다. 이는 식량 공급에도 제한을 받
을 것임을 시사한다. 따라서 한국은 이란, 아프가니스탄, 인도, 파키스탄,
우즈베키스탄, 폴란드, 페루, 벨기에와 아프리카의 10개국과 같은 범주에
속하게 된다. 글리크는 이들 국가들이 '물부족 국가'의 대열에 합류하게
될 것이라고 예측했다. 물 부족 국가에 속하는 20개국은 모두 중동과 아
프리카에 위치하고 있다. 이들 중 많은 국가들이 심각한 물부족을 겪고
있으며 이로 인해 농업, 산업, 인간 건강에 심각한 영향을 받고 있다. 이렇

---

3) Gee Bong Han, "Water and Sustainable Development in the Republic of Korea," in
　Economic and Social Commission for Asia and the Pacific, 앞의 책, pp. 128-130.

게 볼 때 개별 국가가 아닌 지역으로서의 동북아는 물 사용에 있어서 최초로 위기를 맞게 되는 것은 아닐 것이다. 중국 동북부 지역도 곧 심각한 물 부족 상태에 처해 있지만, 글리크의 연구에 따르면 동북아 국가들은 대체로 '물풍요' 국가로 분류되고 있다.[4]

비효율적인 개발 시도와 부적절한 관리로 인해 과거에 수자원을 낭비하는 일이 종종 있었고 이런 경우 수자원 고갈의 영향은 항상 대체적으로 국지적이었다. 효율적인 수자원 관리는 자금과 장기적인 계획을 필요로 하고 이것이 '지속가능한 발전'의 주요 분야 중 하나이다. 벌써 몇몇 국가의 정부는 장기적인 해결책을 위한 비용이 국가나 지역 경제에 무리를 줄 것을 염려하고 있다. 풍부한 수자원과 재정 자원이 있다고 해도 정부가 물 가용성으로 인한 지역 분쟁이나 자연 환경의 심각한 파괴를 쉽게 야기할 수 있는 것이다.

위에서 이미 언급했던 것처럼, 세계의 각 지역간 혹은 지역 내에서 조차도 수자원의 가용성은 현저한 차이를 보인다. 엄청난 인구 때문에 동아시아 국가들은 다른 지역보다 대개 1인당 수자원이 부족한 실정이다. 하지만 물 관리 이슈는 매우 국지적인 성격을 지니고 있으므로 지역 평균은 그다지 의미가 없다. 동북아에는 효율적인 물관리 방책이 적용되기만 한다면 물 필요량을 만족시킬 수 있는 충분한 수자원이 있다. 사실 환경보호 기준의 개선으로 대부분의 동북아 국가들에서 물의 질을 비교적 쉽게 향상시킬 수 있다.

일례로(생화학적 오염도와 화학적 오염도를 말해주는) 생화학적 산소 요구량과 화학적 산소 요구량 측정 결과 최근 일본의 강, 호수, 연안의 수질이 향상되었다.[5] 또한 가정과 산업에서 물을 보존하기 위한 기술 도입에 힘쓴 결과, 최근 들어 일본의 1인당 물소비량도 기타 선진 산업국의 경

---

4) Peter H. Gleick, "Making Every Drop Count," *Scientific American* (2001년 2월), pp. 40-45.
5) 일본의 물 사정에 대한 자세한 연구는 Kankyocho, *Kankyo hakusho, Heisei 11 nenban* (Tokyo: Okurasho insatsukyoku, 1999), pp. 90-125를 참조할 것.

우처럼 상당히 감소하였다.

1965년 일본은 대략 4,940만 리터의 물을 사용하였으나 1989년에는 물 소비량이 1,330만 리터로 줄었다. 이 당시 일본은 고도의 경제성장기를 거치며 경제 성장과 물 생산성의 향상이 함께 이루어 수 있다는 것을 스스로 보여줬다. 비슷한 경우로 물 사용량이 1980년에 최고를 기록한 이후로 20% 이상 감소하였다. 즉 물에 대한 수요가 전세계적으로 증가하고 있지는 않지만 증가한다 하더라도 적어도 몇십 년 전의 많은 연구 결과에서처럼 빠른 속도로 증가하고 있지는 않다. 세계 인구는 계속해서 증가하므로 세계 여러 지역에서 새로운 인프라가 구축되어야 함은 분명하다.

그러나 과거의 실수로부터 교훈을 얻고, 이런 프로젝트가 인간과 환경에 끼칠 영향으로 볼 때 새로운 인프라 건설 과정이 과거보다 훨씬 높은 기준하에서 진행되게 하는 것이 중요하다. 세계 대부분의 지역에서 가장 빠르면서도 보통 가장 저렴한 해결책은 물을 보다 효율적으로 사용하는 것이다. 물이 새는 파이프, 고장난 설비, 제대로 관리되지 않는 배급 구조는 엄청난 양의 물을 낭비할 수 있다. 이런 낭비적이고 비효율적인 체계는 대부분 물 부족 문제가 심각한 지역에 존재한다.[6]

동북아 지역은 근처에 물 공급원이 있어서 다른 국가로부터 물을 수송하기 위한 새롭고 혁신적인 방법을 찾아낼 필요가 없다는 점에서 운이 좋다고 할 수 있다. 특히 러시아 극동은 풍부한 수자원을 가지고 있기는 하지만 그 지역에 소수의 인구가 살고 있기 때문에 인간 활동에 직접적으로 많은 도움을 주지는 못한다. 그러나 동아시아 인구가 현재와 같은 속도로 물을 오염시키고 소비한다면, 그리고 대규모 도심의 수자원안보가 지속 가능한 방법으로 관리되지 않는다면, 엄청난 도시 인구의 수요를 충족시키기 위해서 멀리 떨어진 공급원으로부터 깨끗한 식수를 (아마도 탱크에) 수송해 와야만 할 것이다.

---

6) Peter H. Gleick, 앞의 글, pp. 40-45.

## 1. 범세계적 수자원문제와 동북아시아

바다는 여전히 다양한 생물들의 서식지를 보유하고 있다. 생명 존속에 바다가 중요함에도 불구하고, 지구의 생명체 중 해양과 수중 생물에 대한 이해가 가장 부족하다. 지구 수자원의 약 97%가 바다에 있고, 지구 표면의 71%를 물이 덮고 있다. 대략 2% 정도의 물이 빙하에 저장되어 있고, 이 중 90% 이상이 남극에 있다. 빙하가 인류에게 초래하는 가장 심각한 위협은 지구온난화로 인한 것이다. 오늘날 빙하는 인류 역사상 다른 시기들보다 훨씬 많은 물을 포함하고 있지만, 남극과 그린란드의 얼음이 모두 녹는다면 해수면이 약 80미터나 상승할 것이라고 한다. 지구온난화가 생각보다 빠른 속도로 얼음을 녹이고 있다는 걱정스러운 징후들이 나타나고 있다. 이는 1990년대에 역사상 기상 관측 이래 가장 따뜻한 연도가 수차례 있었다는 사실과 직접적이 연관이 있다.

해빙은 지구온난화 이외에도 많은 요소들의 영향을 받으므로 정확한 속도를 예측하기는 힘들다. 해수면 상승은 분명히 태평양 도서 국가들에 가장 명백하고도 커다란 위협이다. 일부 섬은 해수면이 단 몇 미터만 상승해도 물 아래로 가라앉게 된다. 대부분의 동북아 국가의 대도시는 해안가에 위치하고 있기 때문에 해수면이 약간만 상승하더라도 큰 타격을 입을 수 있다. 지구의 물 중 해수와 빙하 외에 지하수가 약 0.6%, 호수, 강, 대기 중의 수분 증발이 0.1%를 차지한다. 이 0.7%가 바로 인간의 생존을 가능하게 하고 인류가 지구에서 이런 결정적인 역할을 할 수 있는 상황을 만들어 준 것이다. 단 1%도 안 되는 지구의 담수(지구 전체 물의 대략 0.007%)만이 인간이 직접적으로 사용할 수 있다. 이러한 물은 강, 저수지, 혹은 적당한 비용으로 끌어올릴 수 있는 곳에 있는 지하수 등에서 얻을 수 있다.

물은 지구상의 다른 원소들과의 상호 작용을 통해 다양한 역할을 하기도 한다. 물은 항상 지구상을 떠돌아다니게 되는데 식물, 해양, 토양에서 증발한 물은 증기, 비, 눈 등의 형태로 다른 지역으로 운반된다. 물에 의한 침식작용은 계속해서 지표면을 변화시키는데 이때 소중한 광물질이 유실되게 된다. 지구상의 수분은 식물 생존의 근간이 되고, 대기중의 증기는 모든 기상 현상의 근본이 된다. 특유의 물리적 성질로 인해 물은 에너지를 저장하기에 적합하게 만들어져 있다. 해류는 지구상의 에너지 재분배에 중요한 역할을 한다. 기온이 상승하면 증발이 더 많이 일어나게 되고 일반적으로 따뜻한 공기는 차가운 공기보다 상당히 많은 습기를 포함하고 있다. 따라서 열대 지역의 증발 현상과 물이 비가 되어 내릴 때의 에너지 방출은 또 다른 형태의 에너지 재분배의 기본이 된다.[7]

이런 과정 중 동북아에서 가장 흔한 경우는 여름마다 주기적으로 발생하는 태풍이다. 태풍이 파괴를 가져오기는 하지만 태풍이 수반하는 물은 생태계에 절대적으로 필요한 것이다. 게다가 일본과 같은 도서 국가에서는 해양이 기후와 계절 변화를 보다 완만하게 하는 데 커다란 영향을 끼치고 난류로 인해 해안가에 풍부한 바다 생물이 생겨나게 되었다.

태풍은 동북아 대부분의 해안 지역에 주기적으로 발생하기 때문에 각국 정부는 엄청난 홍수를 대비할 준비를 갖춰야 한다. 하수 시설과 하천이 늘어난 물의 양을 감당할 수 없게 되면 '일상적인' 호우도 홍수를 일으킬 수 있다. 홍수 대비는 동북아의 재난 관리의 주요분야 중 하나이다. 이에 대한 가장 간단한 해결책은 위험 지역에 건설 공사나 주거를 금지하는 것이다. 대규모 지진 때문에 종종 발생하는 수송관 파열과 같이 어떤 이유로 인해 물의 정상적인 공급이 끊길 때 모든 이들에게 깨끗한 물의 지속적인 공급을 보장하는 것도 위기 관리의 한 부분이다. 지진 발생 지역에서는 대규모 지진이 일어나더라도 홍수가 발생하지 않게 할 수 있는 댐과 수자원 인프라를 건설할 필요가 있다. 대부분 국가에서는 수자원 공급이

---

7) 생명이 가지는 물의 중요성에 대한 일반론은 Ilkka Hanski, Jan Lindstrom, Jari Niemela, Hannu Pietiainen, and Esa Ranta, et al., *Ekologia* (Juva: Werner Soderstrom Oyj, 1998), pp. 56-58에서 찾을 수 있다. 세계보건기구(WHO)의 물 관련 통계는 http://www.who.int/water_sanitation_health/vector/water_resources.htm을 참조할 것.

어떤 심각한 타격을 입었을 때 방위군이 새로운 임무를 맡을 최상의 조직과 설비를 가지고 있다. 예를 들어 2001년 3월의 지진 이후, 일본의 자위대는 지진이 발생한 히로시마현의 섬에 급수선을 파견하였다. 위급 상황에서의 안전 기준과 인간 보호에 대한 접근 방법은 동북아 지역의 정부 간에 커다란 차이가 있다. 안타깝게도 이러한 차이점은 사상자 수에 반영된다. 중국과 북한 주민은 정부의 불충분한 위기 준비상황으로 인해 엄청난 대가를 치르고 있다. 한국에서도 홍수로 인한 피해가 아직도 심각한 편이다. 일본에서는 안전에 대한 관심과 직업 창출 효과가 대부분의 물 관련 공사에서 우선권으로 여겨져 왔다. 그 정도가 지나쳐 물이 과도할 정도로 효율적이고 빠르게 강으로 흘러내려가도록 강둑이 되어 있어서 강 생태계와 전체 물 순환을 불안정하게 하여 환경을 파괴할 정도였다. 하지만 일본에서도 역시 안전하지 않은 지역에서의 공사를 좀 더 강력하게 규제할 필요가 있다.[8]

역사적으로 물이 겪어온 여러 단계를 기점으로 환경상의 많은 특징들이 생기게 되었다. 중국 농업과 문명 발생의 근간이 된 방대한 황토는 빙하시대에 바람이 오랜 기간 동안 대빙원 꼭대기의 가벼운 물질들을 날려서 형성되었다. 중국은 또한 해안 지역에 상당한 습지를 가지고 있는데 이 습지가 생태계에 중요한 영향을 끼친다.[9] 생명에 있어서의 물의 중요성에 대한 연구는 현재 정치나 경제 시스템의 '지속가능성'을 분석할 때 사용되는 것보다 훨씬 장기적인 시각을 가지고 봐야 한다. 물은 우리가 알다시피 생명의 본질과 지구상의 모든 주요 기후 메커니즘과 밀접하게 관련되어 있

---

8) 일본의 물 관련 위험에 대해서는 Kokudocho chokan kanbo mizushigenbu (ed.), *Nihon no mizu shigen*(Tokyo: Okurasho insatsukyoku, 2000), pp. 180-196와 *Ajia kankyo hakusho 2000-2001*(Tokyo: Toyokeizai shinposha, 2000), pp. 342-344를 참조할 것.

9) 물의 자연 과학에 대한 자료는 Ilkka Hanski, et al., 앞의 책, p. 60과 Paul A. Keddy, *Wetland Ecology: Principles and Conservation*, Cambridge Studies in Ecology(Cambridge: Cambridge University Press, 2000), pp. 7-9를 참조할 것.

다. 그러므로 물과 관련된 어떠한 혼란 상태는 쉽게 야기될 수 있다. 일단 변화가 일어난 다음에는 그 상황을 되돌리기가 매우 어려울 것이다.

대부분의 국가가 보유하고 있는 물을 잘 관리해 왔고 당분간은 식수가 주요 국제 거래 품목이 되는 일은 없을 것이다. 현재 인간은 전세계적으로 사용 가능한 물 1만 2,500km³ 중 절반 정도를 사용하고 있다. 그런데 상당량의 물이 건강한 생태계, 특히 습지의 생물학적 다양성 유지, 어장 형성, 휴양, 항해 그리고 수력발전에 사용하기 위해 남겨져야 한다.[10] 세계의 일부 건조 지역에서 물의 소비는 인구 증가로 인해 점진적으로 증가했다. 아라비아 반도에 위치한 일부 산유국들은 양질의 식수를 대량 구입하기 위해 스웨덴과 핀란드의 물 공장과 협상을 이미 시작했다. 이 물은 탱크에 담겨져 운반될 것이다.

물이 언젠가는 오늘날의 기름과 같은 수출품이 될지도 모른다는 다소 무모한 전망도 있었다. 사실 2000년 9월 베네수엘라에서 개최된 OPEC 회담에서 베네수엘라 차베스(Hugo Chavez) 대통령은 유가 상승에도 불구하고 원유는 여전히 저렴한 편이라고 주장했다. 같은 양의 가격을 비교했을 때 콜라, 식수, 와인이 원유보다 각각 3배, 3.6배, 45배 이상 비싸다고 한다. 이 비교가 터무니 없어 보일지는 모르나 세계 시장이 어떠한 힘에 의해 움직여지고 있는가에 관해 시사하는 바가 크다. 물론 차베스 대통령이 식수의 가격을 산출하기 위해 어떠한 공식을 사용했는지 의심스러운 대목이 없지 않으나, 아무튼 이제는 '일반적인' 거래 품목이 된 물이 원유보다 비싸질 가능성은 거의 없다.

양질의 식수는 소비되는 물 중 아주 작은 부분에 지나지 않고 세계 경제를 움직이는 데 필요한 물의 양은 실로 엄청난 양이어서 전세계적으로 심각한 물부족이 발생한다면 소규모의 가격 조정이 아니라 세계 경제와 정치 구조가 근본적으로 변화하게 될 것이다. 다시 말해 세계 물 체계에

---

10) http://www.who.int/water_sanitation_health/vector/water_resources.htm (검색일: 2001년 4월 1일).

주요 문제점이 발생할 경우, 사람들은 피해를 최소화하고 남은 자원을 공평하게 분배할 수 있는 집단적인 방법을 찾아내야 할 것이다.

세계의 환경 상태를 평가하고 앞으로 닥칠 현 세계체제의 붕괴에 대해 정확한 예측을 하는 것은 매우 어려운 일이다. 물론 문제를 최소화시키기 위해서 미래의 문제들에 대해 가능한 한 조기에 대비하는 것은 좋은 방법이다. 계속되는 수자원의 낭비 추세에 비추어 보았을 때, 세계는 아직 수자원으로 인해 발생할 문제들을 인지하지 못하고 있다. 일본과 미국의 경우에서 알 수 있듯이 물 소비를 줄이는 것이 상대적으로 쉬운 일임에도 불구하고 많은 정부들이 빨리 행동을 취하지 않고 있다. 물과 토지는 둘 다 기후변화로 인한 세계 환경 변화의 영향을 받을 뿐 아니라 오염, 토지 침식, 지하수 고갈, 사막화, 산림훼손 등을 포함한 인간 활동으로 인해 계속하여 질이 떨어지게 된다.

생명 그리고 인간과 공동체의 안보에 물이 갖는 중요성을 생각할 때, 물은 이미 '전략적'인 자원이 되었다. 특히 물이 풍족한 지역에 사는 사람들은 물이 충분히 공급되고 항상 재생할 수 있는 것으로 여기기 때문에 이 사실을 종종 잊곤 한다. 하지만 현실은 이와 다르고, 인간 활동이 가져온 파괴적인 결과를 만회할 수 있는 '균형'이라는 것이 결코 존재하지 않았다. 물이 사라지거나 전부 고갈되지는 않겠지만 쉽게 오염되고 낭비될 수 있다. 국제연합개발프로그램(UNDP)에 의하면 물의 소비/낭비 증가와 인구 증가로 인해 1994년의 세계 1인당 물 공급량은 1970년도에 비해 3분의 1 수준이 되었다고 한다. 세계 물 사용량은 1940년과 1980년 사이에 두 배로 증가했고 1980년과 2000년 사이에 또 다시 두 배로 증가할 것으로 전망되었다. 이제 세계 대부분의 국가들은 이미 어떤 형태로든지 물 부족을 경험한 상태이다. 이러한 현상에 대한 근본적인 이유로 관리상의 실수와 수자원 설비에 대한 부적절한 투자를 꼽을 수 있다.[11]

---

11) Lorraine Elliott, *The Global Politics of the Environment* (New York: New York University Press, 1998), pp. 222-223와 비교할 것.

## 2. 물과 분쟁

풍부하지 못한 수자원이 불균형적으로 분포되어 있을 때 물 부족은 내
전 혹은 국가간 분쟁의 원인이 될 수 있다.[12] 지리적으로 볼 때 국제 물 분
쟁은 중동과 아프리카에서 주로 발생한다. 하지만 대부분의 경우 자원으
로서의 물이 이 분쟁에서 얼마나 중요한 역할을 하는지를 판단하기란 쉽
지 않다. 동북아에서 아마도 가장 유명한 물 분쟁의 대상은 우수리
(Ussuri) 강일 것이다. 하지만 중국과 소련 간의 분쟁은 물 부족과는 거의
관계가 없다. 어쨌든 분쟁은 항상 오랜 역사를 가지고 있고 특수한 '변수'
로 가득 차 있다. 따라서 공유되는 강이나 수로와 관련된 분쟁에 대한 어
떤 일반적인 법칙을 추론해 낸다는 것은 문제를 지나치게 단순하게 그리
고 잘못된 방향으로 이끄는 것이다. 하지만 장차 물이 부족해 짐에 따라
중요한 자원의 하나로서 좀 더 빈번히 국제 분쟁의 원인을 제공하게 되리
라는 것은 지극히 상식적인 사실이다. 이 이유만으로도 협력과 평화에 대
한 유인책으로 국경에 위치한 수자원을 보다 효율적으로 다루고 세계의
수자원과 기타 관련 자원의 낭비를 중지시키거나 그 정도를 낮출 수 있는
강력한 동기가 된다.

동북아의 수자원은 풍부해서 물 문제 자체가 국제 분쟁의 원인이 되거
나 지배·협박의 수단이 될 가능성도 매우 희박했다. 가장 주목할 만한 예
외는 홍콩과 대만의 경우이다. 중국 본토는 현재 홍콩 담수의 약 70% 정
도를 동강(Dongjiang)에서 공급해주고 있다. 현재 대만은 이미 염분제거
과정을 거친 물에 많은 경우 의존하고 있는 상황이므로 후쟨(Fujian)부터
킨멘(Kinmen)과 맛스(Matsu)를 연결하는 25km 가량의 지하수 수송관이
건설될 것이라는 소문이 돌았다. 하지만 이 계획은 양쪽 모두에 정치적인
문제를 야기할 가능성이 매우 크기 때문에, 결국 대만은 중국의 수자원에
지나치게 의존하지 않는 방향으로 나아가려 할 것이다.[13]

12) 위의 책, pp. 222-223.
13) 중국 수자원부는 이 계획의 존재를 부정했다. http://english.peopledaily. com.cn/

## 3. 중국과 수자원안보

중국의 경우 국내의 엄청난 가축과 인구 때문에 1인당 수자원이 세계 평균을 훨씬 밑돈다. 더욱이 중국 수자원의 대부분은 동남쪽에 집중되어 있어서 불균형적인 발전을 더 부추기고 있다. 따라서 현재 중국의 성장률과 오염을 규제할 강력한 조치가 단행되고 있지 않다는 사실에 비춰 볼 때 장차 중국이 청정수 부족으로 이 지역에서 가장 고통받는 국가가 될 것임은 쉽게 예상할 수 있다. 다시 말해 중국이 1인당 물 소비량을 현재 일본 수준으로 높인다는 것은 상상도 할 수 없는 일이다. 중국 당국이 근대화 모형과 기타 국가의 선례를 따르려고, 그것도 보다 큰 규모로 따르려 노력하고 있다는 것이 문제이다. 양쯔강 전체와 주변 생태계에 예측할 수 없는 결과를 가져올 삼협댐 건설과 같은 과대 망상적인 계획은 현 중국 정부의 근시안적인 성향을 잘 말해준다.

농업용수가 현재 중국 물 사용량의 가장 큰 부분을 차지하고 있다. 하지만 산업용수와 도시의 소비가 지속적으로 증가해 왔고, 1990년에는 지방/국내 소비가 산업용수의 소비보다 더 빠른 속도로 증가하였다. 중국 남부지방에는 산업화, 경제 성장, 도시화, 생활 수준 향상으로 인해 지방/국내 소비와 산업용 소비가 급격히 증가하였다. 양쯔강 중하류 지역과 주강(Zhujiang) 근방의 상황은 중국 당국이 물 소비의 빠른 증가에 대한 해결책 마련에 고심하게 만들었다. 중국의 대도시에서는 하루빨리 현존하는 수자원을 보다 효율적으로 만들 필요가 있다. 그렇지 않으면 물 부족과 하급류가 중국 도시의 삶의 질에 더욱 부정적인 영향을 주게 될 것이다.[14] 중국 도시 인구의 물 수요 증가 문제가 아시아 수자원안보에 커다란 위협이 되고 있다는 주장은 의심의 여지가 없다. 하지만 이 문제를 부족

---

200008/15/eng20000815_48220.html (검색일: 2001년 4월 1일)을 참조할 것.
14) 중국의 수자원 사용에 대한 대략적인 윤곽은 Economic and Social Commission for Asia and the Pacific, 앞의 책, pp. 30-46을 참조할 것.

한 수자원 때문에 이미 분쟁이 발생한 지역의 상황과 직접적으로 연관시키는 것은 다소 오해의 여지가 있다. 중국 대부분 도시의 상수도 시설은 비교적 효율적으로 관리되고 있으며 수자원안보와 관련된 문제들은 보다 광범위한 환경문제와 불균형적인 발전의 일부분으로 간주될 수 있다.

중국 대도시 상수도 시설의 현재 상태는 각각 상이한 상황인데, 물 공급뿐 아니라 정치적·행정적 우선권이 여기에 반영된다. 예를 들어, 상해와 북경은 두 곳 모두 미터제로 요금을 부과하지만 두 곳의 상수도 요금 체계는 매우 다르다. 북경에서는 세율이 매우 낮아서 ㎥당 0.5위안화를 지불하는 반면, 상해에서는 0.8위안화를 내야 한다. 북경의 호텔에서는 1.2위안화, 특급 호텔에서는 2위안화를 내야 한다. 상해에서는 해양 선박들만이 실제적으로 더 비싼 물값(1.3 위안화)을 내고 있다. 1995년 북경의 한 가정이 월평균 12.46㎥의 물을 사용했고 6.30 위안화(미화 0.76달러 기준)를 지불했다. 같은 해 상해에서는 한 가정이 월평균 20.2㎥의 물을 소비하고 평균 12.64 위안화를 지불했다. 북경과 상해 시민의 92%와 67%가 마실 물을 끓여 먹는다고 말했지만 수질은 상대적으로 좋은 편이라고 여겨진다. 국제적인 기준에서 볼 때 중국인들은 아직도 저렴한 물값을 내고 있는 편이다. 북경 상수도 시설의 운영 비용(6,031명의 인원으로 550만 인구를 담당)은 상해(11,060명으로 820만 명을 담당)의 35%이다.

이들보다 더 부유한 동아시아 도시들의 소비자는 다른 시설뿐 아니라 물에 대해 더 많은 비용을 지불한다. 타이베이에서는 가정당 월평균 26.12㎥의 물 사용량에 대해 NT$ 212.54 (미화 7.65달러)를 지불하고 서울 시민은 32.4㎥에 7,260.80원을 지불한다. 타이베이 시민 모두가 식수를 끓여 마시는 데 반해 서울 시민은 81%만이 물을 끓여 마신다고 대답했다. 중국의 도시 상수도에 대한 이 기본적인 정보는 지방 정부가 적당한 가격으로 양질의 물을 제공하는 데 꽤 성공적이었음을 말해준다. 상수도 시설 유지 비용은 적당한 편이지만 상수도 시설이 물을 보호할 어떤 동기를 제공할 것 같지는 않다. 공공수도보다는 가구 연결로 저렴한 물을 제공해 온 중국의 관행은(이는 하노이나 카라치, 카트만두 등에서도 찾을 수 있다) 분명 국내

소비를 위한 물을 좀 더 쉽게 얻을 수 있게 하려는 의도를 가지고 있다. 동
북아 수자원안보 시나리오의 최대 위협은 중국 도시인구의 물 수요가 증가
하고 있다는 사실이므로 소비에 영향을 줄 수 있는 간단한 조치(예를 들어
세율을 올리는 것)를 취하는 것은 비교적 쉬운 일이다. 안타깝게도 요금징
수의 대상이 되지 않는 물에 대한 중국의 통계는 대부분 믿을 수 없고 중국
의 도시 상수도 효율성 분석에 충분한 자료를 제공하지 못한다.[15]

### 1) 물과 농업

농업은 동북아 대부분 지역의 물 사용량 중 큰 비중을 차지한다. 결과
적으로 광범위한 문제들은 농업의 변화와 관련이 있다. 동북아의 수자원
감소는 오랫동안 진행되어 왔고 근대화로 인해 가속화 되었다. 사람들은
농작지와 관개수를 원했고 따라서 개간 사업이 시작되었다. 아릴해 오염
으로 동북아가 위기에 처하지는 않았지만 동북아의 농업 지대 대부분의
환경이 회복 불가능한 상태로 변했고 이것이 가져올 장기적 결과에 대해
서는 전혀 짐작할 수 없다. 기록을 보면 지난 150년 간 중국 주요 호수의
크기가 50%이상 감소하였다고 한다.[16] 과거 20~30년 간 아시아 지역은 관
개 시설과 농업 생산에서 괄목할 만한 성장을 이루었다. 아시아의 수리면
적은 1960년 이래 대략 두 배로 증가했다. 이는 여러 아시아 국가들이 식
량을 자급할 수 있게 되었고 또 이 중 몇몇 국가들은 주요 수출국으로 떠
올랐음을 의미한다. 현재 대규모 개간사업을 진척시키는 것은 불가능하
거나 다소 불확실 하므로 미래에는 현 시스템을 개선시키고 농작물의 다
양화에 중점을 두어야 할 것이다. 동북아 관개시설이 좀 더 지속가능하고
지역별 특성에 적합하게 향상될 수 있는 여지는 많다. 농산업의 경우, 시
장의 세계화와 소비 패턴의 변화에 적응할 필요가 있다.[17]

---

15) 각 시의 상수도 관련 자료는 모두 Arthur McIntosh and Cesar E. Yniguez (eds.), *Second Water Utilities Data Book: Asian and Pacific Region* (Manila: Asian Development Bank, 1997)을 참조하였다.

16) *Ajia kankyo hakusho 1997-1998*, pp. 330-331.

일본에서는 대부분의 간석지와 침니(silt)가 농지로 만들어졌고, 이는 해안과 하천생태계에 매우 부정적인 영향을 끼쳤다. 현재 일본의 자연보호 노력은 남아 있는 습지대를 보존하는 데 주로 중점을 두고 있다. 습지, 특히 늪에는 광합성을 돕는 물과 영양분이 존재하기 때문에 순생산성이 지구에서 가장 높은 지역이다. 습지의 대부분은 담수 생태계이고 물 순환에 중요한 역할을 담당한다. 또한 습지는 지하수 보급, 배출, 퇴적물 안정화, 홍수와 토양 침식 방지, 표토 형성, 영양분, 유기물과 인간 배출물의 저장과 순환과 같은 주요 조정 작용을 한다. 습지는 수중 생물의 다양성뿐 아니라 야생동물의 먹이 공급과 이주에도 대단히 중요하다.[18] 간척 사업은 일본과 같이 감소하는 농업 인구가 실제 사용하는 것보다 이미 많은 농지를 보유하고 있는 국가들에서 아직도 진행되고 있다. 간척 사업에 대한 태도가 서서히 변하고 있기는 하지만 관료들이나 정치 세력들이 간척 사업을 지지할 만한 이기적인 이해관계를 가지고 있을지도 모르는 일이다.

일본의 농업은 근대화로 인해 극적인 변화를 겪었다. 벼농사와 관련된 생태계를 예로 들 수 있다. 일본의 논은 수로, 못, 지류들이 각각의 논과 더 큰 수로와 연결되는 커다란 체계를 구성하고 있었다. 이 생태계가 곤충, 개구리, 물고기, 새, 식물을 일본 특유의 방식으로 결합해냈다. 이러한 생태계를 만들어낸 농법은 노동집약적이었고 기본 경작 방식에는 수백년간 비교적 변화가 없었다. 1950~60년대에 새로운 쌀 재배 기법이 도입되자 관개 수로는 플라스틱 수송관이나 거대한 콘크리트 수로로 빠르게 대체되었다. 새로운 관개법 덕분에 관개 못은 대부분 벼 재배에 사용될 수 있는 주변의 다른 토지와 함께 농지로 편입되었다. 농업의 기계화는 기계

17) V.V.N. Murty and K. Takeuchi, *Land and Water Development for Agriculture in the Asia-Pacific Region* (Lebanon, New Hampshire: Science Publishers, 1996), pp. 11-30 와 비교할 것.
18) 습지의 생태계와 기능에 대해서는 Paul A. Keddy, 앞의 책, pp. 55-79 그리고 Japanese wetlands에 대해서는 Kadono Yasuro and Yuma Masahide, *Ekoroji gaido: Uettorando no shizen*(Osaka: Hoikusha, 1995)와 Wada Keiji, *Higata no shizenshi* (Kyoto: Kyoto daigaku gakujutsu shuppankai, 2000)을 참조할 것.

의 효율적 사용을 방해하는 농지와 주변의 모든 것을 제거하였다. 그 결과로 일본 전역에 퍼져있던 많은 생물이 멸종했다. 과거에는 일본 대부분 지역의 논에 송사리가 살았으나 새로운 관개 기법과 여러 종류의 무분별한 살충제 사용으로 인해 생존이 어려워져서 이제는 논에서 송사리를 거의 찾아볼 수 없게 되었다. 1999년에는 송사리가 일본 환경성의 멸종 위기에 처한 생물의 적색 목록에 포함되기에 이르렀다. 남아있는 송사리는 관개법을 바꾸는 것이 비경제적이라고 평가되는 산기슭 지역의 논에서 서식하고 있다. 하지만 옛날 경작 방식이 외면받고 있는 상황에서 이 먼 곳의 농사도 곧 중단될 것이다.[19]

일본에서는 좀 더 지속 가능한 형태의 농업 정책과 물, 토양 오염, 만연한 제초제/살충제 사용과 같은 농업 관련 문제들을 효과적으로 해결할 방법의 채택을 요구하는 목소리가 증대되고 있다. 식량 안전성에 대한 관심은 관계 당국, 생산자, 소비자 모두로 하여금 농촌의 환경문제를 인식하게 해줄 것으로 기대된다.[20] 이를 간단히 정리하면 다음과 같다. 일본의 농업 방식은 제2차 세계대전 이후 생산량을 늘리고 작업을 간편하게 하는 방향으로 빠르게 변화하였다. 농업 협동조합은 '근대적'인 방법을 선택하였고 국가의 농업 정책도 '구시대적' 방법에 대한 여지를 거의 남겨두지 않았다. 그 결과로 '전통적 농업 방식'은 거의 찾아볼 수 없게 되었고 농업은 보조금에 의존하게 되었으며, 젊은 세대도 농업을 기피하고 있는 실정이다. 많은 농부들이 자급을 위해 좀 더 맛좋은 작물을 재배할 수 있는 전통 방식을 사용하는 약간의 땅을 남겨놓고 있다는 사실은 매우 흥미롭다. 물론 미래에도 식량 생산을 위해 농업이 필요하고, 무역 자유화로 인해 동북

19) Yamagataken Medaka의 연구에 대해서는 http://nsnt.jvnet.or.jp/~sakesato/medaka2.html, 위기에 처한 송사리에 대한 관심의 증가는 http://www.asahi.com/english/asahi/0618/asahi061808.html에서, 멸종 위기에 있는 일본 물고기의 전체 리스트는 http://www.biodic.go.jp/rdb/rdb_f.html를 참조할 것.
20) Kada Yohei, *Nosei no tenkan* (Tokyo: Yuhikaku, 1996), pp. 154-170과 pp. 193-216을 참조할 것.

아에서의 경쟁은 훨씬 더 심화될 것이다. 외국 농산물과의 경쟁 및 시장 보호 노력때문에 이미 한·중·일 정부와 농민들 간의 관계는 긴장 상태에 접어 들었다. 과거의 농작법은 수자원이나 환경에 거의 해를 입히지 않았지만 생산량의 극대화는 환경에 대한 걱정을 쉽게 불러 일으킨다. 일본에서 화학약품의 사용은 1950년대에 급격히 증가하기 시작하였고 1960년대에도 이 추세는 계속 되었다. DDT(dichloro diphenyl trichloro ethane)나 BHC(benzene hexa choride) 사용 금지로 인해 1970년대 초반에 약간의 하향세가 있기는 했지만 곤충, 식물, 박테리아를 죽이는데 사용되는 화학품 사용이 절정에 다다른 것은 1973년이었다. 화학약품의 사용은 그 이후로 아주 더딘 하향세를 보였으나, 1990년대의 수준은 아직도 1960년대 말과 거의 비슷한 수준이다. 이런 화학약품의 사용이 쌀 재배농지의 사용 수치와 밀접한 관련이 있다는 사실은 매우 흥미롭다.[21]

동아시아의 다른 국가에서 화학 약품의 과다 사용이 이루어지는 곳은 곡물 수출을 행하는 대규모 농장이다. WTO 가입으로 이제 막 세계 시장에 진출하려고 하는 중국 농업은 엄청난 잠재력을 가지고 있지만 강력한 환경 규제가 없는 실정이다. 따라서 화학 비료, 제초제, 살충제 사용이 더 심각한 환경문제, 특히 수질오염을 일으키게 될 것이며, 중국 당국이 경제 발전에만 편향되게 중점을 두는 태도를 바꾸기까지는 오랜 시간이 걸릴 것으로 예상된다.

농업 활동이 수계(水系)에 미치는 가장 분명한 문제점은 지표수(surface waters)의 영양성분에 관한 것이다. 보다 효과적인 생산을 위한 (자연 완충 지대가 없는) 집중적인 단일 재배, 화학/유기 비료의 사용 증가, 서식 동물 수의 증가 등이 지표수의 영양 상태를 높이고 있다. 어떤 경우에는 지하수가 오염되기도 한다. 이런 현상은 산업오염의 영향과 더불어 지표수의 부영양화(富營養化: eutrophication)를 가져온다. 물에서 질소와 인 농도가

---

21) 일본 농업의 역사는 Teruoka Juzo (ed.), *Nihon npgyo 100 nen no ayumi: Shihon-shugi no tenkai to nogyo mondai* (Tokyo: Yuhikaku, 1996)을 참조할 것 .

증가한다는 것은 농업이 수질 오염의 원인이라는 것을 의미한다. 예를 들어, 벼농사를 지을 때 물의 오염을 통제하기란 쉽지 않다. 홍수, 장마, 침식 작용 등이 영양소를 다른 수계와 뒤섞어 버리기 때문이다. 현대 농업으로 인해 많은 보호 메커니즘이 사라졌으며 수계는 새로운 위험과 오염원에 노출되게 되었다. 계속되는 농업의 '근대화'는 이러한 문제들을 더욱 심각하게 만들 것이다.[22]

## 4. 공업용수

광업이나 제지업과 같은 산업은 다량의 물을 필요로 한다. 그러나, 공기를 통해 산성 화학물질이 전파될 경우 특히 호수와 산림을 손상시킨다. 산업 배출원의 감소는 지역 내에 직접적인 효과를 가져오기 때문에 정부가 적극성을 띠나, 외국으로부터 오는 오염 배출원에 대해서는 아무런 조치를 취하지 않고 있다. 중국의 배출물은 일본의 자연상태에 커다란 영향을 끼친다. 산성배출물은 물론 자연의 산성 농도에 영향을 준다. 따라서 산성화 현상의 다양한 원인을 분석하기란 쉽지 않다.

산업 폐수는 지구오염에 매우 심각한 문제를 야기했으며 동북아시아에서도 이런 문제들이 많이 발생했다. 일본 환경오염 역사상 산업화와 관련된 초기의 심각한 사건들 가운데 가장 고전적이고 잘 알려진 것은 구리 광산이다. 초기의 구리 광산업은 제대로 통제되지 않았고 광산에서는 구리, 납, 창연, 아연과 기타 중금속을 포함한 대량의 광산침전물뿐 아니라 구리 채취와 제련 과정에서 정제되지 않은 황산가스와 비소산이 배출되었다. 이런 치명적 요소들 때문에 작물 성장이 타격을 받았고 산림이 훼손되는 등 광범위한 자연 파괴가 일어났다. 불모의 숲은 물을 보유할 수 없기 때문에 장마 기간에 홍수의 위험이 높아지게 된다. 홍수로 인해 모든 독성

---

22) Kokudocho chokan kanbo mizushigenbu (ed.) 앞의 책, pp. 35-37과 p. 107, 163, 253을 비교할 것.

폐기물이 강과 수로, 결국에는 논과 들에까지 퍼진다. 강 생태계가 입는 타격은 어마어마하여 모든 어류가 죽기도 한다. 구리는 메이지 시대 주요 수출품이었고 당시 정부는 산업의 편에 섰다. 1880년대에는 문제가 더 심각해져서 19세기 말에는 환경문제 해결을 위한 대대적인 움직임이 있었다. 정부는 이 모든 탄원을 무시하였다. 1900년 2월 가와마타에서는 약 4000명의 농부가 군대, 경찰과 충돌하여 70명의 농부가 반란 선동법으로 기소되었다. 1690년 이래로 스미토모사가 운영해 온 베씨(Besshi) 구리 광산은 1883년 니하마에 새로운 제련 공장이 들어서면서 또 다른 환경문제와 마주치게 되었다. 1893년에는 지역 농부 전체가 대대적인 흉작에 대해 항의를 하기도 했다.

이런 대규모 운동에도 불구하고 정부는 문제 해결에 거의 손을 쓰지 않았으며, 산업측은 자신들의 '협상안'을 해결책으로 강요하는 입장이었다. 구리 산업측은 공장의 재배치, 완충지대 설치 등으로 농부들을 달랠 방법을 모색하였다. 구리 산업에서의 심한 노동 착취로 인해 일본 최초의 노동자 폭동이 발생하기도 했다. 아시오(Ashio) 구리 광산은 환경파괴뿐 아니라 1907년의 노동자 폭동으로도 역사에 기록되었다.[23] 전후 일본 정부도 환경파괴나 노동문제 해결에 그다지 노력을 보이지 않았고, 1970년대 이후에서야 산업측이 알아서 해결하기를 바라던 자세에서 벗어나 공업오염에 엄격한 제재를 가했다.[24] 새로운 규제들이 환경에 영향을 끼치기까지는 오랜 시간이 걸렸지만 최근 일본의 오염 개선 상황, 특히 수질은 괄목할 만큼 향상되었다. 일본 수(水)과학의 일인자인 시즈오 스즈키(Suzuki Shizuo) 교수는 1970년부터 1985년의 기간을 오염의 시대(kogai no jidai), 1985년부터는 환경의 시대(kankyo no jidai)로 구분하고 있다.[25]

---

23) 더 자세한 사항은 Nimura Kazuo, *The Ashio Riot 1907: A Social History of Mining in Japan* (Durham and London: Duke University Press, 1997)을 참조할 것.
24) 구리 광산으로 인한 오염에 대해서는 Tsuru Shigeto, *The Political Economy of the Environment: The Case of Japan* (London: The Athlone Press, 1999), pp. 32-44를 참조할 것.

　일본은 공업오염 문제를 서서히 인식해 왔고 이로 인해 일본 산업이 세계 다른 지역의 방법과 기술을 쉽게 받아들일 수 있었다. 일본의 제지업은 단순히 세계 추세를 따라서 새로운 방법을 도입함으로써 수질오염에 대한 부담을 크게 줄일 수 있었고, 이는 세계적인 성공담이 되었다. 제지산업에서 산소를 소비하는 총 배출량은 수계에 국지적인 영향만을 주는 수준에 이르렀다. 만성 독성물질과 달리 맹독성 물질은 대개 통제되어 왔지만 오염원들의 근접성에 대한 문제가 남아 있다. 오늘날 가장 급박한 문제는 다양한 배출물로 인해 발생하는 부영양화이다. 제지업계에서는 오염물질이 수계에 아예 도달하지 못하는 '무배출물'의 폐쇄된 생산 지대 설립에 대한 토론이 진행되어 왔다. 종이는 목질 섬유를 대량의 물에 용해시켜 여과기에 통과시켜서 만들어지기 때문에 물은 종이 생산에 없어서는 안되는 성분이다. 목재를 펄프나 종이로 변환시키는 과정에서 목재 섬유에 포함된 부유물이나 목재 추출물의 화학적 산소 요구가 생기게 되면서 물이 오염된다. 펄프 산업은 황산화물, 질산화물, 검댕, 먼지 배출로 심각한 대기오염을 야기해 왔고, 수질오염에도 영향을 준다.

　과거에는 이에 대한 해결책으로 높은 굴뚝을 지었었다. 게다가 제지업에서는 만성 독성과 발암성을 지니거나 동물의 내분비계를 파괴시키는 물질도 사용한다. 펄프의 표백 과정에서 공기를 오염시키는 대량의 클로로포름이 발생한다. 소비자들이 흰색 종이 대신 자연적인 잿빛을 띠는 화장실 종이를 사용하게 된다면 이 문제는 곧 사라질 것이다. 일부 종이 상품에서는 포름알데하이드와 벤젠을 사용한다. 일본 제지 연합(Japanese Paper Association)은 해로운 물질들의 배출을 서서히 줄여왔으며 일부 기업은 배출량을 산업 평균을 훨씬 밑도는 수준으로 낮추려는 노력을 해왔다. 결국 제지 회사는 대량의 폐수와 대기오염, 각종 유해 화학물질을 다룰 구체적인 방법에 대처할 길을 모색할 필요가 있다. '배출 제로' 시스템에서 폐수는 생물학적 처리 시설에서 관리되어야 한다. 생물학적 폐수처리 시설

---

25) Suzuki Shizuo, *Mizu no kankyokagaku* (Tokyo: Uchida rokakuho, 1996), pp. 3-11.

은 세계 각지에서 선진국 수준으로까지 발전해 왔다. 대기오염에 있어서는 화학약품의 재사용과 폐기물과 에너지 소비의 감소에 목표를 두어야 한다. 유해 화학물질에 대해서는 현존하는 대체물과 업계의 실천으로 소비 패턴을 바꿀 수 있을 것이다. 예를 들어 많은 유럽 국가에서는 자연적인 빛깔의 화장실 종이가 널리 사용되고 있다.[26]

신흥 공업국들은 분명히 외국의 환경 친화적인 생산 공정을 도입하게 될 것이고 다른 환경정책에도 이를 확산시키게 될 것이다. 한국은 산업화와 환경정책 수립의 초년병으로서의 이점을 유용하게 사용할 수 있을 것이다.[27] '환경적 자각(environmental awakening)' 의 이유는 각 국가나 상황마다 다르다. 청정기술 도입의 경제적 동기, (소비자, NGO, 국제기구 등의) 외국의 압력, (각종 운동과 지방과 전국 정치와 같은) 국내 압력이 새로운 해결책을 찾도록 이끌게 된다. 동북아에서 환경은 종종 시민 운동의 모토가 되어 왔다. 수질오염과 같은 환경오염은 직접적으로 지역에 영향을 주며 기존의 정치 체제로는 제대로 해결되지 않는 경우가 많기 때문에 대중 운동의 완벽한 대상이 된다. 결국 다른 때 같으면 정치를 외면할 사람들이 환경 캠페인에 적극적으로 참여하게 되는 것이다.

이는 인구의 대부분인 여성을 정당 정치와 정치적 의사결정 과정에서 배제하는 한국이나 일본 같은 동북아 국가에 있어서 특히 중요하다. 이런 류의 '비공식적인' 역할은 정치에서 소외되는 계층이 제 목소리를 낼 수 있게 해준다. 따라서 안전한 식수나 다이옥신 중독 문제가 적어도 일본 사회에서는 '여성이 주가 되는 정치 이슈' 로 받아들여진다.[28]

---

26) 일본 제지 산업(Nippon Paper Industries Co., Ltd) 의 홈페이지에서는 환경 친화적이고 상당히 진보적인 환경 보고서를 볼 수 있다. http://www.npaper.co.jp/e_index.html (검색일: 2001년 4월 1일). 다른 일본 제지 회사들의 홈페이지에는 일부만이 종이 재활용에 대한 소비자의 의무를 언급할 뿐 환경에 대한 언급은 거의 전무하다.

27) 예를 들어, *Ajia kankyo hakusho 1997-98*, pp. 136-137.

28) 유엔 통계에 따르면 한국 국회의원 중 여성의 비율은 4.0% (299명 중 12명)으로 세계 116개 국 중 102위이며, 일본은 5%(500명 중 25명)로 96위를 차지했다.

일본 산업 오염의 가장 심각한 사례는 당연히 미나마타병이다. 미나마타병은 중추 신경계가 메틸 수은 화합물에 중독되는 병이다. 이 화합물은 미나마타시의 치소사(Chisso Co.)와 아가노강 상류에 위치한 쇼와덴코사(Showa Denko Co.)가 아세트알데하이드를 생산하는 과정에서 부산물로 발생된 것이며, 산업 폐수와 함께 배출되어서 환경을 오염시켰다. 이것이 먹이사슬을 통해서 어류를 비롯한 다른 해양생물에 축적되었고 지역 주민들이 그곳에서 생산된 어패류를 다량 섭취해서 미나마타병이 발병하게 된 것이다. 1956년 구마모토 대학의 연구자들이 이 중독현상이 어류로부터 시작됨을 밝히면서 미나마타병이 처음으로 알려졌다. 하지만 기업들은 모든 책임을 회피하였고 희생자들이 보상을 받기 위해 법정 투쟁을 벌이게 되자 상황은 점점 더 악화되었다. 1995년에 사회당과 사키가케당의 연립 내각은 마침내 모든 희생자 단체와 치소사 양측 모두 받아들일 수 있는 정치적, 법적 해결책을 제시하였다. 투쟁 기간 동안 지역 정치는 양극화되었고, 이 사건은 환경법의 발전과 공업 오염에 대한 일반인의 인식에 상당한 영향을 주었다.[29]

동아시아의 다른 지역에서도 공업오염은 물과 환경에 이와 비슷한 영향을 끼쳤다. 적어도 내몽골과 태국에서는 시민운동과 저항운동이 조직되었다.[30]

## 5. 에너지원으로서의 물

물은 산업수요 증가를 충족시키기 위한 주에너지원으로서의 역사를 가지고 있다. 대부분의 초기 공장들은 지속적인 에너지원에 가깝게 위치해 있었다. 산업화 과정에서 특히 다른 에너지원이 부족한 시골에서는 원거리에 위치한 수자원을 끌어들였다. 일본은 세계 4대 에너지 소비국이고 2 번째 에너지 수입국이기도 하다. 때문에 고속 증식로에서 플루토늄을 연소시킨다는 계획을 포함한 핵에너지, 수력발전, 세계 최대의 보조를 받는 국내 석탄 생산 등의 국내 에너지원 개발을 지지하기 위해 에너지 안보라는 개념이 사용되어 왔다. 일본은 1998년에 219GW(기가와트)를 가지고 9조 9,600억 킬로와트의 전기를 생산했다. 일본 총 전기 생산량의 약 9%가 수력발전으로 얻어졌다. 대부분의 거대 하천들이 이미 수력발전에 사용되었기 때문에 더 이상의 팽창은 없을 것으로 보인다. 수력발전은 거의 같은 수준에 머물렀지만 핵에너지와 화석 에너지원의 수입의 증가로 에너지 소비의 증가를 충족시켰기 때문에 사실 수력발전의 비율은 지난 세월 동안 서서히 감소해 왔다.

연안의 환경을 파괴하는 댐과 대규모 프로젝트에 반대하는 강력한 시민 운동의 영향으로 지역 정치가들은 남아있는 하천마저 파괴하는 정책을 회피하게 되었다. 실제로 나가노의 새 주지사인 다나카 야스오(Tanaka Yasuo)는 댐 건설과 자원 낭비적인 공공정책 반대를 주요 정치 전략으로 내세웠다. 한편 수력발전의 확대를 지지하는 이들은 수력전기가 재생이 가능하고 공해를 일으키지도 않음을 강조한다. 이들 세력은 1997년 교토의정서에서 (세계 4대 온실가스 배출국으로서) 총 이산화탄소 배출량을 6%나 줄여야 하는 일본의 입장에서는 다른 '바람직한' 선택의 여지가 거의 없다고 말한다.[31]

중국은 미국에 이어 세계 2대 에너지 소비국이 되었다. 급성장하는 경제 때문에 중국은 필요 에너지 확보에 힘써야 할 것처럼 보인다. 하지만 중국은 석탄의 최대 생산국이자 소비국이며 상당량의 천연가스와 석유 매장량을 보유한 나라이다. 사실 중국은 아시아 경제 파동으로 일부 영향을 받아 전망보다 느린 경제 성장세 때문에 상당한 에너지 과잉 공급 상태

---

31) 예를 들어 http://www.eia.doe.gov/emeu/cabs/japan.html와 kokudocho chokan kanbo mizushigenbu (ed.), 앞의 책, pp. 110-112.

이다. 1998년 중국의 총 전기 생산량 1조 980억kw/h 중 수력 발전으로 얻어진 전기는 2,029억kw/h이다. 중국 대부분의 소규모 열 발전소는 디젤엔진을 사용하거나 화력 발전을 하기 때문에 상대적으로 비효율적이고 오염도 많이 발생한다. 따라서 정부가 현재 전체 에너지 사용의 단 3%만을 차지하는 천연 가스의 사용을 권장하고 있기는 하지만, 수력발전이 가장 청결한 대안으로 보인다. 석탄에 대한 편향된 의존이 가져올 부정적인 결과는 누가 봐도 뻔하고 중국의 기술 현대화 프로그램 때문에 정부는 삼협댐 프로젝트와 같은 야심찬 프로젝트를 시작했다. 2009년에 완공될 이 프로젝트는 700메가와트의 발전기 26대로 총 18.2기가와트의 에너지를 생산하게 된다.[32]

한국은 제한된 국내 에너지원 때문에 대부분의 수요를 원유 수입으로 충족시켜야 하는 일본과 비슷한 입장에 있다. 하지만 수력발전이 전체 에너지 소비의 단 0.6%만을 차지하기 대문에 한국에서 수력발전은 큰 문제가 아니다. 이런 면에서 볼 때 한국은 석유가 주 에너지원이고 수력발전이 에너지 소비의 3~4% 정도인 대만과 더 가깝다고 할 수 있다. 1997~1998년의 아시아 경제 위기 당시 외국의 에너지원에 의존하는 것의 위험성을 깨달은 한국은 풍력, 태양, 조류, 광 발전, 연료 전지, 폐열 사용과 같은 대체 에너지에 대해 논의중이다.[33]

현재 북한은 수력발전에 의존하는 세계의 다른 국가들과는 기본적으로 다른 상황이다. 예를 들자면, 수출 이익이 없는 북한의 경제 정책은 석유의 대량 수입 자체를 아예 고려하지 않고 있다. 북한의 발전 용량은 화력발전과 수력발전으로 거의 비슷하게 양분되어 있다. 1998년 북한의 전기 중 약 70%가 수력 발전으로, 30% 정도가 화력 발전으로 얻어졌다. 북한의 화력 발전력은 연료 부족으로 충분히 이용되지 못하고 있다. 1998년 북한

---

32) http://www.eia.doe.gov/emeu/cabs/china.html과 http://www.eia.doe.gov/emeu/cabs/chinaenv.html#RENEWABLE (검색일: 2001년 4월 1일).

33) http://www.eia.doe.gov/emeu/cabs/skoren.html#RENEWABLE와 http://www.eia.doe.gov/emeu/cabs/taiwan.html (검색일: 2001년 4월 1일).

의 총 전기생산량은 1991년의 61% 수준에 머물렀다. 전기 부족으로 인해 북한은 할당제로 전환하였다. 북한에서는 장기간의 정전이 자주 발생하고, 오래된 설비 시설로 인한 열손실도 상당히 높다. 지난 몇 년 간의 강우량 부족으로 인해 북한의 수력발전은 난관에 부딪쳤다. 에너지 부족 문제는 통일 회담 의제가 되었고, EU, 일본, 미국이 한반도 에너지개발기구(KEDO)에 참여하게 되면서 북한의 핵 프로그램은 국제적 이슈가 되었다. 햇볕정책은 낙후된 설비로 인한 열손실이 큰 북한의 수력발전 시설의 발전력을 향상시킬 프로젝트를 보조할 지도 모른다는 기대를 한껏 부풀렸다.[34]

러시아는 막대한 에너지를 보유하고 있고 시장 경제로의 전환 과정에서 직면한 중대한 문제점 들에도 불구하고 에너지 부문은 아직도 경제에서 지배적인 역할을 한다. 1998년 당시 러시아의 총 가능 생산량 132기가와트 중 43기가와트가 수력발전을 통해 얻어졌다. 이 중 70%이상이 러시아 4대 발전소 중 세 군데(하카시아의 사야노 슈센스코예 발전소 6.4기가와트, 크라스크야르스노 지역의 크라스크야르스노 발전소 6.0기가와트, 이르쿠츠크의 브랴츠크 발전소 4.5기가와트)를 필두로 1기가와트 이상을 생산할 수 있는 11개의 발전소에서 생산된 것이다. 즉, 러시아와 이전의 소련은 에너지원 개발에 있어서는 다양한 선택을 할 수 있는 입장이었다.

소련식의 계획 체제는 대규모 프로젝트를 선호했고, 그 결과 수력발전은 거대 발전소에서 이루어졌다. 러시아의 하천들은 원거리 문제로 수력발전원으로 사용되지 못한다. 러시아 극동에는 캄차카 지역의 중요 에너지원인 지열대가 적어도 아홉 군데 존재한다. 재생 가능한 이 에너지원의 총 발전량은 380~550 메가와트로 추정된다. 1966년 파우제스카야에는 지열 공장이 세워졌고 (새 장치가 추가되고 있는 중) 무트노브스크에 새로운 공장이 설립중이다. 쿠릴열도의 이투루프섬에는 30메가와트의 지열

---

34) KEDO에 대해서는 http://www.eia.doe.gov/emeu/cabs/nkorea.html와 http://www.kedo.org를 참조할 것.

발전소를 건립할 계획도 있다.[35]

# II. 물과 국제협력

## 1. 물과 인권

물은 기초생활분야 중 하나이기 때문에 안전하고 충분한 물이 인간의 건강과 복지에 불가결하다는 사실에 대한 국제적 합의가 있어야 한다. 가난하거나 무력한 사람들은 식량 생산과 같은 여러 용도로 필요한 물의 불공정한 분배에 가장 타격을 받을 것이다. 수자원안보 문제는 인권과 사회적 권리의 문제이기도 하다. 따라서 수자원안보 이슈가 국제협력에서 자주 언급되는 것은 당연하다.[36] 다시 말해 인권으로서의 수자원안보는 이미 국제적 이슈가 되었고 국가 주권의 여지가 제한되어 있다. 수자원안보에 대한 국가정책은 심각한 문제에 맞닥뜨렸을 때 정권이 국민의 복지를 보장해 줄 의무를 얼마나 진지하게 받아들이고 있는지 보여준다. 물은 공익의 범주에 속하므로 어떤 정부도 시장의 힘이나 불리한 자연의 힘 뒤에 숨는 등의 방법으로 책임을 회피할 수는 없다. 게다가 국제 공동체는 개별 정부가 이 문제를 제대로 다루고 있지 못할 경우에 국제적인 인권문제로서의 수자원안보를 보장하고 향상시킬 특별한 의무를 가지고 있다.

오염된 물이 건강을 해치는 것은 분명하다. 가장 흔하게 발생하는 오염의 형태는 오염된 지표수가 식수 또는 기타 다른 용도로 사용됐을 때 발생하는 세균에 의한 오염이다. 인간이 사용하는 물은 용도에 따라 지표수나

---

35) http://www.eia.doe.gov/emeu/cabs/russia.html (검색일: 2001년 4월 1일).

36) 수자원안보의 원칙에 대한 정부간의 전반적 합의를 보여주는 최신 문서로는 the Ministerial Declaration of The Hague Conference on Water Security in the 21st century, http://www.worldwaterforum.org/Ministerial/declaration.html (검색일: 2001년 4월 1일)을 참조할 것.

지하수를 처리한 것이다. 지표수는 화학약품을 사용해서 부식물을 제거해
야 하는데 물에 알루미늄이 잔재할 수도 있다. 지하수에 대한 문제들은 토
양에 있는 여러 화학물질과 관계가 있다. 비소, 불소, 염화물, 질산염, 망간,
라돈, 철 등은 그 함량이 조금만 많아도 매우 위험하다. 세균으로 인한 수질
오염에 대해서는 전반적인 합의가 이루어진 데 비해, 시간을 두고 서서히
발생하는 오염에는 아직 입장이 정리되지 않다는 것은 흥미로운 사실이다.
지하수는 공업 화학물질, 석유 생산품의 부주의한 사용과 보관, 지하수 상
태에 커다란 영향을 미치는 대규모 공사나 산림 정책, 농업에서 살충제와
다른 화학약품의 사용 등 여러 종류의 다양한 위협에 노출되어 있다.

폐수처리 공장은 도시의 폐수를 처리하기 위해 세워졌고 이를 위해 다
양한 방법이 사용된다. 폐수처리는 도시나 산업의 입장에서 수질을 그나
마 좋게 유지할 수 있도록 할 수 있는 최소한의 조치이다. 동시 침전이라
불리는 과정의 화학적 단계에 여러 생물학적 단계가 추가되거나 생물학
적 단계가 화학적 단계를 대신하기도 하면서 처리수의 상태는 꾸준히 향
상되어 왔다. 대부분의 폐수에서 인을 제거해야 한다. 다른 방법으로는
암모니아를 질산염으로 변화시켜 질산염을 제거하는 방법도 있다. 폐수
는 주로 하수구로 모이는데 이 점에서 동북아의 모든 국가들은 특히 중앙
으로부터 멀리 떨어진 도시들에 대해서 아직 많은 과제를 안고 있다. 태
풍이 주기적으로 발생하는 지역에서는 폭풍으로 인한 폐수를 처리할 만
한 실질적인 방법이 없다는 점에도 주목해야 한다. 때문에 도심 근처의
물은 쉽게 오염되곤 한다.[37]

세균에 의한 오염은 주로 사람이 붐비는 주거 환경과 적절한 하수 시설
의 부재로 인해 발생한다. 통제되지 않은 도시 성장과 적절한 쓰레기 처
리 기준의 부재는 지하수뿐 아니라 지표수도 심각하게 오염시킨다. 세균
에 의한 오염은 무엇보다도 가난한 국가들에게 결정적인 영향을 끼치며,

---

37) 수질 오염과 정화에 대한 자연 과학은 Suzuki Shizuo, 앞의 책, pp. 15-55와 pp. 239-
268을 참조할 것.

이는 개발도상국의 영아 사망률 증가로 이어진다. 광범위한 화학적 과정을 통해 식수의 질이 적절한 수준으로 안전하게 유지된다고 해도, 시간을 두고 서서히 악화되는 지하수는 대도시의 커다란 골칫거리이다. 대도시는 그린 벨트의 축소와 오염, 쓰레기 처리 문제로 골머리를 앓고 있다. 예를 들어, 동경의 타마(Tama) 지역의 시민들은 쓰레기 처리 작업을 확대하려는 시정부에 대항해서 27개 지방자치단체를 대표하는 쓰레기 처리 연합을 결성했다. 이들은 시정부의 계획을 저지하기 위해 토지를 매입하였으나 동경시가 이 토지를 강제로 몰수해 버렸다. 이런 강제 몰수는 일본에서 쓰레기 매립지 관련으로는 처음 있는 일이었다. 이 운동의 주된 논점은 대규모의 쓰레기 더미가 동경 대부분 지역의 수도와 연결된 지하수에 침투한다는 것이었다.[38]

하지만 다른 오염원도 존재하고 그 중 몇몇은 사실 인구 증가에 따른 수요 증가에 맞춰 물의 가용성을 향상시키려는 노력과 관련이 있다. 비소로 오염된 샘물은 아시아에서 방글라데시, 인도, 중국, 태국, 대만 등의 여러 나라에 인간 건강을 급격하게 악화시키는 심각한 결과를 초래했다. 지표수가 세균에 의해 오염되는 것을 방지하기 위해 지하수를 얻으려고 우물을 판다. 그런데 지질학상 인은 한 곳에 집중되어 있기 때문에 지하수가 훨씬 더 오염되어 있을 수 있으며 인(燐)에 의한 오염은 이렇게 해서 발생하게 된다. 이런 위험 요소를 무시한 구호 기관들은 우물을 파서 물을 공급하였다. 인은 무미, 무색이며 물에 용해되어 소량섭취하면 당장의 부작용은 없다. 하지만 아무리 미미한 수준이라고 해도 인으로 오염된 물을 마시는 사람 10명 중 적어도 1명이 폐, 방광, 혹은 피부암으로 결국 사망할 것으로 추정된다. 인 오염은 국가 근대화 및 발전 문제와 연결되어 있다. 국가는 당장의 물 부족 문제를 지속 가능한 방법이 아닌 상대적으로 쉽고 저렴한 방법으로 해결하고자 했다. 대만에서는 인 오염 문제의 심각성을

---

38) 타마 지역은 동경 윗부분에 위치하고 있다. 이 논쟁에 대해서는 http://www.asahi.com/english/asahi/1022/asahi102204. Html을 참조할 것.

깨닫고 청정수 탐사에 필요한 경제적 부담을 공유하고 있다. 하지만 방글라데시와 같은 나라에서는 당장 조치를 취할 수 있는 간단한 해결책이 없는 실정이므로 국제 사회에서 인 오염 문제 해결 방법을 공동으로 모색해야 할 것이다.[39]

인권문제는 모든 발전 계획의 주요 부문이다. 수자원안보는 보다 넓은 경제 발전이나 홍수/재해 통제 문제와 밀접한 관련이 있다. 하지만 이점들이 과대평가되어서 전체 경제적 이득 예상과 좀 더 나은 재난 관리에 대한 기대가 '발전' 계획과 관련한 모든 비판적인 평가들을 수그러들게 만드는 경우가 지나치게 잦다. 대규모 물 관리 프로젝트는 보통 국가적 혹은 국제적 후원, 대규모의 투자, 건설회사와 공학 전문가 등의 참여로 진행된다. 때문에 지역민들의 이익이나 관점은 간과될 위험이 있다. 일본에서 거대 하천은 보통 건설부의 관리하에 있고 건설부는 이 분야에서 독점을 유지하려고 노력해 왔다.

그 결과로 일본의 대다수 강둑에는 홍수 방지와 에너지 확보라는 명분으로 콘크리트층이 쌓아올려져 있다. 건설부의 실제 의도는 다른 무엇보다 정치 권력과 관계가 있다. 자민당은 집권 당시 어리석게도 해안가, 강둑부터 산기슭에 이르는 전 지역에 콘크리트를 사용해서 일본의 지형을 바꿔 놓았다. 건설업계는 자민당과 긴밀한 관계를 유지해 왔고 건설업과 직접적으로 관련된 뇌물 스캔들이 여러 번 발생했다. 최근의 일본 정치 스캔들에는 심지어 전 건설부 장관마저 연루되어 있다. 자민당이 그들의 권력 유지에 도움을 준 지역협력 세력에 대한 보상을 위해 공공사업을 벌였다는 사실은 일본에서 더 이상 비밀이 아니다. 자민당의 지역 엘리트는 주로 건설 분야와 직접적으로 관련이 있고 나머지 사람들은 직업 창출 효

---

39) 식수의 인 오염 이슈에 대해서는 Allan H. Smith, Elena O. Lingas, and Mahfuzar Rahman, *Contamination of Drinking-water by Arsenic in Bangladesh: a public health emergency*, Bulletin of the World Health Organization 2000, Vol. 78, No. 9, pp. 1093-1103를 참조할 것, 전체 원문은 http://www.who.int/water_sanitation_health/Arsenic/arsenic.html에서 참조할 것(검색일: 2001년 4월 1일).

과로 이득을 얻었다. 모든 것을 콘크리트로 연결하는 것은 매우 간단한 작업이기 때문에 일본에서는 이 방법이 상용화되어 있다. 주거 지구를 건설하기 위해서는 상당한 양의 콘크리트를 사용할 계획이 필요하지만, 사람들은 쓸데없이 엄청난 양의 콘크리트를 사용할 프로젝트 시행의 빌미를 자연 현상에 대한 대비에서 찾는다. 공식적인 이유로는 항상 홍수와 침식작용 방지 또는 직업 창출 효과, 가끔은 (대부분의 개간 사업이 그렇듯이) 경작지 창출 등이 언급된다. 하지만 콘크리트는 다른 효과는 다 차치하고라도 홍수 통제와 인간 안전을 위한 최상의 해결책은 아니다. 더 저렴하고 좋은 방법은 환경 친화적인 건설 방법과 초목의 사용을 적절히 조합하는 것이다. 이렇게 하면 침식을 방지하고, 물을 저장하고, 원래의 (혹은 다양한) 생태계를 유지할 수 있다.[40]

일본은 대규모 댐 건설을 진행시켜 왔다. 댐 공사는 자연상태의 물 공급원을 파괴했고, 이 때문에 지방과 국가 권력에 대항해서 대중 운동이 일어났다. 나가라댐 건설에 반대하는 1988년의 운동이 가장 격렬한 케이스였다. 건설부와 정부는 뜻을 굽히지 않았고 이 강은 현재 생명체가 거의 존재하지 않는 인공적인 콘크리트 계곡이 되어 버렸다. 가장 최근의 경우로는 요시노강의 대규모 사업에 대한 반대 운동이 있었다. 이 문제는 타쿠시마현의 정치세력을 양극화시켰고 주민투표에서 찬성자가 대다수였다. 하천을 망치려는 건설부와 정부의 노력은 아직도 계속되고 있다. 1997년까지는 홍수 통제와 물 사용이 하천법(河川法)하에서 제시한 단 두 개의 목적이었다. 하지만 1997년 개정법에는 '연간 환경의 향상과 보호'라는 조항이 세 번째로 추가되면서 지역 주민의 바람도 고려되어야 함을 규정했다.[41] 법제상의 변화가 건설부의 변화로 이어지지는 않았다. 건설

---

40) 일본의 하천 공사와 가능한 대안들에 대해서는 Ono Yugo, *Kawa to tsukiau: Shizen kankyo tono tsukiaikata 3* (Tokyo: Iwanami shoten, 1997)을 참조할 것.
41) http://www.asahi.com/english/asahi/0717/asahi071715.html (검색일: 2001년 4월 1일).

부는 마치 통상산업부가 에너지정책을 자신의 영역이라고 믿는 것처럼 국가의 모든 하천이 아직도 건설부 소속이라고 믿는 듯하다.

많은 선진국들이 강 유역 전체에 물을 저장할 수 있도록 하게 하기 위해서 홍수 통제, 하천과 생태계 보호를 함께 이루어 나가려고 최선을 다하고 있는데, 일본의 건설부는 하천을 댐 유역과 거대한 하수의 조합으로 만드는 일에 노력을 경주해 왔다. 일본 법에서 작은 하천은 현 정부의 관리를 받도록 되어 있다. 자민당은 여전히 대부분의 시골 지역에서 우세를 보이고 있고 이런 지역 권력의 이익이나 조직적인 이익단체에 대항하는 것은 현실적으로 어렵다. '안전'과 홍수 통제의 이슈는 대부분의 비경제적인 환경정책을 정당화하기 위해 사용되는 마법의 주문이다. 현 정부는 흔히 지역의 참여를 이끌어냄으로써 자신들의 의사 결정을 정당화하려는 노력을 한다. 하지만 참여하는 '시민'들은 대개 지방 정부에 의해 선발된다. 이들이 뭔가 의견을 말하고자 한다고 해도 실제 결정은 다른 장소에서 이루어지며, 계획대로 일이 정확하게 진행되지 않으면 홍수로 희생자가 생길 위험이 발생한다는 것을 강조하면서 이들의 의견은 간단히 무시될 수 있다.

물론 공무원들이 시민의 안전과 사고 발생 시 당국의 책임문제 등에 대해서 진지하게 고민하기도 한다. 보통 어른 키 높이인 일본의 울타리와 콘크리트 벽은 운하, 하천이나 다른 수로 옆에 규칙적으로 세워진다. 이는 사람들, 특히 취객이나 어린이들이 물에 빠지는 것을 방지하기 위해서이다. 현재 일본에서 가장 유명한 건축학자인 타다오 안도(Ando Tadao)가 교토의 타카세가와 운하 옆에 위치할 건물을 설계했을 때, 운하의 물이 단 2cm에 불과했는데도 시 관리들은 건물과 강 사이에 벽을 반드시 세울 것을 요구했다. 결국 안도의 지명도 덕분에 그의 건물은 운하를 따라 세워진 건물 중 일반인이 운하를 볼 수 있도록 벽이 설치되지 않은 유일한 건물이 되었다.[42] 도시 계획에서 미적 가치를 무시하고 취객과 어린이들이

42) Inoue Shoichi, "Amsterdam adopts un-Japanese approach to striking balance between safety, aesthetics," *Daily Yomiuri* (2000년 10월 23일), p. 3.

물에 접근하는 것을 방지해야 한다는 망상에 사로잡혔던 결과로 많은 도시 경관이 망쳐졌고 일본의 도시에서 일반인은 하천, 해안이나 호숫가 등을 거의 볼 수 없게 되었다. 그렇다고 이들 도시에 산책로가 충분한 것도 아니며, 교통 규칙도 엄격하지 않고, 전선도 공중에 방치되어 있다.

당국이 안전 문제를 진심으로 걱정했다면 산을 콘크리트로 덮어버리는 대신 위험한 장소에서의 공사를 통제했어야 했다. 일본 사람들은 수세기 동안 위험한 곳에 주택을 건설해 왔고, 특히 시골 지역에서는 상식적으로 보기에도 위험한 주택에서 사는 일이 아무것도 아닌 일처럼 보인다. 대규모 공사 계획으로 인해 인구밀도가 낮은 지역임에도 불구하고 마을 전체가 이주해야 하는 경우가 잦다. 댐이나 공원을 세우는 목적이 지역주민을 보호하기 위한 것이라고 하면서 지역주민을 강제 이주시키는 모순이 일어나고 있는 것이다. 에너지 생산을 위해 소규모 하천에 댐을 세운다는 것은 논거로서의 설득력이 희박하다.

아무튼 일본 내 지역공동체의 인구는 서서히 줄어들고 있으며 고령화 문제를 안고 있다. 그나마 얼마 남지않은 사람들은 갑자기 과대 망상적인 건축 계획을 정당화하기 위한 도구로 전락한다. 보다 합리적인 지역 정책과 도시 계획이 있었다면 일본에서 인간이 사용할 수 있는 안전한 토지를 충분히 제공하고도 남았을 것이다. 결국 일본은 토지의 활용도 면에서 볼 때 홍콩과는 경우가 다르다. 그나마 산간과 아직 오염되지 않은 해안가는 동식물이 살 수 있는 유일한 장소이다. 일본의 대부분이 산간 지역이어서 당장 집약적으로 사용하거나 인간이 거주할 수 없다는 단순한 사실 덕분에 그 모든 '개발'에도 불구하고 일본의 자연이 그나마 보존될 수 있었다.

대규모 물 관리 프로젝트가 대부분의 동아시아 국가들이 공동으로 당면한 문제인 상황에서 대규모 기간산업 구축을 조건으로 제공되는 일본의 대(對) 동아시아 정부 개발 원조는 일본의 문제점을 해외에까지 확산시키는 데 부분적으로 기여하였다. 빠른 속도로 현대화를 이루어야 한다는 망상으로 인해 중국 공산당은 에너지 생산과 홍수 통제에 크게 도움을 줄 것으로 기대한 나머지 삼협댐과 같은 거대 프로젝트를 실행하려 애쓰

고 있다. 하지만 삼협댐의 이득에 대해서는 애초부터 회의적인 전문가들
이 많이 있었다. 이 댐의 건설이 가져올 환경과 문화의 파괴는 잘 알려져
있다. 댐 건설 후에 침수될 공업 지역에서 나오는 독성 물질과 다른 오염
물질의 축적에 대한 걱정이 중국 외부로부터 제기되었다. 삼협댐은 양쯔
강의 기존 생태계를 파괴하고 일부 생명체의 멸종마저 야기하게 될 것이
다. 댐 때문에 백만 명 이상의 인구가 이주를 해야 하고 현재 중국에서 제
기되는 비판의 대부분이 이 댐으로 인해 지역 주민이 치러야 하는 사회적
비용, 특히 댐 건설과 관련한 각종 비리와 관계가 있다. 수자원부의 전 장
관인 뉴마오셩(Niu Maosheng)은 현재 수해 구난 자금을 횡령한 혐의로
조사를 받고 있다.

삼협댐 프로젝트를 담당하는 다른 고위 관리들도 댐 공사로 인해 이주
를 해야 하는 백만여 명의 주민을 위한 정착금을 부당하게 사용한 혐의로
조사중이다. 이 프로젝트와 관련하여 만연한 비리와 지역 주민이 처한 위
험에 대해 수년 동안 지속적인 보도가 있었으며, 2000년 봄 농민들의 분노
가 극에 달하자 중국 당국은 가장 악질적인 부패 공무원 중 일부를 처벌하
기에 이르렀다. 당시 댐이 건설될 길목에 있는 두 지역의 농민들이 재정
착 자금을 갈취한 것으로 추정되는 관리들을 공격하면서 지방 정부 본부
로 행진하였다.[43] 중국에서 정부 기관을 습격한다거나 관리를 폭행한다는
것은 위험부담이 매우 큰 행동임에도 불구하고 농민들은 참을 수 없었던
것이다. 아무튼 삼협댐 프로젝트는 불균형적인 발전과 부패와 같은 중국
의 가장 기본적인 사회 문제를 드러내고 있다. 중국에서는 비판적인 언론
의 취재와 독립적인 대중 운동이 허용되는 공간이 작기 때문에 중국 정부
로서는 일종의 특권을 누리고 있는 셈이다.

일본의 경우 정계와 재계가 밀접한 관계이긴 하지만 부정적인 언론 보

---

43) 삼협댐 프로젝트에 반대하는 주장에 대해서는 http://www.eia.doe.gov/emeu/
cabs/chinaenv.html#RENEWABLE와 Brian Bennett, "In the end, it's all about con-
nections," *Time* (2000년 10월 9일), pp. 32-33을 참조할 것.

도나 공개적 위법을 피하려고 조심하는 편이다. 이 두 나라에서 건축업이 가장 부패한 산업에 속하고 물 관리가 부적절한 방법으로 진행되는 경향을 보인다는 사실은 상당히 흥미로운 사실이 아닐 수 없다.

물은 인간의 기본적 필요를 충족시켜주는 역할뿐 아니라 지구상의 모든 생명을 유지시켜주는 긴요한 역할을 한다. 때문에 수자원안보에 대한 가장 기본적인 이슈는 생태계와 생명 자체의 장기적인 생존과 관련되어 있다. 이를 위해 지속 가능한 수자원 관리가 필요하다. 지속성(sustainability)은 유행을 따르는 개념이라서 때로는 지속성과는 거리가 먼 일들을 정당화시키기 위해 남용되기도 한다. 진정으로 지속가능한 수자원 관리란 물을 보다 넓은 환경의 맥락에 두고 생태계 보호를 보장하며 새로운 문제가 발생하거나 보다 나은 지식이 알려졌을 때 즉각적인 조치를 취하는 것이다.

## 2. 국제협력

인권과 환경문제가 국제협력을 필요로 하기 때문에 수자원안보 분야에서는 국가 주권에 대한 예전의 사고방식이 구식이 되어버렸다. 바다, 호수, 하천, 강 유역 같은 자연 생태계 단위는 종종 국경이 되거나 국경 간에 위치하기도 한다. 이런 경우에 협력의 부재가 대규모의 환경문제를 쉽게 일으키거나 양국 관계 전반을 악화시킬 수도 있기 때문에 지속 가능성은 특히 중요하다. 반면에 수자원 공유에 대한 국가 간의 평화적 협조는 관련 국가들 간의 관계를 진척시키고 지역의식(regional consciousness)도 고취시킬 수 있다.

국경에 있는 하천의 환경을 성공적으로 보호하기 위해서는 양국과 국민 모두가 하천의 환경 관리에 영향을 주는 법과 정책을 조화시킬 필요를 인식하고 있어야 한다. EU는 이런 경우에 사용될 수 있는 좀 더 광범위한 조직을 가지고 있다. EU 내에서 가장 길고, 어느 나라에도 속해있지 않으며, '자연 상태'에 가까운 강은 핀란드와 스웨덴 사이에 있는 토르니오뇨

키-무오니오뇨키(Tornionjoki-Muonnionjoki) 강인데, 현재 이 강을 유럽
연합의 자연보호계획(Natura)하에 두자는 주장이 나오고 있다. 이 강 전
체가 국경의 역할을 하기 때문에 댐을 짓거나 다른 목적으로 제멋대로 개
발하려는 시도가 있을 수 없었다.

EU의 자연보호 프로그램의 총체적인 목적은 이따금 각국 정부나 지역
주민의 의지에 반하더라도 엄격한 생물학적 기준을 충족시켜서 '유럽의
공동 유산'이 될 이런 환경을 영구히 보호하자는 것이다. 토르니오뇨키강
의 경우 현재 엄격히 통제되기는 하나 연어 낚시를 포함한 지역주민의 모
든 활동이 아직까지 허용되고 있다.

동유럽의 다뉴브강 유역에서도 심각한 독극물오염 이후 이와 마찬가지
로 국제협력에서 환경 이슈들에 점점 더 중심을 두고 있다. 동쪽으로 확
장되는 EU가 다뉴브강에 훨씬 큰 부담이 되겠지만 동시에 하천보호를 위
한 새로운 기준이 세워질 것이다. 다뉴브강 유역의 현재 협력 상태는 아
직 불안정하고 주민들과 정부 모두 아직도 주변국에 책임을 떠넘기려는
경향을 보이고 있다.

아프리카의 콩고강, 잠베지강, 나일강처럼 최대 10개국까지도 공유하는
거대 하천이 동북아시아에는 존재하지 않는다. 그래서 하천의 존재가 지
역 협력이나 분쟁의 주요 원인이 되지는 않는다. 반면에 동해지역과 관련
해서 많은 지역주의 시나리오가 세워졌다. 주된 논점은 동해가 역동적인
경제 성장 지역이고 문화와 정치적 협력으로 보완되는 보다 긴밀한 국가
간의 경제협력의 가능성이 있다는 것이다. 이 시나리오에서 자연 구성 요
소로서의 바다는 거의 고려되지 않았다. 동해는 정치적 의도만 있으면 외
부로부터 자신을 격리시켜 줄 수 있는 자연 장벽의 역할을 해왔다.

바다는 때로는 문화 전파의 루트가 되었기 때문에 한·중·일의 문화는
초기의 해상 교환을 통해 많은 유사성을 갖게 되었다. 동해는 해양 자원, 특
히 어류의 원천이기도 하다. 독도라는 작은 섬에 대한 한·일 간 외교적 마찰
은 긴밀한 협력이 아직도 요원함을 보여준다. 어쨌든 동해의 해안을 공유하
는 국민들은 아직 어떤 의미있는 지역의식을 형성하지 못하고 있다. 이는

기존의 더 강력한 정체성, 특히 국가 정체성 때문에 힘들 수 있다. 극동의 러시아인들은 역사적으로 유럽쪽에 더 가까웠고, 대부분의 중국인에게는 한국이나 일본의 경우처럼 바다가 그다지 중요한 것은 아니다. 일본의 경우 태평양과 가장 가까운 정치 동맹인 미국이 바로 뒤에 버티고 있다.

물과 관련한 발전 계획은 국내 발전과 국제 지역 발전을 위한 사회 계획의 모델로 사용되어져 왔다. 미국의 테네시강 유역 개발 공사는 환경 보호나 지역 주민의 희망은 거의 고려하지 않고 환경 전체와 인간의 삶을 바꾸려고 한 초기의 기술 신봉적인 프로젝트의 좋은 예이다.

국제 프로젝트 중에는 그 지역이 가져올 시너지 효과를 이용한 야심찬 발전 계획에 착수해서 지역 관계를 향상시키려고 한 두만강 프로젝트가 있다. 그러나 두만강 프로젝트에 참가하는 정부나 업계가 프로젝트의 이행으로 얻을 수 있는 공동의 정치적 심지어는 경제적 이익을 전혀 찾을 수 없었기 때문에 이 계획은 제대로 진행되지 않았다.

결국 각자가 에너지 필요를 충족시킬 다른 방법을 찾았고 전체 프로젝트의 핵심인 경제 목적은 쓸모없게 되어 버렸다. 이는 전체 프로젝트가 경제협력이나 천연가스 공동 개발의 수준을 결코 넘어서지 못했음을 의미한다. 이 지역 국가간 관계는 전반적으로 개선되었지만 정치적인 면에서는 아직도 서로 요원한 상태이다.

## III. 결론

동북아는 자연으로부터 축복을 받아 비교적 풍부한 수자원을 가지게 되었다고 얘기한다. 대부분의 동북아 국가는 효율적인 사회 기관을 발전시킨 오랜 역사를 가지고 있다. 근대화와 사회 발전의 도전은 인간을 자연 환경으로부터 소외시켰고, 청정수 공급 유지의 중요성을 간과한 사례는 어느 나라에서든 쉽게 찾을 수 있다.

동북아의 각 나라마다 문화, 자연 환경, 사회정치적 구조, 경제적 자원이 다르지만 수자원안보의 문제와 관련하여 이들 국가가 특별히 불리한 상황에 있지는 않다. 환경문제에 대한 인식 개선과 적절한 행동을 취하려는 의지만 있으면 모든 실수요를 충족시킬 수 있는 수자원을 개발할 수 있을 것이다.

# 6장

# 해양환경보호를 위한 동북아 환경협력

미란다 슈레즈(Miranda A. Schreurs)*

    동북아시아는 해양으로 둘러 싸여 있다. 러시아 극동지역, 일본, 북한, 남한, 중국의 동부, 대만에 걸쳐 해안이 펼쳐져 있고 이들 국가는 해양자원에 크게 의존한다. 이점은 각 지역 문화의 전통, 지역 전통 요리법에서 나타나며, 해양 기초 산업(예를 들면, 해운업, 어업, 휴양 산업 등)이 각국 경제에서 차지하는 중요성이나 해안지역에 분포한 높은 인구 밀도 등에서도 관찰된다. 동북아 국가들이 해양환경에 공동으로 의존하고 있다는 사실은 공동 자원의 문제로 각국의 이해관계가 얽혀 있다는 것을 시사한다. 동북아시아의 모든 국가에 있어서 해양환경은 다방면에서 중요성을 갖는다.

    동북아시아에서 해양환경오염과 자원 파괴 및 고갈이라는 현상은 새로운 문제가 아니지만, 이를 협력으로 해결하려는 시도는 새로운 현상이라

---

* 미국 메릴랜드 대학교 교수

고 할 수 있다. 국내 정치 문화의 변화와 국내의 오염문제뿐만 아니라 지역적·국제적 차원에서 오염문제가 거론되어야 한다는 중요성에 대한 인식 증가로 서서히 해양오염 관리와 자원 활용이 국가수준의 의제로 대두되기 시작했다. 이러한 초기 상황을 어떻게 진전시키느냐 하는 것은 정책 결정자와 학계가 직면한 주요 사안이다.

해양오염과 자원의 과도한 사용은 동북아에서의 삶의 질과 해양어족 및 인류건강에 영향을 미치면서 심각한 문제로 대두되고 있다. 지구상에서 인구가 가장 밀집된 지역의 하나로 동북아의 해양환경에 가해지는 스트레스 또한 상당하다. 역내에는 석유유출, 독성 화학물질(대개 내륙에서 흘러 들어 가지만 바다에 직접 오물을 폐기하는 경우도 있음), 유기오염물, 열오염물, 방사성폐기물, 해안건설, 내륙운하와 같이 다양한 오염원이 존재한다.

이렇게 복합적인 오염원은 동북아 해양과 해양생태계를 위협하고 있다. 나아가 이는 태평양을 오염시키기도 한다. 또한 고갈되는 어족을 사이에 두고 지역내 국가 간의 경쟁 역시 상당하다.

최근까지 동북아 지역의 해양오염과 자원의 과도한 사용 문제는 국가의 경계를 넘어서는 틀 속에서 거의 다루어지지 않았다. 이러한 상황은 1990년대를 기점으로 하여 해양환경 악화에 대한 관심이 증대되면서 변화하기 시작했다. 국제기구와 중앙정부, 지역정부 및 해양단체들은 해양환경오염문제를 제기할 필요성을 인식하기 시작했다. 이러한 활동은 규모나 그 영향력 측면에서는 여전히 광활한 바다에 떨어지는 물방울 하나처럼 미미하나, 동북아시아에서 변화를 위한 다양한 이니셔티브가 존재한다는 면에서는 상당히 고무적이라고 할 수 있다. 이러한 이니셔티브들은 다양한 목적을 만족시킬 수 있다는 점에서 국가적·국제적 지원을 받을 만한 가치가 있다. 이들은 동북아시아 지역이 처하고 있는 오염과 자원 고갈 문제를 부각시키는 데 중요한 역할을 수행할 뿐만 아니라, 냉전 종결 이후에도 아직 충분히 실현되지 못한 역내 국가 간의 대화를 증진시키기도 한다.

본 장은 해양환경안보를 바라보는 데 적용될 수 있는 다양한 시각을 검토한다. 역내에서 환경안보가 중요성이 지속적으로 증대되는 이슈라고 생각하지만 동북아 해양을 위협하는 모든 환경문제를 다루기에는 본 장하나로는 턱없이 부족하다. 그러므로 이 글은 동북아 지역의 국가들이 다뤄야만 할 해양환경 악화 문제를 이해하는 데 필요한 쟁점 몇 가지와, 해양환경 문제를 해결하기 위하여 협력의 초기 과정에서 취해진 몇 가지의 조치들에 논의를 국한시키고자 한다. 본 장에서 동북아의 환경악화 정도와 주요 오염원, 역내 관계와 해양오염의 밀접한 관계를 규명할 예정이다. 또한 해양환경에 대한 과학적·시민적·정치적 관심 증가와 관련 행위자 그리고 오늘까지의 대응 정책과 프로그램 등을 검토할 것이다. 마지막 절에서는 해양환경보호를 위한 역내 협력의 선결 과제를 살펴보고 몇 가지 정책 권고를 제시해 보고자 한다.

## I. 환경안보와 해양환경

이 책의 다른 장에서 이미 언급한대로 최근 환경안보라는 개념에 대한 관심은 계속 증가하고 있다. 환경안보는 다양하지만 동시에 경합적으로 정의되어 왔다. 본 장에서는 동북아의 해양환경과 관련되면서 특별히 환경안보 논의와 연관된 몇 가지의 관점을 살펴보기로 한다. 여기에는 전쟁과 환경파괴, 해양자원 약탈과 지역 내 긴장, 에너지안보 확보와 해양환경 보호 및 공해방지, 해안발전과 역내 바다의 지속가능성(sustainability)이 각각 밀접한 관계를 형성하고 있다는 관점도 포함된다. 필자의 환경안보에 대한 입장은 적어도 현세대에 주어졌던 것 만큼의 평화로운 생존과 개발의 기회가 동등하게 다음 세대에게도 제공될 수 있고, 인간 및 다른 생명의 건강이 보장 받을 수 있도록 현세대와 차세대가 적정 수준의 환경을 유지해야 한다는 필요성에 바탕을 둔다.

## 1. 군사 행동, 국가안보, 그리고 해양환경

　전쟁이 인간의 수난뿐만 아니라 해양환경에도 커다란 손실을 초래한다
는 사실이야말로 아마도 안보문제와 해양환경의 관계를 가장 명백하게
보여주는 것이 아닌가 한다. 제2차 세계대전 동안 상당한 수의 선박과 잠
수함이 태평양에서 침몰되었고, 폭탄과 미사일은 내륙이나 바다 할 것 없
이 무수히 투하되었으며, 동북아시아와 동남아시아의 바다로 곤두박질
친 비행기 숫자 또한 알려지지 않았다. 한 보고서는 일본의 경우 군함 201
척과 상선 113개가 태평양에 함몰되었다고 밝힌다. 미국의 경우 태평양에
서 잃은 잠수함만도 52척에 달한다.[1] 2차 세계대전이나 연이어 일어난 한
국전이 해양환경에 미친 실제적 손실 사정(査定) 시도는 필자가 알고 있
는 범위 내에서는 한 번도 이루어지지 않았다.

　동북아시아 지역은 현재 비교적 고요한 시기를 보내고 있다. 냉전 체제
와해와 한국의 대북포용정책의 시작과 함께 국가 간의 관계는 두드러지
게 발전되어 왔다. 하지만 여전히 동북아의 군사력은 세계에서 가장 큰
규모 중 하나로 증강되었다. 중국과 북한은 세계 최대의 상비 군대를 보
유하고 있으며 미군은 일본과 남한에 주둔하고 있다. 비록 기술적으로는
군사력을 보유하지 않은 것으로 되어있는 일본도 세계적인 수준에서 재
정 지원을 잘 받는 군대를 보유하고 있다. 러시아 극동지역은 러시아의
태평양 핵잠수함의 총 본부라고 할 수 있다. 역내 국가 사이와 미국과 중
국, 북한, 러시아 사이의 역사적·고질적 긴장은 역내의 활발한 군사적 활
동을 여전히 지속시키고 있는 것이다.

　국가방위는 국가안보를 위한 활동이기 때문에 전통적으로 비교적 중요
한 국가기밀에 속한다. 하지만 동시에 방위활동 자체가 환경과 방위활동
의 본래적 의도에 이의를 제기하는 시민에게 장기적으로 위험을 초래할
수 있다. 군사 당국은 대개 시민과 외국 정부가 관련 정보에 접근하는 것

1) http://history.accused.edu/gen/WW2Timeline/subpac.html (검색일: 2001년 2월 7일).

을 제한한다. 그렇지만 만약 군사 활동이 인류에게 심각한 환경위험을 초래 한다면, 군사기밀보존이라는 원칙은 최소한의 수준에서 재고할 필요가 있다. 환경안보를 도모하려면 개방적인 태도, 대화, 정부와 시민의 참여 및 국제적 협력 모두가 필요하다. 동북아시아가 당면한 과제 중 하나는 해양 및 기타 방위 활동이 환경에 미치는 장기적인 영향을 파악할 수 있도록 군사 활동을 좀 더 정밀한 수준까지 공개하는 것이다.

아마도 이러한 개방의 필요성을 상징적으로 가장 쉽게 보여줄 수 있는 것은 러시아 태평양 함대의 핵잠수함이 자국의 습지를 파괴하고 있는 상황이다. 동해는 러시아 극동지역, 한반도와 일본 열도를 나누는 반폐쇄해(半閉鎖海)이다. 러시아가 본 해역에 핵잠수함을 통하여 방사능 물질을 방출한다는 사실은 커다란 문제인데, 특히 일본에게 있어서 더욱 그러하다. 구소련 연방은 핵잠수함 발전기에서 저준위 방사능 폐기물을 계속 바다로 방출하기 위해 '런던 폐기물 투기 규제 협약(London Dumping Convention)'에서 1993년 탈퇴하였다. 1993년 러시아 정부가 두 대의 핵발전기를 바다로 폐기한 사실을 인정하기 전까지는 함대의 이러한 활동은 밝혀지지 않았다. 심지어 그 당시 러시아 정부를 통해 발표된 정보 역시 부분적 진실에 지나지 않았던 것으로 증명되었다.

러시아 정부는 이제서야 구소련 연방이 1970년대에 핵잠수함에서 분리되어 동해로 무단 투기된 핵발전기가 두 대가 아닌 네 대임을 인정하였다. 쿠르챠토브 핵 연구소(Kurchatov Nuclear Institute)에 근무하는 한 연구원에 따르면 네 개의 핵 발전기가 바다로 유출한 방사능은 실제로 1993년 핵 폐기물 해양 방출에 관한 러시아 백서가 주장하는 46.2큐리보다도 훨씬 더 높은 수치인 10,700큐리라고 한다. 또한 1987년에는 사할린에서 800~1000미터 가량 떨어진 바다로 헬리콥터가 무인 등대를 향해 투하한 핵발전기로 인하여 683,000큐리에 달하는 방사능이 유출된 사건도 있었다.[2]

위 사건이 십 년도 넘게 지나서야 폭로되었을 때 당연히 일본은 상당한

---

2) *Kyodo News Service* (1999년 6월 30일).

충격을 받았다. 이 사건들로 인하여 일본은 안보 활동이 역내 환경에 미칠 수 있는 영향에 특별한 관심을 보이기 시작했다. 프리모스키 크라이(Primorsk Kray) 해안의 여러 항구에는 핵잠수함이 정박하고 있다. 비록 많은 핵잠수함의 활동이 중단된 상태이지만, 절반 이상의 함선에는 아직도 핵연료가 남아 있는 상태다. 문제는 사용된 방사능 연료를 처리할 수 있는 자금과 적절한 저장 설비가 부족하다는 사실이다. 핵사고는 제어 장치가 오작동 되기만 해도 일어날 수 있다.[3] 볼쇼이 카멘(Bolshoy Kamen)의 즈베즈다 극동 조선소(Zvezda Far Eastern Shipyard)에서 실시되고 있는 해체작업 역시 안전에 대한 우려를 낳고 있다.

러시아 태평양 함대 중에 탄도 미사일이 장착된 모든 핵잠수함은 태평양에 바로 인접한 캄차츠카야 오블라스트(Kamchatskaya Oblast) 지역의 리바치(Ribachiy) 기지에서 작동되고 있다. 이곳에 11개의 공격용 핵잠수함도 주둔하고 있다. 근처의 다른 항구에는 활동이 중단되긴 했지만 여전히 핵원자로 가동되는 핵공격용 잠수함이 있다. 자금과 필요 설비 부족은 이곳에서도 연료 제거 작업을 힘들게 하는 요인이다. 연료가 제거된 잠수함이 계류소로 침몰되어 1999년에는 다시 수면 위로 끌어 올렸어야 했다. 2000년 1월, 두 명의 선원이 경비에게 뇌물을 주고 원자로가 가동되고 있는 퇴역 잠수함에 승선하여 발전기의 통제 막대(control rods)를 올리려다 실패한 사건이 있었다. 만일 통제 막대를 올렸더라면 치명적인 핵 사고가 발생했을 것이다. 이런 식으로 방사능이 해양으로 방출되었다면 일본이 활동하는 어역은 크게 오염될 수도 있었다.[4] 러시아 극동지역의 경우 러시아 전역을 휩쓰는 재정난과 환경보호에 대한 정부의 저조한 관심은 핵잠수함 문제를 거론하고자 하는 노력마저도 더욱 어렵게 한다.

---

3) Clay Moltz, "Japanese Assistance to Russia in the Nuclear Sector," in Tsuneo Akaha (ed.), *US-Japan Cooperating in the Sustainable Development of the Russian Far East* (Monterey: Center for East Asian Studies, Monterey Institute of International Studies, 2000년 9월 20일), pp. 92-93.

4) 위의 글, p. 92.

러시아 극동지역의 핵잠수함대의 문제는 인간안보를 위한 군사적 노력
이 오히려 환경과 인간의 건강에 위험을 안겨주면서 악영향을 줄 수 있다
는 것을 명백히 보여주는 사례 중 하나이다. 동시에 이러한 사례는 환경
문제를 해결 하는 데 심지어 군사 당국 간의 잠재적 협력 가능성과 필요성
을 보여주기도 한다.

미국은 '공동 위협 감소 프로그램(CTR: Cooperative Threat Reduc-
tion)'을 통해 러시아의 해체 작업을 위해 수만 달러를 제공해 왔다. 일본
역시 본 지역의 방사능 유출 사건의 경험으로 인하여 많은 자금 지원을 보
내 왔다. 일본의 원조 패키지는 원조가 핵안정성을 강화시키고 저준위 액
체 핵폐기물을 안전하게 폐기하는 부문에 사용될 것을 지정하고 있다. 이
패키지의 주요 부분은 핵잠수함에 액체 방사능 폐기물 여과 시설을 제공
·관리하는 데 쓰였다.[5] 따라서 환경문제 해결은 영토 분쟁 미해결로 인하
여 밀접한 양자 관계가 형성되기 어려운 국가 간에도 보다 긴밀한 협력을
할 수 있는 장을 제공하고 있다고 할 수 있다.

## 2. 어업, 영토 분쟁, 그리고 국가 관계

1990년대 이후로 주목을 받고 있는 환경안보에 대한 논의 중에는 환경
파괴와 자원을 둘러싼 갈등이 분쟁 형성에 일조한다고 보는 입장이 있다.
이러한 입장의 선구적인 주창자인 호머 딕슨(Thomas F. Homer-Dixon)[6]
은 자원 감소가 국가 내 종족간 분쟁을 악화시켰음을 보여주는 사례에 주
목한다. 다른 학자들은 환경악화가 국가 간 분쟁이나 국가안보와 관련이
있다고 보기도 한다.[7] 해양자원을 둘러싼 갈등이 한국 전쟁 이후 역내 국

---

5) 위의 글, pp. 95-96.
6) Thomas F. Homer-Dixon, *Environment, Scarcity, and Violence*(Princeton: Princeton University Press, 1999).
7) Alan Dupont, *Environment and Security in Pacific Asia* (Oxford: Oxford University Press, 1998).

가 사이에서 발생한 가장 심각한 적대관계 중 하나로 발전되었다는 사실
은 주목할 만하다. 이 사실은 역내 협력을 통하여 이러한 갈등을 해결할
수 있는 제도화된 통로를 마련해야 한다는 필요성을 보여주기도 한다.

일본, 한국, 중국은 모두 주요 어류 소비국이다. 일본과 남북한의 어획
대부분이 역내 바다에서 이루어지고 있다. 동아시아 내의 해협은 세계에
서 남획(濫獲)이 가장 많이 자행된 지역이다. 반폐쇄해인 황해에서 상업적
으로 포획하는 물고기만 해도 백여 종에 달한다. 황해는 동해의 남쪽까지
펼쳐있고 세계 최대 대륙붕을 보유하고 있어 가장 풍성한 어장으로 꼽히
고 있다. 황해는 보하이 만과 한국 만에 인접하며 이들을 둘러 싸고 있다.

조사에 따르면 이 지역 생태 내의 어류와 무척추 동물이 1960년대 초
대비, 그 양이 1980년 초에는 40%이상이 감소한 것으로 알려졌다. 남획으
로 인하여 갈치처럼 크고 상업적으로 중요한 어종 대신 가치가 낮은 사료
용 생선(멸치, 반치, 오징어, 우렁이, 넙치, 부세, 정어리)이 서식하고 있
다.[8] 1965년 아키타 근처에서 잡아들인 도루묵은 2만 톤에 달하였다. 이
는 1991년도에 와서 71톤으로 떨어졌다. 이와 유사하게 1968년 일본이 잡
아들인 게는 6만 톤에 달했지만, 1980년대에는 1만 톤에 지나지 않았다.
생태 회복을 위한 어획 제한에도 불구하고 이미 많은 종이 심각한 위기 상
황에 처해 있다.[9]

많은 어종이 역내 국가의 영해 사이를 이동하거나 공동 운영 지역에서
서식하므로 역내 국가들이 공유하는 셈이다. 어업활동을 관할하는 양국
간 조약은 존재하긴 하지만 공유하는 어족 관리나 역내 바다에서의 어획
량 할당을 관리하는 다자간 조약은 하나도 없다.

조어(釣魚) 활동에 대한 갈등은 심각한 외교문제로 비화되기도 한다.
동북아에서도 이러한 갈등이 양국과 다국 간에서 발생하여 왔다. 어획 분
쟁은 거의 역내에서 항상 있어 왔기 때문에 지난 반세기 동안 역내 국가

---

8) http://www.na.nmfs.gov/lme/text/lme42.htm (검색일: 2001년 3월 4일).
9) *Asahi News Service* (1997년 1월 8일).

사이에서 일어난 가장 심각한 군사 분쟁으로까지 번지기도 했다. 앞으로 언급할 테지만, 1996년 중국, 남한, 일본은 '유엔해양법협약(the United Nations Convention on the Law of the Sea)'을 비준했는데, 그 결과 기존의 해양 경계선을 수정하기 시작했다. 유엔해양법협약은 보다 나은 근해 자원 운영에 목적을 두고 제정되었지만, 실제로 중첩되는 영역으로 인하여 각국이 선포한 경계선을 서로 수용하기가 힘든 상황이 발생되었다. 해양 영역의 재정비는 궁극적으로 긴장 완화에 공헌할테지만, 그에 앞서 서로가 주장하는 경계선에 합의하는 것은 쉬운 문제가 아니다.

### 1) 남북한 분쟁

남북한 사이에서 일어난 어업 관련 분쟁은 역내에서 가장 심각한 것이고, 이는 꽃게 포획권과 연결되어 있다. 북한의 꽃게잡이 어선은 1953년 휴전 협정 당시 한반도의 주변 해역에서의 평화 유지를 위해 유엔 사령관에 의해 확립된 북방 한계선(NLL)을 곧잘 침범하였다. 북한 어선은 빈곤한 북한의 주된 외화 소득원인 꽃게 황금 어장에 닿고자 이 한계 지역을 침범했던 것으로 짐작된다. 한국의 경비정과 대치되면 북한의 어선은 이 지역에서 도주하는 것이 전형적인 일이었다. 그러나 1999년 6월에는 꽃게잡이 어선이 7척의 북한 해군함과 함께 본 지역을 침범하였다. 북한은 일주일 동안 한국의 경비정과 추격전을 벌였다. 한국의 군함은 북의 어뢰정을 해양 경계선으로 밀어 내려고 노력했지만, 긴장의 수위는 높아져 총격전으로 비화되었다. 본 사건은 한국전 종식 이후 남북한 사이에서 일어난 가장 큰 유혈사태로 발전되었다. 본 교전에서 한국은 북한의 어뢰정 한척을 침몰시켰고 탑승했던 북한군 20명 가량이 사망하였다. 미국은 상황을 종식시키기 위해 제7함대에서 군함 두 척을 파견하였다.

어업 자원은 북한에 있어서 특별히 중요하다. 북한의 인민군은 북한 산업의 1/3을 지배하고 있으며 여기에는 게 수출을 통해 연간 벌어들이는 2,000만 달러도 포함된다. 북한군은 수익을 늘려야만 하고 이는 결과적으로 해양 어업 활동에 해군이 직접적으로 개입하게 되는 계기가 되었다.

다행히 본 사건은 더 이상 악화되지 않고, 김대중 대통령의 햇볕정책으로 인하여 교전이 터진 그 다음 날에도 북한에 지원하기로 한 비료 지원 사업은 예정대로 진행되었지만, 긴장감은 크게 감돌았다. 북한의 역습을 우려하는 목소리도 높았다.[10]

어업권으로 인하여 돌기 시작한 남북한의 긴장감은 북한이 일방적으로 유엔군 사령부 관할하에 있는 다섯 섬을 포함하는 지역까지 확대하여 새 항해 지역 수립을 발표함으로써 더욱 고조되었다. 문제의 섬은 남한의 관리하에 있지만 지리적으로는 북한에 더 가깝다. 본 섬들은 황금 어장이라는 이유로 이들을 둘러싼 영토분쟁이 오랫동안 계속되어 왔다. 첫 번째로, 1999년 가을 북한 인민군은 새 해양 경계선을 발표하면서 기존에 유엔 사령관에 의해 확립된 서해 북방 한계선을 무효화하였다.

새 경계선은 해양 비무장지대의 서남부 구역을 황해로 연장시키면서 문제의 섬들을 북한의 영토로 포함시키게 된다. 이듬해 3월 북한 해군사령관은 본 섬들과 섬 주변에 새로이 지정된 특별 구역에 미군과 한국의 군함 및 민간선박이 접근하고자 할 때엔 국한된 두 개의 선로만을 이용해야 한다는 성명서를 발표하였다. 본 성명서에서 북한은 미국과 한국의 선박이나 항공기가 본 경계선을 침범할 경우, 북한 영공·영해에 대한 도발로 간주할 것이라고 단언하였다. 북한의 이러한 행동은 향후 계획된 북·미 회담에 대비하여 북한의 대미 협상력을 강화시키고, 동시에 북한의 꽃게잡이 어장을 확보하려는 속셈이었던 것으로 보인다.[11] 이처럼 한반도에서 어업, 군사, 그리고 안보는 난해하고 혼란스럽게 얽혀 있다.

## 2) 역내 어업분쟁

동북아에서 어업이 각국 국내 산업에서 차지하는 중요성과 어류에 대

---

10) *The Boston Globe* (1999년 6월 18일), p. 2 ; *Newsweek*, 국제판 (1999년 6월 28일), p. 40; *The Korea Herald* (1999년, 6월 22일).

11) 『연합 통신』, 2000년 3월 30일; *The Korea Herald* (2000년 3월 27일).

한 기호도 증가는 분쟁을 남북한 사이에 국한시키지 않고 전체 역내로 확산시키고 있다. 일례로 한국과 일본 양국의 관계도 어업 분쟁으로 인하여 여러 차례 악화되었다. 어업권으로 인하여 서서히 고조되어가는 분쟁을 종식시키기 위해 한국과 일본은 1998년 여러 차례의 회담을 개최하였다. 양국이 동의한 1965년의 어업협정안은 해안에서 12해리까지의 해역을 배타적 어업권 지역으로 설정하고 있다.

일본 내 어업산업의 집중적인 로비의 영향으로 일본 정부는 1997년 1월 한국에 경제적 배타 수역을 결정할 때 직선 기선 사용 원칙이 1965년 어업협정을 우선할 것이라는 입장을 전달하였고, 한국은 이를 받아들이지 않았다. 1997년 7월 일본은 영해라고 주장하지만 한국은 이를 인정하지 않는 수역에서 한국의 어선 다섯 척이 일본 해양경찰에 의해 나포되는 사건이 발생하자 긴장감은 크게 고조되었다.[12] 서울은 '이에는 이, 눈에는 눈(Tit-for-Tat)' 대응 방식으로 홋카이도 해안에 활동하는 한국 어선에 부과했던 자발적 조업 규제를 철폐하였다. 한국의 자발적 조업 규제는 일본이 새 협정 교섭에 참석할 뜻을 밝힌 후 복귀되었다.[13]

동북아 내에서 불법 어업 활동이 위험한 해양 추격전으로 비화된 경우는 상당하다. 1999년 여름 13척의 북한 트롤선이 베링 해협 내 러시아 영해에서 불법 조업한 사실이 발견돼 러시아 경비정에 의해 페트로파블로브스크 캄샤츠키(Petropavlovsk Kamshatsky)까지 추격된 사건이 있었다. 이 사건 발생 수일 전에는 러시아 경비정이 중국 어선에 총격을 가해 2명이 사망하고 3명이 중상을 입은 일도 있었다.[14] 2000년 2월에는 일본인과 인도네시아인이 탑승한 일본 어선이 러시아 영해 내에서 불법조업을 하다가 적발되어 러시아 정찰함이 24시간의 추격 끝에 문제의 선박을 억류

---

12) BBC 뉴스 요약 (1997년 7월 10일).

13) *Financial Times*, 런던 판(1998년 1월 24일), p. 2; 『日本經濟新聞』 주간 *Nikkei Weekly* (1998년 2월 23일), p. 4; *Xinhua News Agency* (1998년 8월 19일).

14) *Japan Economic Newswire* (1998년 6월 1일).

한 경우도 있었다. 그런가 하면 러시아 국경 수비대가 경고탄 발사 뒤 경기관총을 발사한 사건도 발생했다. 이 사건에서 사상자가 발생하진 않았지만 선박은 압류되었다.[15] 몇 개월 후인 2000년 5월 일본 어선 두 척이 쿠나쉬리 섬(Kunashiri Island)에서 러시아 국경 경찰에 의해 나포되었다. 이 일본 어선은 러시아 관할 지역이지만, 일본 역시 영토의 일부라고 주장하는 에토로푸(Etorufu) 섬 연안에서 조업하고 있었다. 결국 선장들은 1만 5,000 달러에 달하는 벌금을 지불하겠다는 동의하에 풀려났다.[16]

위 사례들이 시사하듯이 역내 국가들 간의 관계는 상당한 진전을 이룰 수 있음에도 불구하고 영토분쟁과 감소하는 어획고에 대한 경쟁으로 인하여 지속적인 긴장이 형성되고 있다. 본 장의 뒷부분에서 다시 언급될테지만 이러한 분쟁과 국내어업의 생존을 관할하는 새로운 어업협약을 수립하는 것은 역내에서 해결되어야 할 최우선 과제이다.

## 3. 에너지안보와 해양환경오염

에너지안보는 근대 일본에 있어 상당히 중요한 문제로 대두되어 왔다. 동북아시아 내 다른 국가의 경우에도 에너지에 대한 수요가 증가함으로써 산업계와 소비자의 수요를 충당하는 에너지 확보는 각 정부가 해결해야 할 주요 과제이다. 중국의 경우 지난 10년 동안 거의 연간 9~10%의 성장률을 보여주고 있다. 중국은 이미 세계 석유 수입국 5위 자리를 지키고 있으며 앞으로도 석유에 대한 수요는 급속히 증가할 것으로 보인다.[17] 에너지 공급을 강화시키는 방법은 해양유전 개발과 천연가스 시추이다. 실제로 해양유전 개발은 동북아의 빈곤한 지역의 경제를 성장시킬 수 있는

15) *BBC Monitoring Asia Pacific* (2000년 2월 14일).
16) *BBC Monitoring Asia Pacific* (2000년 6월 1일).
17) Nilanthi Samaranayake, "Oil and Politics in East Asia," *Online Journal of Peace and Conflict Resolution*, Vol. 1, No. 2 (May 1998), http://members.aol.com/peacejnl/1-2sama.htm (검색일: 2001년 3월 1일).

방법으로 제시되고 있다. 하지만 주요 환경문제도 함께 언급되어야 한다. 석유오염은 해양생태계에 치명적인 영향을 미칠 수 있기 때문이다.

오호츠크 해(Okhotsk 海)는 석유탐사로 각광 받는 지역이다. 이곳은 홋카이도 북부와 사할린 동부까지 섭렵하는 해역이다. 사할린은 인구가 드물고 경제적 기저(基低)나 사회적 근간이 제대로 정비되어 있지 않다. 사할린 붕에 위치한 해양유전고 개발은 본 지역의 경제를 소생시킬 수 있는 최선의 방책이 될 수 있다. 이 유고(油庫)는 지진 활동이 일어나기 쉬운 북극 주변에 위치하고 있다. 실제로 1995년에 발생한 지진은 사할린 인근의 섬 대부분을 무너뜨리고 2,000명의 인명 피해를 입혔다. 지진의 여파로 송유관을 통해 호수와 강으로 유입된 석유로 인한 피해에 대한 보고는 반 년이 지난 후에도 계속될 것으로 보인다. 이 지역의 11개의 주요 강과 호수의 중유 함유도는 러시아 환경 기준보다 10배에서 최고 200배 가량 높다고 보고 되었다.[18]

사할린 붕에서 석유 및 가스 시추 시도는 기술상 간단한 문제가 아니다. 시추작업과 석유 및 가스 수송으로 인한 오염을 방지하는 여부는 장래 이 지역에서 주요 쟁점으로 떠오를 것이다.[19] 많은 황금어장이 위치하고 이 지역에 다량의 석유가 유출된다면, 홋카이도와 러시아 극동 연안의 어업계에 불러일으킬 피해 또한 상당하다.[20] 러시아 본국과 사할린을 가르면서 한편에는 사할린과 홋카이도가 다른 한편에는 라 페로우즈(La Perouse)가 위치한 타타르 해협 역시 이와 유사한 석유 유출에 관한 문제가 대두되는 곳이다.

굴착장치와 정유소로 석유를 운반하는 도중 발생할 수 있는 석유유출은 해양오염을 발생시키는 또 다른 근원이다. 이 지역에는 많은 정유소가

18) *Japan Economic Newswire* (1995년 11월 17일).
19) Judith Thornton, "Energy Development in the Russian Far East," in Tsuneo Akaha, (ed.), 앞의 책.
20) David Gordon, "US-Japanese Cooperation in the Resources Sector," in Tsueno Akaha (ed.), 앞의 책.

위치하고 있다. 이 정유 시설들은 보하이지역과 상해지역, 동지나해 연안과 강 하류에 고루 분포하고 있다. 또한, 대만과 대만 해협 건너편에 위치한 푸저우에도 정유시설이 몇 개 있다. 북한에는 웅기의 북부해안과 평양의 서쪽해안에 정유시설이 각각 하나씩 설립되어 있다. 남한의 경우에는 서울, 남해, 그리고 동남 해안선을 따라 정유 설비 장치가 설치되어 있다. 일본에는 혼슈 섬의 서부 해안선에 몇 개가 있고, 대부분은 내해와 도쿄만, 나고야 만에 설치되어 있다. 일본, 중국, 대만, 남한은 유조선을 통하여 페르시안 만에서 각각 자국의 정유시설로 원유를 수송한다. 일본의 경우에는 인도네시아와 말레이시아에서 운송되기도 한다. 동북아시아 내에서 에너지 수요증가로 역내 석유 수요량도 늘어나는 것으로 보아, 석유운송 역시 계속 증가할 것으로 판단된다. 따라서, 운송으로 인한 석유유출은 역내 해안에서 지속적인 문제로 남을 것이다.

실제로 석유유출사건은 상당히 많이 발생했다. 1997년 1월 러시아의 유조선 나홋카(Nakhodka)가 돌풍 속에서 파선되면서 후쿠이(Fukui) 현의 해안 쪽의 일본해에서 6,240킬로리터에 달하는 석유가 유출된 사고가 발생했다. 비록 이 유출사건이 러시아와 일본 사이에 심각한 문제로 발전되지는 않았지만, 환경적 손실은 상당했다. 나홋카는 상해에서 러시아 극동 연안의 페트로파블로스크(Petropavlovsk)로 석유운송 중에 있었는데, 에치젠-카가(Echizen-Kaga) 준(準) 국립공원 내의 미쿠니, 안투 연안의 암반에 선박의 일부가 좌초되었다. 이로 인하여 석유에 뒤덮인 새들과 바다에서 석유를 떠내는 수천 명의 시민들의 사진은 일본에서 미국의 엑손 발데즈(Exxon Valdez) 석유유출사건과 유사한 파급 효과를 낳았다.[21]

악천후 속에서 일본 정부의 느린 대응 역시 유출된 석유가 아름다운 경치와 생태계를 보유하고 있던 해안과 내륙으로 급속히 퍼져 나가자 많은 비난을 불러 일으켰다. 정화작업 중 다섯 명이 사망하였고, 그 해의 전복,

---

21) http://www.erc.pref.fukui.jp/news/Eoil.html (검색일: 2001년 3월 15일).

조개, 게, 김 수확이 한 순간에 사라지고 말았다. 멸종 위기에 처한 바다오리와 슴새, 바다쇠오리와 같은 다른 야생 동물도 큰 피해를 입었다. 유명한 관광명소인 노토반도의 암반해안 역시 심각한 피해를 피할 수 없었다. 정화작업을 돕기 위해 1,600명의 인원과 65척의 선박, 10척의 비행기가 일본 해양안전국에서 파견되었다. 일본 해군에서도 20척의 선박과 4대의 비행기를, 어업국은 4척의 선함을, 교통부에서 1대의 선함이 추가로 파견하면서 본 정화작업에 동참하였다. 러시아도 석유 정화작업 설비를 갖춘 2대의 선박을 지원하였다.

본 유출 사건은 원자로 세계 최대 집중지 중 하나로 원자로 15개가 위치하고 있는 일본의 와카사 만에도 위험을 초래하였다. 정화작업은 해수로 원자로를 냉각시키는 흡입관으로 석유가 유입되는 것을 막았는데, 유출된 석유가 원자력 시설에 좀 더 근접했다면 설비장치들은 그대로 가동을 멈출 수도 있었다.[22]

석유오염을 처리하는 데에는 몇 가지 조치가 있지만, 현재 감시 기능과 응급대처계획들은 여전히 부적합하다. 일본의 경우, 아세안 회원국과 '석유 유출 대비 계획에 관한 양해 각서'를 1973년부터 제정해 오고 있다. 동아시아 방제회사(EARL: East Asian Response Limited)는 아프리카 연안에서 동북아시아에 걸치는 전 지역에서 티어 I (Tier I) 석유유출 사고를 민간인 차원에서 해결하고자 상해에 창립되었다. 세계 주요 석유회사가 EARL에 동참하고 있다. EARL은 나가사키 스피릿(Nagasaki Spirit) 석유 유출 사건에서 발생한 석유 유출 정화 사업에 참여했다. 1993년 12월 아시아 태평양 지역의 국가는 '항만국 통제에 관한 도쿄 양해 각서(Tokyo Memorandum of Understanding on Port State Control)'에 서명하였다.

본 각서는 항만 국가에 안전 항목에 따라 자국의 해항에 정박한 선박에 대하여 석유 폐기물 처분 관련 기록 검사 및 기타 감찰을 할 수 있는 권한

---

22) TED Case Studies Number: 411, Case Mnemonic: JAPANOIL, Case Name: Japan Oil Spill, http://www.american.edu/ted/japanoil.htm(검색일: 2001년 3월 17일).

을 위임하였다. 모든 아세안 국가와 중국, 홍콩, 일본, 한국, 러시아가 본 각서의 서명국이다. 그러나, 이 각서의 실행 여부는 여전히 큰 문제로 남아 역내의 정부들의 더 큰 관심이 필요하다.[23]

## 4. 해안 인구가 역내 해양수용능력에 미치는 압력과 위협

환경안보에 대한 논점 중 또 다른 관점은 인구가 환경파괴에 행사하는 압력과 지구의 수용 능력에 미치는 위협이 서로 연결되어 있다는 관점이다. 안보가 전통적인 군사적 의미에서 탈피하여 인류가 처한 상황을 두루 섭렵한 광의(廣義)적 차원에서 정의된다면, 정부에게는 새로운 문제와 책임들이 생겨나게 된다. 전통적인 군사적 안보개념은 국가가 침략 행위로부터 시민을 보호하고 영토를 지켜야 한다는 의무가 있다는 것을 기본 전제로 한다. 생태적 안보개념은 국가가 오염으로 인한 신체의 위협과 죽음의 가능성으로부터 시민을 보호해야 하는 의무가 있다는 것을 전제한다. 이러한 논의에는 오늘날 지구적 차원에서 각 개인이 취하는 행동은 차세대의 신체적 안보를 결정한다는 세대적 요소도 포함된다. 이 점은 동북아 해안지대에서 긴급한 사안이다.

역내의 해안지역은 상당히 발전되어 있다. 일본, 한국, 중국 내의 이농현상(離農現狀)으로 해안지대의 도시에 인구가 심각하게 집중되고 산업이 발전되기 시작했다. 약 40%에 달하는 중국의 인구가 해안지대에 분포하고 GDP의 60%가 해안에서 생산된다. 이렇게 해안지대로 집중된 인구와 산업활동은 해양생태계에 상당한 압력을 가하고 있다.

일본은 역사적 경험을 통해 해양오염이 인류에게 주는 의미에 관한 무서운 교훈을 경험하고 있다. 1960년대 수은이 포함된 산업 유출물(流出

---

23) Chia Lin Sien, "Marine Carriage of Petroleum with Special Reference to Northeast Asia," *Columbia International Affairs online working paper*, 1998, http://www.cc. Columbia.edu/sec/dlc/ciao/wps/stm02/pp33-4.html (검색일: 2001년 3월 24일).

物)은 별다른 처리 없이 미나마타와 쿠마모토 연안의 만으로 유입되도록 허용되어 왔다. 수은은 피부를 통하여 어류로 흡수되고, 이는 또한 먹이 사슬을 통해 누적된다. 그래서 오염된 물고기를 먹은 부락민들은 그들의 체내에서 위험할 정도의 수은을 축적하게 되었다. 임산부와 태아가 특히 더 큰 위험에 처했으며, 심각한 정신 지체를 가진 신생아가 많이 출생했다. 어업계 역시 타격을 입었고 적조 현상(赤潮現狀)도 빈번히 발생했다. 현재 유출물 통제를 위한 엄격한 법 제정으로 일본 연안의 수질은 많이 향상되었지만, 하수 시설의 발전에도 불구하고 여전히 도쿄 만과 같은 지역에서는 부영양화 현상이 발생하고 있다.

중국 역시 밀집된 해안지역의 어류, 해양 포유류, 인구에게도 이와 유사한 피해가 출현할 수 있다는 사실을 간과해선 안 된다. 중국의 근해는 심각한 상태에 있다. 특히 중국에서는 1980년에서 1997년 동안 280회의 적조 현상이 일어났다. 중국 근해의 70%이상이 중국 오염 기준에 미달되고 있는 실정이다. 폐수를 방류하는 장소가 연안에만 217개가 있고 이곳을 통하여 아무 처리 없이 바다로 유출되는 폐수는 860억 톤에 달한다. 이러한 폐수에는 146만 톤의 유해 오염원이 실려 있는 것으로 측정된다. 또한 연간 500만 입방미터의 고형 폐기물이 바다로 방출되고 있다. 중국 해양 뉴스에 따르면, 이것은 바다로 7만 대의 선박이 각각 700 입방미터에 해당하는 쓰레기를 버리는 양과 동일하다고 한다.[24]

2000년 3월 30일 국가해양국(State Oceanic Administration)은 2000년 해양환경보고서를 발표하였다. 본 보고서의 예측은 부정적이었다. 본 보고서는 연안가로 방출되는 오염물질의 양은 가까운 장래에 감소되기가 어렵고 미생물에 의해 분해될 수 없는 유기 오염물(무기 질소, 인산, 수은, 카드뮴)이 증가할 것으로 보고 있다. 2000년의 경우에만 중국 해안선에 1만 평방 킬로미터의 면적에 달하는 적조 현상이 나타난 횟수는 28회에 달

24) *China Daily* (1997년 12월 16일); *Xinhua News agency* (1997년 2월 13일, 1998년 8월 12일, 1999년 6월 1일) 보도 자료에서 모음.

한다.[25]

오염으로 인하여 많은 어류가 전멸되었다고 판단된다. 연간 17억에 달하는 폐기물이 방류되는 황해에는 여름 산란기 동안 어업활동 금지령을 내려야 하는 상황이 벌어졌다. 유기물, 석유, 염화물, 무기질소, 금속(주로, 아연, 비소, 크롬)은 어류에 큰 영향을 미치는 주요 오염원이다. 한국의 주요 어장인 보하이 만에는 황해의 두 배에 달하는 오염물질이 방출되고 있다.

위 해역에서 수심이 얕은 구역의 오염은 갈수록 심해지고 있다. 바닥 침전물의 농축수준은 매우 높다. 높은 오염수치는 특히, 산란시기와 양육시기에 많은 어족들에 치명적인 폐해를 주고 멸종위기에 놓이게 한다. 1970년 이후로 적조 현상 역시 꾸준히 증가하고 있다.[26]

조업 금지령이 최초로 동지나해와 황해에 발포된 것은 1995년이다. 이후 유사한 금지령이 현재 중국의 다른 연안 지역까지 확장돼 가고 있다. 일례로 1999년 여름 남중국 해에 두 달 동안 조업 금지령이 발포되어 30만 명의 선원과 2만 1,000개의 선박에 영향을 주었다. 본 금지령은 1990년대 말의 수자원 양이 1978년과 비교해 볼 때, 17%로 떨어진 것에 대한 일종의 대응책이다. 황해에 발포된 금지령과 같이 금지령 부과 자체는 폐기물 방류와 간척사업, 남획과 같은 인간의 활동이 자초한 결과이다. 남중국해의 연간 어획량은 370만 톤으로 이는 지속 가능한 수자원을 위해 허용될 수 있는 최고량으로 짐작되는 250만 톤 내지 280만 톤을 훨씬 웃돌고 있다.[27]

서서히 다른 조치가 필요하다는 사실도 인식되기 시작했다. 1998년 1월 국가 해양국(State Ocenaographic Administration)은 선박에 방류 기록

25) *Xinhua News Agency* (2001년 3월 30일).

26) *China Daily* (1997년 12월 16일); *Xinhua News Agency* (1998년 8월 12일, 1999년 6월 1일) 보도자료에서 모음.

27) *China Daily* (1997년 12월 16일); *Xinhua* (1998년 8월 12일, 1999년 6월 1일) 보도 자료에서 모음.

장치를 장착한 선박에 한하여 폐기물 방류를 허가하기로 하였다. 방류 기록 장치는 폐기물 방류 선박의 항해 선로를 기록하는 장치로 불법 방류를 좀 더 원활히 통제하는 데 도움이 된다.[28] 또한 같은 취지에서 당시 장쩌민 주석은 해양환경보호법을 2000년 4월 1일부터 발효시키라는 명령을 내렸다. 새 법안은 국립해양조사원의 권한을 강화하여 해양환경을 관리하고 통제하는 역할을 위임한다. 이 위임된 역할에는 국가 전역에 걸친 해양 사찰과 감독기능, 과학 연구, 해양오염 방지책 구축과 구제 프로젝트를 포함하고 있다. 기존의 법안과 함께 본 새 법안을 준수하는 것이 큰 쟁점으로 떠오르긴 하겠지만, 이는 중국에서 해양오염의 영향에 대한 관심이 점점 증가하고 있다는 것을 보여준다.[29]

## II. 해양오염 방지 및 정화

### 1. 양자 환경협정과 해양오염

동북아 내 오염문제로 인하여 공동 정화 활동과 위기 대응을 촉진시키기 위한 수많은 양자 협력체제를 선도해 나갈 이니셔티브가 구축되고 있다. 일본과 한국은 1993년에 '환경협력 기본합의서(Basic Agreement on Environmental Cooperation)' 에 서명하였고 1999년 7월, 제5차 한일 환경협력 공동 위원회(Korea-Japan Joint Environmental Cooperation Committee Meeting)가 도쿄에서 개최되었다. 본 위원회를 통하여, 양국은 포괄적인 협력 시스템 구축을 통하여 산성비와 대기오염 문제와 해양오염 방지, 기후변화 문제제기, 생물다양성 보호, 유해 화학물 처리 및 정보, 경험, 인사 교류를 위하여 공동의 노력이 필요하다는 사실에 동감하였다.[30] 강화

---

28) *China Daily* (1997년 12월 16일).
29) BBC 뉴스 요약 (2000년 2월 8일).

된 양자 협력 체제를 바탕으로 2000년부터 일본 국립환경연구원과 한국 국립환경연구원은 개도국이 수질을 향상시킬 수 있는 공동 기술 훈련 프로그램을 시작했다. 2001년 훈련 프로젝트에는 중국, 몽골, 베트남, 태국, 필리핀, 인도네시아, 우즈베키스탄, 말레이시아가 참가하였다.[31]

이와 유사하게 중국과 한국 사이에도 같은 해에 환경협력 기본합의서가 서명되었다. 1993년에 양국이 공동으로 추진하기로 합의한 18개의 협력 프로젝트 중 6개는 대기와 수질오염 방지 관련 프로젝트이다. 양국은 또한 1995년에 황해 오염을 공동으로 감찰하기로 합의하였다.[32] 2000년에 4개의 오염 수준 공동조사가 실시되었다. 1999년 9월에는 6차 환경협력 공동 위원회가 중국 대련(大連)에서 개최되었다. 본 공동 위원회 모임에서는 산성비 문제 및 황해 보호, 그린 산업과 기술 부분 협력을 다루는 프로젝트를 포함한 12개의 실행 프로젝트를 선별하였다.[33]

일본과 중국은 1994년 3월 협력 합의안에 서명한 이후, 연차 회의를 개최하고 있다. 중국 서부에 자리잡은 호수의 영양화 상태를 연구할 수 있는 중일 공동연구소 설립은 연차 회의를 통해 수확한 결과 중 하나이고, 이 회의를 통하여 일본으로부터 기술 이전 가능성도 언급되고 있다.[34] 이러한 양자 합의는 비교적 역사가 짧고 조목조목 성과를 소급하기는 어렵지만, 몇몇 해양환경을 다루는 프로젝트와 같이 구체적인 공동 프로젝트들이 개시되고 있다. 양자 회의와 교류는 목표를 성립하고, 이견(異見)을 토론하며, 혁신적인 해결책을 숙고할 수 있는 장을 제공한다. 역내 바다의 오염문제와 관련된 정보에 접근할 수 있는 기회가 크게 강화되어야 하는

---

30) http://www.meonv.go.kr/english/tit14/Regional.htm (검색일: 2001년 3월 30일).

31) www.env.go.jp/earth/coop/temm3/PR4Temm3E.html (검색일: 2001년 4월 2일).

32) Esook Yoon and Hong Pyo Lee, "Environmental Cooperation in Northeast Asia: Issues and Prospects," in Miranda A. Schreurs and Dennis Pirages (eds.), *Ecological Security in Northeast Asia* (Seoul, Yonsei University Press, 1998), p. 76.

33) http://www.meonv.go.kr/english/tit14/Regional.htm (검색일: 2001년 3월 30일).

34) www.env.go.jp/earth/coop/temm/temm3/PR4Temm3E.html (검색일: 2001년 4월 2일).

데, 이러한 양자 합의서는 정보 교환의 채널을 제공하기도 한다.

## 2. 동북아 해양환경에 영향을 주는 국제조약

동북아 바다는 국가의 해양환경보호 책임을 부과하는 조약뿐만 아니라 영해와 해양자원에 대한 국가의 주권을 규정하는 국제환경조약의 영향 아래 있다. 동북아 내의 해양환경보호와 자원 사용만을 특별히 다루는 정식 다자간 국제조약은 거의 없지만, 이를 위한 협력 대화와 프로그램이 역내에서 상당히 증가하고 있다.[35] 이들 중 상당부분은 국제기구의 이니셔티브에 따라 설정되었다.

유엔 해양법에 따라 배타적 경제수역(EEZ: Exclusive Economic Zones)이 성립되면서 지난 10년 동안 역내에는 큰 변화가 생겼다. 또한 UNEP 주관 지역 해양 프로그램(Regional Seas Programme)에 따라 북서태평양 보전계획(NOWPAP)과 습지보호를 위한 람사 협약(Ramser Convention)이 성립되었고, 이에 따라 양자 및 다자 철새 보호 프로그램이 성립된 것 또한 상당히 흥미롭다. 이러한 국제협약은 최근의 지역적 프로그램에 입각한 발전과 협력 이니셔티브를 가능케 한 추진력이라 할 수 있다.

### 1) 유엔 해양법 협약

유엔 해양법 협약은 국가에 해양환경을 보호할 의무를 부과하고 위험과 오염을 감시하도록 촉구한다. 이 협약에 따르면, 국가는 영해 기선으로부터 200해리 안의 해양자원에 주권적 권리를 행사할 수 있고, 12해리 안

---

35) Miranda A. Schreurs, "The Future of Environmental Cooperation in Northeast Aisa," in Miranda A. Schreurs and Dennis Pirages (eds.), 앞의 책, pp. 195-219; Kato Kazu and Takahashi Wakana, "Whither NEAC: An Overview of the Past, Present, and Future of Environmental Cooperation in Northeast Asia," 제9차 동북아시아 환경협력 회의(Northeast Asian Conference on Environmental Cooperation: NEAC)에서 발표됨, 2000년 7월 26-28일, 울란바토르, 몽골에서 개최.

으로는 영토권을 행사할 수 있다. 이 협약은 1982년에 제정, 1983년에 채택, 1994년에 발효되었다. 1996년에는 중국, 한국, 일본이 이 협약을 비준하였다.

연안해 내의 생물과 거주 식물에 재산권을 부여함으로써, 이 협약은 국가가 이러한 자원을 좀 더 효과적으로 관리할 수 있는 동기를 부여한다. 본 협약은 해양환경을 보호하고 보존하는 데 있어 협약 체결국 간의 협력을 권장하고 해양오염을 일으키는 내륙 물질을 처리하는 법과 규칙을 채택하도록 요구하고 있다. 이 협약은 또한 해양구역을 확립하고 어획활동과 해양 과학 탐구를 통제하는 데 필요한 기본적 틀을 제공하고 있다. 배타적 경제수역이 중복되는 동아시아의 영토분쟁 해결에 역시 이 협약이 유용할 것으로 보인다. 앞서 언급되었듯이, 일본, 중국, 대만 3국은 댜오위댜오/센카쿠 섬을 두고, 한국과 일본은 독도/다케시마를 두고, 그리고 일본과 러시아는 북방영토/남쿠릴에 관한 영토분쟁을 벌이고 있다.

동아시아 해양관련 문제를 오랫동안 지켜본 마크 발렌시아는 중국의 해양법 비준이 배타적 경제수역에 관한 합의점 도출을 요구하기 때문에 이러한 영역의 분쟁을 평화적으로 해결할 수 있는 기초를 마련할 수 있다는 생각을 밝혔다.[36] 이 협약을 비준한 후, 일본은 7월 20일을 "바다의 날"이라는 새로운 국경일로 제정하였다. 또한 정어리, 고등어, 정갱이, 꽁치, 명태, 게류에 부과되었던 어획 통제 정책이 가까운 장래에 다른 어족으로 확대될 예정이다. 마른 오징어와 붉은눈 게 역시 1998년부터 총 허용 어획량 제도를 실시되고 있다. 현행 국가 전역의 지역 어업 감독 공무원은 주요 어항의 어획량을 기록한 일람표를 컴퓨터에 제표해야 하는데, 이러한 자료는 '총 허용 어획량(Total Allowable Catch)' 이라는 시스템을 이용하여 어획량을 통제하는 데 사용된다. 본 시스템은 대상 어종의 현재 어종량과 장기적 관점에서 본 존속량을 고려하여 어종별로 잡을 수 있는 연간 상한선을 정하고 있다.[37] 동북아 국가의 유엔 해양법 비준으로 인하여,

36) *Business Times*, Singapore (1996년 6월 29일).

각 국가는 기존 역내 국가 간의 어업협정을 다시 협상해야 했다. 과거 어업협정은 해역을 12해리로 국한했었고 선박의 기국에 선박의 행위에 대한 책임을 부여하였다. 역내에서는 현재 타국의 배타적 경제수역으로 설정되는 해역 안에서의 조어(釣魚) 활동은 통상적으로 성행하여 왔었다. 국내 어업 보호차 자국의 배타적 경제수역 내의 타국 어선의 조업활동을 제한하는 것은 양국간 어업협정의 재협상에 있어 주요 목표 중 하나이다. 또한 지나친 조어활동으로 많은 어종의 심각한 멸종과 관련된 생태적 문제 역시 또 다른 주요 이슈였다. 새로운 시스템과 총 허용 어획량 제도가 개시되면서, 동시에 또 다른 차원에서의 어종 보호 노력에 박차를 가해야 한다. 구 어업협정은 인접 국가의 인근 해역에서 조어활동을 하는 선박에 대한 통제 조치를 거의 취하지 않았다. 이로 인해 중국과 한국 어선은 일본 선박은 법적으로 그 사용이 금지되어 있는 트롤망 등을 이용해 왔는데, 이에 대해서 별다른 대응 없이 비난만이 가해졌다.[38]

중국과 일본은 새 어업협정을 타결하였고 2000년 6월 1일부터 발효되기 시작했다. 이 협정은 본래 1997년에 비준되었으나, 댜오위댜오/센카쿠 섬에 대한 영토분쟁으로 인하여 그 실행이 지연되었다. 결국엔 일본과 중국의 배타적 경제수역의 영역이 겹치는 해역인 동지나 해협에 위치하며 오랫동안 영토분쟁의 원인이 된 섬들과 인근 해역은 공동으로 운영하기로 합의되었다. 이 협정은 일본의 배타적 경제수역에서 조업할 수 있는 중국어선을 연간 900척으로 제한하였다. 중국은 자국의 대륙붕이 자연적으로 일본이 주장하는 지역까지 연장됨을 주장하며 4,000척의 어선과 일본에 해당하는 수역을 줄이려는 시도를 하였지만, 결국엔 일본의 입장이 우세했다. 이 협정은 중국 어업자의 법적 조업 구역을 크게 감소시켜서 협정에 대한 중국 어업자의 반발이 클 것으로 우려된다.[39]

---

37) *Asahi News Service* (1997년 1월 8일).

38) *Nikkei Weekly* (1997년 4월 7일), p. 22.

39) *Daily Yomiuri* (1997년 9월 5일); *Kyodo News Service, Japan Economic Newswire* (2000년 1월 7일, 5월 23일).

한국과 일본은 새 어업협정을 김대중 대통령의 도쿄 방문 전인 1998년 후반부에 타결하였다. 이 협정은 독도/다케시마 섬에 대한 주권 분쟁으로 7년 동안 교착되어 왔다. 문제의 섬은 한국의 관할에 있으나 양국 모두 그 통치권을 주장하고 있는 실정이다. 그러나 신속히 어업협정을 타결하기 위해 문제의 섬에 대한 통치권에 대한 논의를 생략한 채, 한국의 영해를 섬 주변의 12해리로 인정하였다. 섬에서 좀더 떨어진 해역은 잠정적으로 공동으로 운영하기로 결정했다. 대한민국의 남쪽 경계선과 일본 연안 사이의 해역을 양국에 각각 35해리씩 할당한 것 역시 본 조약의 주요 내용이다. 그러나 이 조약은 한국의 어민들에게 환영받지 못했다. 본 조약이 타결된 일년 후, 한국 어업자들은 시위를 벌였다. 공동 구조 활동 연습을 위해 남한의 영해에 들어 온 일본의 경비정을 선박 100척이 둘러싼 일도 있었다.[40]

몇 달 후인 2000년 2월 대한민국 해양수산부는 새 어업협정이 한국의 국가적 이익의 손실을 초래한다고 입장을 밝히고 이 협정에 대하여 정식으로 중국과 일본에 이의를 제기하였다. 한국의 어민을 더욱 난처하게 하는 것은 한국과 중국 사이에 아직 만들어지지 않은 어업협정을 악용하여 중국 어업자가 한국의 해역 안에서 조어활동을 벌이고 이를 곧바로 일본으로 수출하는 관행이 성행하고 있다는 것이다.[41] 이러한 상황을 전환시키고자 새로운 한중어업협정이 체결되었고, 2001년 4월 부터 발효되고 있다.

한국과 중국은 1993년부터 대화가 오가고 있었지만, 영토 문제에 대한 어려움 때문에 대화의 진전이 매우 느렸다. 새 어업협정에서 중국은 한국의 조어활동 가능 지역을 북위 29도 40분으로 연장하였다. 본 협정에서 한국은 40개의 트롤선과 전기망선 30척, 갈고리가 부착된 어선 120척을 사용할 수 있도록 합의되었다. 한국 어업자들의 연간 생산량이 본 협정 이후 3조 원 가량 향상될 것으로 예상되고 있다. 추가로 한국의 1,402척이

40) The Korea Times (1999년 10월 6일).
41) The Korea Times (1999년 6월 21일).

중국의 배타적 경제수역에서 잡아 들일 수 있는 총 어획량은 60,000톤이
다. 반대로, 중국 2,796척의 선박과 178개의 트롤선은 한국의 배타적 경제
수역 안에서 10만 9,600톤에 달하는 조어 활동을 벌일 수 있다. 이러한 수
치는 과거보다는 매우 낮은 것이다. 본 할당량은 2005년 양국에 의해 재
협의 될 것이고 양측은 각각에게 각자의 수역에서 동일한 어획량을 허용
할 것으로 보인다. 본 협정은 한국이 납성분으로 오염된 중국의 꽃게 수
출 재발을 막기 위해 한국 공무원이 어류를 가공하는 중국 공장의 위생상
태를 감독할 수 있는 권리를 규정하고 있다. 또한 잠정적으로 공동으로
운영될 수 있는 구역과 4년 마다 배타적 경제수역의 연안 국가를 변환할
수 있는 전환구역이 이 협정을 통하여 설정되었다. 그러나 배타적 경제수
역의 경계 설정은 양국의 해양경계선의 문제와 직결되기 때문에 상당히
어려울 것으로 보인다.[42]

러시아와 일본은 1998년 협정을 통하여 각국의 할당량과 문제가 되고
있는 북방영토/남쿠릴에서 일본이 조어활동을 할 수 있는 시기를 결정하
였다. 이 협정을 타결하기까지는 3년이 걸렸고, 총 13차례의 어업 회담이
개최되었다. 이 협정의 타결로 러시아 경비정이 문제의 섬 인근 해역에
출현하는 일본 어선에 사격하는 사례는 감소할 것으로 보인다. 또한 본
해역에서 일본 조어활동의 연간 할당량이 조만간 수립될 예정이다.

2001년에 역점을 둔 본 협정에 따르면, 일본은 러시아에 현금 4,500만
엔과 어업장비, 그리고 2억 4천만 엔에 달하는 기술 지원을 제공하기로 하
였다. 이에 대한 대가로, 일본 어업인은 분쟁 해역인 북부영역/남쿠릴해
에서 일본 그물을 사용 할 수 있고, 216톤에 달하는 문어 포획 허용량과
기타 어류 2,114톤의 어획량을 인정받았다. 러시아 인근 해역에서 일본이
받은 총허용 어획 할당량은 5만 9,657톤으로 정해졌고 한국의 경우는 6만
500톤이다. 보호 차원에서 대구, 명태, 오징어에 대한 할당량은 크게 감소
하였다. 러시아 인근 해역에서 조어 작업을 할 수 있는 일본 어선의 수는

42) *The Korea Times* (2001년 4월 3일, 6일).

1천 백 척에서 750척으로 줄어들었다.[43] 양국은 2001년 4월 러시아의 강에서 일본이 잡아들일 수 있는 연어의 양을 5,170톤으로 국한시키는 데 (2000년의 경우 750톤에서 하향 조정) 동의하였다. 어업협력비용으로 일본이 지불한 금액은 67억 엔에 달한다.[44]

북한과 러시아 역시 1997년 10월, 11차례의 북러 합동 어업위원회를 통하여 어업의정서를 제정하였다.[45] 한국과 러시아의 경우 오호츠크 해에서 한국의 어획량에 일정 할당량을 정하는 것에 합의하였다. 과거에는 한국, 중국, 폴란드 및 기타 국가들이 아무런 제한 없이 이 지역에서 어업활동을 했었다. 1999년 이 지역에서 한국이 받은 할당량은 명태류 3만 톤이다.[46]

해양자원을 두고 오랜 시간 동안 형성되어 온 긴장감이 미래에는 완화될 수 있으리라는 전망과 함께 배타적 경제수역의 확립과 양자간 어업 협정을 통한 어획량 규제와 같은 노력이 존재하는 반면, 복잡한 영토 관련 분쟁은 앞으로도 계속 문제로 남을 것으로 보인다. 한가지 예로서 2001년 4월 17일 사할린 지역 러시아 두마 의원인 즈다크야프(Ivan Zhdakyav)는 네 개의 섬을 둘러싸고 일본과 영토분쟁이 계속되자, 쿠릴 남부 근처의 일부 일본 트롤선 활동이 허용된 1998년 러일 어업협정 개정을 요구하였다.[47] 양자간 협약이 일단 확립이 되면, 다음 협상의 단계는 역내 국가간 총 허용 어획량이 지속 가능한 수준에서 계속 지켜나갈 수 있도록 다자간 협의로 연결하는 것이다. 이를 위해서는 보다 나은 차원에서의 정보 교환과 모니터링이 필요하다.

---

43) *Jiji Press* (2000년 11월 25일); *The Korea Herald* (2000년 12월 6일).

44) *Jiji Press* (2001년 4월 6일).

45) *BBC Monitoring Asia Pacific* (1998년 10월 19일).

46) *Interfax* (1998년 11월 23일).

47) *Financial Times* (2001년 4월 17일).

## 2) 지역 해양 프로그램: 북서 태평양 보전계획(NOWPAP)과 동아시아해 협력 기구(COBSEA)

UNEP의 지역 해양 프로그램은 14개의 지역과 3개의 파트너 해양을 섭렵하며 나아가 140개국 이상의 연안 국가를 포함하면서 연안과 해양 지역의 지속가능한 발전에 중점을 두고 있다. 냉전체제와 남북으로 분단된 한국이 유엔 비가입국이라는 사실은 UNEP가 북서 태평양 지역에서 지역 해양 프로그램을 실행하는 것을 어렵게 하였다. 1990년 5월 아직 지역 해양 프로그램이 미치지 못했던 해역에 새로운 노력들이 실시되기 시작했다. 중국, 일본, 남북한, 몽골, 러시아는 몇 차례의 자문 회의를 통하여 해양오염과 모니터링 문제와 관련된 보고서를 공유하고, 연안 국가가 국가 보고서를 준비하기로 합의하였으며, 오염 위기에 대비를 위한 협력 활동의 적정 수준에 대한 합의에 도달하였다. 1993년 모임에서 연안 국가들은 NOWPAP을 수립하기로 결정하였다. 첫 번째 정부간 회의가 1994년 9월에 서울에서 개최되었고 중국, 일본, 한국, 러시아는 '북서 태평양 지역의 해양 연안 환경의 보호, 관리 및 발전에 대한 보전계획(Action Plan for the Protection, Management and Development of the Marine and Coastal Environment of the Northwest Pacific Region)'을 채택하였다.[48]

NOWPAP은 연안 및 해양환경을 현명하게 사용, 발전시키고 관리하고자 하는 데 그 목표를 두고 있다. 정황의 감시와 자료수집이 효과적인 보호협력체제에 필요한 과학적 기반을 확고히 다지는 데 있어서 중요한 합의의 내용이다.[49] 이 프로그램은 비록 법적인 구속력이 없지만, 동북아 내에서 해양환경보호에 있어서 가장 큰 의미를 부여하는 프로그램이다.

1996년에 도쿄에서 개최된 제2차 NOWPAP 회의에서 참가국(일본, 한

---

48) Peter Hayes and Lyuba Zarsky, "Environmental Issues and Regimes in Northeast Asia," *International Environmental Affairs*, Vol. 6, No. 4 (1994), pp. 298-301.

49) UNEP, *Regional Seas: Action Plan for the Protection, Management and Development of the Marine and Coastal Environment of the Nothwest Pacific Region*, NOWPAP Publication No. 1(1997).

국, 러시아, 중국)은 다가오는 해에 실행될 프로젝트를 공동으로 지원하는
것에 대한 논의를 했다. 회의 기간 동안 각국이 부담해야 할 재정적 의무
에 관한 의견의 차이가 나타나기도 했으나, 공동 프로젝트가 논의되었다
는 사실은 매우 중요하다.[50]

나홋카 석유 유출 사건은 NOWPAP 회의에 대한 지지도를 한층 높이는
결과를 낳았다. 본 유출 사건의 결과로 일본의 교통성은 오염에 대한 대
비와 대처에 관한 지역포럼을 후원하겠다는 계획을 발표하였다. 일본은
또한 해양오염에 대비하고, 이에 대해 대처하는 법적 구속력이 있는 장치
형성에 더 큰 관심을 보이기 시작했다. 이러한 점은 지난 NOWPAP 회의
에서 법적 구속력을 가진 용어가 회의 문서에 사용되는 것을 일절 금지하
자는 입장을 고수해 왔던 일본에게는 커다란 변화가 아닐 수 없다.[51]

지방 정부가 NOWPAP 참여에 관심을 갖게 된 것도 나홋카 석유 유출
사건이라고 할 수 있다. 유출 사건이 일어난 몇 달 뒤인 1997년에 일본 토
야마에서 첫번째 북서태평양지역 지방정부 환경회담이 개최되었다. 이
회담은 환경청과의 공조로 토야마 현의 주관으로 개최되었고 총 28개의
지방정부(일본 16지역, 중국 2지역, 한국 6지역, 러시아 4지역)와 UNEP,
국제해양기구(IMO: International Maritime Organization)에서 130명의 인
사가 참석하였다. 이 회의에서는 환경에 관한 정보 공유의 중요성과 노하
우, 지방정부 간의 공동연구활동, 석유오염 사건에 대한 대응방법 등이 논
의되었다. 참가자들은 역내의 석유오염 보고 시스템(POLREP: oil pollu-
tion reporting system) 구축과 과학적·기술적 협력에 관한 의견도 나누었
다.[52] 얼마 후 토야마 현은 북서태평양 지역환경협력센터를 설립하고, 현

---

50) Esook Yoon and Hong Pyo Lee, "Environmental Cooperation in Northeast Asia:
Issues and Prospects," 앞의 책, p. 77; Hyon-Jin Kim, "Marine Environmental Coop-
eration in Northeast Asia," 'ESENA 워크숍: 일본해의 에너지 관련 해양 문제' 에서 발
표됨, 1998년 7월 11-12일, 도쿄에서 개최, http://www.nautilus.org/papers/ener
gy/KimESENAY2.html (검색일: 2001년 2월 13일).

51) Hyon-Jin Kim, 위의 글.

재 중국의 랴오닝 성과 러시아의 프리모스크 크라이(Primorsky Kray) 지역, 한국의 강원도가 함께 공동으로 해양문제와 철새 보호에 관한 연구 조사를 실시하고 있다.[53]

역내의 해양환경을 감시하는 기능을 더욱 더 높이기 위해, 1999년 4월에 북경에서 개최된 회의에서는 각국에서 이미 활동하고 있는 단체를 지역활동센터(RAC: Regional Activity Center)로 지정하였다. 중국은 자료 및 정보 네트워크 RAC로, 한국은 해양환경 위기상황 대비 및 대응활동 RAC로, 러시아는 공해 감시활동 RAC로 각각 지정되었다.[54] 2000년 12월 회담 이후 일본의 토야마와 한국의 부산에 지역조정기구(RCU: Regional Coordinating Unit) 설립이 결정되었다. NOWPAP의 가장 최근 프로젝트는 내륙에서 형성된 오염 활동에 대한 평가 및 관리 프로그램이다.

NOWPAP은 비록 강력하거나 법적인 구속력을 갖는 조약도 아니지만, 해양환경에 대한 자료가 크게 한정되어 있는 역내에서 해양정보교환과 자료수집을 크게 향상시켜 나가고 있다. 비교사회학습(Cross-Societal Learning)은 지역의 성공적 해양환경보존을 위한 노력의 결정적 요소인 것이다.

지역 해양 프로그램의 또 다른 성과는 1981년 4월에 채택된 '동아시아 지역의 해양환경과 연안지역의 보호와 지속가능한 발전을 위한 보전계획(Action Plan for the Protection and Sustainable Development of the Marine Environment and Coastal Areas of the East Asian Region)' 수립이라고 할 수 있다. 동아시아 지역해 조정기관(COBSEA: Coordinating Body on the Seas of East Asia)은 같은 시기에 설립되었다. COBSEA는 NOWPAP보다 더 넓은 동아시아의 해역을 목표로 삼고 있다. 호주, 캄보디아,

52) *Japan Environment Quarterly* (1997년 9월); http://www.eic.or.jp/eanet/e/jeq/v002-03.html (검색일: 2001년 4월 7일).
53) www.clair.nipponnet.ne.jp/HTML_E/JIGYO/18.HTM (검색일: 2001년 4월 15일).
54) http://www.temm.org/communique2000_f.htm (검색일: 2001년 4월 16일).

중국, 인도네시아, 한국, 말레이시아, 필리핀, 싱가포르, 태국, 베트남 등 총 10개 국이 회원국이다. COBSEA에는 동아시아 해역의 해양환경과 관련된 정부나 비정부기구, 자선단체, 유엔기구 및 개인인사들이 활동하고 있다. 1994년에는 보전계획을 개정하고 1994~2000 COBSEA 장기 전략안을 발전시켰다. 호주, 캄보디아, 중국, 한국, 베트남은 본 보전계획에 참여하였다.

### 3) 람사 습지 협약(Ramsar Convention on Wetlands)

1971년에 만들어진 람사 습지 협약은 습지보호를 그 목적으로 삼고 있다. 협약 체결국은 생태학적으로 중요한 습지를 최소 한 곳 이상 보호 구역으로 지정해야 한다. 러시아 연방(구소련)은 이 협약을 1977년에 발효시켜 현재 천 만 헥타르에 달하는 35개 구역을 람사 구역으로 지정하고 있다. 일본 (11개의 보호 구역, 83,735ha), 중국(7개 보호 구역, 588,380ha), 한국(2개 보호 구역, 970ha), 몽골(6개의 보호 구역, 630,580ha)은 각각 1980, 1992, 1997, 1998년도에 협약에 가담하였다.[55]

1990년대에 들어 다른 여러 지역에서 이미 널리 시행된 것처럼 습지보호를 위한 지역적 접근 방식을 증진시키고자 하는 움직임이 일어나기 시작했다. 1992년에 설립된 동북아시아 및 북태평양 환경 포럼은 정부 관료와 비정부기구, 과학 전문가들과 함께 정기적으로 워크숍을 개최하여 습지보호를 위한 현 협력상황과 기존 보호구역을 유지하는 조치를 강화하는 방법을 논의하고 있다. 1994년 회의에서는 아시아태평양 지대의 철새를 보호하고 그 서식지인 습지를 보호할 수 있는 방안 모색을 목표로 하는 아시아태평양 이동성 물새 보호전략 설립을 결정하였다.

이러한 움직임은 바로 잇달아 1997년에는 동북아시아 두루미 서식지 네트워크 센터와 동아시아·호주·뉴질랜드 해안 조류 서식지 네트워크(Austalasian Shorebird Site Netwok)를 태동시켰다. 후자의 네트워크에는

---

55) http://www.ramsar.org/profile_index.htm (검색일: 2001년 4월 20일).

24개의 구역이 포함되고 10개 국이 참가하고 있다. 1999년 5월 코스타리카에서는 동아시아 아나티데 구역 네트워크(Anatidae Site Network)가 창설되었다. 이러한 네트워크는 람사 조약으로 지정된 구역 이외에도 많은 구역들을 보호구역으로 추가한다. 일례로 중국 정부는 상해 충밍섬, 산둥지역의 황하 삼각주 자연보호 구역, 랴오닝성의 쌍타이쯔 어귀 자연보호구역을 동아시아-호주-뉴질랜드 연안 조류 서식지 네트워크로 합류시켰고, 지린 성의 시앙하이와 쟝쑤성의 옌청, 산둥성의 황하 삼각주, 랴오닝성의 쌍타이쯔를 동북아시아 두루미 보호 네트워크의 일원으로 추가하였다.[56] 지역 차원에서의 습지보호활동을 향상시키고자 하는 노력은 아직도 초기 단계에 있고 제한된 재정적 자원과 보호 노하우, 개발에 대한 중압감으로 인해 고충을 겪고 있다. 그러나 다른 환경 부문에서와 마찬가지로 환경이란 간단히 일개의 국가 차원에서 보호될 수 없다는 인식과 긍정적인 변화의 조짐 역시 출현하고 있다. 역내의 국가들을 함께 모을 수 있는 국가적 노력이 필요하다고 본다.

### 4) 두만강 지역 개발 프로그램(TRADP: Tumen River Area Development Programme)

소기의 소망과는 달리 두만강 지역 개발 프로그램(TRADP: Tumen River Area Development Programme)은 기대에 미치지 못했다. 연길 차이나 타운과 동해를 잇고 북한 청진에서 러시아 블라디보스톡까지 연결하는 두만강 삼각지대 개발안은 1990년대 초에 이미 계획되었다. 11개의 항구와 3개의 국제공항, 그리고 1개의 내륙항 철도 연결 중심지를 포함한 교역·교통 단지를 건설하는 데 총 30억 달러가 소요될 것으로 예상되었다. 10년이 지난 지금 이 프로젝트의 경제적 여건은 불투명하다. 프로젝트 제안 배경에는 협력을 통하여 러시아, 중국, 북한, 일본이 이 지역을 개

56) http://dawning.iist.unu.edu/china/bjreview/98Nov/bjr98-45-11.html (검색일: 2001년 4월 21일).

발하여 시베리아와 러시아 극동지역의 풍부한 천연 자원에 좀 더 용이하게 접근하고자 하는 생각이 포함되어 있었다. 프로젝트가 소개 되었을 당시, 상당한 관심과 적잖은 회의감이 양립하여 소개 자체는 복합적인 성공을 거둔 셈이었다.

그러나 역내 국가들 사이의 정치적 이견은 프로젝트에 대한 열광을 한 풀 꺾는 효과를 낳았다. 중국은 중국 동북지역 개발을 장려하기 위해 1989년 합동 개발 프로그램에 대한 의견을 처음으로 제시하였고, 그 지역 항구사용하기를 원했다. 이와 반대로, 러시아는 러시아 극동지역 자원이 시장으로 진출하는 데 필요한 프로젝트의 재정확보와 기본 조직을 건설하는 방법을 찾는 데에는 많은 관심을 보였지만, 프로젝트에 대한 많은 열정을 표출하지는 않았다. 북한의 경우, 개발 자체를 통해 자국의 경제적 고립에서 탈피할 수는 있지만, 주권 상실에 대한 우려 또한 깊었다. 일본과 한국에게 있어서 이 프로젝트는 양국의 지역 개발 프로그램에 유용하고, 러시아 극동지역과 시베리아의 자원을 보다 용이하게 접근할 수 있는 기회이지만, 개발 프로그램의 자금 부담이 여지없이 양국에 떨어질 것이 확실하다는 점에서 큰 우려를 가지고 있었다.

합동 개발 프로그램이 천천히 진전되면서, 개발과 인구 증가가 생태학적으로 민감한 이 지역의 환경에 미칠 영향에 대한 우려의 목소리도 높아지기 시작했다. 두만강 지역은 러시아, 중국, 북한이 국경을 인접하고 있는 지역이다. 풍부하지만 훼손되기 쉬운 해양환경과, 이 지역의 개발이 암암리에 러시아 극동지역 내의 다른 지역의 천연 자원을 착취하게 될 것이라는 사실로 인하여 환경에 대한 많은 우려가 표명되었다.[57] 두만강 지역은 독특한 습지와 해안환경이 풍부한 지역이다.

이러한 우려가 국제 비정부기구(NGO)와 많은 지역 전문가 사이에 퍼져 나오자, '두만강 경제 개발 지역과 동북아시아의 관리를 위한 환경적

---

57) Michael Lavallee, http://www.american.edu/projects/mandala/TED/tumen.htm (검색일: 2001년 4월 25일).

원칙에 대한 양해 각서(a Memorandum of Understanding on Environ-
mental Principles Governing the Tumen River Economic Development
Area and Northeast Asia)'가 1995년 12월에 서명되었다. 환경 실무 그룹
이 결성되었고, 1, 2차 회의가 1997년과 그 이듬해에 개최되었다. 본 회의
에서는 유엔개발계획(UNDP)과 지구환경기구(GEF: Global Environment
Facility)의 원조로 국제 수질과 종족 보존을 위한 전략 행동 프로그램
(Strategic Action Program)을 개발하기로 결정하였다.

인구 증가, 도시화, 개발이 환경에 악영향을 주기 시작하자 GEF는 전략
적 행동 계획에서 자세히 다뤄지게 될 블라디보스톡 남부지역의 수질오염
과 생물다양성에 중점을 둔 환경보호를 위해 2년 동안 미화 500만 달러를
제공하여 왔다. 수질오염은 가장 심각한 문제로 생각되고 있다. 카이샨툰
에 위치한 펄프공장과 중국 스쯔안의 제지공장에서 유출되는 산업오물은
두만강으로 유입되는 산업폐수의 90%를 차지하고 있다고 생각된다. 북한
의 철광과 중국에서 흘러나오는 산업 유출물 및 처리되지 않는 하수를 포
함한 가정폐수 역시 심각한 문제이다. 이러한 오염은 프리모스크 크라이
의 강 하류 식수와 철새, 어장에 문제가 된다.

GEF가 목표로 설정한 주요 네 부문은 1)자료의 신뢰성 제고(지구 이미
징 시스템: Global Imaging System을 사용함), 자료 교환, 모니터링; 2)공
공 인지도의 향상과 초국경 환경적 문제를 경제발전과 정부 프로그램으
로의 융합; 3)인적 능력의 배양; 4)환경적으로 건전한 개발을 촉진시키는
것이다.

과학자와 정부 대표, 비정부기구가 UNDP와 GEF의 두만강 개발 프로
그램을 도모하기 위해 두만강 실무자 그룹을 발족시킨 것 또한 흥미로운
발전 중 하나이다. 이 그룹에는 북아시아 태평양 환경 파트너십(North
Asia Pacific Environmental Partnership)이 지원하고 펜실베이니아 주립대
학 생물 다양성 연구 센터(Penn State Center for Biodiversity Research)와
국립 교육 대학(National University of Education), 태평양 지리 연구원
(Pacific Institute of Geography), 해양 생물 연구원(Marine Biology Insti-

tute), 동북 상급 대학(Northeast Normal University), 장춘 지리 연구원 (Changchun Geography Institute)이 가담하고 있다. 이 지역 개발에 참여하고 있는 기타 국제기구로는 지구 섬 연구원(Earth Island Institute), 웨트랜드 인터내셔널(Wetlands International), 이사 극동(Isar-Far East)이 있다.[58] 전문가들은 두만강 지역의 환경문제에 관한 인지도를 향상시키고 이 지역의 환경보호가 국제적으로 더욱 장려 받기를 바라면서 개발에 참여한다고 할 수 있다.

## 3. 대화, 정보 교환, 프로그램 개발을 위한 정부간 포럼

역내에서 가장 전도유망한 발전 중 하나는 비교적 높은 정부간 고위 회담의 주도하에 해양오염문제가 논의된다는 점이다. 비록 역내에서 다자간 환경 이니셔티브가 수적인 면이나 위치 면에서 약세이긴 하나, 장기적으로 볼 때, 해양자원 감소문제, 혹은 오염문제와 관련된 장관급 지역 대화의 증가는 연안 국가가 계속적으로 행동안을 개발하고 긴밀한 협동 작전을 펼 수 있도록 유도할 수 있을 것이라고 낙관할 수 있다. 아시아 태평양 지역 차원에서 환경과 개발에 관한 장관급 회담(A Ministerial Conference on Environment and Development)은 1985년부터 매 5년마다 개최되고 1990년부터는 환경 동향을 보고하고 있다.

1995년에 개최된 회의에서는 환경 친화적 지속 가능한 발전을 위한 지역 행동 프로그램이 채택되었다. 이 회의는 아시아 태평양 지역의 환경보호를 위한 새로운 전략과 접근 방식을 개발하는 데 그 초점이 맞추어 졌다. 2001~2005 지역 행동 프로그램은 환경질과 인간건강, 생물다양성과 해안 및 해양환경, 청정수자원, 사막화와 토양침식, 세계화와 정책통합, 기후변화와 지속 가능한 에너지 개발에 우선 순위를 두고 있다. 이 회담에서는 악화되는 빈곤문제와 급속히 증가하는 인구문제를 역내의 환경을

---

58) http://www.earthisland.org/cbn/tumen.html (검색일: 2001년 3월 21일).

악화시키는 주요 원인으로 꼽고 있다.[59] 덧붙여 아시아 태평양 경제 협력체(APEC: Asia-Pacific Economic Cooperation) 환경장관급 회의 포럼에서는 1994년 환경 비전 성명서 발표 이후 환경장관급 회의를 매년 개최하고 있다.

1997년 6월 APEC 장관급 회의는 지속 가능한 도시와 해양환경의 지속 가능성, 청정제품과 환경적으로 지속 가능한 성장을 촉진시키고자 하는 공동 성명서 발표로 그 모임의 정점을 이루게 되었다. 각국 장관들은 자국의 경제가 각국의 해양과 바다로 통합되고 해양환경상태가 경제적 복지를 지속시키는 데 중요하다는 사실에 주목한다. APEC 국가 내에서 해양환경의 지속 가능성을 다루는 전략 발전을 주도해 나갈 해양자원 보존 실무 그룹이 각국 장관 관할 아래 설치되었다. 이러한 움직임은 해안관리와 해양오염 및 해양자원의 지속가능한 관리에 있어서 협동적 해결을 요구하는 '해양환경 지속 가능성을 위한 보전계획(Action Plan for Sustainability of the Marine Environment)' 채택으로 이어졌다. 그리하여 협력과 정기적 평가 및 최근 상황 보고, 역내의 해양환경과 관련된 기타 다자간 기구와 단체 및 국내 단체와 연계하는 데 필요한 방법이 형성되었다. 또한 이를 통하여 정보공유를 보조하는 데 필요한 공동 실행 기준이 완성되었다.[60]

3국 환경장관회의(TEMM) 개시가 동북아 지역에서 갖는 의미는 매우 크다. 대한민국 환경부장관의 주도아래 중국의 환경보호부(State Environmental Protection Administration) 장관, 일본의 환경국장(현재, 환경부)은 1999년 서울에서 제1차 한·중·일 3국 환경장관회의를 가졌다. TEMM은 3국의 환경장관들이 정기적으로 회의를 개최하여 공동 환경문제와 공동

59) http://www.unescap.org/mced2000/index.htm, http://pidp.ewc.hawaii.edu/PIReport/2000/September/09-07-14.htm, Pacific Islands News Association (PINA) Website: http://www.pinanius.org (검색일: 2001년 3월 29일).
60) http://www.apecsec.org.sg (검색일: 2001년 2월 17일).

프로젝트를 논의하는 것을 목표로 삼고 있다. 이는 정부 차원에서 지역 환경문제의 중요성이 증가하고 있다는 것을 암시한다.

제1차 TEMM회의에서, 3국 환경장관은 주요 협력 영역으로 1)공동체 인식증대와 정보교환, 2)대기오염 방지와 해양환경보호, 그리고 3)환경기술 및 산업 연구 부문에서의 협력 강화를 선정하였다. 이 회의에서 지정된 주요 프로젝트로는 3국 환경장관 및 관리국 간의 협력 채널 창설과 비정부기구 및 연구기관과의 협력 강화, 지방정부 간의 국제적·국내적 협력 유도가 포함되고 있다. 장관들은 동북아 지역에서의 환경악화에 대한 우려를 표명하면서 3국 간의 긴밀한 협조가 지속가능한 발전의 선결 요건임을 인식하였다.

제2차 3국 환경장관 회의는 2000년 2월 27일 중국에서 개최되었다. 3국 장관은 TEMM이 역내 환경협력과 지속가능한 발전 육성에 있어 중요한 포럼임을 재차 확인하였다. 해양환경과 관련해서는 NOWPAP의 주도아래 이루어 지고 있는 다양한 활동 장려의 중요성 또한 확인되었다. 또한 청정수역오염과 내륙성 해양오염에 집중된 프로젝트를 포함한 보다 구체적인 프로젝트형 협력을 시도하고자 하는 의향을 표명 하였다.[61] 고위급 차원에서 정치적 관심이 계속적으로 지역 환경의 다양한 문제에 관한 관심을 집중시킨다면 향후 상황이 진전 될 수 있는 잠재력은 크다.

## 4. 비정부 기구(NGO)와 과학적 네트워크, 그리고 해양환경 관련 프로젝트

정부 간 대화의 향상과 해양환경보호 프로그램 발달과 더불어 역내에서는 해양문제에 역점을 둔 비정부기구와 과학 네트워크가 제한적이지만 강화되어 왔다. 예로 일본가상재단(Virtual Foundation of Japan)과 지구의 벗-일본(FOE-J: Friends of the Earth-Japan)은 사할린 남부 보루에서 러

---

61) http://www.temm.org/communique2000_f.htm (검색일: 2001년 4월 16일).

시아 극동지역의 해양지역에 걸쳐 위치한 사마가라 강독 아구즈 지역에서 1990년 12월에 발족된 지속 가능한 지역 사업을 발전시키고자 하는 지역 공동체를 돕기 위한 장기 프로젝트에 동참하고 있다. 사마가라 강은 여러 지류를 통하여 동해로 유입된다. 이 프로젝트에서 일본 지역민과 사마가라 지역민은 인터넷 연결을 통하여 러시아 극동지역에서 지속가능한 발전을 촉진시킬 수 있는 방안에 대한 의견을 나눈다.

이 프로젝트에 있어서 독특한 점은 일본 소비자를 참여 시킨다는 안이다. 현재 고려 중인 프로젝트 하나는 일본의 연어 부화 기술과 경험을 이용하여 일본 시장으로 연어를 수출하는 아그쯔(Agzu)의 연어 부화장에 관한 것이다. 또한 부화장 간의 교류를 통하여 동해로 연어가 유입되는 니가타의 강에서 연어 수를 다시 회복시킨다는 생각도 이 프로젝트에 포함되어 있다.[62] 과학적 지식 기반 강화와 감독 기능에 시민 사회를 참여시키고, 연안인구의 인지도를 상승 시키는 것은 이 프로젝트가 지역의 환경을 보호하는 주요 구성요소이다. 해양 및 기타 오염문제와 자원문제를 다루는 데 취약한 지역 정부의 현실을 고려할 때, 이러한 점은 더욱 그러하다.

또한 지역 내의 의사 결정에 있어서 비정부기구가 참여하는 수준을 향상시키려는 많은 시도가 이루어졌다. 이점은 정부가 스스로 모니터링 및 집행, 의안 설정을 해 나갈 수 없으므로 매우 중요하다고 할 수 있다. 더구나 시민 단체는 경제적 또는 군사적 의안을 우선 생각하는 정부가 제시할 수 없는 의제에 새로운 시각을 제공하기도 한다.

1992년에 열린 유엔 환경개발회의(UNCED) 이후에 한국의 환경부장관은 UNDP의 후원으로 서울에서 아시아 환경회의를 개최하였다. 이 회의를 통하여 '동북아시아 북태평양 환경포럼(NEANPEF: Northeast Asia and North Pacific Environment Forum)' 이라는 지역 네트워크가 창설되었고, 이 네트워크는 동북아 지역 환경 의사 결정에 있어 비정부기구의 참여를 높이는 목적을 가지고 있다.

---

62) http://www.sirus.com/~meganf/rfe.html (검색일: 2001년 4월 11일).

회의는 러시아 이르쿠츠크(Irkutsk), 알라스카의 팔머(Palmer), 일본의 쿠시로(Kushiro), 러시아의 하바로프스크(Khabarovsk)와 중국 위에양(Yueyang)에서 개최되었고, 미국, 캐나다, 일본, 러시아, 중국, 남북한, 몽골에서 많은 비정부기구와 사업가, 정부, 학자들이 참여하였다. 이 회의에서는 정보 수집과 생태환경 관리, 철새 보호 및 두만강과 아무르 강 유역의 초국경적 환경보호를 위한 다국적 접근 방식에 중점을 두고 논의가 이루어 졌다. 또한 역내에서의 환경협력과 긴장 완화 가능성 간의 관계도 이 회의를 통해 정립되었다. 초국경 자연 보호지역이 그러한 긴장완화를 위한 구체적인 조치가 될 수 있을 것이라고 인식되었다.[63] 모니터링과 자료 수집을 주 목표로 하는 여러 네트워크도 새로 창설되고 있다.

한 예로, 북태평양 해양과학기구(PICES: The North Pacific Marine Science Organization)는 북태평양 북부 지역과 그 인근 해역과 관련된 해양 조사를 증진시키고 이를 위해 협력하고자 하는 취지에서 1992년에 설립된 정부간 과학 단체이다. 본 단체는 해양환경과 지구기후, 기후변화, 해양생태시스템과 이들에 관한 인간 활동의 영향을 좀 더 과학적으로 이해하고자 하는 데에 그 설립 목적을 둔다.

일본의 국립환경연구원(NIES: National Institute for Environmental Studies)은 해양환경 감시협력체제(CoMEMAMS: Cooperative Marine Environmental Monitoring) 이니셔티브를 조직하였다. 1998년 1월과 2000년 11월에 중국, 한국, 말레이시아, 싱가포르, 베트남의 환경 과학자들은 두 차례 모여 협력과 감시의 첫걸음을 강화시킬 수 있는 방안을 모색하였다.

이러한 역내 노력에는 미국 정부와 학계 및 싱크 탱크(think tank) 역시 참여하고 있다. 예를 들어, 로드 아일랜드 대학과 미국 국립 해양 및 대기 연합(the US National Oceanographic and Atmospheric Association), 국제 자연보호회(the International Union for the Conservation of Nature), 그리

---

63) http://www.nyu.edu/globalbeat/asia/ESENA011599.html (검색일: 2001년 2월 20일).

고 정부간 해양위원회(the Intergovernmental Oceanographic Commission)가 공동으로 주관한 공동 연구 프로젝트는 황해에 역점을 두고 있다. 이러한 기관들은 본 지역에 관해 초국경적인 진단 분석을 발전시키고 황해 내 생물다양성을 위한 전략 행동 프로그램을 진전시키고자 한다.[64]

GEF 역시 여러 프로젝트를 주도하고 있다. GEF가 역내에서 지원하고 있는 프로그램 중 하나는 동아시아 해양환경관리를 위한 파트너십(PEMSEA: Partnership in Environmental Management for the Seas of East Asia)이다. 이 프로그램은 역내 정부간 뿐만 아니라 관청과 경제 민영부문 간의 파트너십을 구축하는 데 그 역점을 두고 효과적인 환경관리를 위해 부적절한 정책과 본질적으로 다른 제도 및 기술력, 환경설비와 서비스에 있어서 제한된 투자 등과 같은 장애물을 감소·제거하는 것이 그 목표이다.

PEMSEA는 또한 육·해 상호작용과 해안 연안의 인간 활동이 미치는 영향을 문제 삼으면서 해안 관리에 많은 관심을 보이고 있다.[65] 2000년 9월 지역 프로그램 국장이 평양을 방문했을 때, 북한이 PEMSEA와 양해 각서를 서명한 사실 역시 매우 흥미로운 점이다. PEMSEA는 남포에 해안 관리 통합 프로그램을 실행하는 데 자금 지원을 하기로 약속했다. 이 프로그램은 대동강에 설립된 대규모의 댐과 관련된 심각한 오염문제를 다루기 위해 지방정부 내 기관 간의 협동체제를 증진시키고자 한다.


## III. 결론

동북아시아에는 지역을 중심으로 하는 환경시민연대나 전문가 네트워크의 존재가 미미하며, 설령 있다 하더라도 한정된 자원, 시민참여나 해양

---

64) www.edc.uri.edu/lme/default.htm (검색일: 2001년 2월 13일).
65) http://www.pemsea.org/newsevents/pemnews1000_1-3.html-1.2 (검색일: 2001년 3월 19일).

환경 문제에 대한 인지도 부족, 그리고 정부와 기업의 제한적 수용으로 인하여 많은 어려움을 겪고 있다. 외곽 단체의 제1의 과업 중 하나는 지역 환경 청정작업에 역점을 둔 정부와 민영 프로그램을 지원하는 것이다. 이러한 지원은 다양한 형식을 통하여 이루어질 수 있다.

이러한 초기 협력 단계에서는 특히 정보 교환과 대화가 필수적이다. 외곽 단체는 역내의 행위자들이 다같이 본 지역을 억누르고 있는 많은 공동의 문제들에 주목할 수 있도록 돕는 역할을 할 수 있다. 몇몇 단체들은 이미 이러한 활동을 하고 있다. 일례로 노틸러스 연구소(Nautilus Institute)를 꼽을 수 있는데, 이 기관은 역내의 비정부기구, 정부, 학자들과 함께 이 지역에 있어서 수많은 이니셔티브를 취해 왔다. 노틸러스 연구소는 특히 북한과 풍력 에너지 기술을 발전시킨 점에 대해서 두각을 나타내 왔지만, 에너지와 환경문제를 포함하는 포괄적인 방법으로 안보문제를 다루는 데에도 많은 노력을 기울여 왔다.

오리건 주재 태평양 환경 및 자원 센터(Pacific Environment and Resources Center)는 프로그램을 통해 러시아 극동지역에 관한 관심을 증진시키고 있다. FOE-J와 세계자연보존연맹(IUCN: International Union for the Conservation of Nature and Natural Resources, World Conservation Union)은 개발과 착취로 위협을 받고 있는 러시아 극동지역과 시베리아의 오염되지 않고 생태적으로 중요한 구역에 중요도를 부여하는 '주요지 프로젝트(Hotspots Project)'를 공동으로 추진하고 있다. 이 단체들은 모두 역내의 행위자들이 환경 및 에너지안보 문제를 함께 논의하고 프로젝트와 프로그램을 설립하도록 많은 노력을 기울이고 있다.

외곽 단체가 본 지역에 보내는 관심과 기타 활동을 벌이는 것을 과소평가해서는 안 된다. 외곽 기관은 그 기관의 전문 인력을 제공하고 대화를 진전시키며 본 지역에 초점을 둔 프로젝트를 정부와 시민이 지원하도록 공헌하고 있다. 또한 이러한 단체들은 지역 단체들의 노력에 합법성을 제공할 수도 있다.

물론 여전히 많은 장애물이 존재한다. 이러한 장애물에는 해양오염과 자원파괴의 문제를 협조적인 방식으로 다루는 데 필요한 역내 국가 정부의 역량 및 의지도 포함된다. 더 나아가 역내의 상호 불신도 큰 장애 요건이다. 자료 부족, 부정확한 자료, 자료 수집과 보고 기술에 있어서 기준 부족은 이 문제를 더욱 악화시킨다. 하지만 자료 은행(data banks)을 향상시키고 지역 사람들에게 해양환경의 상태에 관한 정확한 정보가 제공되는 것을 감시하는 것은 외곽 단체에 의해서 조성될 수 있는 주요한 과업 중 하나이다. 정보가 바로 힘인 것이다.

그렇지만 이러한 활동은 자금을 필요로 한다. 이 부분에서는 국제은행(Asia Development Bank와 World Bank)이나 국제기구(UNEP, UNDP, GEF), 민간재단(Asia Foundation, 일본 경단련의 Conservation Fund, Alton-Jones Foundation, AEON), 국제 비정부기구(World Wildlife Fund, Conservation International, FOE-J) 및 중앙정부(지구 환경을 위한 일본 기금)와 같은 기관에서 자금이 조금씩 지원되면서 약간의 진전을 보이고 있다. 하지만 연구와 구체적인 프로젝트에 지원되는 자금은 본 지역의 환경이 필요로 하는 수준에는 채 미치지도 못한다.

더 나아가 환경에 대한 시민의 인식이 증대되고 행동에 대한 요구가 증가하지 않는 한, 자금 지원은 제한적일 수 밖에 없을 것이다. 국가가 지속적인 발전보다도 에너지안보와 개발을 우선시한다면, 소개된 보존 활동과 청정 프로젝트의 효율성은 기타 부문에서의 손실로 인하여 그 효과가 상쇄될 것이다. 개발에 관한 결정을 내릴 때 환경적 필요가 반드시 고려되어야 할 것이다.

비관적으로 생각할때, 안보문제로 역내 국가 간에 긴장이 계속되고 국가가 경제적 발전과 에너지안보만을 중요시 여긴다면, 해양오염 문제와 이에 대한 예방책을 수립하는데 필요한 환경협력은 매우 제한적일 수 밖에 없을 것이다. 그러나 긍정적인 면 역시 존재하는데, 그것은 바로 많은 변화가 일어나고 있다는 사실이다. 동북아 국가들은 역내 해양의 악화된 환경을 지역수준에서 해결해 나가는 것이 중요하다는 것을 서서히 인식하기 시작했다. 한 국가 차원에서 오염을 통제하는 것은 해양오염 방지에 있어서 매우 중요한 요건이다.

하지만 여전히 역내에서 일개의 국가가 혼자 할 수 있는 일에는 한계가 있으며 이러한 현실은 점차로 역내에서 공통적으로 인식되고 있다. 정보 교환과 역량 구축, 네트워크 개발, 위기상황 대응은 성공적인 해양오염 방지에 필수 요건이다. 동북아시아 국가들은 많은 협력의 경험을 공유하고 있지 못하며 해양환경 부문에서의 협력을 위한 노력은 아직 초보적인 수준이다. 하지만 1990년대에 이룩한 극적인 발전은 공공 및 민간부문에서 그리고 국내 및 국제적으로 협력에 필요한 적절한 지원이 이루어진다면 장래에는 더욱 실질적인 협력이 가능하다는 것을 시사하고 있다.

# 7장

# 동아시아 식량안보와 북한의 기아문제

이신화*

냉전으로 정의되는 이데올로기적 양극체제가 끝나면서 '하위정치' 문제의 중요성이 국제사회의 중요한 이슈로 자리매김되기 시작하였다. 특히 '환경안보'와 '인간안보'라는 두 하위정치 이슈는 세계 각지의 학자, 정책 결정자, 대중의 주목을 받고 있다.

전통적 군사·정치·안보문제가 여전히 각국 정부의 최대 현안문제인 동아시아지역에서도 안보문제에 있어 하위정치의 중요성을 인식하기 시작하였다. 유엔은 인권유린, 빈곤, 이민, 마약 및 인신 매매, 에이즈, 자원 부족, 환경악화, 그리고 식량안보 등의 사안을 동북아시아 지역에 영향을 미치는 비전통적 안보문제로 규정한 바 있는데, 이러한 문제들은 근본적으로 국제적이거나 한 지역에 국한되더라도 여러 국가에 영향을 준다. 그럼에도 불구하고, 동북아 지역을 괴롭혀온 환경피해와 인권위기에 대해 지

* 고려대학교 정치외교학과 부교수

금껏 각국이 취해온 대응은 매우 미비한 상태이다. 동북아 역내 국가 간 소원한 관계로 인해, 앞서 언급한 하위정치문제들에 대해 지역차원에서 공동으로 대처하려는 개개 정부의 의지가 미흡한 실정이다. 비전통적 안보위기가 이 지역 각국의 국익이나 넓게는 지역적 안정성에까지 위협을 준다고 인식되지 않는 한, 이들 문제는 부차적인 의제로 머물 수밖에 없다. 누군가 비전통적 안보문제가 이 지역 국가들에게 가장 큰 위협을 줄 수 있다는 틀을 만든다 하더라도, 여전히 전통적 안보와 관련한 담론이 동아시아의 안보 분석틀을 지배하고 있다. 이같이 전통적 군사안보문제에 대해 깊이 초점을 맞추는 것은 이 지역에 식민지 시대, 제2차 세계대전, 한국전쟁과 냉전에 걸쳐 뿌리깊은 적대감이 형성되어 있기 때문이다.

냉전이 끝난 이후에도 동아시아에는 몇몇 군사적 위험지역이 두드러지게 나타난다. 남북한의 오랜 대치 국면, 남지나 해의 섬과 대만과 관련한 영토 분쟁, 일본의 재무장에 대한 우려, 지역적 헤게모니를 둘러싼 중국과 일본 간의 충돌 가능성, 그리고 2001년 9월 11일 미국에서 발생한 테러 공격에 의해 일깨워진 반 테러 작전 등이 그것이다. 게다가 이러한 대립관계 아래에는 동아시아 각국의 상이한 정치체제 및 경제적 역량의 커다란 불균형이 존재한다. 동아시아 국가들은 상이한 경제발전 및 자유화 단계에 있기 때문에 지역 경제협력을 추진하는 것이 어렵다. 이에 더해 1990년대 후반의 아시아 경제위기로 인해 각국은 지역차원의 하위정치적 문제보다는 자국의 경제개혁 프로그램과 신기술 개발에 노력을 집중하고 있다. 실제로 유네스코(UNESCO: United Nations Educational, Scientific and Cultural Organization)의 아시아태평양지역 인문사회과학 분과에 따르면, 동북아의 인문사회과학에 할당되는 자원이 감소하고 있다고 한다.[1]

환경악화나 인권위기와 같은 하위정치 이슈들이 적절히 다뤄지지 않을

---

1) "Regional Consultation on Social and Human Science Issues in Asia-Pacific," organized by UNESCO, Regional Unit for Social & Human Sciences in Asia-Pacific, Bangkok, 2001년 12월 10일-12일, 개념 보고서를 참조할 것.

경우, 국가간 관계가 더욱 복잡하게 얽힐 수 있고, 일개 국가의 노력으로
는 성공적으로 해결될 수 없게 될 것이다. 예를 들어, 가용 담수와 식량의
감소는 점점 동북아 국가들에게 안보위협이 되어가고 있다. 유엔의 한 조
사에 따르면, 지역차원의 공동대응이 없을 경우 대부분의 동아시아 국가
들이 2025년까지 심각한 물 부족 문제를 겪게 될 것이라고 한다. 특히 동
아시아에서 관개용수의 부족은 식량 부족으로 이어지는데, 이는 동아시
아가 쌀을 주식으로 삼고 있어 수리 농업에 크게 의존하고 있기 때문이
다.[2] 해양오염과 과도한 자원채취로 인해 발생하는 국가간 갈등 등 동북
아시아의 해양 환경문제는 점점 줄어드는 어장에 대한 각축과 함께 전통
적 안보문제와도 밀접하게 연결되어 있다.

후술하듯이, 북한의 심각한 식량부족문제는 전국적인 기아를 낳았고
아동의 영양실조, 전염병, 그리고 굶주린 북한주민들이 중국으로 집단 탈
북하는 사태를 초래하였다. 또한, 북한 식량난으로 인한 국제사회로의 파
급효과도 심각한데, 즉 1990년대 중반부터 시작된 북한 '식량난민'의 급
격한 유입은 인도주의적 문제뿐 아니라 동아시아나 기타 지역 정부들 간
에 정치적, 외교적 문제로까지 비화되고 있다.

이러한 맥락에서 본 장에서는 환경적, 인권적 차원에서 식량안보를 살
펴보고자 한다. 이 장의 주요 목표는 다음과 같다. 첫째, 식량안보, 특히
기아라는 식량불안(food insecurity)의 최악의 경우에 중점을 두어 이론적
관점에서 고찰하고; 둘째, 동아시아 식량안보 문제의 진보와 방해 요인을
논의하며; 셋째, 1990년대 중반 이후 북한의 식량위기를 논함으로써 식량
안보의 인도주의적 맥락을 분석하고자 한다. 본 장의 마지막 부분에서는,
북한의 식량안보 문제에 대응하는 동아시아국가들의 반응을 살펴보고,
북한의 기아 및 인권위기로 인한 문제에 대해 동아시아 국가들 간의 협력
을 이뤄내는 데 왜 어려움이 있었는지에 대해 살펴볼 것이다. 현재 동아

---

2) Peter Chen, "Water and Food Shortages Pose Security Threat to Asia," http://www.tai-
wan.com.au/Soccul/Services/Health/China (검색일: 2002년 7월 29일).

시아 지역에는 식량안보 문제를 다룰 제도화된 지역적 메커니즘이 없는
데, 본 논문을 통해 환경악화가 초래할 수 있는 안보위협 가능성과 식량안
보를 위한 국가간 협력의 중요성에 대한 동아시아 정부들과 사람들의 인
식이 제고되기를 기대한다.

# I. 식량안보에 대한 이론적 관점

## 1. 식량안보: 이론과 실제

'식량안보'라는 용어는, 활동적이고 건강한 생활에 필수적인 충분하고
안전하며 영양가 있는 음식에 모든 국민이 지속적으로 물리적, 사회적, 경
제적 측면에서 접근할 수 있는 상황이라 정의된다.[3] 식량안보에는 세 가
지 필수 요소가 있는데, 1)식량의 적절한 가용성(availability), 2)식량에 대
한 개인과 가계의 물리적·경제적 접근성(access), 3)균형있고 적절한 식
단, 안전한 식수, 위생, 교육과 보건을 포함한 식량의 완전한 섭취(utiliza-
tion)가 그것이다.[4] 한마디로, 식량안보는 국제적 그리고 국가간 수준에서
식량의 가용성의 차원뿐만 아니라 식량을 생산할 자원의 분배와 식량을
얻을 권한을 구매하는 것까지를 포함하는 개념인 것이다.

만성적인 식량불안이 식량을 생산하거나 획득할 자원의 부족으로 인
한 계속적인 식량 부족을 의미하는 데 반해, 일시적인 식량불안은 식량
생산, 식량 가격, 가계 수입의 불안정으로 인해 식량에 대한 접근이 일시
적으로 줄어드는 것을 의미한다. 굶주림과 영양실조는 식량불안의 잠재

---

3) SOFI, *The State of Food Insecurity in the World 2001* (Rome: Food and Agriculture
Organization of the United Nations, 2002).

4) United States Department of Agriculture (USDA), "The U.S. Contribution to World
Food Security," The U.S. Position Paper Prepared for the World Food Summit (Wash-
ington, D.C.: United States Department of Agriculture, 1996년 7월 3일).

적인 증상인데 대해, 기아는 일시적 식량불안의 최악의 경우를 의미한다.[5] 식량불안은 그것이 만성적이든 일시적이든 간에 국민이 이용가능한 식량이 부족하거나 식량에 접근하는 데 사회적·경제적 장애가 있다거나, 식량섭취가 안되어 영양이 부족한 상태일 때 발생한다.[6] 물론 굶주림을 퇴치하고 식량안보를 달성하기 위해서는 세계적 차원에서 식량생산이 지속적으로 늘어나야 한다. 그러나 한편 식량분배에 있어서도 생산자원에 대한 접근이 막히거나, 낮은 소득으로 인해 식량 구입 및 생산에 차질이 생기는 등의 제약이 따른다. 이러한 제약은 한 국가의 식량안보(또는 불안)를 좌우하는 경제정책과 식량체계의 실패에 밀접하게 관련되어 있다.

국제적으로 식량불안을 해결하기 위한 최선의 방법을 찾으려는 여러가지 노력이 있어왔다. 예컨대 1996년 세계 식량 정상회의에서 각국 지도자들은 2015년까지 세계 기아 인구를 반으로 줄이겠다고 약속했다.[7] 그리고 약간의 성과를 거두었다. 1990~1992년간, 그리고 1997~1999년간에 전세계 영양실조 인구가 매년 600만 명씩 줄어든 것이다. 그러나 정상회의의 목표를 달성하기 위해서는 지금부터 2015년까지 매년 22만 명씩 줄여야 한다. 게다가 이 기간 동안 개도국 전체에서 줄어든 영양실조 인구가 3,900만 명인데, 유엔식량농업기구(FAO: UN Food and Agriculture Organization)에 따르면 개도국 99개국 중에 32개국만이 기아인구 감소의 혜택을 받았다고 한다. 이 32개국에는 동아시아의 중국, 인도네시아, 태국, 서

5) S. Reutlinger, "Food Security and Poverty in Developing Countries," in J. P. Grittinger, C. Lisle, and C. Hoisington (eds.), Food Policy: Integrating Supply, Distribution and Consumption (Baltimore: The Johns Hopkins University Press, 1987).
6) Food and Agriculture Organization of the United Nations(FAO), "An Inter-Agency Programme to Promote Food Insecurity and Vulnerability Information and Mapping System (FIVIMS)," http://www.fivims.org/index.jsp (검색일: 2002년 1월 5일).
7) "Rome Declaration on World Food Security and World food Summit Plan of Action," World Food Summit, Rome, 1996년 11월 13일-17일, http://www.fao.org/wfs/ (검색일: 2003년 1월 5일).

아프리카의 나이지리아와 같은 인구 대국이 포함되어 있는데, 여기서 1억 1,600만 명의 영양실조 인구의 감소가 있었고, 중국에서만도 7,600만 명이 줄었다. 반면, 나머지 개도국에서는 영양실조 인구가 오히려 7,700만 명이 늘어났다.[8] 따라서 실제로는 1990년대 대부분의 개도국이 영양실조 인구의 증가를 경험한 것이다.

## 2. 식량불안의 원인

### 1) 인구와 식량의 불균형

인구압력은 기아를 초래할 수 있다. 인구 증가로 인해 식량 수요가 증가하고, 식량의 생산과 공급이 따라서 증가해 줘야 하는 것이다. 이미 1798년에 맬서스(Thomas R. Malthus)가 기근과 전쟁의 원인이 인구와 자원의 관계라는 것을 밝혀냈다. 맬서스는 식량 생산의 증가가 인구 증가를 가져온다는 흄(David Hume)과 스미스(Adam Smith)의 주장을 반박하며, 인구 팽창을 억제하지 않는다면 기하급수적으로 늘어나 산술급수적으로 늘어나는 자원량을 압도할 것이라는 비관적인 예측을 했다.[9]

물론 이러한 맬서스의 견해는 경험적으로, 또 이론적으로 많은 반박에 부딪혀 왔다. 맬서스의 첫 번째 저서가 출판된 이후 두 세기가 지나도록, 인구증가가 가용 식량 공급을 초과하여 재앙을 불러일으킬 것이라는 그의 무서운 예측은 실현되지 않았다. 맬서스의 견해를 비판하는 일부 학자들은 인구 증가에 따라 '인재(人才)'도 증가하여 제반 문제를 해결하고

---

8) 1990년~1992년간과 1997년~1999년간, 영양실조 인구 감소에서 큰 비중을 차지한 국가는 중국, 베트남, 태국, 토고, 수단, 앙골라, 말라위, 모잠비크, 쿠웨이트, 가나, 차드, 그리고 페루이다. 반면, 콩고 민주공화국, 북한, 부룬디, 탄자니아 연방공화국, 쿠바, 베네수엘라, 소말리아, 과테말라, 이라크와 같은 나라는 가장 큰 증가를 보였다. FAO, "Undernourishment around the World: Reductions in Undernourishment over the Past Decade," SOFI, 앞의 글, http://www.fao.org/docrep/을 참조할 것.

9) Thomas R. Malthus, *An Essay on the Principle of Population* (Oxford: Oxford University Press, 1993).

농업 생산성 향상과 기술 발전에도 공헌하여 식량의 가용성을 개선한다
고 주장한다.

　실제로 산업혁명이 도래함에 따라 인간의 창의력이 맬서스적 문제를
극복하였고, 식량공급은 비약적으로 증가했다. 특히 지난 30~40년 동안,
경작 면적의 확대와 기술 개발로 인해 세계 식량생산은 전체 인구 증가보
다 더 빨리 늘어났다. 그러나 급속한 인구성장과 식량공급 감소라는 맬서
스적 우려는 특히 일부 저개발 국가에 여전히 남아있다. 식량불안 상황에
대한 FAO 보고서에 따르면, 1997~1999년 사이에 8억 1,500만 명이 만성
적인 영양실조 상태에 있다고 한다. 그 중, 7억 7,700만 명이 개도국에 있
고 27만 명이 과도기(transition) 국가에 있다.[10]

　중국이 계속 공산주의를 옹호한다고 했을 때, 마르크스(Karl Marx)도
맬서스의 전제를 반박했다는 사실은 흥미롭다. 인구 문제를 분배의 관점
에서 보고, 자원이 적절히 이용되고 분배된다면 기존의 자원만으로도 전
세계 인구를 지탱할 수 있다고 했다. 맬서스가 인구 딜레마의 해결책은
개인의 책임감을 높여 출산율을 줄이는 것이라고 본 데 반해, 마르크스주
의자는 자본주의에서 사회주의로의 전환이 인구와 자원의 딜레마를 해결
할 수 있다고 보았다. 마오쩌둥하에서 인구 통제는 문제 삼지 않았을 뿐
만 아니라, 더 많은 인구는 더 많은 노동력을 의미한다는 신념으로 여성들
의 다산을 장려하기까지 했다. 그 결과 중국의 인구는 1950년 5억 5,476만
명에서 70년대 중반 9억 2,727만 명으로 폭발적으로 증가했다.[11]

　마오쩌둥 서거 당시까지 대약진 운동으로 인해 농업 생산성이 향상되
었음에도 불구하고 수많은, 또 증가하는 인구를 먹여 살리는 것은 중대 현
안이었다. 중국의 급격한 인구 팽창이 장기적 복지에 주는 의미는 점점
더 인식되었고, 덩샤오핑 집권기에는 '한 자녀 두기' 정책이 추진되었
다.[12] 중국의 가족계획 추진은 마르크스적 신념의 포기가 있었음을 의미

10) SOFI, 앞의 글.
11) United Nations, *World Population Prospects 1990* (New York: United Nations, 1991).

하는 것이다. 그러나 세계식량의 불평등한 분배문제를 해결하는 데는 역시 마르크스가 옳다. 왜냐하면 이론적으로는 충분한 식량이 존재하지만, 세계 곳곳에는 아직도 만성적인 굶주림과 기아에 대한 취약성을 겪고 있는 사람들이 많기 때문이다.

## 2) 식량의 불평등한 분배

1974년 로마에서 열린 세계식량회의에서는 개도국이 식량 수요를 충당할 능력이 부족하기 때문에 장기적 식량부족과 대규모 기아사태에 직면할 수 있다는 우려가 제기되었다. 그러나 실은 이때 이후로 인구 성장률의 둔화와 소득 및 생산성의 향상으로 인해 많은 사람들이 굶주림에서 해방되었다. 당장 시급한 문제는 세계 식량공급량 자체가 아니라 불평등한 분배에 있는 것이다. 세계 식량공급량은 전 세계 인구를 일일 2,720칼로리씩 먹일 수 있을 정도이며, 이는 FAO가 정한 최소 칼로리 섭취량보다 370칼로리가 많다. 물론 이는 가용식량이 수요에 따라 분배될 수 있다는 것을 전제할 때 가능한 논리이다.[13] 그렇지만 1998년 FAO가 발간한 식량 공급격차도(Mapping of the Food Supply Gap)의 일일 에너지 공급(DES: Daily Energy Supply)표에서 볼 수 있듯이, 선진국과 저개발국 간에 큰 식량 공급 격차가 존재하며 한 국가 내에서도 식량 접근성에 상당한 불평등이 있다. 예를 들면, 아시아는 농업 생산성이 급격히 성장하여 가장 잘 식량 가용성을 가장 잘 높였지만, 동시에 여전히 기아인구가 가장 많다.

이러한 세계적인 식량 공급의 불평등한 분배를 고려할 때, 식량안보를 위해서는 저개발국가가 그보다 상대적으로 부유한 식량 수출국으로부터 식량을 싸게 구입할 수 있는 접근성이 마련되어야 한다. 이는 한 국가가

12) Judith Shapiro, *Mao' s War Against Nature: Politics and the Environment in Revolutionary China* (Cambridge: Cambridge University Press, 2001).

13) FAO, Mapping of the Food Supply Gap 1998, http://www.fao.org (검색일: 2002년 1월 5일), Bread for the World, "Hunger Basics: International Facts on Hunger and Poverty," www.bread.org/hungerbasics/international.htm (검색일: 2002년 1월 5일).

국민이 필요로 하는 모든 작물을 생산해야 하는 자급자족 상태보다 일반
적으로 더 효율적이고 저렴하다. 이론상으로 무역을 통해 식량안보를 향
상할 수 있는 것이, 국제사회가 식량을 남는 곳에서 부족한 곳으로 옮기기
만 하면 되기 때문이다. 예컨대, 서방 정상들이 빈국들이 생산하기에 가장
적당한 상품 및 원료(예: 식량이나 섬유제품) 시장을 개방한다면, 빈국들
이 보다 빠른 속도로 발전할 수 있는 것이다.[14]

그러나 실제로는 선진국이 자국의 이익을 위해 정치적 영향력과 시장
의 힘을 착취하려 하고, 한편 다수의 빈국은 식량에 대한 '경제적' 접근
성, 즉 식량을 살 돈 등을 갖지 못하는 실정이다. 국제시장의 불공정한 무
역조건으로 인해 빈국은 더 많은 원료를 수출해야 하는 처지에 놓이게 되
는데, 한 빈국 내에서 정치적, 경제적 엘리트그룹은 이를 위해 농촌의 농
민과 목축업자의 자원을 착취하는 형국이다.[15] 그 결과 자원은 소수 지배
세력에게만 집중되고, 나머지 다수는 심각한 식량 부족에 시달리게 되는
것이다.

### 3) 빈곤과 경제적 불평등

빈곤도 식량불안의 주요 원인 중 하나이며, 지속적인 빈곤퇴치야말로
식량 접근성 개선에 필수적이다. 세계적으로 12억 이상의 인구가 하루 1
달러 미만으로 살아가고 있다.[16] 이들 중 대다수가 절대적으로 가난하고
수시로 굶주리고 있지만, 점점 벌어져가는 빈부격차를 고려한다면 그러
한 빈곤과 기아를 퇴치하기 위해 세계적으로 드는 비용은 그리 크지 않
다. 세계은행의 빈곤선 이하에서 살아가는 이들 12억 인구는, 기껏 연간
400억 달러만 있으면 모두 빈곤선까지 끌어올릴 수 있다. 반면에 선진국

14) "Sustaining the Poor's Development," p. 9, *The Economist* (2002년 8월 31일).

15) Mohamed Suliman, *Civil War in Sudan: The Impact of Ecological Degradation*, Occasional Paper No. 4 (Zurich: Environment and Conflict Project, 1992).

16) *World Bank, World Development Report 1998*, http://www.worldbank.org/poverty/wdrpoverty/report (검색일: 2002년 7월 15일).

에 사는 8억 9,100만 인구가 전체 23조 달러에 달하는 GNP를 향유하고 있다.[17] '유엔 밀레니엄 선언의 이행에 대한 지침'이라는 유엔 보고서에서 사무총장인 코피 아난은 하루 1달러 미만으로 굶주리며 살아가는 사람의 비율을 2015년까지 반으로 줄이는 대책을 강조했다.[18] 그러나 아직 연간 4조 3천억 달러(선진국 전체 GNP의 0.02%, 선진국 국민 일인당 5 달러 미만)만이 가난하고 영양실조인 사람들에게 보내졌다.[19] 1990년대 농업에 대한 공적개발원조(ODA)는 크게 줄었다.[20]

남한과 중국에서 증명되었듯이 경제성장과 빈곤퇴치가 일차적으로 국내 정책에 달려 있다고는 하지만, 선진국으로부터의 원조는 빈국의 발전에 필수적이다. 해외 원조가 없이는 빈국이 질병을 예방하고 에너지 효율을 높이고 농업 생산성을 향상한다는 것은 거의 불가능하다. 더욱이 무력충돌, 테러, 부패, 자연재해 및 환경악화로 인해 식량을 생산하거나 얻을 수 없는 사람들에게는 특별한 관심이 요구된다.[21] 지난 30년간 전쟁에 소요된 연간 비용은 4조 3천억 달러에 이르고, 이는 3억 3천만의 영양실조

---

17) Thomas W. Pogge, "Poverty - A Violation of Human Rights," http://www.columbia.edu/cu/humanrights/rn_poverty.htm (검색일: 2002년 5월 14일).

18) 모든 189개 회원국이 다음과 같은 유엔 밀레니엄 발전목표 8개조를 2015년까지 이행하기로 약속했다. 1)극심한 빈곤과 굶주림의 퇴치; 2)보편적인 기초교육 달성; 3)남녀평등과 여권의 증진; 4)아동 사망률 감소; 5)모성 보건 증진; 6)HIV/AIDS, 말라리아 등의 퇴치; 7)환경적 지속가능성 보장; 8)개발을 위한 세계적 파트너십. 자세한 내용은 *Road Map Towards the Implementation of the United Nations Millennium Declaration: Report of the Secretary-General,* United Nations General Assembly, A/56/326, 2001년 9월 6일자를 참조할 것.

19) Thomas W. Pogge, 앞의 글.

20) FAO News, "Professor Jeffrey Sachs: More investment in agriculture could save millions from starvation and death," http://www.fao.org/english/newsroom/news/2002/6385-en.html (검색일: 2002년 6월 12일).

21) Shin-wha Lee, "Not a One-time Event: Environmental Decline, Ethnic Rivalry, and Violent Conflict," *Journal of Environment and Development,* Vol. 6, No. 4 (1997년 12월).

인구에게 일용할 양식을 제공할 수 있는 금액이다.[22]

## 3. 기아의 원인

맬서스의 논문 이후, 기아에 대한 연구는 희소성의 개념에 맞춰져 왔다. 기아는 식량 가용성의 급격한 감소로 인해 그 사회 내 식량의 극심한 희소성이 야기될 때 발생한다. 기아는 굶주림 이상이며, 사회 붕괴, 경제 손실, 인권 위기를 수반한다.[23] 기아의 원인으로는 가뭄, 홍수, 흉작, 인구 과잉, 전쟁 등 천재(天災)와 인재(人災) 모두 포함된다.

그러나 인구대비 가용식량 비율의 감소가 반드시 기아의 일차적인 원인은 아니다. 기아는 또 종종 실질 소득이나 구매력의 감소, 식량 가격 상승과 함께 발생하기도 한다. 1998년 노벨경제학 수상자인 센(Amartya Sen) 교수는 기아 문제에 대해 식량 가용성 감소(FAD: Food Availability Decline)에만 초점을 맞추는 방식의 틀에 박힌 분석을 거부하면서, 그 근본적 원인은 총 식량 공급량뿐만 아니라 식량에 대한 개인의 '권리(entitlement)'에도 있다고 주장했다. 즉, 한 사회의 개인이나 특정 그룹이 합법적인 경제수단으로 식량을 전혀 얻을 수 없을 때 기아가 발생한다는 것이다. 또 개인이나 그룹이 구매력이 부족하면 부족지역에 대한 식량흐름이 끊길 것이고, 이는 절대적인 식량 부족을 야기한다. 요약하자면, 기아는 전반적인 식량 부족에 기인한다기 보다는 취약그룹들에 대한 식량접근과 사용에 대한 권리가 부재할 경우 생긴다.[24]

센의 '권리이론'은 식량에 대한 접근을 결정하는 경제적 관계에만 치

22) Jacques Diouf, Director General of FAO와의 인터뷰기사, *FT Expat*(the Financial Times monthly magazine), p. 18, http://www.fao.org/worldfoodsummit/english/headlines/ftexpat.pdf (검색일: 2002년 5월 18일).

23) David Keen, *The Benefits of Famine*(Princeton: Princeton University Press, 1994).

24) Amartya K. Sen, *Poverty and Famines: an Essay on Entitlement and Deprivation* (Oxford: Clarendon Press, 1981).

중하여 기아와 기아 구제에 대한 정치적 측면을 간과했다는 비판을 받았다. 또한 빈곤과 시장의 힘이 기아의 원인이라는 시각과 국가의 역할에 대한 간과는 인도주의적 책임에 대한 주의를 소홀히 했다는 것을 의미한다. 이러한 비판을 수용하고 재연구하여 1989년에 출판된 책, 『기아와 공공 행동』에서 드레즈(Jean Dreze)와 센은 경제적, 정치적 요소를 결합한 기아모델을 제시했다. 권리가 붕괴되고 국가가 권리를 보호하는 조치를 취하지 않았을 때 기아가 발생한다는 것이다. 비민주적이고 비합법적인 정권하에 있고 언론이 자유롭지 못한 국가는 기아구제에 무심한 경우가 많다. 게다가 관계 당국의 임무태만이나 경직성으로 인해 효과적인 구제책이 마련되기 어렵다.[25]

맬서스와 센은 모두 기아를 '예방 가능한' 재난으로 보고 있다. 맬서스의 식량부족 이론은 인간의 토지 비옥도 조절이나 식량생산 증가에 의해 기아를 예방할 수 있다고 보았고, 센의 권리이론은 취약그룹들에게 상실된 권리를 찾아 줄 메커니즘의 필요성을 역설했다. 그러나 이 두 관점 모두 역사적 사례가 부족하고, 기아가 일어나는 시기 동안의 변화 과정에 대한 고찰이 결여되었다는 비판을 받았다.[26] 기아에 대해 어느 요소가 강하게 영향을 주던지, 피해자는 발생한다. 기아라는 상황은 "식량에 대한 권리," 즉 모든 인권 중 가장 기본적인 권리를 빼앗아 가는 것이다. 따라서 보편적인 식량안보라는 기본 목표는 전세계 인구가 "기아로부터의 자유"를 보장받을 때에야 비로소 달성되는 것이다. 1999년 6월 유엔경제사회이사회(ECOSOC: UN Economic Social Council)가 인정했듯이, 국가와 국제사회가 식량안보를 보장하지 못하는 것은 바로 환경안보와 인권문제에 있어서 가장 심각한 오점 중 하나인 것이다.[27]

25) Jean Dreze and Amartya K. Sen, *Hunger and Public Action* (Oxford: Oxford University Press, 1991).
26) Jenny Edkins, *Whose Hunger? Concepts of Famine, Practices of Aid* (Minneapolis: University of Minnesota Press, 2000).
27) Economic and Social Council(ECOSOC), "The Realization of Economic, Social

## 4. 환경안보 및 인간안보의 관점에서 본 식량불안

'환경안보문제'라는 폭넓은 개념에는 환경변화(재생가능한 자원의 양과 질이 감소하는 속도가 자연적인 회복보다 빠른 것)와 그 정치, 경제, 사회, 인도적 결과가 모두 관련되어 있다. 여기에는 인간이 초래한 생태적 압박, 토지부족, 수자원 고갈, 삼림벌채, 사막화, 대기·수질·토양오염, 오존층 파괴, 기후변화, 자연재해, 에너지안보, 핵안전, 기아, 질병, 이민(인구유입과 난민문제) 등이 포함된다. 다음의 단계들은 환경문제가 어떻게 환경안보(또는 불안)상 최악의 형태인 환경갈등을 야기할 수 있는지를 설명하는 분석틀을 제시할 수 있다.

첫 번째 단계로 거주의 조밀화, 높은 출생률, 도시화의 가속화, 계속적인 이민자 유입 등으로 인해 인구 압력이 가중된다. 둘째, 자원 소비와 오염을 발생하는 기술의 개발로 소비와 부의 평균 수준이 높아진다. 세 번째 단계에서는 인구 증가와 수요 증가가 자원부족과 환경피해를 가중시켜, 결국 자원이 부족해지거나 접근이 어려워지면서 더 이상의 인구를 지탱하기 위해서는 엄청나게 높은 비용을 치러야 하고 이를 위해 다시 환경을 해치게 되는 악순환을 초래하는 것이다. 넷째로 자원부족과 환경악화라는 환경압력 때문에 토착민과 이주민 간에 경쟁이 발생하고 정치적 사회적 긴장이 생겨난다. 자원 경쟁 시기에는 사람들이 대체로 그룹정체성에 대한 자기의식과 자기주장이 강해진다. 다섯째, 희소한 자원에 대한 경쟁은 늘어나는 인구에 모자라는 자원을 "질서있게" 배분해야 한다는 압력을 정권에 주게 된다. 희소성이 높으면 높을수록, 분배체계의 붕괴 가능성도 높아진다. 이는 정부엘리트와 같은 유리한 계층이 다른 계층을 희생시키면서 가치있는 것을 차지하려 권력을 휘두르기 때문이다. 여섯째, 자

---

and Cultural Rights," Commission on Human Rights, Sub-Commission on Prevention of Discrimination and Protection of Minorities, Fifty-first Session, Item 4 of the Provisional Agenda, E/CN.4/Sub.2/1999/12, http//www.unhchr.ch/Huridocda/Huridoca.nsf/(검색일: 1999년 6월 28일).

〈그림 7-1〉 환경안보 맥락에서 본 식량불안

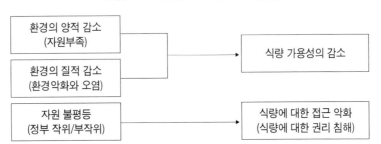

원을 남용하고 오염시키는 것을 막는 조치가 없다면, 이러한 생태적 압력은 돌이킬 수 없는 선을 넘게 된다. 또 부분적으로나마 복원할 수 있다 하더라도 엄청나게 길고 비싼 과정을 거쳐야 한다. 일곱째, 어장 고갈과 같은 환경파괴로 인해 농업 및 공업 생산이 감소하여 평균적인 삶의 질이 낮아지고 나아가 개도국에서는 빈곤과 영양실조가 야기된다. 여덟째 단계로 환경파괴와 경제난은 일반적으로 국가의 정치적·재정적·법적 통치기구의 붕괴, 자원과 상품의 불평등한 분배로 인한 상대적 박탈감의 확산, 농촌 노동자의 도시 유입이나 월경(越境)과 같은 대규모 인구 이동 등과 같은 사회적 결과를 낳은 후 폭력사태로까지 번지게 된다. 마지막으로, 환경파괴와 그 효과로 인해 갈등이 야기될 뿐만 아니라 사회 내부에 지속적인 무질서를 초래할 수 있다.

식량안보에 대한 논의는 환경불안이라는 분석틀에서 보아야 할 것이다. 즉 환경불안이라는 상황이 환경의 양적(자원 부족), 질적(환경악화) 감소로 인해 생기고 나아가 정부의 작위나 부작위에 의해 악화되는 것처럼, 식량불안이라는 상황은 식량 가용성과 식량 접근성의 감소라는 복합적인 요인에 의해 만들어진다〈그림 7-1〉 참조).

〈그림 7-1〉에서 정부 부작위는 정부의 지식 부족, 무능, 의지 부재, 비효율성, 무책임성, 부패를 의미한다. 많은 환경난을 피할 수는 없지만 예보와 대응은 인간의 영역, 무엇보다 정부의 능력과 의지에 달려있다. 정부의

불충분한 대응이나 준비 부족은 환경파괴를 가중시킬 수 있으며, 특히 복구 계획은 다민족 사회 내 민족적·인종적 선호나 적대감에 영향을 받는다. 정부 작위는 1) 에너지 위주 발전과 자원 착취와 같은 적극적 정책, 2) 거대 댐 건설이나 석탄 채취와 같은 대규모 기반시설 확충 계획, 3) 이주와 재정착을 유도하는 차별적 인구정책 등을 말한다. 재해에 대한 효율적인 대처와 예방은 장기적인 개발 계획에 달려 있으며, 정부의 개발정책은 생태계에 악영향을 줄 수 있다. 비용-이익 분석은 정치적 계산이나 경제적 이해관계에 의해 종종 왜곡된다.[28]

한편, 인간안보에 대한 위협은 정치불안, 경제적 불평등, 환경악화와 같은 국내적 요소로부터 점점 더 많이 기인하고 있다. 인간안보는 개인이나 집단이 거주하는 국가의 영토적, 정치적 안전보장뿐 아니라, 비전통적, 비군사적 문제를 포함하여 생존을 위협하는 모든 위협으로부터의 보호를 의미한다. 인간안보 개념은 1994년 유엔개발계획(UNDP: UN Development Programme) 보고서에서 인정된 이후 점점 중요성이 높아지고 있다. UNDP는 '인간안보'를 굶주림, 질병, 억압과 같은 만성적 위협으로부터의 안전과 일상생활에 대한 갑작스럽고 유해한 혼란으로부터의 보호로 정의했다.

인간안보는 빈곤, 자연재해, 강제 퇴거와 폭력 등으로부터 개인을 보호하는 '최소 인간안보' 뿐만 아니라, 지속가능한 시민사회에서 기본적인 생활과 필수적 복지에 대한 접근을 의미하는 '최대(적극적) 인간안보' 개념까지 아우른다. 최소 인간안보가 인간생존을 위해 보장되어야 하는 것이라면, 최대 인간안보는 모든 개인이 자원에 대한 접근성과 사회정치적 권리를 신장시킴으로써 완전한 생활을 영위하게 될 때 달성될 수 있다.

최소 및 최대 인간안보의 개념은 식량안보를 설명하는 데도 사용할 수

---

28) Shin-wha Lee, "In Limbo: Environmental Refugees in the Third World," in Nils Petter Gleditsch (ed.), *Conflict and the Environment* (Dordrecht/Boston/London: Kluwer, 1997).

〈표 7-1〉 인간안보의 맥락에서 본 식량안보

| 최소 식량안보 | • 부족상태로부터의 해방<br>• 굶주림으로부터의 해방<br>• 모든인간의 기본권(FAO 헌장전문)<br>• 굶주림으로부터 해방될 권리는 기본적이고 삶의 자유에 본질적으로 연관됨<br>• 국가와 국제사회는 인간이 최소한 굶어죽지 않도록 보장할 의무를 짐 |
|---|---|
| 최대(적극적)<br>식 량 안 보 | • 적절하고 영양있는 음식을 완전히 향유할 모든 인간의 권리<br>• 건강하고 활동적인 삶을 위해 양적으로 질적으로 적절한 음식에 언제나 물리적·경제적으로 접근<br>• 완전한 향유를 위해서는 보건과 교육에 대한 접근성, 문화적 가치에 대한 존중, 재산에 대한 권리와 경제적·정치적으로 결사를 할 권리, 환경적·사회적으로 지속가능한 방식으로 살아갈 권리가 필요 |

있는데, 유엔과 국제사회가 그랬듯이 식량안보의 목표는 각자의 굶주리지 않을 권리를 보장하는 것뿐만 아니라, 모든 사람이 충분하고 영양있는 식사를 완전히 향유할 권리도 포함한다. 최소 및 최대 식량안보의 입장은 〈표 7-1〉에 나타나 있다.

## II. 동아시아의 식량안보: 성과와 한계

동아시아는 북으로는 중국, 한국, 일본, 남으로는 미얀마, 인도네시아, 싱가포르에 걸친 넓은 지역이다. 또 이 지역은 세계 인구의 40%가 살고

있는 곳이다. 그리고 1960년대부터 경제성장뿐만 아니라 정치적·사회적
으로도 근본적인 변화를 겪었다. 이처럼 많은, 또 증가하는 인구에도 불구
하고 일부 동아시아 국가는 지난 30~40년간 식량안보를 달성해냈고 이
지역의 영양실조 인구는 상당히 줄어들었다. 이같이 주목할 만한 성과는
일차적으로 빠른 경제성장과 농업생산의 증가가 인구성장률을 능가했기
때문이다. 또한 특히 동북아시아에서는 영양과 교육분야에 대한 공공투
자와 성공적인 민주화로 인해 더욱 성과를 거둘 수 있었다. 중국은 1990
년대 유례없는 경제 및 농업 성장을 기록하면서 앞에서 언급했듯이 영양
실조 인구를 크게 줄였다.[29]

이와 같은 성과에도 불구하고 아직도 일부 지역의 식량안보는 심각한
상태다. 따라서 2015년까지 극단적 기아와 빈곤을 퇴치하려는 세계식량
정상회의와 유엔 밀레니엄 선언의 목표가 이 지역에서 달성되기는 힘들
다. 사실 동아시아의 전체적인 식량 가용성 증가 때문에 개별 국가의 성
장 격차가 간과되고 있다. 중국, 베트남, 태국이 1990~1992년 및
1997~1999년에 이르는 기간 동안 괄목할 만한 성과를 거둔 12개의 '최고
성과국가(Best Performer)'에 속하는 반면, 북한과 몽골은 FAO가 지정한
'최악성과국가(Worst Performer)' 10개국에 속한다. 2002년 6월 현재,
FAO는 북한과 몽골을 (남아프리카 21개국, 독립국가연합의 아시아 3개국
과 함께) 최악의 기아를 겪고 있어 국제적 지원이 불가피한 31개국에 포
함시켰다.[30] 북한은 1990년대 수해, 가뭄, 중국 및 구소련과의 특수한 무역
관계의 와해 등으로 큰 어려움을 겪고 있다. 다음 절에서 설명하겠지만
이것이 북한의 식량생산과 국민영양상태를 비참한 상황으로 몰고 갔다.
몽골에서는 3년 연속으로 혹독하게 몰아친 겨울·봄 한파와 열악한 농업
기반시설로 인해 2002년 곡물생산이 더욱 줄어들 것으로 예상되며, 이 같

---

29) SOFI, 앞의 글.

30) Global Information and Early Warning System on Food and Agriculture (GIEWS),
 *Food Outlook,* No. 3 (Rome, 2002년 7월).

은 상황 속에 유목민의 생계와 식량안보는 심각하게 영향을 받게 된다.[31]

북한과 몽골만큼 심하지는 않더라도 다른 몇몇 동아시아 국가들 역시 식량불안 상태가 될 위험이 있다. 식량 및 농업에 대한 지구정보 및 조기 경보시스템(FAO/GIEWS)의 2002년 보고서에 따르면 캄보디아가 식량 생산 증가를 이룬 반면 전년도 수해를 입은 사람들은 여전히 기아에 취약한 상태다. 중국 역시 지난 10년간의 괄목할 만한 성장에도 불구하고 여전히 세계에서 두 번째로 많은 기아인구가 살고 있다.

이러한 상황은 2002년 봄 중국 서부 및 중부에, 여름에는 북서부에서 발생한 폭우와 홍수로 인해 인명과 기반시설이 유실되어 더욱 악화되었다. 2002년 5월에 독립한 동티모르는 식량 및 기타 지원이 필요한 상태다. 2001년 12월 이후 수많은 난민들이 돌아오고 있고 80만 인구 중 절반 가량이 가난과 굶주림 속에 살고 있다. 인도네시아에서는 2002년 1월과 2월 심한 수해가 발생하여 쌀 농사 지역의 0.1%(1만 헥타르)가 유실되어 전국에서 70만 명이 피해를 받았다. 인도네시아와 필리핀의 식량불안은 국내 갈등으로 인해 더 악화되었다. 라오스의 고지대 및 수해빈발 지역의 빈민들은 만성적인 영양실조를 겪고 있으며 외부의 도움이 필요한 상태다.[32]

일부 아시아 국가에서 지속적인 식량안보 보장에 대한 전망이 불확실한 것은 90% 이상의 인구가 35년 이내에 식량 소비의 20% 이상을 수입에 의존하게 된다는 것 때문이다.[33] 사하라 이남의 아프리카에서 기아의 정도가 가장 심하지만, 만성적인 기아 인구의 숫자를 따지면 동아시아(동북

31) GIEWS, "FAO/GIEWS-Food crops & Shortages," Map of crop prospects and food supply situation, No. 3, http://www.fao.org/WAICENT/faoinfo/economic/giews/english/fs/fs0206/pays/asia0206.htm (검색일: 2002년 6월 10일).

32) *Ibid*; 또한 Bread for the World, Issues & Action: A Future with Hope: Hunger 2002, http://www.bread.org/issues/backgroundpapers/March_2002_A_Future_With_Hope_Hunger_2002.html (검색일: 2002년 6월 10일)을 참조할 것.

33) Paul Smith, "Food Security and Political Stability in the Asia-Pacific Region," *Conference Report for the Asia-Pacific Center for Security Studies,* Honolulu (1998년 9월 11일).

및 동남)와 남아시아(세계 영양실조 인구의 3분의 2)를 합쳤을 때 그 어느 지역보다도 많다(〈표 7-2〉 참조). 게다가 2001년 일어난 일련의 자연재해로 인해 동아시아에서는 캄보디아, 중국, 인도네시아, 필리핀, 태국, 베트남에서, 남아시아에서는 인도, 네팔에서 "기아 지대"가 형성되어 영양실조 인구가 3천 5백만을 넘어섰다.[34] 2030년 동아시아와 남아시아의 인구가 10억에서 42억 2천만(전세계 인구의 52%)으로 증가할 것이라는 것을 고려한다면[35] 아시아의 영양실조 인구는 계속 늘어날 전망이다.

굶주림으로부터 해방이 동아시아 일부 국가에서는 계속 어려움에 봉착하고 있지만, 전체적으로 볼 때 이 지역은 기아 퇴치에 큰 성과를 거두고 있다. 농업생산의 급격한 성장과 사회 안전책(예: 빈민에 대한 식량 보조)의 수립으로 생긴 여러 성공사례는 식량안보의 열쇠라 할 수 있다.[36] FAO 정책 보고서에 의하면, 아시아의 식량안보 달성은 농업부문의 성장과 식량안보의 세 가지 기본 요소인 빈곤완화, 식량경제의 안정성, 성장 자체 사이에 효과적인 연계가 있어야 함을 보여주는 사례다. 즉 동북아시아와 동남아시아에서의 식량안보 개선은 식량가격 안정화 노력과, 역동적인 농촌경제로 인한 빈곤완화에 의해 크게 이루어졌다는 것이다.

그러나 동아시아의 교훈은 다른 지역, 특히 기본적인 식량이 국제시장에서 거래되고 부동산 구조가 왜곡되어 있으며 농업 생산성을 향상할 기술에 대해 접근할 수 없는 다른 지역에는 적용될 수 없다. 또한 동아시아에서는 주식이 되는 곡물의 자유무역이 식량안보를 위해 개입할 정부의

34) Bread for the World, 앞의 글.
35) Gamal Mohamed Ahmed, FAO대표가 베이징에서 개최된 East Asia Forum on Agricultural Technology and Co-operation에서, 2002년 6월 발표한 연설문, Zhao Huanxin, "E. Asia ponders farming issues," *China Daily*, 2002년 6월 26일, http://www1.chinadaily.com.cn/cndy/2002-06-26/75284.html에서 재인용하였다.
36) Stacey Rosen and Shahla Shapouri, "Effects of Income Distribution on Food Security," *Agriculture Information Bulletin*, United States Department of Agriculture, Economic Research Service, Number 765-2 (2001년 4월).

〈표 7-2〉 개도국과 과도기 국가의 영양실조 개략적 실태

|  | 1996-98년<br>백만 명<br>(인구 대비 %) | 2015년<br>백만 명<br>(인구 대비 %) | 2030년<br>백만 명<br>(인구 대비 %) |
|---|---|---|---|
| 사하라 이남 아프리카 | 189.9<br>(34%) | 184<br>(22%) | 165<br>(15%) |
| 중동 및 북아프리카 | 35.9<br>(10%) | 38<br>(8%) | 35<br>(6%) |
| 라틴 아메리카 및<br>카리브해 연안지역 | 54.9<br>(11%) | 45<br>(7%) | 32<br>(5%) |
| 중 국 과 인 도<br>기 타 아 시 아 지 역<br>아 시 아 전 체 | 347.7(16%)<br>167.5(19%)<br>515.2 | 195(7%)<br>114(10%)<br>309 | 98(3%)<br>79(5%)<br>168 |
| 개 도 국 전 체 | 791.9<br>(18%) | 576<br>(10%) | 400<br>(6%) |

출처: SOFI, 앞의 글, Table 1: Prevalence of Undernourishment in Developing Coun-
tries and Countries in Transition, http: www.fao.org/docrep/x8200e
/x8200e06.htm (검색일: 2003년 1월 5일), FAO, *Agriculture: Towards 2015/30*,
Technical Interim Report, 2000년 4월.

능력을 제한하지만, 다른 지역에서 자유무역은 식량안보를 보장하는 빠
르고 효율적인 방법이다.[37] 동아시아의 경험이 식량안보 달성에 실패한
다른 지역에 교훈이 되든 안되든, 생산성과 빈민소득을 증가시키는 농업
투자와 식량안전계획 수립의 중요성을 보여준다.[38]

---

37) Peter Timmer, *Food Security Strategies: The Asian Experience*, FAO Agricultural
   Policy and Economic Development Series 3 (Rome: Food and Agriculture Organi-
   zation of the United Nations, 1997).
38) Stacey Rosen and Shahla Shapouri, 앞의 글.

## III. 식량안보의 인도적 맥락: 탈북자 사례

동아시아의 식량안보에 대한 다양한 실제적·잠재적 위협들 중에서 가장 심각한 경우가 바로 북한의 기아사태이다. 사실 식량위기야말로 오늘날 북한이 부딪친 가장 시급하고 심각한 인도적 문제이다. 1990년대 중반부터 주로 어린이와 노인으로 이뤄진 2백만~3백50만 명이 아사한 것으로 집계되었다.[39] 현재 북한 주민의 절반 이상[40]이 영양실조 상태인 것으로 판단되고 있다.[41] 세계식량계획(WFP: World Food Programme)과 유엔아동기금(UNICEF), EU가 1998년 9월 공동으로 조사한 바에 의하면 북한 아동, 특히 6개월에서 세 살 사이의 아동 중 16%가 심각한 영양실조(보통 내지 심한 기력쇠진) 상태이고, 62%가 만성적인 영양실조(보통 내지 심한 발육부진)상태라고 한다.[42] 기아가 계속 전국을 휩쓰는 가운데, 북한 주민 서너 명 중 한 명은 북한에서 활동하는 가장 큰 유엔산하기구인 WFP가 주도하는 국제식량원조에 의존하여 살아가고 있다.[43] 국가 경제가 침체됨에 따라 식량위기는 좀처럼 끝나지 않고, 후술하듯이 2002년을 지나면서

---

39) US Committee for Refugees(USCR) Country Report: North Korea 2002, http://www.refugees.org/world/countryrpt/easia_pacific/north_korea.htm, 또한 "North Korea loses 3 million to famine," http://news.bbc.co.uk/hi/english/world/asia-pacific/newsid_281000/281132.stm, BBC Online Network; and UNICEF news, http://www.unicef.org/newsline/02pr21dprk.htm도 참조할 것.

40) WFP에 따르면, 북한의 인구는 2001년 중반/2002년에 2,397만 8천 명으로 집계되었다. FAO/WFP Joint Paper, FAO Global Information and Early Warning System on Food and Agriculture/World Food Program, "Special Report, FAO/WFP Crop and Food Supply Assessment Mission To the Democratic People's Republic of Korea," http://www.fao.org/WAICENT/faoinfo/economic/giews/english/alertes 검색일: 2002년 7월 29일)을 참조할 것.

41) WFP, "Food Security: Overview," Country Brief Korea (DPR), http://www.wfp.org/country_brief/indexcountry.asp?country=408 (검색일: 2002년 7월 29일).

42) WFP, "Democratic People's Republic of Korea," Projected 2002 Needs for WFP Projects and Operations, http://www.wfp.org.appeals/bluebook/by_countries/DPR.pdf (검색일: 2002년 7월 29일); FAO/WFP Joint Paper, 앞의 글.

더욱 악화될 전망이다. 북한 기아사태의 심각성을 살펴보기 위해서는 그 원인과 결과가 포괄적으로 다뤄져야 할 것이다.

## 1. 식량위기의 원인

### 1) 생태적 원인 - 자연적·비자연적 재해

1995년 7~8월 기간 동안 북한 전역에 전례 없는 폭우가 쏟아져 큰 피해를 입었다. 북한 정부의 조사에 따르면, 인구의 4분의 1에 해당하는 520만 명 이상이 피해를 입었고 50만 명이 집을 잃었다. 이보다 덜 심하긴 했지만 1996년의 수해 역시 전국 쌀 생산량의 60%를 생산하는 황해도와 강원도, 개성시에 심각한 피해를 입혔다. 1997년, 61년 만에 최악의 해일과 가뭄이 닥쳐, 수확할 작물이 거의 없을 정도(평상시 수확의 1/8)가 되었다. 1998년 8월 홍수가 다시 일어나 그나마 약화된 경제에 큰 타격을 주었다. 현재 수백만 북한 주민이 하루 250~300그램, 즉 유엔 난민캠프에서 배급되는 양의 절반가량으로 근근히 연명하고 있다.[44] 2000년 여름의 심한 수해와 2001년 가을의 가뭄으로 인해 이 수치는 200그램으로 떨어지고 북한 주민은 2002년에 더 훨씬 심한 식량부족을 겪을 것이다.[45] 요약하면, 1995년에 시작된 일련의 자연재해가 북한의 농업기반과 기반시설을 못쓰게 만들어 버린 것이다.

둘째, 북한에서 일어난 심각한 식량부족은 북한의 지리적·기후적 조건과 밀접히 관련되어 있다. 북한은 산지가 많아 국토의 20%만이 농작이 가능하고, 기후 조건상 1년 1작만이 가능하다. 농작주기의 단기성과 경직성으로 인해 농작물이 유실된 지역에 다시 심을 수 있는 여건이 되지 않는

43) http://www.wfp.org/country_brief/index.asp?continent=2(검색일: 2002년 7월 29일).

44) Kwang-In Kim, "Pyongyang Experimenting with Capitalism," NKChosun.com, 2002년 7월 19일, http://nk.chosun.com/english/news/ (검색일: 2002년 7월 29일).

45) FAO/GIEWS, 앞의 글.

다. 예를 들면, 1995년과 1996년의 수해가 농작 주기의 중요한 시기에 닥치지만 않았어도, 침수만으로 농작물이 크게 유실되지는 않았을 것이다. 7월~8월 수해가 전국을 강타한 시기는 바로 주곡물인 쌀과 옥수수가 자라는 중요한 시기로 환경에 가장 민감한 시기였던 것이다.

자연재해에 대해 면밀히 조사해 보면, 가뭄, 홍수, 기아 등의 특정 자연재해는 과거보다 더 자주, 더 심각하게 일어나고, 이것은 모(母)자연에 의한 것이라기 보다 인간의 "비자연적" 행위(환경 및 자원 관리, 삼림 벌채, 과도한 경작으로 인한 강 마름 등)로 인한 것임을 알 수 있다. 북한의 작황이 농지 이용과 기후에 영향을 많이 받기 때문에, 그러한 제약조건은 토양이 회복되기도 전에 쌀과 옥수수가 계속 재배되는 원인이 되었다.

1970년대 중반부터 북한주민은 식량 생산을 극대화하기 위해 모든 산지 경사면에 있는 소나무를 베어 계단식 옥수수 밭을 만들었다. 이런 관행으로 인해 산비탈이 물을 보유하지 못하게 되고 이는 홍수의 원인이 되었다. 1980년대 동안 북한의 식량생산은 화학비료의 집중적 사용, 기계화, 잡종 재배 등으로 인해 높았으나, 1989년에서 1993년 사이에 경제 침체와 무역 악화로 쌀과 옥수수 수확량은 크게 떨어지기 시작했다. 쌀과 옥수수의 연간 생산량은 1980년대 800만 톤에서 2000년 2백만 톤으로 줄었다.[46] 그러나 농업기반의 계속적인 감소를 고려할 때 정상적인 기후 여건에도 불구하고 농업생산량의 감소는 1990년대 내내 계속 되었다. 따라서 홍수와 가뭄은 그나마 나빠진 식량 공급 사정을 더욱 악화시킨 것이지, 식량부족을 최초로 일으킨 원인은 아니라는 것이다.

### 2) 정부적 요인

각종 재해를 처리하는 정부의 역할도 역시 고려해야 하는데, 이는 재난과 그 피해를 통제하는 정부의 자원이 적으면 적을수록 더 많은 사람들이 피해를 입기 때문이다. 앞의 〈그림 7-1〉에서 설명했듯이 정부의 무능, 무

46) WFP, 앞의 글.

지, 태만, 비효율성, 부패 등의 결합은 자연재해의 예방 및 복구에 큰 영향
을 미친다.

이러한 관점에서, 북한의 현재 식량위기는 구조적 문제로부터 발생했
다고 볼 수 있다. 김정일 정권은 북한 주민이 일할 동기를 거의 얻지 못하
는 협동농장체제를 고수하고 있다. 군비와 중공업에 우선순위를 두는 공
산주의 정부의 정책은 농업부문에 대해서는 투자를 거의 하지 않는다. 운
송이나 통신망과 같은 기반시설이 갖춰져 있지 않기 때문에 외딴 지역에
대한 국제적인 식량지원은 오래 걸리게 되고, 이는 식량위기를 가중시킨
다. 한편 1995년과 1996년에는 북한 정부가 온 여력을 김일성이 안치된
금수산 기념궁전에 입은 수해를 복구하는데 써버렸다. 전국이 크나큰 경
제 침체에 허덕이는데도, 김정일 정권은 김정일과 로동당의 이미지를 가
꾸는 정치 공작에 수백만 달러를 쏟아 부었다.[47] 정부 결정이 자존심과 정
치적 이해관계에 따라 만들어지는 반면, 민중의 고통이 외면된 사실은 안
타깝다.

### 3) 식량공급 문제

최근 들어, 특히 1995년 홍수 이후 북한의 식량공급 문제로 인해 1950
년대 중반부터 시행된 국가배급제 또는 식량배급제를 통한 배급에 큰 차
질이 있었다. 국가배급제는 국가가 생활필수품을 제공하는 체제이다. 북
한 주민들은 한 달에 두 번 곡물 배급소에 가서 쌀과 여타 곡물을 배급 받
아왔다. 그러나 국가배급제는 1980년대 곡물 수확량 감소, 무역 악화, 그
리고 누진적인 곡물 저장량의 감소로 인해 큰 부담을 겪었다.

설상가상으로, 저조한 외환 보유고와 장기적인 무역적자, 낮은 신용으
로 인해 수입도 어려워졌다. 앞 절에서 설명했듯이 구소련 국가들도 예전
처럼 관대하지는 않았다. 1995년 초, 중국(과거 제1의 식량공급원)으로부

47) Shin-wha Lee, *Environment Matters: Conflicts, Refugees & International Relations* (Seoul and Tokyo: World Human Development Institute Press, 2001).

터의 수입도 중국이 흉작을 입어 곡물수출국에서 수입국으로 바뀌자 전면적으로 중지되었다. 물론 중국이 10만에서 15만 톤의 곡물을 90년대 중반부터 매년 원조해 주었지만 말이다.[48] 이러한 요인들로 인해, 자연재해와는 상관없이 1990년대 초반부터 이미 일반 인민에 대한 곡물 배급량은 줄어들었음을 알 수 있다. 1999년 1월 이후 북한 당국은 수도 평양에서의 배급도 중지했는데, 이는 북한의 식량사정이 막다른 골목에까지 왔음을 보여준다.[49]

2002년 7월 보고에 따르면, 북한이 식량배급체제를 중단하고, 주민들이 더 높은 임금을 받아 식량을 살 수 있는 시험적인 사회주의적 시장경제체제를 가동했다고 한다.[50] 또한 북한 정부는 7·1 경제개혁조치 발표 이후 9월에는 신의주를 특구로 지정하여 홍콩식 자유경제를 도입하겠다고 공언하였다. 그러나 초대 행정장관으로 임명된 중국계 화란인 양빈이 중국 정부에 의해 세금포탈 등의 혐의로 구속되었고, 또한 북한의 비밀 핵개발 프로그램에 대한 시인으로 인해 한반도를 둘러싼 정세가 다시 냉기에 휩싸인 상황에서, 북한이 중국식 시장 사회주의로 진입할 지는 두고 볼 일이다. 정치적, 군사적 정세가 안정된다 하더라도, 경제개혁시도 자체가 인플레이션, 소득격차, 시장 자본주의에 대한 대중의 각성 등과 같은 부정적 결과를 초래하여 김정일 정권에 위협으로 등장할 지도 모른다.

한편, 국제 구호 물자의 분배가 경제적 빈곤이나 기아가 아닌 정치적 충성심이나 경제적 실리에 기반하여 이루어지고, 구호물자의 대부분이 진정으로 필요한 사람보다 고위 관료나 공산당원에 돌아간다고 알려져 있다. 개인이 식량을 확보할 능력이 없고 국가가 그러한 능력을 보장해줄 적절한 조치를 취해주지 않을 때 기아가 발생한다는 센의 주장을 유념해 둘 필요가 있다.[51] 북한의 식량부족은 식량의 부족 자체뿐만 아니라 적절

---

48) WFP, 앞의 글.
49) 『조선일보』(1999년 9월 1일).
50) Kwang-In Kim, 앞의 글.

한 분배체제를 갖추지 않은 정부의 실패 때문에 더욱더 해결되지 않고 있는 것이다.

## 2. 식량위기에 대한 국제적 대응

북한 기아사태는 북한 정부의 고립적인 정책으로 인해 국제사회에 적지 않은 문제를 던져주었다. 1995년 기근 이후로 국제사회는 북한에 대한 인도적 원조를 주로 식량지원이라는 형태로 제공해 왔다. 1995년에서 2001년에 이르기까지 5억 달러에 해당하는 2백만 톤의 식량지원이 WFP에 의해 이뤄졌고, 이는 주로 미국(WFP의 가장 큰 기부자), 한국, 일본, 그리고 EU에 의해 부담되었다.[52] WFP와 함께 UNICEF, 인도적문제조정실(OCHA: Office for the Coordination of Humanitarian Affairs), 세계보건기구(WHO: World Health Organization)도 합동으로 보건, 아동, 복지, 기아구호 등에 대한 노력을 기울였다. 국제적십자연맹과 WFP에 의해 실시된 북한 상황에 대한 현지조사와 사실조사는 구호상황에 대한 신뢰할 만한 정보를 제공함으로써 기부자를 안심시키고, 이로 인해 국제적 지원을 증가시켰다. 1999년 676만 북한 주민이 WFP의 혜택을 받았고, 2001년에는 760만으로 증가했다.

이러한 국제적 노력과 2001년 동안의 식량생산증가(지난 10년간 최대 풍년)에도 불구하고, UN 인권 사무차장인 오시마 켄조(大島賢三)에 의하면 2002년 현재 600만 이상이, 특히 아동, 여성, 노인 등 가장 취약한 계층이 여전히 심각한 식량, 기본 의약품, 식수 부족에 시달리고 있다.[53] 2002

51) Amartya K. Sen, 앞의 글.
52) WFP, 2002, 앞의 글.
53) "UN Food Aid to North Korea to Be Cut," April 30, 2002, http://asia.news.yahoo.com/020501/ap/d7j7n2gg0.html (검색일:2003년 4월 5일). 이에 비해, 북한 정부가 자체 실시한 통계에 따르면 5세 미만 아동의 45%가 만성적 영양실조 상태이고, 진학 연령대의 아동 4백만 이상도 영양부족상태라 학습에 지장을 초래하고 있다. 자세한 내용

년 봄, WFP, UNICEF, OCHA는 북한에 대한 즉각적인 지원이 없이는 인권 위기가 악화될 것이라며, 계속 국제적 지원을 호소하고 있다. 그러나 2002년 5월 예기치 못한 기부금 감소로 인해 WFP와 FAO는 식량지원을 줄였고, 여기서 1백만 이상의 아동과 노인에 대한 식량배급이 끊어졌다.[54] 그 결과 WFP 수혜자의 수는 2002년 중반 642만으로 줄었다. 혹자는 이 같은 기부금 감소의 원인은 미국이 주도하는 반테러전쟁에 뒤따른 아프가니스탄 지원으로 북한에 대한 지원이 떨어져나갔기 때문이라고 말한다.[55]

이는 인도적인 국제 단체들의 만성적인 문제를 단적으로 보여주는데, 인도적 위기에 대한 국제 사회의 대응은 산발적이고 불규칙적이라는 점이다. 점점 악화되는 북한의 인도적 위기에 대한 유엔기구들의 발언과 신문방송매체의 경고 덕분에 2002년 7월 식량원조는 늘어나, WFP는 이전에 분배에서 제외되었던 사람에 대해 지원을 재개할 수 있었다.

2002년 7월 발표된 FAO/WFP의 식량공급평가에 관한 특별 보고서에 따르면, 북한의 국내 식량공급은 2001년 9월에서 2002년 10월 사이 기간 동안, 일일 권장 영양에서 곡물 및 기타 식품 130만 톤의 분량이 모자란다고 한다. 매수 및 증여 수입이 10만 톤 미만이기 때문에 나머지 120만 톤은 외부 원조에 의존할 수밖에 없는 상황이다. 2002년 7월 15일 현재, 이 중 81만 9,000톤은 지원을 받았거나 받을 예정이므로 북한은 여전히 38만

은 "UN warns of deteriorating situation in the Democratic People's Republic of Korea," http://www.unicef.org/newsline/02pr21dprk.htm; Press Center (검색일: 2003년 4월 5일)를 참조할 것.

54) 2002년 5월, WFP는 기존 67만 5천 고등학생과 35만 노년층에 대한 지원을 줄이고 고아, 영아, 임산부와 간호부에 더 많은 식량을 지급하기로 했다. Peter Slevin, "U.N. Scales Back Aid to North Korea," *The Washington Post*, 2002년 5월 5일, http://www.washingtonpost.com/ac2/wp-dyn/(검색일: 2003년 4월 8일); "Famine stalks North Korea, UN agency warns," http://www.oneworld.net/cgi-bin/index (검색일: 2002년 5월 8일), One-World South Asia를 참조할 것.

55) http://www.boston.com/dailynews/121/world/U_N_announces_cuts_in_food_to_:.shtml (검색일: 2003년 3월 16일).

2,000톤에 달하는 심각한 식량 부족을 2002년 말까지 겪어야 한다.[56] 기부국의 기부 약속이 이행되어 수혜자에게 식량으로 분배되려면 최소 몇 달이 소요된다는 사실을 고려할 때, 북한 주민을 먹여 살리기 위해 더 많은 기부 약속이 국제 사회에 필요한 것이다.

한편, 국제적인 집단조치는 그것이 지역적 수준이든 비정부적 수준이든 간에 북한 주민의 수요를 충족시키기 위해서는 반드시 필요하다. 예컨대, "한반도에 대한 유럽연합이사회의 결정"(1999년 7월)과 일반적 사안에 대한 위원회 결정(2000년 10월)은 북한의 인도적 위기에 대한 국제적 노력의 차원에서 일익을 담당하고, 북한의 경제개혁과 핵 비확산을 지원하며, 한반도의 평화를 증진하겠다는 EU의 목표를 설정해 주었다.[57] 이러한 목표는 2001년 3월 스톡홀름 유럽이사회에서 더욱 강화되었다. 또한 프랑스를 제외한 EU의 모든 회원국은 2000년 이후 북한과 외교관계를 수립하여 양자적 또는 집단적 차원에서 북한에 식량지원, 기술 원조, 농업지원, 경제자문 등을 제공하고 있다.

국제비정부단체들(NGOs)도 굶주린 북한 주민에 효과적으로 인도적 지원을 하고 있다. 반면에 정부 대 정부 지원은 정치적 긴장과 북한 정부의 제약 조건 때문에 실효를 거두지 못하고 있다. 후술하듯이 분배에 대한 감시 문제로 인해 북한 정부와 마찰을 빚은 일부 NGO가 북한에서 철수한 것은, 인도적 필요를 충족시키려는 국제적 노력이 실패한 예를 단적으로 보여준다. 그러나 다행히 일부 NGO는 성공했다. 예컨대, 북한 중앙관료와의 신뢰관계 구축에 힘입어 1970년대부터 북한을 간헐적으로 도와온 미국 친우봉사회(AFSC)는 북한의 농업 전문가와 심장병 전문의를 미국에 초청하여 필요한 기술을 전수해 가도록 힘썼다. 또한 이 기구 측에서도 역시 전문가를 북한에 파견하여 새로운 종자를 찾고 새 비료를 실험

56) FAO/WFP Joint Paper, 앞의 글.
57) 1999년 7월 19일과 2000년 10월 9일에 내려진 이사회결정을 참조할 것. http://www.fes.or.kr?K_Unification?GAC-Oct2000.htm, http://www.ceip.org/files/projects/npp/resources/EUKoreapolicy.htm (검색일: 2003년 3월 16일).

하도록 했다.[58] 유럽의 NGO 역시 북한 정부와 신뢰관계를 구축하여 대규모 식량부족사태가 일어나지 않도록 막는 데 공헌했다. 북한에서 직접 활동하는 NGO 외에도 많은 NGO들이 외부에서 회의 개최 및 참여, 국제사회의 인도적 지원 호소 등 지원활동을 펼쳐 왔다. 예컨대 2001년 6월 서울에서 개최된 제3회 "북한 인도적 지원을 위한 국제 NGO 회의"에는 유엔 기구들과 남한, 네덜란드, 뉴질랜드, 캐나다의 정부 대표들이 모여 북한의 상황에 대해 논의하고 농업, 임업, 어업, 의료 분야에 걸친 인도적 지원 방안을 모색하는 장이 되었다.[59]

그러나 전체적으로 볼 때, 북한의 식량위기에 대한 국제사회의 대응은 폭넓고 체계적인 단결이 부재한 상태다. 특히 동아시아의 단합된 지역적 대응이 미흡하다. 북한의 인도적 위기에 대한 국제사회의 미온적인 대응은 다음과 같이 설명될 수 있다. 가장 첫 번째 이유는 고도로 비밀스럽고 군사주의적인 북한과의 불편한 관계 때문이다. 북한 식량부족의 심각성이 1984년, 1985년에 에티오피아에서 100만 명이 죽은 것보다 더 심각할지도 모르지만, 국제사회가 발 빠르게 지원을 하기는 극도로 어렵다. 거의 모든 인도적 지원국은 시장경제체제이며 분배에 대한 엄격한 감시를 요구하게 마련이라서, 그렇지 않아도 서방세계에 의심을 사고 있는 북한이 좋은 평판을 얻기에는 긴 시간이 필요하다.

둘째, 외부 지원에 대한 북한 정부의 불성실한 태도도 문제다. 1995년 이후 국제 사회는 북한의 식량부족을 초래한 자연재해와 구조적 문제에 대해 진지한 관심을 보이기 시작했고, 증여 약속이 증가했었다. 그러나 지원을 실시한 지 수년이 지나도록 사정은 나아지지 않았고, 지원된 식량,

58) Burke Josslin, "American NGOs Quietly Building Trust with North Korea," *The Korea Herald,* 2002년 4월 7일, http://www.koreaherald.co.kr/SITE/data/html_dir/2001/04/27/200104270007.asp (검색일; 2001년 5월 1일); Northeast Asia Peace and Security Network, Special Report, 2001년 6월 26일, http://norrth-korea.narod.ru/assistance.htm (검색일: 2002년 5월 19일).
59) FAO/WFP Joint Paper, 앞의 글.

자금 등의 자원이 민중이 아닌 군 장교와 국방 관리들에게 돌아갔으리라
는 의심이 끊임없이 제기되었다. 또 식량 분배의 현장 감시도 역시 어려
웠다. 국제적 압력에 의해 북한은 국제 구호단체의 식량 분배 감시를 허
락했지만(현재 WFP는 206개 군 중 163개에 대해서 접근할 수 있다),[60] 북
한 정부는 아직도 국경 지역이나 민감한 군사 시설이 있는 지역에는 국제
대표단을 들여보내지 않고 있다. WFP가 감시를 허가받지 않은 곳에는 식
량지원이 없는 것으로 계획되어 있다. 게다가 국제 인도적 NGO인 국경
없는 의사회(MSF)와 영국 옥스포드 기근 구호 위원회(OXFAM)는 북한의
현지 조사단 제한에 반발하며 각각 1998년 9월과 1999년 12월 북한으로
부터 철수했다. 북한의 식량분배에 대한 의문점이 적절히 해결되지 않는
다면 국제 사회의 인도적 지원에 대한 전망은 어두울 것이다. 그 결과는
기아 피해국의 더 큰 고통으로 이어질 것이 틀림없다.

### 3. 북한 식량 위기의 지역적 결과

굶주린 북한 주민들은 주로 중국 국경을 넘어 "식량난민"이 되고 있다.
이들 탈북자들에 대한 집계는, 정부간 기구가 측정한 1~2만 명에서부터
NGO가 측정한 20~30만 명에 이르기까지 다양하다. 지금까지 대부분의
탈북자는 일단 식량을 얻으면 북한으로 돌아갔었다. 그러나 점점 더 많은
탈북자들이 북한의 식량 사정이 나아질 때까지 중국에 머물거나 남한으
로의 망명을 원한다고 한다. 이들 중 대부분이 중국 공안의 체포와 강제
송환에 대한 두려움 속에서 살아가고 있음에도 불구하고, 국제사회의 인
도적 보호나 도움을 받지 못하고 있다.
　재중(在中) 탈북자들에 대한 국제사회의 지원이 미흡한 데는 몇 가지
복합적인 이유가 있다. 첫째, 난민지위에 대한 1951년 유엔협약서와 1967
년 유엔의정서(유엔협약서에서 지리적, 시기적 제한을 삭제함)에 의하면,

---

60) 위의 글.

정치적 이유로 인해 어쩔 수 없이 국적국 밖으로 피신하였는지의 여부가 난민지위를 신청할 수 있는 관건이다. 주로 탈북의 원인이 식량을 구하기 위한 것인 탈북자들의 경우, 바로 이러한 국제법적 제한에 걸린다.

둘째, 탈냉전시대 인종분쟁 등과 같은 정치적 갈등으로 인해 "공식"(정치적) 난민들이 급증함에 따라, 유엔난민고등판무관(UNHCR: office of the United Nations High Commissioner for Refugees) 및 국제지원단체들은 새로운 유형의 비정치적 난민들에 대해 시간, 인력, 자금을 할당할 여력이 거의 없게 되었다. 한편, UNHCR은 탈북자에게 난민지위를 줄 경우, 세계 각지를 떠돌고 있는 수많은 비정치적 망명자들에게도 똑같이 난민지위를 부여해야 하는 딜레마에 빠지게 될 가능성을 우려하고 있다.

셋째, 망명자의 운명은 무엇보다도 접수국의 재량에 달려있다. 현재, 중국 정부는 예외없이 모든 탈북자에게 "불법이민자"라는 딱지를 붙였다. 길수 가족으로 알려진 일곱 식구가 2000년 6월 베이징의 UNHCR 사무실을 찾아 들어갔던 사건이나, 25명의 탈북자가 2001년 3월 스페인 대사관에 난입한 사건, 또는 21명의 북한 주민이 2002년 8월 목재 보트를 타고 한국으로 넘어온 사건과 같이, 어떤 극적인 사건이 벌어져 세계 언론의 관심을 끌지 않는 한, 탈북자들은 1962년 체결된 중국-북한 간 국경 조약에 의거하여 북한으로 강제송환된다.

넷째, 한국 정부는 현실주의적 정책의 기조하에 탈북자 문제에 적극적으로 관여하길 꺼리고 "조용한 해결"을 추구하고 있다. 중국과의 외교적 긴장과 북한 정부에 대한 햇볕정책의 실패를 우려하기 때문이다.

다섯째, 탈북자의 숫자와 상황에 대한 정확한 정보를 얻기 어렵기 때문에 한국 정부가 그들을 도울 예산책정이나 지원책을 강구하기가 어렵고, UNHCR도 잠정적 보호대상자의 규모를 결정하기 어렵다. 이러한 요인들로 인해 중국에 있는 북한 식량난민의 대다수는 국제사회에 "미아"상태로 남아있다.

여기서 북한의 식량난민이 국제적 지원과 보호를 받아야 할 이유를 고려해 볼 필요가 있다. 첫째, 자연적 요인만으로 인한 "단순한" 이탈현상과 환경파괴, 경제적 고통, 정부의 무능이나 부패, 전쟁과 같은 복합적인 요인으로 인한 "복합적" 이탈현상을 구분해야 한다. 1990년대의 연속적인 자연재해가 농업 생산에 큰 피해를 입힌 것은 사실이나, 북한 식량위기는 근본적으로 과도한 군비 지출과 더불어 폐쇄적이고 중앙계획적인 경제체제라는 구조적 원인에 기인한 것이다. 또한 북한 당국은 자국 내 국제구호기구의 활동을 제한했다.

둘째, 탈북자를 강제송환하는 것은 북한 정부로 하여금 그들을 정치적으로 박해하게 만든다는 것을 알아야 한다. 강제송환된 사람들의 상당수가 정치범수용소로 보내져 처벌 받고, 간신히 박해를 모면한 나머지 사람들도 사회적으로 낙인이 찍혀 차별 받는다는 보고가 여럿 있었다. 1997년 UNHCR은 난민 지위를 부여 받았는지 여부와 관계없이, 본국으로 돌아가 처벌을 받을 경우 재처벌을 금지한다는 내용의 결의안을 발표했다. 따라서 중국의 탈북자 강제송환은 국제법 위반이다.

셋째, 중국의 탈북자는 인신매매, 노동력 착취 등의 인권침해로 고통받고 있지만, 체포 및 강제송환에 대한 두려움으로 침묵을 지키고 있다. 특히 강제 결혼과 매춘으로 인한 여성 피해자들은 성적 착취에 대해 말하기를 꺼리고 있는데, 이는 강제송환에 대한 두려움뿐 아니라 동아시아 문화에서 강조되는 정조 관념 때문에 그 사실을 숨기고 싶어하는 이유도 있다.

넷째, 중국 당국은 감시와 색출 활동을 1990년대 말 이후 더욱 강화하고 탈북자들을 돕는 경우 벌금 부과나 추방과 같은 처벌 또한 강화했다. 최근 한국 공관을 비롯하여 중국 내 외국 공관에 대한 북한 난민의 유입은 중국으로 하여금 더욱 강제송환 정책을 강화하게 만들었다. 2002년 8월 26일 중국 외교부 건물에 잠입하여 난민지위를 요구한 탈북자 7명을 체포한 사건에서 보여지듯, 이러한 극단적인 조치는 탈북자들로 하여금 더욱 극적인 방법을 모색하게 만들었다. 즉 이들 7인의 행동은 탈북자들이 처음으로 중국 정부에 대해 직접적으로 난민보호를 요청하려는 것이었는데, 이는 베이징에 있는 탈북자 비밀단체인 "북조선 탈출자 청년동맹"의 도움으로 조직화되었다고 한다. 이 7명의 탈북자들은 다른 탈북자들이 최근에 행해온 대로 중국 소재 외국 공관에 진입하여 한국으로 망명할 수도 있었지만, 국제사회의 더 많은 관심을 끌기 위해 중국 외교부를 선택한 것으로 보인다. 이 사건이 중국 정부에 의해 인도적 원칙에 따라 다뤄지지 않는다면, 자살폭탄테러나 분신자살과 같은 극단적인 방법이 사용될지도 모른다. 결과적으로는 탈북자와 중국 정부 간에 긴장이 고조될 것이다. 역설적인 것은, 탈북자를 거부함으로써 국내 질서와 북한 정권과의 관계를 유지하려는 중국의 계획이 오히려 국내 치안과 대외 평판에 문제를 일으킬 수 있게 되었다는 점이다.

## IV. 결론

외부로부터의 지원이 국내에 미칠 수 있는 여러가지 부정적인 정치여파에도 불구하고 북한 김정일 정권은 경제개혁을 추진하기로 결정했는데, 이는 그만큼 북한 경제가 절박한 상황에 처해있음을 시사해준다. 기아문제가 해결되지 않는 한, 중국으로의 "식량난민" 유출과 계속적인 대사관 난입은 북한정권에 큰 골칫거리나 망신거리가 되겠지만, 보다 더 심각한 것은 배고픔과 억압에 대한 북한주민들의 불만이 가중되어 폭동이 일어나 정권이 와해될 수 있는 가능성이다. 주로 남한과 서방세계로부터 이루어지는 식량지원이 김정일 정권으로 하여금 중국식 시장개혁과 자유화를 추진하게 할지, 아니면 경제개혁의 실패와 위기의 악화로 이어질지는 아직 미지수이다.[61] 어떤 결과가 나오든 간에, 지금 당장 적절한 조치를 취하지 않는 한 김정일 정권에 대한 위험은 아주 크다.

국제사회의 식량지원이 북한의 군사정권을 지탱 내지 심지어 강화할 뿐이라는 우려가 있다. 특히 최근 북한이 핵프로그램 개발을 시인한 것과 관련하여, 이러한 우려의 목소리는 더욱 거세지고 있다. 그러나 국제 사회

---

61) Andrew S. Natsios, 앞의 글.

가 식량지원을 통해 간접적으로 독재정권을 지원한다는 위험성이나 인도
적 지원의 제공과 감시과정에서 일어나는 어려움에도 불구하고, 북한에
대한 구호활동을 보류한 채 김정일 정권이 개혁을 추진하거나 붕괴하기
를 기다리는 것은 비현실적이다. 북한에 대한 지원을 중단한다고 해서 정
권붕괴가 보장되는 것도 아니고, 더 중요한 것은 그러한 상황에서는 북한
정부가 국민을 먹여 살릴 추가적인 자원을 제공하지 않음으로써 엄청난
인명피해와 고통을 초래할 수 있다는 사실이다.[62]

북한 기아사태에 대한 국제적, 지역적 대응은 도덕적, 인도적 이유뿐만
아니라 안보 및 정치적 맥락에서도 중요하다. 북한에 대한 구호활동이 실
패하는 경우에도, 최소한 주민들에게 외부세계와 접촉할 수 있는 기회를
제공하여 주체사상이라는 정권의 선전으로부터 각성하고, 소위 서방세계
의 "제국주의적 원조"에 기댈 필요성을 느끼게 해 줄 수 있다. 사실, 이제
까지 어떠한 정치적 견해도 표현하지 못하고 정부와 지도자의 권위를 맹
목적으로 따르도록 교육받아온 북한 주민들이 기아를 초래한 정치적·사
회적 상황에 유감을 표현하기 시작했다는 점에 주목할 필요가 있다. 다양
한 NGO 보고서와 탈북자와의 인터뷰에 나타나듯이, 북한 주민들이 기아
의 주원인으로 북한 정권을 인식하기 시작하고 있다.[63] 이러한 인식변화
는 국제구호단체와의 접촉 증가, 공산주의 체제의 경제 및 농업통제 실패,
그리고 민간부문을 희생시킨 과도한 군비지출로 인한 것이라 할 수 있다.

동아시아에 있어서, 특히 동북아시아에 있어서 북한 기아사태를 해결
해야 할 큰 실익이 있다는 견해가 늘어가는 추세다. 그럼에도 불구하고,
북한 식량위기로 인한 문제를 해결하기 위해 지역적 차원에서 어떠한 집
단적 시도도 이뤄지지 않고 있는 실정이다. 오히려 각국은 독자적으로나

---

62) Timothy Savae and Nautilus Team, "NGO Engagement with North Korea; Dilemmas and Lessons Learned," *Asian Perspective*, Vol. 26, No. 1 (2002).

63) Yeo-Sang Yoon, "On the Situation of North Korean Defectors in China," A field survey report conducted in China (1998년 7월).

WFP와 같은 국제기구에 기부함으로써 대응하고 있다. 이러한 지역적 협력 부재는 앞의 제2장에서 이근 교수가 지적한 "지역 환경안보 복합체"가 초국경적 환경오염에만 치중하고 있다는 사실에 기인한 것이다. 더욱이, 북한 기아 사태의 성격과 범위에 대한 어떤 합의도 이 지역 전문가 집단 내에서 이뤄지지 않고 있다. 따라서 식량안보문제는 지역 협력의 가장 기초적 수준에 필요한 "잠재적 지역 환경안보 복합체" 단계에도 아직 이르지 못한 것이다.

아직도 기아로 인한 위협이 인식되지 않았다는 사실은 왜 동아시아 국가들이 북한 식량 위기에 공동으로 대처하지 않으려 하는지에 대한 유일한 이유는 아니다. 오히려 그런 수동적 대응은 각국이 "이익 균형" 정책을 조심스레 따르는 현실주의 정책과 밀접히 연관되어 있다. 정부 지도자들은 인도적 정책을 위해 자신의 정치적 이익을 희생하려 하지 않는다. 예를 들어, 1995년 국제사회의 소극적인 대북 식량원조는 남북한 간에 식량과 회담 중 어느것이 먼저냐에 대한 논쟁 때문이었다. 한국, 일본, 그리고 미국은 북한을 4자 회담의 협상 테이블로 이끌 도구로써 식량원조 카드를 사용하려 했고, 한편 북한은 자국의 기아문제를 정치화하여 원조가 모든 회담의 전제조건이라는 입장을 취했다.

2000년~2001년 사이 30만 톤의 식량을 제공한 일본은 2002년 들어 지금껏 북한에 활동하는 유엔기구에 어떤 기부도 하지 않고 있으며, 이는 국제 원조물자의 부족을 초래했다.[64] 이는 일본인 납북문제를 포함한 일련의 인도적 문제에 대한 일본과 북한 간의 정치적 갈등으로 인한 것이었다. 일본 수상 고이즈미 준이치로가 2002년 9월 북한을 방문하고 납북문제에 대한 북한의 사과를 받아내면서 일본의 대북지원이 재개될 전망이지만, 그 결과는 두고 봐야 한다. 여전히 국제정치에 있어 "이익 균형 시스템"이 기아와 난민 문제에 대해 작동하고 있는 것이다.

슬픈 현실은 중국이나 다른 동아시아 국가들이 북한에서와 같은 식량

---

64) Peter Slevin, 앞의 글.

위기를 벗어나지 않는 한, 강력한 지역적 협력은 나타나지 않을 것이라는 사실이다. 중국경제와 농업생산성이 성장하고 있지만 일련의 자연 재해와 용수 부족, 기타 전술(前述)한 환경 및 사회경제적 요인들로 인해 중국의 식량안보도 위협받을 수 있다. 이러한 상황이 계속된다면 물과 식량의 부족, 또한 불안정한 물가로 인해 중국의 경제·사회·정치적 상황은 불안정해 질 수 있다. 중국의 크기와 지역에 미치는 영향을 생각해 볼 때, 그런 상황은 지역과 세계에 부정적인 영향을 줄 것이다. 그러므로 동아시아 국가들은 신중하게 국가간 다자 협력을 추진·이행하여 각국의 정책을 임기응변 차원에서가 아니라 전략적으로 수립하고, 궁극적으로 위기를 예방하고 공동 이익을 증진해야 할 것이다.

결론적으로, 아태경제협력(APEC: Asia-Pacific Economic Cooperation) 포럼, ASEAN+3, 아세안지역포럼(ARF: ASEAN Regional Forum) 등 지역 차원 포럼의 양적 증가와 참여 증가에서 보듯 몇 가지 발전은 있었지만, 동아시아 국가 대다수에 의한 중요한 협력의 노력은 아직 이루어지지 않고 있다. 물론, 협력을 이끌어 내는 데는 역사적 적대감, 정치적 제약, 지역적 위기에 대한 합의 부재와 같은 수많은 장애물이 있다.

그러나 지역적 문제로 인해 동아시아 국가들은 다양한 영역에서 공동의 문제를 인식하게 되어 지역협력 메커니즘의 제도화를 위한 노력을 공동으로 추진할 필요성을 느끼게 되었다. 한국과 일본은 북한 주민의 "식량에 대한 권리"와 굶주림으로부터의 해방을 보장할 "식량 안전망"과 같은 전략을 수립하여 지역적 식량위기에 대처하려 하고 있으며, 이는 식량에 대한 권리 유지가 가장 기본적이고 부정할 수 없는 인권이라는 측면에서 볼 때 "쉽고" 의미있는 출발점이 될 수 있을 것이다.

# 8장

# 동북아 에너지안보

우바이(Wu Baiyi)*

에너지를 바라보는 초기의 시각은 대체로 자연적이고 경제적인 가치에 한정되어 있었다. 그러나 에너지의 급속한 발달과 광범위한 사용에 따라 오늘날 에너지의 정치·안보적 중요성은 그 물질적 의미를 훨씬 넘어서고 있다. 이제 에너지는 산업의 혈액으로서 생산과 전체 사회의 생존을 위한 힘을 공급하고 있기 때문에 한 국가의 경제안보에 매우 중대한 의미를 지니게 되었다. 더 정확히 말하자면 특정 시기 국가의 군사정책의 모습뿐만 아니라 생산과 분배, 그리고 산업구조에 중요한 영향을 미치는 것이 바로 에너지의 구성과 지리적 분포라고 할 수 있다. 더욱이 에너지는 한 국가의 군사전략의 방향에까지도 영향을 미친다.[1]

* 중국 국제전략문제 연구재단 연구위원

1) Ying Zhao, *Risks in China's Economy-National Economic Security* (Kunming: Yunnan People's Publishing House, 1994), p. 99; Geoffrey Parker, *Western Geopolitical Thought in the Twentieth Century* (중국어 번역판)(Beijing: P.L.A. Publishing House,

지정학적 구조와 천연 자원의 차이 때문에 에너지안보는 동북아시아 국가들에게 매우 중요한 이슈가 아닐 수 없다. 몽골과 중국 동북지역, 한반도와 일본으로부터 중국 남부 지역의 후지안과 광동 지역까지 이어지는 이 거대한 지역은 에너지 부족을 겪고 있는 "위기의 초승달 지대"를 이루고 있다.[2]

앞으로 이 지역의 지역 안보의 전개는 불가피하게 에너지라는 요인에 의해서 영향을 받을 수 밖에 없다. 먼저, 동북아시아 지역 대부분의 경제는 금융 위기 이후 최근 성장세를 보이고 있지만, 반면에 경제의 구조조정은 매우 불안정한 상태이고 에너지를 많이 소비하는 산업이 여전히 대부분을 차지하고 있다. 에너지를 과도하게 소비하는 산업이 중심이 되는 경제 성장의 경우 에너지 수요에 취약할 수밖에 없다.

둘째, 최근 한반도에 화해 무드가 무르익어가고 있으나, 한반도의 평화와 통일은 일정 정도 한국을 포함한 국제사회의 지속적인 대북 지원에 달려있다. 무엇보다도 경수로 건설과 석유 및 석탄 공급과 같은 에너지 지원이 중요한 부분을 차지할 것이다.

셋째, 에너지협력은 동북아시아 국가들 사이에 쌍방간 혹은 다자간 경제 대화의 핵심 주제가 될 것이다. 기술면에 있어서 동북아시아 지역 국가들의 상호 보완적인 협력과 비교해 볼 때, 천연 자원에 있어서 상호 보완적 협력의 중요성은 줄어들지 않았으며 앞으로 계속해서 증가할 가능성이 크다.

이 장에서는 동북아시아의 지역안보에 영향을 미치는 중요한 요인으로서 에너지 문제를 심도 있게 논의하고자 한다. 에너지안보가 경제안보와 전반적인 국가안보에 매우 중요한 요인이라고 전제하고 분석을 시도한다. 국제관계와 지역안보에 미치는 에너지의 함의를 살펴보고, 이를 기초

---

1992), pp. 37-41.
2) K. E. Calder, " Energy and Security in Northeast Asia," *Energy Policy Studies* (1998년 3월), p. 51.

로 하여 새로운 지역 에너지안보 모델을 창출해 내는 방법들을 고찰해 보고자 한다.

## I. 에너지안보에 대한 정의

전세계 에너지 사용과 개발은 다양화되어 있다. 석탄, 석유, 가스와 핵에너지와 같은 소모성 에너지가 있는 반면에 지열, 풍력, 수력 그리고 태양열 등의 재생 가능한 에너지원이 있다. 그러나 실질적으로 우리는 여전히 "석유의 시대"에 머물러 있다고 해도 과언이 아니다. 이는 다른 에너지 종류에 대한 과학적 연구와 대량의 경제적 생산이 아직은 그다지 적용 가능한 상태가 아닌 반면, 석유와 같은 화석 연료는 기술 개발과 경제적인 생산에 의해서 아직 많은 양을 확보할 수 있기 때문이다.[3] 따라서 이번 장에서는 주로 화석 연료를 분석 대상으로 삼는다.

오늘날 전세계적으로 계속되는 경제성장으로 인하여 원유의 안전한 획득, 저장, 공급과 거래가 거의 모든 국가의 생산과 생존에 점점 더 필수적이 되어가고 있다. 에너지안보는 국가 경제안보체제의 절대적인 요소가 된 것이다. 1970년대 초기의 석유 위기 이후, 서구의 학자들은 에너지안보를 국가의 최우선 안보문제의 하나로 다루기 시작했다. 또한 에너지안보에 대한 논의가 학계에서 열띤 논쟁의 이슈가 되었다.

몇몇 학자들은 에너지가 경제성장에 미치는 지대한 영향을 고려할 때 에너지가 자본이나 노동과 똑같은 중요한 생산 요소로 여겨져야 한다고 강력히 주장하기도 하였다. 그들의 설명에 따르면, 안정적이고 지속적인 에너지 공급 없이는 현대 국가는 번영과 안전을 지속할 수가 없다는 것이다. 이론적 차원에서 많은 경제학자들은 '에너지안보'를 '에너지 가격의

---

3) Ying Zhao, *A New National Security Concept-Confrontation and Choices Other than War* (Kunming: Yunnan People's Publishing House, 1992), p. 101.

(등락 모두) 급격한 변화와 에너지 공급의 갑작스런 중단, 그리고 에너지 오염이 그 사회의 환경뿐만 아니라 경제개발에 미칠 수 있는 악영향을 방지' 할 수 있는 한 국가의 능력으로 정의했다. 그러므로 한 국가는 세 가지 에너지안보 척도인 '국가 경제의 독립, 에너지 공급에서의 경제성, 에너지 공급에서의 지속력' 을 만족시키기 위해 '에너지 생산과 소비, 수출입과 같은 측면' 에서 안전조치를 취해야만 한다는 것이다.[4]

석유 정치(petro-politics)의 최근의 사례들을 통해 우리는 에너지안보와 현 국제관계와의 연관성을 이해할 수 있다. 풍부한 에너지 자원을 보유한 나라들은 경제나 정치적 목적 모두를 추구하기 위하여 풍부한 에너지 자원을 종종 자신들에게 유리한 강력한 무기로 사용한다. 앞서 언급한 석유위기의 근본적 원인은 1973년 중동 전쟁 패전국인 이집트와 시리아에 동정적인 아랍의 석유 수출국가들로부터 비롯되었다.

이들은 처음에 미국과 네덜란드에 석유 수출 금지조치를 취하였고, 이를 서구 전체로 확대하였다. 이 사건은 에너지의 정치적 이용이 세계 경제에 불행한 사태를 초래할 뿐만 아니라 국제안보 전반적으로 정치적 악몽을 가져오는 것을 보여주는 사례이다.[5] 1994년의 북한의 핵 프로그램은 미국과 북한 사이에 심각한 대립을 가져온 사건이다. 북한은 에너지가 몹시 필요한 상황이었기 때문에 '평화적 목적' 으로 원자로를 개발한 것일 뿐이라고 주장했다. 그러나 미국인들은 그것을 '대량 살상 무기' 를 생산하기 위한 비밀 시설이라고 의심했다. 이 위기가 결국 그러한 프로젝트를 동결시키는 1994년 제네바 합의로 해결되긴 했으나, 이 사건 내내 미국이 취한 외교 및 군사적 조치들은 전 세계 사람들에게 1950년대의 한국 전쟁 이후로 가장 심각한 긴장을 느끼게 했다.

---

4) Ying Zhao, (eds.), *Going beyond Crisis-Supervising over and Warning against National Economic Security* (Fuzhou: Fujian People' s Publishing House, 1999), p. 118 and 121.
5) Tuo Cai, et al., *The Global Issues in the Current World* (Tianjin: Tianjin People' s Publishing House, 1994), p. 295 and 265.

우리가 에너지안보를 '국가나 지역 사이에 석유와 같은 전략적 물질에 관련한 생산과 투자, 판매, 운송, 저장, 원조, 기술 협력의 자유' 로 해석하는 것은 이와 같은 국제관계적 시각에서 나온 것이다. 동시에 에너지안보는 생산과 이용, 오염, 폐기물 처리나 다른 에너지 관련 활동에 관한 일방적, 쌍방간, 혹은 다자간의 제재 및 감독, 평가, 통제 활동을 포함해야 한다.

## II. 동북아시아 에너지 딜레마: 포괄적 도전

동북아시아에 있어서 에너지안보의 잠재적 문제들은 다면적인 모습으로 나타나고 있으며, 정도의 차이가 있긴 하지만 다음과 같은 영역에서 빠르게 등장하고 있다.

*1. 외국 에너지에 대한 의존이 경제적 리스크를 높인다:* 1999년, 러시아를 제외한 대부분의 동북아시아 국가들은 수입 석유에 크게 의존했다. 그들 중에서 일본과 한국, 북한, 몽골은 100% 수입국이었고 대만은 99%를, 중국은 20%를 수입했다.[6] 1990년대에 일본은 연료 수입을 위하여 연간 500억 달러 이상을 지출하였고, 한국은 에너지 수입을 위하여 연평균 130억 달러를 지출하였다. 대만의 경우는 매년 석유와 석탄을 수입하는데 거의 500억 달러를 지출하고 있다. 따라서 국제 석유 시장에서의 가격 변동이 지역 경제에 직접적이고 보편적인 영향을 미칠 수 있다는 것은 명백하다. 또한 일본 석유 수입의 86%, 한국의 80%, 중국의 46%가 중동지역에서부터 온다. 이것은 세 개의 가장 큰 지역 국가경제가 중동 지역에서의 정치적 동요나 안보 불안에 지나치게 민감하고 취약해질 수 있음을 의미한

---

6) Nakayama Taro, "On Energy Cooperation in Northeast Asia," a speech made at the Forum on Japan-China Relations and a New Order in the Asia-Pacific in the 21st Century (1999년 11월), p. 2.

다. 마지막으로, 이들 국가의 석유 수송로 총 길이가 약 1만 2,000km에 달해서 중국 동·남지나해에서 시작해 벵갈 만과 인도양을 지나 페르시아 만까지 이어진다. 이 세 나라에게(물론 다른 나라들을 포함하여) 연료의 안전한 운송은 경제적 필수 조건일 뿐 아니라 정치적으로나 군사적으로 매우 중요하다.[7]

　*2. 석유와 가스 개발은 영토분쟁이나 안보 불안을 야기할 수 있다:* 탄화수소의 풍부한 침전물과 상당한 석유 매장량은 동북아시아 지역, 특히 중국 근처의 해저에 존재하고 있다. 그러나 해양 혹은 영토분쟁은 중국과 일본, 한국이 해저 유전을 체계적으로 개발하고 이용하려는 노력에 방해요인이 되어왔다.[8] 정치적 안보위협 또한 동북아시아 에너지 개발을 어렵게 하고 있다. 장기간 계획된 가스송유관 프로젝트는 이들 국가들이 대안적인 에너지 공급선을 확보하는데 어려움이 있음을 잘 보여준다. 약 10년 전부터 가스 송유관은 시베리아의 야쿠트스크 지역에서부터 한반도 남단까지 이어져야 한다고 주장해 왔다. 그런데 이 송유관은 러시아 극동 지역과 북한을 통과해야 하기 때문에 6,600km의 송유관은 약 700억 달러의 투자의 문제일 뿐만 아니라 상당히 큰 정치적이고 안보적인 이해가 걸려 있는 문제인 것이다.[9]

---

7) 위의 글, p. 4 ; Tian Chunrong, "An Analysis of China's Oil Import and Export in 1999," *International Petroleum Economics*, Vol. 8, No 3 (2000년 3월), p. 7.

8) 1995년 4월에, 동해의 동쪽에 있는 독도에 관한 한국과 일본사이의 외교적 마찰이 일어났다. 최근 몇 년 동안 댜오위다오(釣魚島, 일본은 센카쿠 열도로 명명)에서 오키나와 남서 지역까지에 관한 몇몇 분쟁이 있어왔다. 1995년 12월에, 중국 석유채굴선이 이 지역을 탐사하고 있었으나 일본 측의 간섭 때문에 이 지역으로부터 철수해야 했다. 1996년 8월, 일본 우익 출신 몇 사람이 이 섬들에 머물면서 일본의 영토 주장을 강화하기 위한 기념비를 세웠다. 그러나, 그들은 대만과 홍콩으로부터 온 반대자들에 의해 저지 당했다. 이 사건들은 모두 이 지역에서의 앞바다 원유의 존재와 관련되어 있을 가능성이 있다.

9) Cheng Lou, "Energy Supply Capacity from the Russian Far East," *International Petroleum Economics*, Vol. 8, No. 2 (2000년 2월), p. 29.

*3. 석탄 연소로 인한 산성비는 초국경적 오염을 야기한다:* 진하게 가황된 연료는 여전히 동북아시아 국가들의 주요 에너지 자원이다. 중국과 몽골에서의 대대적인 석탄 연소 때문에 방출되는 온실 가스가 산성비를 만들어 국경을 넘은 후 한국과 일본에게 심각한 오염을 가져다 주고 있다.[10] 예측할 수 있는 국제적인 사회 경제적 마찰을 피하기 위해 이 문제는 이미 중국과 일본, 한국 간에 쌍방간 혹은 삼자간 정치적 대화의 의제로 올라와 있다.

*4. 대체 에너지 개발을 위한 통합적 협력이 부족하다:* 에너지 전문가들은 천연 가스가 세계 주요 에너지 자원으로서 석유를 대체할 것이라고 인식하고 있음에도 불구하고, 동북아시아의 전반적인 에너지 소비에서 천연 가스가 차지하는 비중은 높지 않다. 일본과 한국은 여전히 카타르와 오만과 같은 중동 국가에서 들여오는 수입 액화 가스에 의존하고 있다. 중국에서는 천연 가스 소비가 약간 증가하고 있긴 하나, 전체 소비의 2%에 불과하며, 석탄이 아직 국가 에너지 소비 구조의 중심이다. 동북아시아에서 태양력이나 풍력과 같은 새롭고 재생 가능한 에너지 사용은 아직 미약한 상태에 있는 것이다.[11]

*5. 핵누출과 핵폐기물 처리는 지역적 악몽이 될지도 모른다:* 핵에너지 생산은 거대한 투자와 엄격한 기술을 요한다. 그것은 또한 안전 통제와 핵폐기물 처리에 있어 큰 어려움을 갖는데 이는 종종 대중적인 논쟁을 불러일으킨다. 이러한 것들이 동북아시아에서의 핵에너지 개발을 국가별로

---

10) Nakayama Taro, 앞의 글, pp. 3-6; K. E. Calder, 앞의 글, p. 53.

11) Nakayama Taro, 앞의 글, p. 4; Yokohori Keichi, "Forecast for the Supply and Demand of Expendable Energy in the Asia-Pacific in 2010," a speech at the 3rd conference of APEC ministers of energy, Chinese translation carried in *International Petroleum Economics*, Vol. 7, No. 6 (November 1999), p. 33 and pp. 37-38; Song Wucheng, "China's Development Strategy for Exploiting and Using Natural Gas in the 21st Century," *Natural Gas Industry*, Vol. 19, No. 4 (July 1999), p. 95; China Institute for Energy Studies, "Summary of the Symposium on China's Energy Development Strategy in the 21st Century," *World Energy Herald* (2000년 9월 15일).

불균등하게 만들고 있다. 일본은 가장 큰 에너지 부족을 겪고 있는 나라로서, 연간 4만 메가와트의 전력 생산량을 가진 45개의 핵발전소를 보유하고 있다. 이는 일본 총 전력 생산량의 30%를 차지한다. 한국은 이제 9개의 핵발전소를 갖고 있고 7,620메가와트의 전력 혹은 한국 총 전력의 49%를 만들어내고 있다. 여기에 18개의 발전소가 추가로 2010년까지 완공될 계획이다. 중국은 현재 2개의 핵발전소를 갖고 있고 2003년까지 8개를 더 지을 예정이다. 대만의 경우 3개의 핵발전소가 총 전력 생산량의 거의 50%에 해당하는 전력을 생산해내고 있다.[12) 한반도에너지개발기구(KEDO)의 계획에 따르면, 경수로를 사용한 핵발전소는 2003년까지 다국적 원조하에서 북한에 완공될 것으로 예상되었으나, KEDO의 반복되는 작업 지연 때문에 그것이 계획대로 이루어 지는 것은 거의 불가능하게 되었다.

핵전력을 개발하는 데는 기술적인 안전을 포함한 두 가지 주요 문제가 있다. 하나는 핵누출이다. 1996년 1월, 일본 몬주에서 고속 증식 원자로 때문에 심각한 사고가 일어났다. 이 사실을 대중에게 숨기는 데 실패한 일본 정부는 그 원자로 조업을 중단해야 했다. 또한 이 사건은 이웃 국가에게도 심각한 우려를 자아냈다.[13)

핵과 관련된 또다른 문제는 핵폐기물 처리이다. 이 문제는 핵방사선 피

---

12) Selig S. Harrison (eds.), *Japan's Nuclear Future-The Plutonium Debate and East Asian Security* (Washington D.C.: A Carnegie Endowment Book, 1996), p. 51 and 105; "Current Status and Trends in World Nuclear Energy Development," originally carried in *Japan's Industrial News* (1996년 4월 22일), Reprinted in *International Industrial Economics Herald*, No. 7, 1996 (Serial No. 112); Wang Weixing, "Taiwan Secretly Developing Nuclear Weapons," (first part), *Global Times* (2000년 9월 22일), p. 9.

13) Selig S. Harrison (eds.), 앞의 책, p. 6; 2000년 9월과 10월에 많은 우라늄 방출 사건이 쉬바라키와 도쿄에서 멀리 떨어져 있지 않은 몇몇 지역의 핵발전소에서 일어났다. 지역 주민들이 그들의 비정상적 신체 반응에 불만을 토로한 것으로 보도되었다. www.sina.com.cn (검색일: 2000년 10월 9일).

해에 관한 두려움 때문에 국내에서의 대중적 비판의 목소리를 높이게 할
뿐만 아니라 국제 정치적 상호 작용을 만들어내기도 한다. 1997년 초에
대만은 핵폐기물을 북한에 매립하는 계약을 하였다. 이 계획이 알려졌을
때 한국과 중국, 심지어 미국 같은 나라로부터 강한 반발이 있었고, 결국
다자 간 압력하에 이 계획은 무산되었다.[14]

　*6. 핵확산 가능성은 심각한 안보문제를 야기한다:* 핵개발로 인해 생길
수 있는 가장 큰 안보문제는 핵무기의 개발과 핵기술 및 핵물질의 확산에
있다. 앞에서 언급한 북한의 '핵개발 프로그램' 사례는 차치하더라도 일
본과 한국, 대만 모두 1970년대나 1980년대에 핵무기를 개발하고자 열망
했던 것으로 알려졌다.[15]

　그들의 비밀 계획은 미국의 강력한 압력 때문에 일찍 중단되었다. 그럼
에도 불구하고, 일본과 한국의 정치 엘리트들 사이에서는 이들 국가들이
핵무기를 보유하여야 하는지에 대한 논쟁은 아직도 사라지지 않았다. 역
사적으로 보면 일본과 한국의 핵정책 사이에 흥미로운 상호 작용이 있음
을 알 수 있으며, 그러한 상호작용은 이들 국가 사이의 역사적 유산과 정
치적 경쟁과 관련이 있다고 할 수 있다.[16] 뿐만 아니라 핵기술과 핵물질 확
산은 또 다른 안보문제를 제기한다. 남아시아에서의 핵실험이 국제적 파
장을 몰고 온 직후, 어떤 분석가들은 파키스탄이 이란으로부터 중요한 핵
관련 기술을 획득했고 그 기술은 맨 처음 동북아시아로부터 온 것이라고
주장했다. 대만 언론이 발표한 자료에는 핵물질이 얼마나 잘못 취급되어
질 수 있는지에 관한 설명이 포함되어 있다. 1999년 7월 대만 핵무기 프로
그램에 참여했던 전직 관료가 실토한 바에 따르면 핵 프로그램을 중단할
것을 강요 받았을 때 일정량의 우라늄이 '관리'를 위해 개인에게 이전되

14) *People's Daily* (January 31, 1997), p. 4; *United Daily News* (Taiwan, 1997년 1월 14
　　일, 2월 23일, 4월 14일).
15) Selig S. Harrison (eds.), 앞의 책, pp. 3-5, pp. 103-105; Wang Weixing, 앞의 글, p. 9.
16) Selig S. Harrison (eds.), 앞의 책.

었다는 것이다. 그러나 보다 실질적인 위험은 사람들이 일반적으로 사실이라고 인정하고 있는 것, 즉 우라늄이 쉽게 농축되어질 수 있고 핵탄두를 만드는 데 사용될 수 있다는 사실에 있다.[17]

요컨대, 에너지가 가지고 있는 중요한 정치·경제적 함의는 에너지의 다양한 기능에 의해 결정된다. 동북아시아가 직면하고 있는 다차원적인 에너지 문제는 점점 심각해져서 이제는 도저히 무시할 수 없게 되었다. 그 문제들은 국내적 안정과 관련국의 지속적 개발과 관련이 있을 뿐 아니라 이 지역 내 정치적, 경제적, 군사적 균형과도 관련을 갖는다. 그리고 궁극적으로 부정적인 의미의 자원 경쟁은 세계 안보 질서에도 영향을 미친다. 그러므로 에너지안보는 국가안보를 위한 기본 원리 중 하나이고, 동시에 한 나라의 대외 관계에서도 중요한 요소가 된다. 에너지는 국가안보 전략의 거시적인 관점에서 볼 때 지대한 관심을 받을 만하다.

## III. 동북아 에너지 안보협력 전망

에너지 수요와 공급의 어려움은 동북아시아 전역에 걸친 보편적인 현상이다. 그럼에도 불구하고, 동북아 대부분 국가들의 에너지 정책들은 기본적으로 자기 국가 내부에 독립적으로 머물러 있다. 협력을 통한 접근은 그 가치에 비해 충분히 이루어지고 있지 않다. 이들 나라 사이에 아직까지 협력의 열의가 확연히 부족한 것은 바로 불신과 오랫동안 존재했던 '제로-섬 게임(zero-sum game)' 인식 때문이다. 결과적으로, 한편으로는 에너지협력이 명백한 정치적 이유로 인하여 방해 받거나 차단되어졌고, 다른 한편으로는 일방적이거나 간헐적인 상호간의 노력이 전혀 성공적이지 않은 것으로 밝혀졌다. 일본 기업들은 천연 가스 송유관이 중앙아시아

---

17) Weixing Wang, "Taiwan Secretly Developing Nuclear Weapons," (second part), *Global Times* (2000년 9월 29일), p. 9.

에서부터 중국과 한국을 거쳐 일본에까지 놓여져야 한다고 적극적으로 주장했다. 그러나, 저가(低價) 가스의 주요 공급자인 이란의 정세불안과 중앙아시아와 남아시아에서의 테러리스트의 존재가 이러한 생각을 현실화시키기 어렵게 하였다.[18]

최근 몇 년 동안 중국과 한국은 러시아와 함께 시베리아에서 원유와 가

〈표 8-1〉동아시아 송유관 프로젝트(안)

| 송유관 경로 | 길이km | 연간 용량 | 투자 비용$ | 백만 관세$ |
|---|---|---|---|---|
| 〈천연 가스 송유관〉 | | | | |
| 아쉬가바드(투르크메니스탄)-신강-지안리무 연강(중국)-제주(한국)-기타큐슈(일본 큐슈) | 7,475 | 20Bcm | 22,550 | 186/kcm |
| 투르크메니스탄-우즈베키스탄-카자흐스탄 -친지앙-황해 혹은 상해(중국) | 6,100 | 30 Bcm | 11,000 | 자료 없음 |
| 야말(시베리아 서부)-몽고-상해(중국) | 6,000 | 30-38 Bcm | 15,000 | 90/kcm |
| 야쿠스크(사크하)-창천-베이징-칭다오(중국) -서울(한국)-기타큐슈(큐슈, 일본) | 4,800 | 21 Bcm | 155.25 | 129/kcm |
| 코비크타(동 시베리아)-몽고-베이징 -황해(중국) | 3,365 | 20-32 Bcm | 5,900 | 자료 없음 |
| 야쿠스크(사크하)-아얀-사할린- 와카나이(홋카이도, 일본) | 2,950 | 21 Bcm | 9,950 | 90/kcm |
| 사할린-와카나이(홋카이도, 일본) | 800 | 20 Bcm | 자료 없음 | 자료 없음 |
| 〈원유 송유관〉 | | | | |
| 서부 카자흐스탄-신강-중국 동부 | 6,000 | 20-40 MMt | 10,000까지 | 100-250/t |
| 이르쿠츠크(동 시베리아)-크하바개브스크- 나홋카(영해 RFE) | 4,200 | 44 MMt | 8,000 | 자료 없음 |
| 이르쿠츠크(동 시베리아)- 안다 혹은 탄구(중국 동부) | 2,300-2,500 | 20 MMt | 3,000-4,700 | 자료 없음 |

출처: *International Petroleum Economics*, Vol. 8, No. 2(2000년 2월).

---

18) K. E. Calder, 앞의 글, pp. 53-54.

스를 공동으로 채취할 방안을 제의했지만 막대한 자본과 복잡한 기술에 대한 이들 국가의 제한된 능력 때문에 실현시키기 어려워 보인다. 사실 동러시아에서 동북아시아까지를 잇는 원유 및 가스 송유관 프로젝트가 다양한 형태로 제안되었다(〈표 8-1〉 참조). 모두에게 명백히 경제적이고 이득이 됨에도 불구하고 이 프로젝트들은 다자간 협력 부재로 인해 미약하고 느리게 진행되고 있다.

지역 환경문제를 효과적으로 해결하기 위해서는 다음과 같은 영역에서 여러 가지 조치들이 긍정적으로 검토되어야 한다.

*1. 에너지 상호의존의 발전된 개념을 바탕으로 상호 신뢰를 증진할 것:* 동북아시아 지역의 국가들 사이에는 과거나 현재나 많은 모순들이 존재해 왔다. 동시에 국가간 경제적·사회적 발전 수준이 천차만별이며 그 중 아직 사회주의 체제를 고수하고 있는 국가도 있고, 체제전환 중에 있는 국가도 있다. 그러나 에너지안보와 관련해서는 이들 국가들의 공동 이익이 명백히 증대되고 있다. 따라서 이러한 기회를 활용하여 동북아지역 국가들은 협력에 초점을 맞춘 새로운 에너지안보 개념을 받아들여야 한다.

경제적·사회적 상호 작용이 엄청나게 증가한 오늘날, 한 국가의 안보가 다른 국가의 안정과 번영으로부터 완전히 동떨어져 있을 수 없다는 사실을 인식해야 한다. 에너지안보는 국가간 상호 배려와 상호 발전의 상황 하에서만 이루어지고 지속될 수 있다. 그러한 조화 원칙을 고려하여, 광범위한 합의를 바탕으로 '공동 행동 양식(common code of conduct)' 이 만들어져야 하고 에너지를 획득하여 사용하는 데서 나타나는 배타적 행위들은 버려져야 한다. 이는 실질적인 에너지협력을 위한 확고한 정치적 기반을 제공할 것이며 결국에는 관련국들 사이의 상호 신뢰를 강화하는데 기여할 것이다.

*2. 분쟁보다는 공동 개발을 추구할 것:* 관련국들 사이에 분쟁의 대상인 영토와 영해, 대륙붕에 관한 합의를 이끌어내기 위해 정부의 협의와 협상이 가속화되어야 한다. 그러한 과정에서 일방적 점령과 일방적 개발 행위

들이 효과적으로 중단될 수 있도록 '차이를 제거하면서 공동 개발을 추구' 하는 원칙이 존중되어야 한다. 이는 동북아시아 국가들 사이의 정치적 신뢰가 더 이상 파괴되는 것을 막는 데 도움이 될 것이다.

*3. 지역 전체의 에너지 개발을 위한 상호 기금을 설치하고, 투자와 기술, 공사에 관한 공동협의를 실시할 것:* 러시아 극동지역의 석유와 가스를 채취하는 것은 에너지가 풍부한 러시아와 에너지가 빈약한 중국과 몽골, 한국, 북한, 일본 사이에 강력한 경제적 보완 관계를 증진시킬 뿐 아니라 지역 통합의 과정을 앞당기도록 하는 정치적, 경제적 효과를 만들어 낼 것이다. 지금까지 제안된 에너지 관련 프로젝트들은 개별 국가들이 자국의 이익을 충분히 고려한 대중적 지지를 얻어내는 데 대체로 실패했기 때문에 별 진전을 보지 못하고 있다. 러시아는 경제를 회생시키기 위해 자본 유입이 절실히 필요하다. 다른 나라들은 에너지 소비와 에너지 자급의 불균형 현상을 겪고 있는데, 이에 대한 성공적인 해결책이 그들의 현재의 개혁과 장기적 발전에 명백히 도움이 될 것이다.

이러한 문제들은 지역 국가들에 대한 러시아의 에너지 수출로 극복될 수 있다는 점에서 국가들은 상호 보완성과 상호간의 이익에 초점을 맞추어 각국 정부와 대중으로부터 긍정적인 반응을 이끌어 내야 한다. 앞으로 한 걸음 더 전진하기 위하여 관련 정부는 투자와 기술, 안전 보장과 관련한 공동 규제와 의제를 토론하기 위하여 다자 위원회를 설치해야 한다. 그리고 적절한 시기에 정부와 언론, 기업, 비정부 기구의 대표를 포함하는 '동북아시아 에너지 상호 기금(MFENA: Mutual Fund for Energy in Northeast Asia)' 을 세워야 한다. 이 기금은 프로젝트 조사와 기금 할당, 기금 조성, 기술 개발과 이용, 건설 공공 입찰, 품질 증명에 관한 부문에 사용될 것이다.

*4. 에너지 비축을 위한 지역 협력 메커니즘을 구축할 것:* 이러한 메커니즘이 적절한 시기에 구축이 되면, 불안한 상황하에서의 에너지 가격의 긴장을 풀어주고 지역 에너지 위기를 해소하는 것과 같은 공동 행동에 관한 보편 원칙이 제시될 것이다. 이는 이 지역 국가들에 대한 타 지역으로부

터의 석유와 가스 공급을 안정시키고, 장거리 수송 통로를 보호하기 위한
지역 국가들의 외교적, 경제적 협력에 도움이 될 것이다. 이 메커니즘에는
외교, 금융, 무역, 운송, 그리고 군사분야의 전문가들이 참여해야 할 것이
다. 만일 이 메커니즘이 통합적으로 잘 운영된다면, 이 지역의 다른 부문
의 지역통합과정에도 긍정적인 기여를 할 것으로 기대된다.

*5. 에너지안보 관리를 위한 다자간 레짐(multilateral regime)을 구축할
것:* 관련국 정부 간에 에너지 관리를 위한 다자간 레짐이 건설되어야 한
다. 주된 기능은 에너지 생산과 오염, 폐기물 수송과 저장에 관한 통고와
감독 등이다. 이러한 부문의 투명성이 제고될수록 지역적 차원의 환경보
호 기술과 안보협력은 더욱 발전할 것이다.

*6. 에너지보전과 환경보호, 대체 에너지 연구를 위한 협력을 강화할 것:*
에너지 문제의 절박함에 처한 동북아시아 국가들은 에너지 자원과 이용
을 다양화하기 위해 에너지 효율성을 제고하고 대체 자원을 개발하는 정
책을 이미 재정비하기 시작했다. 모든 국가의 학계는 이를 위해 협력을
더욱 확장해야 하고 기술·정보 협력의 지역 네트워크를 통해 조사, 검
증, 공동 연구활동 등을 실시하여야 한다. 그리고 이 지역 내 에너지 소비
와 환경보호, 가장 유망한 새 에너지 자원에 관한 연구성과를 공유해야
한다.

# IV. 결론

21세기 세계의 정치·경제적 구조는 전통으로부터 혁신으로의 전환의
시기에 진입하고 있다. 에너지 부문에 있어서 이러한 전환은 새로운 에너
지 기술과 노하우가 한편으로는 빠르게 확산되는 반면, 아직 전통적인 에
너지가 여전히 국제경제에 크게 영향을 미치고 있다는 사실에 의해 증명
된다.

최근 몇 년간 '신경제' 시대가 도래했는지 여부에 관한 학계의 논쟁이

있었다. 그런데 신경제 시대는 어떤 단일한 경제 구조가 모든 경제를 독점하는 것을 결코 의미하지 않으며 오히려 하나의 경제 구조가 주를 이루고 다른 경제 구조가 이에 대한 보조 역할을 하는 패턴을 주로 일컫는다. 일단 한 경제 구조의 우월함이 기술력과 시장력의 관점에서 과거의 구조를 대체하기 시작하면, 다른 경제 구조의 시대가 도래한 것으로 간주할 수 있다. 최근 우리가 목격하는 현실은 정보 기술이 세계 경제의 모든 분야에 깊이 침투하고 있는 동시에 제조업이 여전히 경제의 상당부분을 차지하고 있다는 사실이다. 전통 산업이든 새로운 산업이든 간에 어떤 산업도 물질적인 지원 없이는 발전할 수 없다. 따라서 생명을 위한 많은 기본 요소들 중에서 에너지는 계속해서 인간이 의존하고 소중히 다루어 보호해야 할 대상임에 틀림 없다.

동북아시아가 처한 에너지 문제는 포괄적이고도 시급하다. 동북아시아의 에너지 문제는 한 국가의 안보에 대한 명확한 함의를 지니고 있을 뿐만 아니라 지역의 모든 국가들 간의 관계에 막대한 영향을 미친다. 따라서 지역 안보문제를 해결하기 위해 포괄적이고 협력적인 접근 방법을 취하는 것이 합리적이다. 한편으로는 이 지역 모든 국가는 에너지 구조를 최적화하고, 에너지 효율성을 제고하며, 에너지를 보호하고, 에너지 비축을 늘림과 동시에 생산의 안전과 환경보호를 증진시켜야 한다.

다른 한편으로는 이들 국가는 에너지에 관한 지역 협력을 적극적으로 추진하고, 에너지 분야의 재정적 기술적 투자를 증가시키며, 인프라와 안전한 에너지 수송관을 개선하고, 핵확산뿐만 아니라 에너지 오염도 방지해야 한다. 동북아시아 국가들은 에너지 분야에서 바람직한 상호 관계의 모델이 다른 다자적, 양자적 틀과 함께 자리잡도록 하기 위하여 에너지 문제를 기존의 양자적, 다자적 정치 대화에 포함시켜야 한다. 이러한 노력은 궁극적으로 동북아시아의 안보 질서 개선에도 기여할 것이다.

9장

# 남북환경협력의 중요성과 북한환경의 질적 향상을 위한 대안*

홍규덕**

## I. 서론

21세기 지구의 평화와 안전을 위협하는 새로운 도전들은 국가들 간의 갈등으로부터 발생하는 것이 아니라, 점차 민족, 인종, 종교, 언어, 계급의 차이에 의해 발생하는 사회 간·문명 간 갈등의 양상을 보이고 있다. 또한 국경선 밖으로부터의 도전(threat from outside)보다는 국가 내부에서의 분열(threat from within)이 더욱 큰 문제를 야기시킨다는 점이 주요 특징이라 할 수 있다.[1] 물론 전통적인 차원의 지정학적 구분에 의한 갈등과 대결이 국제안보 문제에 있어서 더 이상 중요한 위치를 차지하지 못한다

---

\* 본 논문은 『국제관계연구』 제10권 제1호(2005년 봄호)에 게재되었음
\*\* 현 숙명여자대학교 정치외교학과 교수
1) Michael T. Klare, "Redefining Security: The New Global Schism," *Current History*, Vol. 95, No. 604, p. 353.

는 뜻은 아니다. 그러나 이는 향후 국제안보 분야의 새로운 갈등 요인들
이 비전통적 위협(non-conventional threats), 즉 인구의 급속한 팽창, 경
제기회의 불공평한 배분, 환경의 파괴, 그로 인한 급격한 인구의 이동이나
난민의 발생 등에 의해 확대되거나 가속화될 수 있음을 보여주고 있다.

특히 북한의 심각한 환경파괴와 경제적 어려움은 국가내부의 결속력을
이완시키고, 사회 계층 간의 격차를 확대시킴으로써, 궁극적으로 동아시
아지역 전체를 위협하는 새로운 불안요인이 될 수 있다는 점을 보여주는
좋은 사례가 되고 있다.

한반도는 냉전종식 이후에도 세계에서 가장 군사적 긴장이 집중되어
있는 곳이다. 이미 대부분의 지역에서 전통적 국경선의 의미가 퇴색한 반
면, 한반도 내의 휴전선은 여전히 전략적 중요성이 높은 지역 중의 하나로
남아있다. 따라서 북한의 침략에 대한 억제가 아직도 정책 결정자들의 가
장 중요한 안보목표로 간주되고 있지만 이러한 전통적인 안보역할 이외
에 최근에는 북한의 환경파괴로 인한 위협들에 대처해야 하는 새로운 과
제를 안게 되었다. 이는 단순히 한국에 대한 고민거리가 아니라, 주변국들
모두에게 영향을 미치는 공통의 문제이며, 문제해결을 위한 지역차원의
협력이 그 어느 때보다 시급한 실정이다.

이러한 측면에서 볼 때, 김대중 대통령이 심혈을 기울여 온 햇볕정책을
계승한 노무현 대통령의 평화번영정책은 단순히 남북관계의 총체적 개선
이라는 포괄적인 목표 이외에 환경안보차원에서의 보다 구체적인 접근이
필요하다. 북한이 당면하고 있는 위기의 성격을 정확하게 파악해야만 이
를 해결하기 위한 세부적 실천계획들을 만들어 갈 수 있을 것이다.

세계적으로 모든 지구촌 구성원들이 함께 겪고 있는 환경자원의 부족
현상은 지역국가들에게 전략적으로 매우 중요한 문제를 제기하고 있다.
즉 미래에 자국이 활용할 충분한 수자원, 산림자원, 및 에너지자원들을 확
보할 수 있는가에 관한 질문이다. 자원의 확보는 미래 생존을 위한 가장
중요한 목표가 될 수밖에 없다. 미국은, 연례국방정책보고서에 잘 나타나
있듯이, 자국의 이익을 수호하기 위해서는 필요시 군사력의 선제사용도

불사하겠다는 뜻을 보였다. 미국이 이라크를 공격하고자 하는 이유 중의 하나도 중동에서 사우디아라비아 다음으로 많은 석유를 생산하는 이라크 로부터 전략자원을 안정되게 확보하겠다는 측면이 분명히 있다. 따라서 많은 국가들이 자국의 이익을 원거리에서도 지킬 수 있는 역량확보를 위 해 군사혁신(Revolution in Military Affairs) 기술을 도입하고 있으며, 보다 멀리, 보다 신속하게 자국의 군대를 위험지역에 투사할 수 있는 능력을 확 보하는 데 많은 노력들을 기울이고 있다. 안타깝게도 많은 전문가들은 이 미 중동의 석유공급에 따른 차질이 시작되었고, 미국은 이러한 석유수급 이 차질을 빚지 않게 하기 위해 서아프리카나 카스피해 등 새로운 대체유 전지역의 확보에 많은 노력을 기울이고 있다.[2]

　이러한 점에서 향후 수자원, 광물자원, 대륙붕개발이나 유전개발에 대 한 갈등은 점차 많은 국가들이 참여하는 국제전의 형태로 확대될 가능성 이 크며, 전문가들은 나일강, 갠지스강, 남중국해, 카스피해 유전 등에서 무력충돌이 일어날 가능성이 매우 높다고 전망하고 있다.[3] 사실상, 한반도 역시 예외가 아니다. 일본과의 독도에 관한 영유권 분쟁이나 중국과의 서 해안 대륙붕을 둘러싼 분쟁의 소지가 여전히 존재할 뿐 아니라, 북한과의 서해5도를 중심으로 한 북방 한계선에 관한 논쟁은 언제든지 저강도 분쟁 (Low-Intensity Warfare) 으로 확대될 수 있는 가능성을 내포하고 있다.

　본 논문은 북한의 기아현상이 지역안정에 미치는 영향에 관해 직접적 으로 다루기보다는 이러한 문제점을 환경안보의 차원에서 접근해야 한다 는 문제의식을 갖고 출발하고자 한다. 특히 북한의 탈북자문제 역시 이러 한 환경안보의 증진이라는 차원에서 해결의 실마리를 찾아야 한다고 생

2) Ilan Berman, "The New Battleground: Central Asia and the Caucasus," *The Washington Quarterly*, Vol. 28, No. 1 (2004-05년 겨울), pp. 59-69.
3) Craig A. Snider, *Making Mischief in the South China Sea* (Canada: Canadian Consortium on Asia-Pacific Security, 1995), p. 8.; Raymond Jose G. Quilop, "Preventive Diplomacy and the South China Sea Dispute: Challenges and Prospects," *OSS Working Paper* (2000년 5월), pp. 1-4.

각한다. 경제나 정치적인 요인 못지않게 대량난민 시대의 도래는 환경파
괴로부터 언제든지 확대될 수 있기 때문이며, 이는 여러 가지 문제를 파생
시키면서 국제위기로 확대될 가능성이 높다. 따라서 예방외교(preventive
diplomacy) 차원에서도 환경안보의 중요성은 다시 한번 강조되어야 할
필요가 있다.

　이 글의 궁극적인 목표는 북한의 환경의 질을 개선하기 위해 필요한 일
들이 무엇인지 확인하는 데 있다. 본 장은 북한이 당면한 환경파괴의 현
황소개로부터 시작하여, 이러한 문제들을 극복하는데 왜 지역 국가들의
협조가 필요한지를 설명하고자 한다. 특히, 북한의 임남댐과 4·15 댐 건
설이 미치는 파장과 이러한 문제의 해결이 안보차원에서 왜 중요한지를
설명하고자 한다. 특히 본 장에서는 북한의 환경을 보호하기 위한 대책들
을 검토하는 데 있어서 여전히 장애가 될 수 있는 문제점들을 여섯 가지로
나눠 설명하고자 한다.

## II. 환경파괴와 햇볕정책

　환경위기나 자연자원의 고갈에 대한 국가들의 대처능력은 전부 다르
다. 부유한 국가들은 홍수 피해나 재해지역이 발생할 경우, 피해지역주민
들을 안전지역으로 대피시키거나, 정부의 주도하에 피해시설들을 복구하
며, 가장 단 시간 내에 피해를 극복할 수 있는 재정적 지원과 세제 혜택 등
과 같은 재기의 기회를 제공하며, 식량 등 부족한 재원은 수입을 해서라도
피해주민들의 불편함을 최소화할 수 있도록 조치를 취한다. 반면에 가난
한 빈국들은 이러한 역량을 갖추지 못한 경우가 대부분이다. 자연재해나
인재에 의한 피해가 발생할 경우, 이에 대한 정부의 대책을 기대하기 힘들
다. 또한 부국과 빈국의 가장 큰 차이는 가난한 국가들의 경우 이러한 재
해에 대한 예방조치를 취하지 못함으로써 거의 연례적으로 반복되는 피
해를 입게 되도록 방치한다는 데 있다. 토마스 호머 딕슨(Thomas Homer-

Dixon)이 자세히 설명했듯이, "환경파괴는 정부로 하여금 새로운 인프라를 구축하는 데 엄청난 재정규모와 정치적 부담을 주게 된다."[4]

대부분의 제3세계 국가들은 그러한 고비용을 감수하기 어렵고, 결과적으로 정부에게 기대하는 다양한 행정적, 재정적 요구와 이를 해결해야 할 정부의 역량 간에 격차가 발생하게 된다.[5] 호머-딕슨에 따르면, 이러한 격차(aspiration gap)는 점차 국민들의 상대적 박탈감을 심화시키고, 사회 내 경쟁관계에 있는 인종 간의 갈등을 확대시켜 국내분쟁으로 이어지는 경우가 많으며, 문제지역의 주민들로 하여금 환경문제요인들을 더 잘 해결할 수 있는 국가들로 대량이주를 단행하도록 만들기도 한다.[6]

북한 역시 오랜 기간 동안 경제침체에 시달린 흔적들이 뚜렷하게 나타나고 있다. 특히 광범위한 지역에서 나타나는 환경파괴의 영향은 사회주의 체제의 근간을 흔들 정도로 그 파장이 심각하며, 주민들의 동요가 체제불만으로 이어질 가능성이 매우 크다. 북한의 경제적 파탄으로 인한 환경파괴로 가장 큰 피해를 본 계층은 산업화 된 도시와 주변에 살고 있는 공장노동자들과 근로계층의 사람들, 그리고 의료혜택과 행정지원을 제대로 받을 수 없는 농촌과 산간벽지의 주민들이다. 특히 어린이들을 포함한 노약자들은 지난 1994년부터 확대된 극심한 가난과 기아로 고통을 받고 있다. 이미 1994년~1998년 사이에 약 2백만이 넘는 북한인구가 기아와 질병으로 생명을 잃은 것으로 추정되며, 여전히 식량부족현상이 해소되지 않고 있다.[7] 세계식량계획(WFP)의 보고에 따르면, 5세 이하 어린이 중 최소 40%가 영양실조로 고생하고 있으며, 약 30만 명이 식량과 안전한 삶의 터

---

4) Thomas Homer-Dixon, "Environmental Scarcity and Intergroup Conflict," in Michael T. Klare and Daniel T. Thomas, eds., *World Security: Challenges for a New Century* (New York: St Martin's Press, 1994), pp. 298-299.

5) Thomas Homer-Dixon, 앞의 책, p. 299.

6) Thomas Homer-Dixon, 앞의 책, p. 299.

7) Roberta Cohen, "Aid Meant for the Hungry," *The New York Times* (2002년 5월 16일), p. A1.

전을 찾아 중국과 러시아 등으로 월경을 하고 있다고 한다.[8]

비록 북한정부가 자신들의 정책적 실수와 관리 미숙의 책임을 자인하고 있지 않지만 이미 정부에 대한 신임과 권위는 많이 상실될 수밖에 없다. 그러나 더 큰 문제는 북한이 여전히 외세의 개입가능성과 자주성 상실에 대한 두려움 때문에 문제해결에 보다 적극적인 자세로 임하지 않고 있다는 사실이다. 물론 북한과 같은 절대적인 전체주의 체제하에서 정부의 실책을 자인하기 어렵겠지만 북한당국이 이러한 기아의 책임을 미국과 한국의 집요한 "공화국 말살음모"로 책임을 전가하고 사실을 오도하는 행위는 북한의 문제해결에 대한 의지를 의심하게 할 뿐만 아니라, 사태를 더 악화시킬 수 있다는 데서 걱정이 아닐 수 없다.

그나마 다행은 참여정부가 제공한 대화와 협력의 기회를 북한이 완전히 거부하지는 않고 있다는 사실이다. 북한의 위기는 이미 김대중 정부 당시부터 새로운 기회로 간주되었고 식량원조와 경제원조는 대북 화해정책을 꾸준히 추진하기 위해 없어서는 안 될 필수적 조건이 될 수밖에 없었다. 외부로부터의 지원이 없이 경제난과 기아를 스스로 해결하기 어렵다는 점에서 북한은 남한으로부터의 적극적인 제의를 받아들일 수밖에 없었을 것이다.

한국의 적극적인 대북지원 정책은 긍정적인 결과를 가져왔다. 북한의 김정일 국방위원장은 2000년 6월 15일 김대중 대통령을 평양으로 초대했고, 분단 55년 만에 최초로 남북정상 간의 역사적인 정상회담을 갖게 됐다. 이 회담을 통해 양 정상은 6개 조항의 공동합의문을 발표했다.[9] 또한 공동합의문 조항 중에는, 양국은 이산가족문제와 같은 인도적인 차원의 문제를 신속하게 해결하기로 하며, 남북경제의 균형적 발전을 도모하기 위해 문화, 스포츠, 보건, 건강, 환경 등의 분야에서 상호 교류를 실현시키자는 내용이 포함되어 있다.[10]

---

8) Roberta Cohen, 앞의 글, p. A1.
9) Ministry of Unification, *Sunshine Policy for Peace & Cooperation* (2002년 5월), p. 20.

이러한 선언 이후, 정상회담의 합의사항을 실천하기 위해 양측은 다양한 접촉을 벌였고 분야에 따라서는 상당한 진전도 있었다. 2005년 4월 현재, 14차례의 장관급회담이 개최되었고, 약 100여 회의 각종 실무회담들이 열리는 등, 남북 관계개선을 위한 결정적 돌파구를 찾는 노력은 계속되었다. 6월 정상회담의 합의사항들을 실천하기 위한 노력 중 가장 의미 있는 성과 중의 하나는 2000년 9월 중순 제주에서 개최된 국방장관회담일 것이다. 사실상 남북국방장관이 마주한다는 것은 한국이 꿈꿔온 신뢰구축과 긴장완화를 위한 가장 중요한 진전을 의미하기 때문에 한국 측에서는 이러한 국방장관회담을 정례화하고 이미 10여 년 전에 합의한 남북기본합의서의 조항들을 다시 한번 실천해 나가기를 기대했다.

그러나 북한 측은 국방장관 회담에 의미를 부여하는 것조차 반대했고, 결국 일회성 행사에 그치고 말았다. 물론 그 후, 남북을 관통하는 경의선 철도를 완공했고, 동해안선에 대한 연결도 큰 진전을 이루었다. 그 외에도 남북 이산가족방문과 금강산 관광을 휴전선을 넘어 육로로 연계하게된 것도 큰 진전이라 하지 않을 수 없으며, 개성공단을 건설하여 한국 기업들이 북녘 땅에서 제품을 생산하기 시작했을 뿐 아니라, 북한 내 거주하는 기업들에 대한 전력공급까지도 가능한 세상이 되었다.

물론 남북관계가 항상 순조롭기만 한 것은 아니었다. 특히 2002년 6월 북한해군은 아무런 예고 없이 한국영해에 순찰 중인 고속정에 발포를 하는 도발을 감행함으로써 아군 고속정을 침몰시키고, 함장을 포함한 전사자 5명, 부상자 18명의 피해를 입혔다.[11] 전 국민이 월드컵 준결승전으로 한마음이 된 사이에 벌어진 매우 충격적인 사건을 보면, 양국 간의 신뢰구축의 기반이 얼마나 취약한 것인가를 알 수 있다. 북한이 결국 사과를 했지만, 아직도 남북 간의 긴장은 여전히 높은 상태이며 상대방에 대한 신뢰를 갖기 어려운 것이 현실이다.

---

10) Ministry of Unification, 앞의 글, p. 19.
11) 『조선일보』 (2002년 6월 30일), p. 1.

이러한 긴장상태에도 불구하고, 김대중 대통령이나 노무현 대통령은 대북포용정책의 기조를 확실하게 유지해 왔으며, 북한의 식량위기를 해소하기 위한 원조에 보다 적극적으로 임하고 있다. 이러한 적극성은 불과 수년 전만 해도 상상하기 힘든 일로, 특히 서해교전 이후 국내사회에서 불거진 일부 반대여론에도 불구하고, 매우 일관되게 추진되고 있다. 북한에 대한 원조는 기아해소를 위한 식량원조뿐만 아니라, 북한 내 농업생산량을 증진시키기 위한 비료지원도 함께 하고 있으며, 공중보건영역에서 의약품과 살충제도 포함시키고 있다.

비근한 예로, 휴전선 남쪽에 창궐하기 시작한 말라리아를 박멸하기 위해 한국의 보건당국은 북한에 모기퇴치를 위한 협조를 요청하는 것이 매우 중요하다는 점을 인식하여, 의약품을 공급하기 시작했고 최근에는 북한에 유행하는 조류독감을 퇴치하기 위한 각종 의약품과 소독 기구들을 전달하고 있다. 결국 이런 작은 사례에서 드러나듯이, 북한을 돕는 일이 결국 우리의 손해가 아니라는 시각이 형성되기 시작한 것은 환경협력분야에 많은 도움을 줄 수 있는 반가운 현상이다.

효과적인 대북지원을 위해 한국정부는 단순 비상구호의 단계에서 벗어나 보다 종합적이고 지속가능한 발전을 보장할 만한 체계적인 협력을 제공하고자 노력하고 있다. 이러한 노력은 김대중 대통령의 2000년 정상회담 당시 김정일 국방위원장과의 대화에서도 잘 나타나고 있다. 김대통령은 남북경제협력을 추진함으로써 남북한 당사국은 물론 주변 국가들까지도 혜택을 볼 수 있다는 점을 평상시부터 강조해 왔다. 정상회담 당시에도 김대통령은 양국의 경제협력과 동아시아 지역경제에 도움이 될 만한 실천조치로써 인프라 구축에 필요한 철도망 및 도로연결 사업을 제안했다. 김대통령은 남북철도연결은 궁극적으로 환시베리아철도(TSR)와 환중국철도(TCR)로 연계될 수 있고, 더 나아가 유라시아 대륙의 실크로드(silk-road) 철도선과도 연계가 가능하다고 주장했고, 동북아 지역의 자원개발과 경제 활성화에도 큰 도움을 줄 수 있다고 설명한 바 있다.[12]

이러한 김대중 대통령의 비전은 참여정부하에서 대부분 실제정책으로 현실화 되었다. 특히 개성공단의 착공은 휴전선에서 가장 근접한 북한의 도시에, 한국의 기술과 북한의 노동력을 합해 공동생산을 할 수 있도록 여건을 조성함으로써 북한 경제를 활성화시키고, 남북경제통합을 더욱 가속화시킬 수 있다고 자신했던 것이다.

이러한 남북 간의 협력은 북한이 지난 2002년 10월, 북한 스스로 우라늄방식에 입각한 새로운 형태(HEU)로 핵개발을 해왔다고 선언한 후에도 크게 변화하지 않고 있다는 점에서 특기할 만한 사실이다.

현재까지 한국정부는 많은 양의 원조를 북한에게 제공했다. 1998년 1월부터 2002년 4월까지의 통계에 의하면 전체적인 원조량은 3억 5,825만 달러로 국제사회가 북한에 제공한 총액인 15억 달러의 24%에 해당하는 액수이다.[13]

참여정부는 북한이 진정 핵무기를 포기하도록 만들기 위해서는 이러한 적극적인 포용정책 없이는 불가능하다는 입장을 일관되게 주장해왔다 또한 이를 매우 효과적인 정책수단이라고 판단해왔다. 문제는 이러한 다양한 제안과 경협에 대한 기대에도 불구하고, 시급한 환경 현안들에 대한 직접적인 언급이나 구체적인 문제해결 노력이 별로 없다는 데 있다. 돌이켜 보건데, 이미 1994년 9월에 남북한은 남북 기본합의서의 부속의정서 제2조항을 통해 양 당사국 간에 과학, 기술, 환경 분야에서 정보와 자료, 전문가들을 상호 교환할 것과 공동연구를 추진할 것을 약속한 바 있다.[14] 당시 부속의정서는 한반도 전체차원에서 환경보전을 위한 계획을 수립한다는 계획도 담고 있다.[15]

---

12) Ministry of Unification, 앞의 글, p. 22.

13) Ministry of Unification, 앞의 글, p. 27; 1995년부터 미국은 약 5억 달러 이상을 식량원조로 북한에 지원했고, 톤수로는 해마다 3만 5천 톤씩 제공한 셈이다. *The New York Times* (2002년 5월 16일), p. A.1.

14) 재인용 각주 21. 홍순직, "북한의 환경오염실태와 남북환경협력방안," 『통일경제』 (1999년 1월), p. 86

15) 홍순직, "북한의 환경오염실태와 남북환경협력방안," 『통일경제』 (1999년 1월), p. 86.

그러나 이러한 환경협력에 관한 약속들이 전혀 이루어지지 않고 있는 것은 안타까운 일이며, 이를 복원하고자 하는 시도자체가 보이지 않는 점도 아쉽다. 양자관계에서 환경문제에 대한 접근이 우선순위를 차지하지 못하고 있다보니, 동북아 지역차원에서도 북한의 환경악화 문제에 대해서는 전혀 신경을 쓰고 있지 않는 상태이다. 북한의 환경문제는 고립된 지역의 지엽적인 문제로 평가될 뿐이다. 그러나 북한의 환경파괴가 전체 지역에 심각한 영향을 미치지 않을 것이라고 믿는다면 분명 사태의 심각성을 과소평가한 것임에 틀림없다.

물론 대부분의 정책 결정자들의 입장에서 볼 때, 북한의 대량살상무기에 의한 위협과 이를 해결하기 위한 6자회담의 속개가 워낙 중요한 우선순위를 차지하다보니, 수많은 사람들이 기아로 숨져 가고 또한 수십만이 탈북을 하게 만드는 환경파괴 현상에 대해서는 상대적으로 깊은 관심을 보일 수 없는 것이 안타까운 현실이다.

앞으로 자세히 다루겠지만, 본 장은 북한에 대한 개방유도정책이 보다 이슈중심으로 접근해야 하며, 나날이 심각해지는 북한의 환경문제에 대한 경각심을 제고시키는 방향으로 추진되어야 한다는 점을 강조하고자 한다. 남북 관계개선의 효과를 유지하기 위해 북한이 밝히고 싶지 않은 환경파괴에 관해 침묵하는 것은 결코 바람직한 정책이 될 수 없다. 북한이 좀 더 지속 가능한 발전을 할 수 있도록 도와주기 위해서는 보다 구체적인 계획이 수립되어야 하며, 이를 위한 남북 간의 협력이 반드시 필요하다는 점을 강조해야 할 것이다. 북한주민들의 삶의 질을 향상시켜 한반도 전체의 안정을 유도하는 쪽으로 계획되기 위해서는 철도연계나 개성공단 건설과 같은 거시적 차원의 정책이외에 환경보전이나 오염예방을 위한 보다 세밀한 정책들이 면밀하게 계획되고 또한 시급하게 추진되어야 할 필요가 있다.

불행하게도, 북한에 제공되는 대부분의 해외원조들은 북한의 급격한 환경파괴를 막는데 구체적인 도움을 주지 못하고 있다. 북한의 환경파괴는 보다 구조적이며, 따라서 현재와 같은 다양한 임시방편적인 지원방식들보다는 총체적이고 장기적인 접근이 필요한 시점이다.

## III. 북한의 환경파괴 현황

북한의 환경파괴는 여러 분야에서 관측되며, 일반인들이 생각하는 것보다 훨씬 심각한 실정이다. 자동차의 수가 많지 않음에도 불구하고, 도심지역의 대기오염은 매우 심각하며, 산성비도 많은 지역에서 검출되고 있다. 수질오염 역시 심각하며, 공업용수로 인한 하수오염 때문에 안전한 식수가 부족한 것도 큰 문제일 뿐 아니라, 피부병이나 호흡기질환 등 각종 질병의 원인을 제공하고 있다. 토양유실과 삼림의 황폐화도 매우 심각한 상태이다. 산지개간으로 인한 토양 표피층이 점차 각박해지고 유실된 토사가 하천바닥을 상승시켜 매년 홍수피해가 그치지 않고 있다. 또한 북한 최고 위층에 의해 산업 쓰레기와 핵폐기물의 반입이 시도되는 것을 보면 환경보전의 필요성에 대한 확고한 문제의식을 갖고 있지 못하다는 점을 알 수 있다. 이러한 결정들은 북한주민들의 안위는 물론 한국을 비롯한 지역전체의 안보를 위협하는 매우 심각한 환경파괴 행위로 볼 수 있다.

이러한 결과를 낳게 한 배경에는 1970년대까지 계속된 급속한 산업화와 수단방법을 가리지 않고 추진된 식량증산정책, 냉전 종식이후 계속된 소련 및 동구권의 붕괴와 마이너스 경제성장, 환경에 대한 전반적인 인식 부족, 북한정부의 관리능력 부족 등 여러 가지 복합적인 원인들에 의해 축적된 결과임을 알 수 있다. 이러한 문제들은 북한주민들의 건강과 삶의 질을 크게 해치며, 북한주민들이 땀 흘려 일궈온 기적과 같은 경제사회 발전의 토대를 무너뜨릴 수 있다는 점에서 환경파괴의 심각성에 대해 다시한번 경각심을 갖게 해준다.

냉전종식과 더불어 시작된 북한의 경제침체가 환경파괴를 부추긴다는 사실은 부정하기 힘들다 그러나 이러한 환경파괴가 결코 단 시일 내에 갑작스럽게 이루어진 것은 아니다. 북한은 철강, 화학비료, 기계류, 각종 무기류 등을 자체적으로 생산하는데 총력을 기울였고, 특히 한국전쟁 이후 모든 산업시설이 파괴된 폐허로부터 자력갱생을 외치며 새롭게 산업화를 일구어냈다. 물론 북한주민들의 노력과 희생이 가장 컸지만, 소련과 중국의 원조와 기술지원이 큰 몫을 담당한 것도 사실이다. 북한은 일사불란한 정부의 조직력과 풍부한 광물자원, 강인하고 잘 훈련된 노동력을 동원, 최단시간 내에 산업화를 성공시켰으며, 1970년대에는 무기류나 기계류는 자급자족할 정도로 발전했고, 1980년대까지 산업화를 확대해 나갔다.

그러나 북한은 급속한 산업팽창에 따른 대가를 혹독하게 지불해야만 했다. 북한주민들은 심각한 대기 및 수질오염으로 고통을 감수해야 했으며, 그 밖에 다른 영역에서의 환경파괴도 매우 급속하게 진행되었다. 다른 대부분의 공산주의 국가들이나 권위주의국가에서 볼 수 있듯이, 북한은 경제성장을 위한 속도전에 모든 노력을 기울였고, 지속가능한 발전을 위한 환경친화적 정책이나 삶의 질을 위한 대책마련에는 전혀 관심을 기울이지 못함으로써 결국 균형을 유지하는 데 실패했다.[16]

북한이 본격적으로 환경문제의 심각성에 눈을 뜬것은 1986년 4월 9일 최고인민회의 제7기 5차 회의에서 환경보호법을 제정, 공해방지 및 환경보호를 위한 각종 시책을 추진하면서부터이다.[17] 1990년대에 들어서서는 1992년 개정헌법 제57조에 생산에 앞서 환경보호대책수립을 명문화하였으며, 대외시장 개방을 대비하여 합영법의 연장선상에서 외국자본과 기술에 대한 환경오염방지를 위한 법규정을 정비하였다.[18] 1993년 2월 보건부와 과학원 등에 산재한 환경업무를 총괄 조정하는 차원에서 정무원 산하에 "국가환경보호위원회"라는 비상설기구를 신설했으며, 1996년 9월에는 정무원의 부서로 "국토환경보호부"를 신설하고 "환경보호법"을 제정했다.[19] 또한 1996년 11월에는 중앙인민위원회를 통해 10월 23일을 "국

---

16) 손기웅, "북한의 환경정책과 환경상태" 『국제정치논총』, 제35권 제2호(1995), pp.175-93.
17) 홍순직, 앞의 글, p. 74.
18) 위의 글.

토환경보호의 날"로 제정하고, 대외적으로도 1993년 6월 평양에서 "세계 환경의 날" 기념행사를 개최하고, "국제 자연 및 자연자원보존연맹 (IUCN)"에 가입하기도 했다.[20]

그러나 북한당국은 이러한 외양적인 변화에도 불구하고 환경보호법 시행령을 적극적으로 추진하고 집행하는 데는 실패했다. 즉, 환경파괴를 감시하고, 측정할 충분한 기술과 정책의지를 갖고 있지 못했으며, 환경에 대한 보전과 보호는 사치스런 조치들에 불과했고 당장은 생산력을 증대하여 주민들을 굶주림에서 벗어나게 하는데 총력을 기울여야 할 입장이었다. 또한 환경감시를 시도할 충분한 시설과 장비를 갖추지도 못했고 오염방지를 위한 시설을 장착할 여건도 마련되지 않았다. 무엇보다도 경제적 어려움에 직면한 북한당국의 입장에서는 환경의 중요성을 인식한다고 해도 투자의 우선순위 상 환경평가나 방지시설 건설에 투자할 여유가 없었을 것이다. 결국 북한의 오염방지와 환경감시는 이를 시도할 만한 재정지원이 외부에서 제공되지 않는 한 기대하기 어려운 실정이다.

그동안 북한은 공산주의 종주국인 소련과 기타 동구권 국가들로부터 많은 경제지원과 산업기술지원을 받아왔는데, 이들의 붕괴는 북한경제에 심각한 타격을 주었을 뿐만 아니라, 북한 산업시설의 전반적인 황폐화를 가져왔다. 따라서 이러한 경제적 침체와 외부지원의 단절은 환경파괴를 더욱 가속화시키는 결과를 초래하고 말았다.

결국 북한의 환경보호법제정과 국토환경보호부의 설립은 명분상일 뿐, 북한의 심각한 환경파괴를 단절시키기에는 너무도 무기력하고, 때늦은 감이 없지 않았다. 결국 이러한 환경파괴를 근본적으로 방지하기 위해서는 지역 국가들의 협조가 없이는 불가능한 실정이다.

그나마 다행스러운 것은 북한이 UNDP 등 국제기구의 손길을 필요로 하기 시작했다는 점이다. 두만강 주변 유역에 관한 환경조사가 UNDP에

---

19) 위의 글.
20) 위의 글.

의해 이루어진 바 있으며 현재도 약 6개의 프로젝트가 진행 중이다.[21] 또한 2004년 8월 유엔 환경계획보고서가 UNEP와 북한의 환경조정위원회에 의해 최초로 발간된 사실은 매우 고무적이다.[22] 최근 북한이 수해방지를 감시하기 위한 다양한 환경측정 장비들을 남한 측으로부터 받아들였다는 사실도 매우 고무적이라 하지 않을 수 없다.

## 1. 대기오염의 악화

북한의 대기오염 중 가장 시급한 문제는 밀집된 도시공장지대에서 방출되는 아황산가스와 질산가스의 통제가 어렵다는 점과 이들이 공기 중의 산소와 만나 결합해서 발생하는 산성비가 동식물의 성장은 물론 토양의 산성화를 가속화시킨다는 점이다.

북한의 경우, 대기오염의 가장 큰 원인은 공장의 연료나 가정집의 난방 등을 위해 사용하는 석탄연소에 의해 주로 발생한다. 이들은 거의 예외 없이 여과장치를 갖고 있지 않으며, 그 결과 아황산가스, 질산가스, 그리고 석탄에 함유되어 있는 카드뮴, 비소, 미세한 금속가루 등이 여과 없이 공기 중에 방출되고 있다.[23] 2004년 발간된 환경보고서에 의하면 북한 평양시 평천 구역의 먼지오염도는 같은 해 서울의 3배에 가까우며, 북한의 대기오염은 주로 공업도시에서 더욱 심각한 것으로 알려져 있다.[24] 흥남, 청진, 함흥, 원산, 신의주 등은 심각한 공해에 시달리고 있는 대표적인 도시들이다. 특히 지역의 70%가 공장지대인 함흥시는 1927년 건설된 흥남 비료 공장을 중심으로 각종 화학공장과 제철소등이 위치하고 있어 육안

21) 수자원연구원, 한국수자원공사, UNDP, "두만강 수자원이용 및 관리방안 수립," 2004.
22) UNEP, UNDP, *DPR Korea: Statement of the Environment*, 2003.
23) Peter Hayes, David von Hippel, 윤덕룡, "북한지역의 생태적 위기와 삶의 질," 『통일연구』 제3권 제1호(1999), p. 190.
24) 강찬수, "평양 대기오염 서울의 3배," 『중앙일보』(2004년 8월 30일), p. 5.

가시거리가 매우 제한될 정도로 오염이 심각하다고 귀순자들은 전하고
있다.[25] 또한 자강도 만포시의 경우, 액체 화학연료를 생산하는 "운하공
장" 등이 위치한 별오동 주민들은 전체주민의 40%인 1만 명가량이 간염,
간경화, 간암 등의 질병에 시달리고 있다고 귀순자들은 전하고 있다.[26]

산성비의 피해는 주로 북한 중서부지방과 해안지방에서 많이 나타나고
있으며, 남포, 사리원, 해주, 송림 등에 피해가 있는 것으로 밝혀지고 있
다. 아직 구체적인 피해규모에 대한 정확한 증거를 갖고 있지는 못하지만,
아시아의 산성비에 관한 RAINS-Asia 팀의 프로젝트 결과에 의하면 북한
에서 배출된 산화가스는 북한 내에서만 산성비를 유발하는 것이 아니라,
중국과 일본 등 이웃 국가들에게까지 영향을 미친다고 한다.

피터 헤이즈, 본 히펠, 윤덕룡의 공동연구에 의하면 북한의 개인 당 이
산화탄소 발생량은 약 6.2톤으로 중국, 베트남, 한국보다 훨씬 높은 것으
로 나타나 있다.[27]

북한이 중국과 유사한 형태의 산업화과정을 거쳤지만, 중국의 대기오
염에 대한 문제의식과 처리방식과는 크게 대조된다. 중국은 현재 산성비
와 아황산가스 배출을 통제하기 위해 북경시에 두 개의 특별보호지역을
설치하여, 이를 감시하고 있다. 또한 많은 규제를 만들고 이를 엄격하게
적용하고 법을 집행하고 있으며, 새로운 공장들은 반드시 전기점화장치
나 섬유 필터 등을 이용한 통제장치를 장착할 것을 의무화하고 있다. 또
한 분진 배출을 99% 이상 철저히 줄일 수 있도록 강력하게 요구하고 있
다. 중국은 또한 2010년까지 석탄의 세척이 의무화되며, 아황산 물질의
함유량이 높은 광산들을 폐지하도록 강제 조치하고 있다. 인구가 밀집된
북경주변의 중공업 공단들을 지방으로 이전하거나 폐쇄하는 방법도 현재
추진하고 있는 것을 볼 때, 북한은 이러한 중국의 사례를 통해 중국식의

---

25) 홍순직, 앞의 글, p. 75.
26) 위의 글.
27) Peter Hayes, D.V. Hippel, and Yoon Duk Ryong, *An Assessment Model for Acid Rain in Asia*, RAINS-ASIA project (1998년 11월), 홍순직 논문에서 인용.

산업화 정책과 경제성장이 가져온 환경파괴에 따른 비용지불이 결코 만만치 않음을 교훈으로 얻어야 할 것이다.[28]

그러나 북한은 여전히 "주탄종유" 정책을 사용하고 있으며, 석탄 사용량 역시 2000년의 2,229만 톤에서 2020년에는 1억 2천만 톤으로 증가할 전망이다. 대기오염을 제거할 만한 충분한 배기가스 정화기술도 부족하고 에너지 효율개선과 대체에너지 도입을 위한 자금도 부족하며 대기오염규제를 위한 정책의지도 부족한 실정이다.[29]

## 2. 수질오염

북한의 하천과 호수, 지하수의 오염 수준 역시 매우 심각하다. 이러한 수질오염의 주요 요인들은 역시 급속한 산업화와 도시화, 그리고 오염방지 시설설치를 위한 투자미비와 현대적인 과학기술 및 환경관리에 대한 경험부족 등을 주요 원인으로 들 수 있다.

특히 북한에서 제일 큰 강인 압록강은 북한과 중국 양쪽의 탄광, 시멘트 공장, 그리고 도시에서 나오는 산업 및 생활 폐수들로 인해 식수로 사용이 불가능할 정도이다. 낡은 폐수처리 시설 때문에 폐수의 상당량이 직접 하천에 유입되며 평양인근의 12개 공장시설에서 대동강에 방류하는 폐수만도 하루에 3만㎥에 이르고 있다. 1996년 압록강의 화학적 산소요구량(COD)은 북한 기준치의 두 배가 넘는 6.32 ppm이며 대동강의 지천인 휴암천은 기준치인 리터당 10만 마리의 319배에 달할 정도로 오염이 심각한 수준이다.[30]

두만강 역시 오염이 매우 심각하여 전장 505km 중 백두산을 오르내리는 상류 쪽 일부 구간만이 아직 오염이 안 된 상태이다. 또한 북한의 수도

28) Chenggang Wang, "China's Environment in the Balance," *The World & I* (1999년 10월), p. 152.
29) 홍순직, 앞의 글, p. 75.
30) 강찬수, 앞의 글, p. 5.

를 관통하는, 평양의 식수원인 대동강도 생물학적 산소요구량(BOD)이 8ppm이상으로 식수로 사용이 불가능하며, 죽은 물고기들이 떠다니는 것을 자주 볼 수 있다.[31]

이와 같은 북한의 수질오염은 공장폐수는 물론, 농약과 비료, 합성세제 등을 과다 사용함으로써 발생하는 남한의 수질오염과는 근본적으로 다르다. 대부분 공장폐수들에 의한 것이 대부분이며 이는 정화장치나 기술적인 보완을 통해 충분히 개선할 수 있는 여지가 많다는 점에서 외부로부터의 체계적인 지원이 필요하다.

특히 북한의 수질오염은 탄광에서 버려지는 정관 폐수와 채탄 폐수의 방출이 문제가 되며, 제철, 제련분야에서 배출되는 폐수, 그리고 공업 분야의 폐수와 분뇨처리시설의 미비, 하수종말처리 시설의 부족으로 생활오수가 스며드는 것이 주요한 원인으로 지적되고 있다.[32]

이제 평양에서는 수돗물도 반드시 끓여먹어야 하며, 외국인 방문객들에게는 "신덕샘물"과 같은 병에 든 물을 공급하고 있다.[33]

북한의 하천뿐만이 아니라, 대부분의 호수 역시 부영양화(eutrophication)가 심각하게 진행 중이며, 질소(nitrogen)와 인산(phosphrous)이 다량 포함되어 있는 것으로 알려지고 있다. 또한 지하수의 지나친 개발과 오염으로 식수원 확보에도 문제가 있는 것으로 알려지고 있다.

## 3. 산업쓰레기 및 핵폐기물 도입

산적한 쓰레기들의 처리능력 부족은 토양을 오염시키며, 더 나아가 지하수를 오염시킴으로써 식수원 확보에 어려움을 초래하게 된다는 점에서 관심이 촉구된다. 북한은 쓰레기 처리에 있어서도 아직 특별한 기술과 대

---

31) 홍순직, 앞의 글, p. 75.
32) 위의 글.
33) 위의 글.

책을 갖고 있지 못하다. 오히려 북한은 경제적인 어려움 때문에 외국으로 부터 산업쓰레기를 수입하고, 또한 핵폐기물과 같은 방사능이 함유된 물질들을 반입하는 데도 주저하지 않고 있어 주위를 안타깝게 하고 있다.

북한은 프랑스, 독일, 영국, 오스트리아 등지로부터 산업쓰레기를 불과 톤당 200불씩 받고 매년 10만 톤씩 수입하고 있다. 이러한 쓰레기 수입은 1993년부터 시작, 2004년까지 계약이 체결되어 있다고 한다.[34]

북한은 또한 대만전력공사와 약 6만 배럴 규모의 핵폐기물 쓰레기를 수입하는 조건으로 7천 5백만 달러를 받는 계약을 체결한 바 있다. 이러한 보도가 나간 이후, 한국을 중심으로 많은 환경관련 민간단체들이 이에 항의하기 시작했고, 국제사회의 비등한 비판에 직면한 대만 당국이 계약을 최종단계에서 취소하게 되었다. 북한이 이러한 핵폐기물을 안전장치가 전혀 갖추지 않은 폐광에 저장할 생각이었다는 점을 고려하면, 북한의 당국자들이 여전히 환경보전의 중요성에 대한 인식이 부족하며, 이웃 국가들에 대한 배려와 도덕적 책임감을 결여한 채, 외화벌이 사업에만 관심을 기울이고 있다는 점을 알 수 있다.[35]

이러한 잘못된 정책이 북한 지도층에 재정적 보탬이 될 수 있겠지만, 이는 다시 회복하기 힘든 결정적인 실수가 될 것이다. 이러한 결정들은 북한의 보건과 환경을 파괴할 뿐만 아니라, 북한의 장기적인 경제발전 가능성에도 악영향을 미치게 될 것이다. 뿐만 아니라, 이러한 정책은 북한과 생태계를 공유해야 하는 한국과 주변 국가들의 국민들에게 심각한 피해를 줄 수 있다. 바로 이러한 점 때문에 북한의 환경개선을 위한 국제사회의 관심과 협조가 필요한 것이다.

---

34) 위의 글, p. 80.
35) 위의 글.

## 4. 생태계 파괴

북한은 국토의 73.2%가 산림지역이지만 지난 10년 간 가뭄과 폭우, 병충해, 땔감마련을 위한 벌목, 다락밭 개간 등으로 인해 산림이 훼손되었다.[36] 경작 가능한 농지의 1/5이 토양의 오염, 산림황폐화, 사막화, 그리고 지나친 난개발로 사라졌다고 하면 이는 놀랄 만큼 빠른 규모이며, 특히 토양 오염의 심화는 북한 정부의 지나친 식량증산 위주의 정책에 기인한다. 북한정부의 지나친 화학비료 투여는 자연생태계에 광범위한 피해를 주었고, 토양의 유실을 더욱 부채질했다.[37]

비교적 좋은 임업환경을 갖고 있는 북한이지만, 경제난에 따른 에너지 부족으로 인해 산림황폐화가 더욱 심각해질 수밖에 없다. 북한은 1986년부터 1996년까지 14만 ha의 숲이 유실되었으며, 이는 경작지를 더 확보하기 위한 북한당국의 정책적 노력 때문이라고도 볼 수 있다. 각종 건설자재용 목재와 에너지난으로 인해 북한주민들이 주요 연료를 나무나 장작에 의존해야 하기 때문이다. 연간 땔감 채취가 1990년의 300만㎥에서 720만㎥으로 늘었으며, 따라서 벌목에 의한 산림파괴는 동식물의 개체 수를 급격하게 줄어들게 할 뿐 아니라, 생물적 다양성의 파괴에도 원인제공을 하게 된다. 결국, 이러한 자연파괴는 복원이 거의 불가능하며, 복원이 된다 해도 100년이 넘는 장시간이 필요하다는 데 문제가 있다.

또한 산림의 파괴는 홍수를 일으키는 직접적인 원인이 되기도 한다. 북한은 1995년, 1996년, 1998년과 1999년 연이은 홍수피해를 경험하였다. 이러한 대규모의 홍수피해는 자연환경의 변화로 인한 부득이한 부분도 있지만 근본적으로 지나친 벌목과 토사의 유실 등에 의한 인재라는 데 전문가들은 견해를 같이하고 있다.

---

36) 강찬수, 앞의 글, p. 5.
37) 이용범, "북한의 산림 황폐화 현황과 통일후 관리 방안," 『통일경제』 (1999년 2월), pp. 98-106.

특히 북한정부는 각 도, 군별로 위원회를 결성, 전국의 농지면적을 확대하기 위한 방안으로 산의 경사면을 개간하여 유실수를 심거나 경작을 하도록 정책을 추진했다. 전국적으로 해발 200m 지점까지 다락밭을 만들거나 계단식 농토를 설치하는 작업이 강행되었으며, 경사 18도 이하의 지형이면 뽕나무나 사과 등을 심도록 했다. 물론 이런 적극적인 정책이 식량증산에 어느 정도 도움이 됐지만, 토사유출 방지를 위한 시설이 갖추어지지 않았기 때문에 홍수피해에는 속수무책이었다. 즉 여름에 장마가 지면, 다락밭에서 유실된 토사가 하천바닥을 상승시켜, 홍수의 주요 원인이 되곤 했다. 또한 무계획적인 연료림의 사용은 산림황폐화를 더욱 촉진시키는 요인이 됐다. 특히 총체적 외화부족에 따른 에너지난이 심각해지자 도시지역과 도시근교지역은 약 75%를 임산 연료 즉 나무로 땔감을 썼고, 농촌의 협동농장들은 95% 이상을 임산 연료에 의존하게 되었다.[38]

산림의 황폐화와 함께 사막화 현상도 나타나고 있다. 압록강 하류주변의 사막화 현상은 이미 수년 전부터 시작되어 왔고, 점차 그 범위가 확대되는 추세이다.[39] 또한 군부대의 주둔은 이러한 산림파괴를 한층 가속시키고 있다. 부대근처의 지역에서 적을 쉽게 관찰하거나 침투를 방지하기 위해서 산림을 지속적으로 훼손해 왔고, 시야를 확실하게 확보하고자 하는 군의 특수한 요구와 땔감 등의 연료사용으로 부대주변의 임야가 더욱 많이 훼손될 수밖에 없었다. 북한은 세계 5위권 규모의 군대를 갖고 있는 국가이며, 이들의 주둔은 단순히 산림피해뿐 아니라, 군 주둔지역에 대한 전반적인 환경오염을 가중시키고 있다.

이제껏 관찰했듯이, 북한의 환경파괴는 경제상황과 밀접한 관계를 갖고 있다. 북한이 당면한 경제위기는 식량부족 현상을 야기시켰고, 국민들의 광범위한 건강문제를 초래했다. 이러한 북한의 환경파괴는 한반도 전

---

38) 이용범, 앞의 글, pp. 101-102.
39) http://www.chosun.com/w21data/html/news200207/20027280169.html (검색일: 2002년 8월13일)

체의 생태계에 영향을 줄 뿐만 아니라, 많은 수의 인구가 중국이나 러시아로의 탈출을 감행함으로써 동아시아의 안보와 생활환경에도 영향을 미치고 있다.

북한의 환경파괴에 대한 지역적 함의는 중국과 상당히 다르다. 안나 브레텔(Anna Bretell) 역시 이러한 측면에 관해 자세히 언급했지만, 중국의 대기오염이 북한보다 한국에는 더 실질적인 위협이 되고 있는 것이 사실이지만, 북한의 생태위기는 아주 독특한 형태로 한국과 지역안보에 심각한 영향을 미치고 있음을 인정해야 할 것이다.[40] 다른 많은 지역에서 관찰할 수 있듯이, 환경의 파괴와 삶의 조건이 악화는 결국 주민들의 정치적 불만을 확대시키고, 이로 인해 이들이 대량탈출을 감행하고 새로운 지역에서 사회문제를 야기하게 되면, 이는 세심한 정책적 배려와 관련당사국들의 긴밀한 협조를 필요로 하게 된다. 이러한 기능이 제대로 소화되지 못할 때, 항상 긴장을 고조시킬 수 있으며, 분쟁의 씨앗이 될 수 있기 때문이다.

## 5. 환경난민

이 지역의 가장 큰 불안요소 중의 하나가 바로 환경난민의 처리문제이다. 물론 난민의 정의에 관해서는 여전히 합의를 구하기가 어렵지만 북한 주민들 중 상당부분이 기아와 가난을 피해 국경을 넘었다는 사실에는 의심의 여지가 없다. 국제원조가 북한인구의 1/3을 먹여 살리는 수준이다 보니, 탈출이 가능한 자들은 보다 나은 환경을 위해 목숨을 건 모험을 단행하게 되는 것이다. 이는 결국 주변 국가들에게 새로운 딜레마를 제공한다. 인도적인 차원에서 이들을 돕지 않을 수 없으면서도 이러한 난민들의

---

40) Esook Yoon, and Hong Pyo Lee, "Environmental Cooperation in Northeast Asia: Issues and Prospects," in Miranda A. Schreurs, and Dennis Pirages, eds. *Ecological Security in Northeast Asia* (Seoul: Yonsei University Press, 1998), pp. 69-75.

유입에 따른 부담을 지고 싶지 않은 것이 대부분의 국가들의 공통된 입장
이다. 이들이 집단적으로 국경을 넘을 경우 이들의 처리문제 때문에 관련
당사국들 간의 외교적 마찰은 불가피하다. 이는 단순히 외교적 마찰뿐이
아니라, 경제적인 부담을 의미하기도 하며, 또한 국내 정치적으로도 인권
처리에 따른 비판의 목소리가 커질 수밖에 없다. 더 나아가 중국의 경우,
조선족들이 많이 사는 연변자치구에 북한인구가 집중되고 그 수가 늘면
서 집단행동이나 치안에 문제를 제기할 경우, 이는 안보차원에서도 큰 부
담이라 하지 않을 수 없다. 결국 북한이 주민들에게 기본적인 권리를 보
장하지 않을 때, 이는 궁극적으로 한국, 일본, 중국, 러시아, 미국의 부담으
로 돌아오게 된다는 데 문제의 심각성이 있다.

약 20여 년 전, 국제사회는 이와 유사한 문제점으로 고민을 떠맡은 적이
있다. 베트남에서 대량탈출이 이루어지고 많은 인구가 무작정 배를 타고
목숨을 건 탈출을 감행할 때, 국제사회는 이들 "보트 피플(boat people)"
들을 위해 주변 동남아 국가들에 임시 수용하기 위한 정착촌을 건설하고
이들을 궁극적으로 서구사회로 영구이전을 시켰던 적이 있다. 아마도 북
한의 경제가 더 어려워 질 경우, 이러한 대량탈출을 막기가 힘들 것이며,
제2의 베트남이 될 가능성이 상당히 크다.

아직까지는 중국과 러시아가 이러한 탈북자로 인한 부담의 대부분을
감당하고 있다. 그러나 정확하게 얼마나 많은 수의 탈북자들이 중국과 러
시아에 살고 있는지를 확인하지 못하고 있다. 기관들마다 그 평가가 다르
지만, 대략 30만 명 이상이 현재 중국의 각지에서 숨어 살고 있는 것으로
추정된다.[41] 그들 중 매우 적은 수의 탈북자들만이 북경이나 심양의 외국
공관에 뛰어들어 보호를 받고 있으며, 중국당국의 양해하에 서울행을 성
사시킬 수 있는 실정이다. 중국이 그동안 탈북자들에 대하여 정치적 난민
의 지위를 부여하지 않는 것이 관례가 되다보니, 최근 들어 탈북자들이 북
경주재 외국대사관에 뛰어 들어가 망명을 신청하는 경우가 늘고 있다. 스

41) *The New York Times* (2002년 5월 16일), p. A1.

페인 대사관을 시작으로 탈북자들의 망명신청이 국제사회의 이목을 집중시키자, 중국당국은 이들이 북경외교가에 접근하지 못하도록 철저한 검문검색을 강화하고 있다.

2004년 10월 현재 약 1,637명의 북한 탈북자들이 각국 대사관이나 영사관, 국제학교 또는 제3국을 경유하거나 서울로 입국했으며 이러한 추세라면 적어도 4년 후에는 한국입국자 수가 연 1만 명을 넘게 될 것이란 전망도 있다.[42] 그러나 이런 탈북자들의 기적에 가까운 입국에도 불구하고 중국 땅에 남아있는 수많은 불법 체류자들이 전례 없이 강화된 단속에 체포되어 강제로 북한으로 압송되고 있으며, 이들을 돕기 위한 각종 단체들과 후원자들의 활동도 상당한 제약을 받고 있다. 중국이 탈북자들에 대해 온정을 보이지 않는 이유는 향후 보다 많은 탈북자가 중국으로 유입되는 것을 방지하기 위한 고육지책이기도 하다.

미국 난민위원회(U.S. Committee for Refugees)의 보고서에 따르면, 탈북자들은 붙잡히면 강제적으로 송환되며, 고문을 당하거나 노동수용소에 수감되고, 때론 처형당하기도 한다.[43]

이러한 탈북자에 대한 가혹한 처리는 북한 형법 제47조에 기초한 것으로 다음과 같이 기술하고 있다.[44]

북한의 시민이 외국 또는 적국에 귀순하거나 조국과 인민을 배반했을 때, 또는 간첩행위나 이적행위를 했을 때, 그리고 그외 국가에 손해가 되는 행위에 가담했을 때, 교화소에서 7년 이하의 징역에 처할 수 있다. 또한 북한의 시민 중 아주 위험한 공격적 행위에 가담한 자는 사형을 집행할 수 있으며, 모든 재산을 압수할 수도 있다.

42) 김인성, "탈북자 현황분석," 『민족연구』, 통권 제 14호 (2005년 3월), p. 26.
43) U.S. Committee for Refugees, *North Korea Country Report*, 2001.
44) John Tai, "Religious Freedom in North Korea," paper presented at the 3rd International Conference on North Korean Human Rights & Refugees, Tokyo, Japan (2002), p. 40.

따라서 미국의회는 중국으로 하여금 북한 탈북자들을 자유의사에 반하여 강제귀환 시키지 말 것을 촉구하며, 정치적 난민의 지위를 부여할 것을 요구하고 있다. 이미 미국 의회에서는 벤자민 길먼 전 하원국제관계위원장을 중심으로 "협력 감소법안"을 입안하여 북한의 탈북자들을 지원하는 활동을 돕기 위한 기금을 만들 것을 요구한 바 있다. 또한 최근에는 샘 브라운백(Sam Brownback) 상원의원 등을 중심으로 북한에 대한 인권청문회를 수차에 걸쳐 개최하는 등 탈북자들 문제에 많은 관심을 보이고 있다. 또한 2002년 8월에는 장길수 군이 자신의 탈북생활을 그린 200여 점의 그림 전시회를 미 의회 러셀 홀에서 개최하는 등 미국은 탈북자의 문제를 민주주의와 자유에 대한 중대한 억압으로 간주하고 있다.

결국 미 상원은 2004년 9월 28일 북한인권법안(North Korea Human Rights Act)을 상정하여 만장일치로 통과시켰으며, 미 하원의 결의를 거쳐 부시 대통령이 10월 18일 서명함으로써 발효가 되었다.[45]

미 부시행정부는 북한인권법안의 발효로 인해 북한 내 민주화촉진을 위한 다양한 정책을 구상할 법적 근거를 확보했으며, 대북방송 확대나 북한인권 단체들을 지워하기 위해 연간 240만 달러를 집행한다는 원칙을 갖고 있으며 이를 전담할 인권 특사를 임명한다는 계획을 갖고 있다.

미국은 탈북자들의 신변에 관해 중국정부와 대화를 시작했고, 탈북자들의 질서 있는 제3국 망명을 중국이 보장할 것과 북한으로의 송환을 금지하고 그들에게 유엔인권고등판무관실의 접촉이 가능하도록 허용할 것을 강력하게 요구하고 있다. 그러나 중국은 북한에 대한 주도력을 유지하기 위해서라도 전통적인 혈맹관계에 손상이 미치는 행동을 자제하고자 하며 양국간의 범인인도협정에 따라 이들을 단순 범죄자로 취급 북한에게 이송하지 않을 수 없다고 주장해 왔다. 중국 측은 이들이 경제적 이유

45) Michael Horowitz, "North Korea Human Rights Act a Miracle," *Christianity Today* (2004년 10월 4일), 인터넷 열람, http://www.christianitytoday.com/ct/2004/140/2/0.html (검색일: 2004년 11월 4일)

로 국경을 넘었기 때문에 결코 정치적 난민으로 인정하기 어렵다는 주장이다. 따라서 중국은 유엔인권고등판무관실에서 요청하는 탈북자들에 대한 난민들과의 직접 접촉요구를 아직까지는 수용하지 않고 있다.[46]

그러나 중국의 강제송환은 비판을 면하기 어렵다. 송환된 탈북자들이 강력한 처벌을 받게 되며, 이들은 이미 생활의 근거를 잃은 사람들이 대부분이기 때문에, 결국 제대로 정착할 수 있는 여건 없이 방면될 경우, 다시 중국행을 택하는 경우가 많다는 점에서 근본적인 대책이라 보기 힘들다. 이들에 대한 북한 또는 중국 내에서의 반인륜적 인권침해사례들이 자주 언론에 보도되면서 현재 이들을 돕기 위한 다양한 비정부단체들이 중국 내에서 활동하고 있고 중국은 최근 이러한 기구와 관련자들을 단속하고 체포하고 있다.

결국 이런 문제는 북한의 급격한 경제침체와 환경파괴에 기인한 기아현상에서 출발했다는 점을 고려할 때 이들을 일종의 환경난민으로 분류, 이들을 보호해야 한다는 것이 많은 인권단체들의 주장이다. 하지만 이러한 대안이 제도화될 때, 북한에서 더 많은 대규모의 탈북이 가능하다는 우려가 주변 국가들로 하여금 이 문제를 적극적으로 해결하지 못하게 하고 있다. 결국 탈북자들은 국제사회의 관심을 유발하기 위해 대사관이나 영사관 등 치외법권이 인정되는 기관들에 접근하여 망명을 신청하고 있고, 중국은 이들 외국정부들의 요구를 내정간섭으로 간주하며 탈북자문제를 단호하게 처벌하면서도 국제사회의 여론을 감안하여 대사관내에 진입한 탈북자들에 한해서는 한국행을 허용하고 있는 실정이다.

이러한 환경난민들의 발생과 처리과정은 북한에 대한 부정적 이미지를 더욱 확산시킨다는 점에서도 새로운 대처방안을 찾는 데 북한은 협조해야 할 것이다. 그러나 아직까지는 북한이 이들에 대한 근본적인 해결능력을 보이고 있지 못한 가운데, 북한의 입장을 지지하는 중국과 탈북자의 인

---

46) Elisabeth Rosenthal, "North Korea Draw U.S. into a Diplomatic Mess," *The New York Times* (2002년 5월 12일), p. A1.

권보호를 원하는 유럽이나 미국 간에 입장차이가 줄어들지 않고 있으며, 이들을 처리하는 과정에서 외교적 마찰로 확대되는 경우가 종종 발생하고 있다.

지난 2002년 5월 15일 중국 심양의 일본 영사관에 진입하던 탈북가족들을 중국 공안당국 요원들이 저지하는 과정에서 발생한 마찰은 일본 국민들의 첨예한 관심을 집중시켰다. 일본은 이들의 송환을 강력하게 요구하며, 중국 공안당국이 일본 영사관내에 진입하여 자유의지로 망명을 신청한 사람들을 체포하는 것은 명백한 국제법위반이자 일본을 모독하는 사태라고 비난하고 재발방지와 사과를 요구한 반면, 중국당국은 일본의 영사가 탈북자 인도를 정식으로 요청했다는 증거를 확보하고 있다고 화살을 일본 영사관 관리에게 돌렸다. 이로 인해 일본 국회가 진상파악에 나서고, 외교부 조사단이 현지에 파견되는 등 매우 큰 정치적 사건으로 확대되기도 했다.[47] 또한 비슷한 시기에 탈북자가 심양 주재, 미국영사관에 진입하여 미국망명을 요구한 바 있다.

따라서 미국의 북한인권법안 통과로 인해 보다 적극적으로 송환금지와 탈북자 망명을 요청하게 될 경우 이는 중국과의 마찰이 상대적으로 커질 가능성이 크며 일본 역시 유사한 북한인권법안을 검토하고 있다. 결국 북한난민을 둘러싼 마찰의 폭은 결국 북한 6자회담에 대한 합의가능성 조차 더욱 어렵게 만들 가능성이 존재한다.

최근 아서 듀이 미국무부 인구 및 난민담당차관보는 미국이 탈북자들의 집단적 미국망명심사요건을 완화해주는 방안을 검토 중이라고 밝힌 바 있으며, 개별 심사원칙의 적용원칙에서 탈피, 탈북자 전체를 하나의 카테고리로 보는 마치 베트남의 보트 피플이나 구소련의 유대인, 쿠바난민 등에 적용했던 프라이어러티(Priority) 2 방식을 고려해 볼 의사가 있음을 시사했다.[48]

---

47) Elisabeth Rosenthal, "Japan and China Intensify Dispute Over Korean Asylum Seeker," *The New York Times* (2002년 5월 16일), p. A1.

사실상 미국은 2002년 8월 15일 사상 처음으로 북한 탈북자 출신 이길남 씨와 이철수 씨에게 난민지위를 부여했다. 두 사람은 일찍 북한을 빠져 나와 중국과 러시아에서 오랫동안 살던 사람들이기 때문에 최근 탈북자들과는 경우가 다르지만 북한출신 망명신청자에게 망명을 허용했다는 점에서 큰 의미가 있다. 이들은 중국과 러시아를 거쳐 프랑스 파리에서 위조여권을 통해 멕시코 행 비행기를 탔고, 멕시코로 입국한 이후 다른 멕시코 인들과 함께 사막을 건너 미국으로 잠입하다 체포되어 약 4개월간의 구류생활을 마친 후, 최근 법정에서 난민지위를 획득할 수 있게 되었다.[49]

북한인권법안 발효 이후 미국이 아직 공식적으로 탈북자에게 망명지위를 부여하지는 않고 있지만, 미국무부가 북한난민에 관해 특별한 카테고리로 간주할 가능성을 검토한다는 사실은 향후 탈북을 시도하는 자들의 태도에 많은 영향을 미칠 것이다. 이는 미국과 중국 간의 외교적 긴장을 더해주는 일임에 틀림없으며, 북한과의 관계에서도 마찰의 소지가 커질 것이다. 즉 미국이 탈북자들에게 새로운 망명처를 제공함으로써 더 많은 체제불만 세력들이 중국행을 선택할 것이 확실시된다.

또한 기아에 허덕이는 생계가 불가능한 빈민층의 탈북자들보다는 미국에서의 삶을 동경하는 중산층 이상의 당원이나, 군 간부 등 사회의 핵심계층의 이탈이 가속화될 가능성이 크다는 점을 지적하지 않을 수 없다. 이는 결국 북한의 김정일 체제가 내부로부터 붕괴될 가능성이 커진다는 점을 나타내주며, 북한이 미국 등 외부세계와의 관계개선을 통해 스스로 개혁을 이루지 않는 한, 더 이상 강력한 내부단속을 통해 문제를 해결하기 어렵게 될 수 있음을 의미한다.

현재에는 이러한 탈북 난민들로 인한 부담이 중국정부에게 지나치게 집중되어 있지만, 이러한 탈북자가 기하급수적으로 증가할 경우, 한국은

---

48) 허용범, "미 인권개입 급가속," 『조선일보』(2004년 11월 19일), p. A6.
49) 이들은 심양 미영사관 공간에 침입 망명을 요청한 사람과는 다른 사람들이다. 『조선일보』(2002년 8월 31일), p. 1.

물론, 미국, 일본, 유럽연합 등이 함께 부담을 나눠야 할 것이다. 분명 탈북자는 북한의 경제가 개선되지 않는 한 줄어들지 않을 것이며, 한국뿐만이 아닌 국제사회가 함께 의논하고 다루어야 할 문제이다.

다행한 것은 아직 대규모 탈출사태가 벌어지지는 않고 있지만, 전문가들 중에는 이러한 난민사태가 자칫 대규모 인권유린 사태로 확대될 수 있으며, 인종문제 또는 지역전체의 안정을 위협할 만한 유혈사태로 확대될 가능성도 전혀 배제할 수 없다고 한다.[50]

따라서 이러한 위기를 예방할 수 있는 조치들이 미리 취해져야 한다는 점은 아무리 강조해도 지나치지 않다. 특히 아세안 지역포럼(ARF: ASEAN Regional Forum)과 같은 지역안보기구를 동북아에 만들자는 주장들은 이미 여러 차례 제시된 바 있다. 특히 한국정부는 탈북자들이 송환될 경우, 인권침해를 받거나 신체적 박해를 받는 일이 없도록 북한을 설득하고, 이러한 과정을 감시해야 하며, 탈북자들이 안전하게 영구적 정착지를 구할 때까지 보호할 수 있는 시설과 지원방법을 강구해야 할 것이다.

무엇보다도 환경난민은 북한의 환경파괴에서 시작된 만큼, 이에 대한 근본적인 보완이 가능하도록 주변 국가들과의 협력을 통해 보다 근본적인 대책을 세워야 할 것이다.

## 6. 댐 건설

한국 국민들과 정부가 느끼는 또 다른 환경관련 위협은 북한이 최근 완성한 임남댐(금강산댐)과 관련한 것이다. 북한은 국내 전력부족 현상을 타파하기 위해 휴전선 북단 금강산 지역의 북한강 상류에 임남댐을 건설하였다.[51] 그동안 전력난에 시달렸던 북한이 댐을 건설하여 수력발전을

---

50) Graham T. Allison and Hisashi Owada, "The Responsibilities of Democracies in Preventive Deadly Conflict," pp. 1-6, 인터넷 열람, http://www.ccpdc.org/pubs/Democracy/democracy.htm (검색일: 1999년 10월 4일)

통해, 전기를 얻어낸다는 데 대해서는 충분히 공감이 가지만, 이 댐 공사로 인해 한국의 전력사정에 문제가 생기고, 물 부족 현상이 확대되고, 또한 서울전체가 수해에 잠길 수 있다는 불안감을 갖게 되었다는 점에서 심각한 문제가 되고 있다.

또한 북한이 2001년 3월 1일부로 완성한 임진강 상류의 4·15댐도 임진강 하류의 연천, 문산, 파주 지역주민들에게 많은 피해를 야기시키고 있다. 북한의 댐 건설에 의한 수량변화로 이미 이 지역은 하천의 물이 대폭 줄어들어 임진강을 기반으로 어업이나 관광관련 사업으로 살아가는 주민들의 피해가 매우 큰 실정이다. 또한 이들이 물을 방류할 경우, 수해피해를 입고 있으며, 매년 반복되는 범람현상 때문에 이 지역 집값이 폭락하고, 주민들이 피해를 보상받지 못하며, 집이 팔리지 않게 되면서 새로운 사회문제가 되고 있다.[52]

북한강 상류에 위치한 북한의 임남댐은 하류에 있는 한국의 화천, 의암, 그리고 춘천댐에 연쇄적으로 영향을 미치고 있다. 즉 임남댐이 용수를 대량 확보함에 따라, 남쪽 하류에 위치한 댐들은 수위가 너무 낮아져 수력발전을 하기도 어려운 실정이다. 심지어 서울에 가장 인접한 청평댐과 팔당댐까지도 임남댐의 영향을 심각하게 받고 있다.

가장 우려되는 점은 수량의 부족현상으로 자정능력을 상실하게 되는 것이다. 팔당 저수지와 같이 서울시 1천 2백만 시민들의 상수원으로 사용하고 있는 저수지가 자정능력을 상실함으로써 안전한 식수 보급을 못하게 된다면 이는 심각한 위협이라 하지 않을 수 없다. 이는 전례가 없던 일로, 새로운 차원의 환경안보의 중요성을 강조하는 대표적인 사례가 되고 있다.

더욱이 최근에는 임남댐의 붕괴 가능성 때문에 많은 걱정을 하고 있으며, 정부는 이에 대한 대책마련에 부심하고 있다. 북한의 임남댐이 부실공

51) 『조선일보』(2002년 5월 2일), p. 2.
52) 위의 글.

사로 인한 붕괴 가능성이 있다는 우려는 2002년 6월 미국의 인공위성에 의한 촬영 자료에서 북쪽 경사면 벽에 난 2개의 큰 구멍을 발견하면서 더욱 확산됐다.[53]

정부자료에 의하면 임남댐은 약 26억 톤의 물을 수용할 수 있기 때문에, 만약 댐의 구조상의 하자로 인해 붕괴할 경우, 북한강 하류에 있는 주민들의 피해는 이루 말할 수 없이 클 것이다.[54] 물론 북한은 한국의 우려를 일축하고 있으며, 이러한 주장을 근거 없는 악의적 모략으로 간주하고 있다. 북한의 전면부인에도 불구하고, 정부는 만에 하나 가능할 수 있는 붕괴에 대한 준비를 해나가지 않을 수 없다. 건설교통부에서는 일단 북한강 하류(임남댐으로부터 20km 하단지점)에 위치한 평화의 댐을 대응댐으로 지정, 시설을 강화하는 안을 제시하고 평화의 댐의 보강공사에 착수했다. 공교롭게도 평화의 댐은 1980년대 초, 전두환 당시 대통령이 북한의 수공에 대비하기 위해 건설을 시작했던 댐이며, 국민들이 평화를 사랑하는 마음에서 성금을 낸 돈으로 건설했다 해서 평화의 댐이라 명명했던 것이다.

그러나 1993년 김영삼 당시 대통령이 문민정부를 출범시키면서 당시 북한의 수공계획은 과장된 것이며, 정치자금을 마련하기 위한 시도로 평화의 댐이 기획되고 추진되었다고 비판한 바 있다. 따라서 평화의 댐은 마치 냉전적 사고가 빚어낸 불필요한 건설의 대명사가 됐고, 이를 반성하는 조형물과 같은 역할을 했던 것이다. 그러나 막상 북한에 가장 호의적인 김대중 대통령의 임기 중에 임남댐의 붕괴가능성이 밝혀지고, 그로 인한 홍수 피해의 위협이 가시적인 현실로 나타나게 되니 이는 역사의 아이러니가 아닐 수 없다.

건설교통부는 평화의 댐의 보강공사 이외에도 화천댐(평화의 댐으로부터 24km 하단에 위치) 북쪽 지류에 5~6개소의 관측소를 만들어 북한의 임

53) http://www.chosun.com/w21data/html/news/200207/200207210299.html (검색일: 2002년 8월 6일)
54) 위의 글.

남댐의 범람 위험성에 미리 대비하기로 했다. 그러나 일부 전문가들은 정부의 평화의 댐 보강공사에 대해서 우려를 표명하고 있다. 왜냐하면 만약 평화의 댐의 벽면높이를 임남댐 높이(120m) 이상으로 쌓아올려 놓으면, 임남댐 붕괴 시 북한으로 역류한 물 때문에 북한이 상당한 피해를 입게 될 것이며, 이는 남북 간의 신뢰를 더욱 악화시키는 결과를 초래할 것이라는 점이다.

또한 전문가들은 정부가 임남댐의 방류 시 쏟아질 물을 막기 위해, 평화의 댐과 화천댐을 비우기로 한 결정에 대해서도 비판하고 있다.[55] 즉 한국의 물 부족 현상이 예상되는 상황하에서 공격 가능성만을 가정하고, 실제 사용 중인 두 개의 댐을 비워놓는다면, 이는 엄청난 낭비이며, 물 부족 현상을 더욱 가속화시킬 것이라는 주장이다.

정부는 이러한 전력손실과 물 부족 현상을 보완하기 위해 동강과 범성골에 새로운 댐을 건설하는 방법을 모색할 수 있다는 가능성을 비쳤지만, 이 역시 이미 자연보호지역으로 지정된 동강에 댐을 다시 건설할 수 없기 때문에 가능한 대안이 아니다. 게다가 북한의 갑작스런 위기를 해소하기 위해 필요할 때마다, 천문학적인 예산을 투여하여 새로운 댐을 짓고, 또 기존의 댐을 비우거나, 대응댐을 보완하는 일들을 추진한다면, 이는 너무도 반환경적인 사고방식이며, 즉흥적인 대응에 지나지 않는다. 따라서 이러한 공사에 들어가는 엄청난 예산들을 보다 효율적으로 사용할 수 있는 종합적인 토지관리가 필요하며, 이를 위해서는 남북 간의 협력이 반드시 필요하다.[56]

전문가들의 평가에 의하면 한강은 남한 수자원의 23%를 차지하는데, 이미 북한의 댐신설로 인해 18억 톤, 즉 12%가 줄어든 상태라고 한다. 만약 임남댐이 완성되면 약 26억 톤의 물을 저장하게 되며, 근처 다른 북한의 댐들을 합쳐 약 40억 톤의 저장량을 확보하게 된다.[57] 따라서 남한 정

---

55) 『중앙일보』(2002년 5월 10일), p. 1.
56) 위의 글.

부로서는 향후 물 부족 사태에 직면하게 될 가능성이 크며, 서울의 많은 인구들이 정제되지 못한 오염된 물을 공급받을 가능성이 높다는 주장들이다.

이러한 우려가 현실화된다면 이는 매우 중요한 안보위협이며 이를 합리적이고 생산적으로 해결하기 위해서는 남북모두가 소모적인 댐 건설에 아까운 재원을 낭비할 것이 아니라 보다 효율적인 자원관리로 필요한 생산시설과 인민들의 삶의 질 개선에 예산이 투자될 수 있도록 지혜를 모아야 할 필요가 있다.

따라서 임남댐이나 임진강 수해피해에 관한 합동조사는 반드시 실천되어야 한다. 물론 북한은 한국의 보상이 없는 한, 임남댐 공동조사를 위한 회담에 성실히 임하지 않을 확률이 매우 크다. 그러나 북한이 명심해야 할 것은 만약 댐이 무너지고, 남한이 엄청난 재난을 입게 된다면 재난복구에 필요한 재원낭비 때문에 북한에 대한 지원이 그만큼 줄어들 수밖에 없으며, 그동안 추진해 온 신뢰 쌓기의 불씨마저 없애는 어리석은 일이 될 것이라는 점이다.

## IV. 환경협력의 필요성에 대한 인식전환

환경난민의 처리문제나 댐건설에 따른 새로운 안보위협을 놓고 국민들은 북한의 경제난과 에너지 부족, 환경파괴와 기아문제가 결국 다 연결된 하나의 문제이며, 전면전과 같은 전통적인 방식이 아닌 새로운 형태의 안보위협이라는 점을 이해하기 시작했다. 이러한 새로운 위기를 해소하기 위해서는 분명 북한에게 도움의 기회를 제공해야 하고 또 그들이 그 기회를 잡지 않고서는 결코 해결될 수 없다는 점도 함께 이해하게 되었다. 따라서 임남댐에 대한 공동조사나 임진강이나 한강의 수자원을 공동으로

---

57) 『중앙일보』 (2002년 5월 6일), p. 1.

활용하고 관리하는 문제를 협의하는 것은 매우 중요한 우선순위가 되어야 한다.

문제는 북한이 아직도 이러한 문제를 남북협상을 통해 해결하는 데 진지한 자세와 열의를 보이고 있지 않고 있다는 점이다. 남한정부가 남북경제협력추진위원회를 가동시켜 이러한 문제를 풀어가자고 제안했을 때, 북한은 임남댐에 대한 하자가 있다는 사실을 공개하고 싶지 않기 때문이겠지만 다른 정치적인 이유로 회담을 무산시키고 말았다. 지난 2002년 8월 13~14일 개최된 제7차 장관급회담에서는 임진강의 홍수대책은 8월 26~29일 사이 서울에서 개최되는 남북 경제협력추진위원회의 논의사항으로 처리할 것을 합의했고, 임남댐에 대한 공동조사는 9월 중순에 접촉을 갖기로 결정했다.[58]

북한이 이런 임진강의 홍수대책 문제와 북한강의 임남댐 공동조사에 응하기로 한 것은 일단 매우 고무적이라 하지 않을 수 없다. 그러나 아직도 한국의 입장에서는 2002년 5월 7일 개최예정이던 제2차 남북경제협력회의를 북측이 아무런 통보 없이 하루 전에 갑작스레 취소시켰던 기억이 새롭다. 북한은 언제든지 필요할 경우 회의를 무산시켰고, 또한 회의장에 나와서는 억지주장을 일삼기 일쑤였다.

남한의 입장에서 북한의 어려운 경제를 돕고, 또한 환경파괴를 최소화시킬 수 있다면 최상의 선택이 될 것이다. 북한의 입장에서도 한국의 도움하에 보다 발전된 기술과 장비, 인력지원을 통해 오염방지를 위한 조치들을 취하고, 지속가능한 발전을 이루어낼 수 있다면 가장 바람직한 대안이 될 것이다. 2000년 정상회담에서 김정일 국방위원장이 고(故) 박정희 대통령의 근대화정책에 대한 높은 평가를 한 적이 있다. 이는 매우 놀라운 일이지만 김위원장이 추구하는 근대화가 강력한 정부의 의지에 입각한, 급속한 경제발전과 생산량 증가에 있다면 이는 환경파괴를 가속화시

---

58) http://www.chosun.co.kr/w21data/html/news/200202/200208140249.htm (검색일: 2002년 8월 14일)

키는 결과만을 초래할지도 모른다.

임남댐과 4·15댐 그리고 환경난민들의 사례들을 통해볼 때, 북한의 환경문제는 궁극적으로 한국에 심각한 영향을 미칠 뿐 아니라, 이러한 현상은 북한의 경기가 나아질 경우, 오히려 더 확대 될 가능성이 높다는데 주의를 기울일 필요가 있다. 즉 북한에 개발자금이 들어오기 시작하면 균형적인 국토발전에 입각한 개발보다는 당장의 성과에 기초한 이윤극대화에 초점을 맞출 가능성이 크다. 즉 지속가능한 개발보다는 속도전에 비중을 둔 "난개발"이 될 가능성이 매우 크다는 데 고민이 있다.

이제 북한이 개방되고 미국, 일본과의 관계개선이 본격화되면, 북한의 새로운 경제개발은 마치 판도라의 상자를 열듯이, 모든 문제점을 안고 출발하게 될 것이다. 결국 남북 환경협력을 통한 체계적이고 종합적인 국토개발과 균형 있는 발전이 필요한 이유가 여기에 있다. 다행히 북한이 임진강 하류의 범람에 관한 공동조사에 응하겠다는 입장을 늦게나마 밝힌 것은 향후 환경협력에 대한 기대를 갖게 하는 고무적인 일이다. 특히 한국정부가 34개의 각종 수해조사 기구와 장비를 북측에 이관했고 북한이 이를 수용했지만 아직 환경협력과 수해방지에 관한 구체적인 진전은 이루어지지 않고 있으며 또한 북한이 임남댐에 관해서는 여전히 공동조사의 필요성을 인정하지 않고 있는 실정이다.

## V. 환경의 질을 향상시키기 위한 대안

북한의 낙후된 산업구조와 에너지 사용 방식은 엄청난 환경파괴를 가져왔다. 특히 북한의 에너지영역은 전면적인 구조조정이 불가피한 상황이다. 에너지와 자원의 비효율적인 사용과 재정의 빈곤, 기술력의 부족, 취약한 제도는 현대적인 방법으로 환경을 보호할 수 있는 기회를 원천적으로 차단시키고 있다. 결과적으로 북한의 환경위기는 식량의 지속적 생산기반을 취약하게 만들고, 보다 바람직한 방향으로의 구조조정을 어렵게 만들 것이다. 이러한 악순환의 고리는 여간해서 끊기가 쉽지 않다. 근본적인 구조조정이 없이는 향후 개방이 될 경우, 북한에 경쟁력을 갖추지 못한 사양산업들이 진출할 가능성들이 많으며, 결국 파괴된 환경을 복원하고 오염시설들을 개선하는 데 실패할 가능성이 크다.[59]

거의 방치상태에 있는 2차 산업들과 사회구조에 새로운 활력을 불어넣게 하려면, 새로운 기술들과 함께 능력을 갖춘 새로운 인력들이 투입되어야 할 것이다. 대부분의 북한인구가 체력적으로 취약할 뿐 아니라, 대부분 당면한 식량해결에 급급한 사정이다. 따라서 국제사회가 북한문제에 좀 더 적극적인 관심을 갖고, 식량원조와 국민건강, 농기구, 필요한 기술과 북한의 지속가능한 발전을 위한 계획수립까지 총체적으로 지원하고 도움을 주어야 한다. 일단 경제가 되살아나고, 배급체계가 다시 정상화되어야 북한주민들이 더 이상 국경을 넘어 방황을 하지 않아도 될 것이며 사회가 안정화될 수 있을 것이다.

댐 건설의 사례에서 명확하게 나타났듯이. 그들의 에너지 계획에 관해 서로 상의하지 않음으로써 양측은 엄청난 비용을 낭비할 수밖에 없다. 북한의 수력발전을 더 많이 얻기 위한 댐 건설 결정이 순수한 의도라고 가정하더라도 이는 사전에 협의하지 않음으로써 남한에 엄청난 재정적 부담과 경제적 손실, 막대한 환경피해를 가져다 줄 뿐 아니라, 북한을 돕는 데 사용할 비용에도 영향을 미칠 수 있다는 점에서 북한당국의 보다 신중한 결정과 협조가 필요한 것이다.

또한 한국정부의 입장에서는 이러한 긴요한 이슈에 대해서도 협력이 어려운 상황하에서 국민들에게 대북 햇볕정책의 장점과 정당성을 설득하기 어려운 실정이다. 동시에 대응댐 건설과 시설보강은 엄청난 예산의 낭

59) Raimo Vayrynen, "Environmental Security in a Conflict Zone: the Case of the Korean Peninsula," in *Peace Studies in the Post-Cold War Era,* The Final Report of the International Symposium at Korea Press Center, Seoul (1998년 11월 20일-21일), pp. 29-30.

비이며, 이를 위한 국민들의 조세부담만 커짐으로써 결국 국민들은 재산의 피해에 대한 보상이 제대로 이루어지지 않은 상태에서 통일비용의 지급만을 더욱 크게 부담하는 불합리한 경우에 처하게 될 것이다. 특히 북한의 무관심과 비협조로 인해 인명피해가 속출할 경우, 대북 화해정책은 국민들의 지지를 얻기 어려울 뿐 아니라, 이러한 문제해결에 대한 구체적인 협력도 진행할 수 없게 됨으로써 소모적인 경쟁을 지속할 수밖에 없고, 결국 한반도의 환경피해는 점차 확대될 수밖에 없을 것이다.

현실적으로 하천의 남쪽에 위치하고 바람의 방향에 있어서도 남쪽에 있는 한국이 환경문제에 더욱 민감할 수밖에 없으며, 국경을 넘어 발생하는 환경파괴의 피해에 대해 취약할 수밖에 없다. 또한 남한이 보다 높은 환경기준을 가지고 있기 때문에 이를 문제 삼고 협력을 요구하는 것은 당연하다. 그러나 북한이 이를 정치개입의 수단으로 간주하고 북한의 치부를 공격하는 민감한 문제로 받아들이면 결코 환경개선은 이루기 어려울 것이다.

한국은 북한보다 훨씬 더 환경의 질을 강조하는 사회적 분위기와 경제적 수준에 도달해 있고 그만큼 높은 우선순위를 가지고 있다. 따라서 이러한 비대칭적인 상호의존을 고려할 때, 한국이 먼저 다양한 인센티브들을 개발해, 북한이 환경협력에 적극적인 참여의사를 갖도록 유도할 필요가 있다.

동시에 북한은 지나치게 개발을 서둘러서는 안 되며, 환경기준에 대해 지나치게 타협적이 되어서도 안 될 것이다. 북한의 입장에서 해외투자를 더 받아들이는 것이 경제복원에 도움이 되겠지만, 북한에 투자하고자 하는 기업들이라면 결국 값싼 노동력이나 환경기준의 부담을 덜 받고자 하는 기업들이 많을 것이다. 결국 일시적인 경제적 이득을 위해 무분별하게 해외투자를 허용할 경우, 이는 사태를 예방하는 데 도움이 되지 못할 것이다. 또한 종합적 계획이 없는 상황에서 임시방편적인 개발사업의 추진은 난개발로 이어질 것이며, 결국 국토를 더욱 황폐하게 만들 뿐이라는 사실을 명심해야 할 것이다. 이미 지적했듯이, 한국이 거쳐 온 실패와 교훈들을 거울삼아, 개방에 대처해 나가야 하며 외국기업들의 유해물질 처리장이 되어서는 안 될 것이다. 우리는 북한이 대만과 핵폐기물 처리계약을 시도했다는 사실을 결코 잊기 어렵다. 또한 북한이 향후에도 환경에 대한 적극적인 보호정책을 취하기가 얼마나 어려울지에 대해서도 충분히 예상하고, 대비해야 할 것이다.

따라서 남북환경협력의 필요성은 현재의 대북정책에 있어서 보다 중요한 우선순위로 부각시킬 필요가 있다. 환경보호와 관련, 남한과의 정보교류 및 전문인력 교환이 확대되고, 남한의 산업화과정에 대한 정보를 주고받게 됨으로써 북한의 엘리트들을 점차 환경 친화적인 분위기에 적응시켜야 하며 그들의 관심을 유도해야 할 필요가 있다.

특히 북한이 UNDP와의 협력하에 자국 환경 보호를 위한 6개의 프로젝트를 시도했다는 점은 매우 고무적인 일이다. 북한은 아직까지는 한국과의 개별적인 접촉보다는 국제기구를 통한 문제해결에 보다 적극적인 관심을 보이고 있다.

이러한 점에서 한국은 북한에 대한 환경 ODA를 신설하는 문제에 있어서 국제기구와 협력하는 방안에 대해 보다 구체적인 대안들을 제시할 필요가 있으며, 대북지원의 일정부분을 환경감시와 오염방지, 그리고 환경개선사업에 투자할 것을 요구할 필요가 있다. 환경협력의 중요성에도 불구하고 남북협력을 가로막는 장애요인들을 확인하는 것은 매우 중요하다. 아래에 제시할 6가지 장애요인들은 남북 간 환경협력이 기대만큼 용이한 접근을 허용치 않을 수도 있다는 점을 밝혀주고 있으며, 따라서 이러한 조건들을 극복할 지혜를 요구하며 우리에게 많은 고민과 신중한 접근을 요구하고 있다.

첫째, 먼저 어떤 조건하에서 한국이나 그 외의 주변 국가들이 재정적 인센티브나 대북환경관련 ODA를 제공할 것인지에 관한 합의가 필요하다. 북한의 환경보호 및 생태계 파괴를 방지하는 조치들과 어떻게 구체적으로 연계해야 하는가가 가장 중요한 관건이다. 현재 한국정부는 많지 않은 ODA자금 중 약 2%만을 환경관련으로 사용하고 있고 그나마 전액 중국에

공여하고 있다.[60] 이러한 점을 볼 때, 정부정책에 있어서, 환경에 대한 고려는 매우 부족하다는 점을 알 수 있으며, 구호차원의 단순지원에서 보다 지속가능한 한반도 개발이라는 개념을 하루바삐 동원해야 할 것이다. 그러나 원조와 오염방지 및 환경계획과의 연계는 북한에 진출하고자 하는 기업들로부터 반대에 직면할 수 있고, 또한 북한 측의 정책의지를 확보해야 한다는 차원에서 쉽지 않은 과제가 될 것이다.

둘째, 북한의 환경훼손과 오염방지를 위한 비용을 누가 부담할 것인가에 관해 결정하는 것이 결코 쉽지 않다. 한반도에너지개발기구, 즉 KEDO의 경우 75% 이상의 비용을 한국이 부담해 왔다. 환경개발에 관한 모든 비용을 피해당사자인 한국이 부담해야 한다면 정부로서는 상당한 부담이 될 것이다. 오염의 발생에 관한 책임자와 피해자를 정확하게 가리는 데 있어서 견해의 차이가 존재할 것이며, 이러한 이해관계의 차이를 조정하는 일이 매우 어려울 것이다. 한국의 경우, 자국의 환경문제에 대해서도 많은 예산부담 때문에 충분한 재정적 지원을 못하는 입장이다. 따라서 북한의 환경보전을 위한 과감한 지원을 기대하기란 사실상 불가능 할 것이다. 특히 북한 임남댐 부실공사로 인해 발생할 위기에 대처하기 위해 많은 예산을 소모해야 했고 또한 홍수 피해나 전력부족 등의 피해를 당하는 입장에서 장기적인 안목에 입각하여 추가적인 지원을 부담해야 한다고 설득하기란 결코 쉽지 않을 것이다.

이런 점에서 정부의 세금인상은 불가피할 것이고 환경파괴를 야기할 댐 건설에 반대하는 국민들에게 북한 환경보전의 중요성과 함께 북한의 시설지원 및 자금지원이 필요하다는 점을 설득하는 것이 향후 중요한 정책 과제로 대두될 것이다. 또한 동북아차원의 환경레짐(regime)을 구상한다고 하더라도 일본, 미국, 중국 등 참여국들에게 어떤 우선순위에 따라 어느 정도씩 부담을 지울 수 있을 지를 조정하는 일도 쉽지 않은 과제가 될 것이다.

---

60) MOFAT, *Environmental Diplomacy Handbook* (1998년 4월), pp. 259-260.

셋째, 북한이 순수하게 환경협력 내지 협상에 성실한 자세로 임하지 않을 가능성이 상당히 높다. 만약 북한이 환경보전보다는 한국이나 국제사회로부터 더 많은 원조를 획득하는 수단으로 환경개선을 고려한다면, 계속 원조가 지속될 수 있는 방향을 모색하게 될 것이며, 환경파괴를 예방하기 위해 필요한 조치들을 적극적으로 취하지 않을 가능성이 크다. 이러한 도덕적 해이는 북한과의 임남댐 관련 협상에서도 쉽게 찾아볼 수 있으며, 문제의 원인을 제거하려는 노력보다는 회담을 통해 얻을 수 있는 원조나 보상, 또는 이익을 염두에 둔 반대급부에 대한 관심을 더 보이고 있다.

사실상 북한은 중국에 비해 환경문제에 관한 한, 국제사회로부터 주목을 덜 받았던 것이 사실이다. 아직까지 일본에 직접적인 환경영향을 미치는 국가는 중국이라는 생각 때문에 일본의 관심은 중국의 대기오염과 산성비의 방지에 집중되어 있고, 일본의 ODA도 중국의 그러한 부분을 방지하는데 사용되고 있다.

따라서 북한의 입장에서 볼 때, 일본과 한국의 지원을 유도하기 위해서는 오히려 이를 더 방치할 가능성이 있으며, 전통적인 "벼랑 끝 전략"에 익숙한 북한의 협상행태를 고려할 때, 이를 악용할 소지가 충분하며, 북한의 사용용도에 대한 정확한 감시기능을 전제로 한 지원이 고려되어야 할 것이다.

넷째, 현재 남한의 물 부족 현상을 해소하기 위해서는 북한에게 전력을 제공하고 그 대가로 북한으로부터 물을 받는 교환방식을 고려해야 한다는 주장이 나오고 있다. 현재 북한의 입장에서는 전력부족 현상이 심각하고, 따라서 한국으로부터 전력공급에 관한 타당성을 문의해 온 적이 있다. 사실, 1994년 체결한 제네바협정에 따라 미국으로부터 경수로 2기를 지원받도록 예정되어 있지만 이는 북한이 핵사찰을 허용하여 완벽하게 핵 의혹을 제거해 주어야만 가능했던 조건이다. 그러나 2002년 10월 북한이 HEU방식의 핵개발에 착수했다는 정황이 포착되고 또한 강석주가 이를 시인함으로써 북한경수로 사업은 사실상 중단된 상태이다. 미국은 핵사찰을 통한 의구심이 완벽하게 해소되기까지는 결코 경수로지원을 재개하지 않을 것이며 대체 에너지를 제공하는 방식도 매우 소극적이다.

물론 2005년 3월부터 개성공단에 대한 전력공급이 시작되었지만 이는 공단 내 한국기업에 대한 전력을 공급하는 것이지 결코 일반적인 전력지원과는 거리가 있다. 개성과 같은 가까운 지역이 아닌 이상, 대북 전력제공은 미국과의 마찰을 야기시키는 정치적 문제로 변질될 가능성이 큰데다가 북한에 전력을 제공하기 위한 기술적 어려움도 예상된다. 즉 이를 위해서는 북한 송전 시스템을 전부 교체해야 하며, 전기를 지속적으로 제공하지 않는 한, 일시적인 제공이 큰 의미가 있을 수 없기 때문에 일본이나 미국의 차관지원이 없는 한국 단독의 경제적 부담으로는 해결하기 힘들다.

다섯째, 북한이 북한 내 화학공장 시설들을 국제조사단에게 공개할 수 있는 기회를 제공할 지 자신하기 어렵다. 북한의 독성물질 생산여부나, 화학 또는 생물학 무기로 전용할 만한 시설들에 대한 사찰을 허용하는 것은 국제사회와 특히 미국의 대북신뢰감 회복에 매우 중요한 관건이 될 것이다. 그러나 북한은 1993년에 체결된 화학무기협정(CWC)에도 아직 가입하지 않고 있으며, 여전히 대외적으로 무기를 보유하고 있지 않다는 주장만을 되풀이하고 있다. 그러나 국제사회의 평가는 북한이 최소 5천 톤에 해당하는 화학무기를 실전에 배치하고 있다고 믿고 있다.[61]

이러한 신뢰의 차이를 극복하는 것이 매우 중요한 우선순위이며, 환경협력은 이러한 측면에서도 매우 중요한 기여를 할 수 있다. 독성물질이나 화학물질들을 환경차원에서 안전하게 처리할 수 있는 능력은 외부의 도움 없이는 불가능하며, 현재 러시아는 미국의 "넌-루가(Nunn-Lugar)" 법안에 따른 "협력위협감소(CTR: Cooperation Threat Reduction)" 방식에 따라 화학무기나 핵무기를 안전하게 폐기하고 있다. 따라서 북한도 정책의지만 있다면 한국을 통해 이런 지원방식이 가능하도록 협상할 수 있을 것

61) 폴 월포비츠 전(前) 국방차관보와 존 볼튼 전 국무부 국제안보 및 군축담당 차관보는 북한이 화학무기를 보유하고 있다는 사실에 대해 여러 차례 확인을 한 바 있다. 『조선일보』(2001년 7월 14일), p. 3.

이다. 체르노빌 원자로사태나 인도의 보팔 화학공장의 사고에서 경험했듯이, 이러한 방사능 사고나 화학물질에 의한 사고는 일단 발생할 경우, 단순히 한국뿐만이 아니라 지역 국가들에게도 상당히 오랜 기간 동안 심각한 영향을 미칠 수 있다. 또한 러시아가 동해에 무단으로 핵폐기물 등을 폐기해 온 사실만 봐도, 북한이 화학무기나 독성물질의 폐기비용을 감당해 내기 어려울 것이다. 따라서 한국은 서구의 현대적 기술과 자본을 통해 안전하게 이들 무기들을 폐기할 수 있도록 서방국가들과 지혜를 모아야 할 필요가 있다. 만약 북한이, 그동안 보유사실 자체를 부인했기 때문에, 이를 비밀리에 폐기하려 한다면, 이는 더 큰 재앙을 불러올 수 있다.

여섯째, 현재 비무장지대를 평화교육장이나 생태공원으로 조성하자는 의견들이 많이 나오고 있다. 특히 전문가들은 이 분야만큼은 큰 비용과 안보상의 희생 없이 성사시킬 수 있는 매우 실현 가능성이 높고 또한 상징성이 높은 사업이라고 생각하고 있다.[62]

현재, 많은 비정부기구들과 환경단체, 학자들이 주축을 이루어 DMZ를 평화적 목적으로 전환하기 위한 타당성조사와 다양한 학술행사들을 진행하고 있지만, 이러한 노력이 구체적인 성과를 내기까지는 상당한 장애요인이 예상된다. 먼저 비록 비무장지대가 새로운 평화공원으로 조성된다고 해도 지나치게 다양한 지방자치기구들이 경쟁적으로 개발하고자 할 때 이를 제한하기 어렵다는 점과, 토지소유나 개발이익을 노린 난개발현상이 오히려 환경파괴를 가져올 가능성도 배제하기 힘들다.

그러나 가장 중요한 것은 북한의 의지이다. 많은 기대에도 불구하고 북한은 여전히 휴전선을 개방하는 데 그다지 적극적이지 않을 확률이 크다. 북한의 군은 공격력의 75%이상을 휴전선북방에 전진배치하고 있기 때문에 이를 개방한다는 것은 곧 북한의 무력공격에 대한 가능성을 포기할 때

62) 최주영, "비무장지대 생태계 위협요인과 보전 방안"; 전재경, "DMZ 보존을 위한 남북 환경협력 시스템"; 김정훈, "NGO와 한반도 환경공동체,"「한반도환경협력 실현을 위한 국제 심포지엄」발표논문 (2002년 5월 6일~7일).

가능한 일이 될 것이다. 북한은 현 위치에서 별도의 전쟁준비를 위한 움직임을 아군측에 노출하지 않고서도 언제든지 서울을 공격할 수 있는 전략적으로 매우 유리한 위치를 확보하고 있다.

이는 첨단과학기술로 무장된 미국과 한국을 대상으로 침체된 경제 속에서 어렵게 경쟁체제를 유지하는 북한군의 입장에서는 거의 유일한 안전장치인 셈이다. 따라서 2001년 6월 미국의 부시 대통령이 밝혔듯이, 북한의 전진배치와 과도한 병력집중을 해소하는 것이 현재 미·북 관계의 중요한 현안이 되고 있는 만큼, 비무장지대의 개방은 상징적인 수준에서 북한이 개방을 외면하지 않고 있다는 사실만을 보여주는 선에 한정될 가능성이 크다.

당시 북한은 미국의 이라크공격을 눈앞에 둔 상태에서 남북관계 개선에 보다 적극적으로 임하고 있었으며, 2002년 9월 19일부터 동해선과 경의선을 개통하기 위한 작업을 시작했다. 경의선은 이미 연결 작업을 끝낸 상태였으며 양국은 신뢰구축조치를 강화하기 위해 장성급 군사회담을 시도했고, 양국 간 휴전선에 배치한 확성기들과 선전문구들을 철폐하기로 했다. 또한 서해 5도 지역에서 활동하는 양국 해군 간의 무력충돌을 사전에 방지하기 위해 공동 주파수를 통해 상호 교신을 하기로 결정했다. 그러나 북한은 수령체제에 관한 선전물들을 철수하지 않고 있고, 특히 서해상에서는 경계선을 넘거나 아군측 통신을 일부러 피하거나 거짓 이유를 대는 등 신뢰성을 복원하는 데 여전히 어려움이 남아 있다.

결국 일부 신뢰구축 조치에도 불구하고 이들은 매우 가시적인 효과를 줄 뿐, 진정한 의미의 휴전선 전면개방과 같은 기대효과에는 미치기 어렵다. 이미 미국이 2사단을 평택·오산지역으로 철수하기로 했지만 북한의 입장에서 유일한 비교우위를 스스로 포기하는 일을 결정하기란 쉽지 않을 것이다.

# VI. 결론

삶의 질을 높이기 위한 차원에서 환경의 중요성은 아무리 강조해도 지나치지 않을 것이다. 북한도 결코 예외는 아니다. 북한의 환경상태는 매우 열악한 수준이다. 수질과 대기오염은 매우 심각하며, 각종 질병을 유발하는 원인이 되고 있다. 생태계의 파괴는 단시간에 복원하기 어려울 정도로 심각하며, 이러한 자연환경 훼손은 결국 북한의 장기적이고 지속적 발전을 어렵게 만드는 악순환을 되풀이하게 한다. 북한의 국민들은 그러한 열악한 환경 속에서, 최소한의 안정된 삶의 질을 영위할 수 없는 상황 속에서, 기아와 질병으로부터 탈출하기 위해 목숨을 건 모험들을 계속하고 있다.

북한은 동아시아에서 가장 가난한 국가 중의 하나이다. 북한의 환경파괴는 대부분 심각한 경제난과 왜곡된 정책, 그리고 전문적인 관리의 부족으로 인해 발생했다. 여전히 수백만의 인구가 최저생계 수준에서 어려운 삶을 살고 있으며, 적절한 의료혜택과 교육, 충분한 영양섭취를 취하지 못하고 있다.

이러한 구조적인 문제가 해결되기 위해서는 보다 많은 외부의 도움이 필요한 실정이다. 그러나 이러한 외부지원에 있어서 아직까지 "지속적인 발전(sustainable development)"에 관한 환경개념이 도입되지 않고 있다는 점이 큰 문제이다. 우리는 북한의 사례를 통해 저개발과 자연재난으로부터 발생하는 환경파괴가 세계에서 가장 결속력이 강한 사회를 내부로부터 붕괴시키고 있다는 놀라운 사실을 발견하게 된다.

호머-딕슨이나 클래어가 지적했듯이 21세기의 안보위협은 국경선 밖의 외부침략보다는 이러한 문제들을 해소하지 못하는 데서 오는 신뢰의 상실과 내부불만에 따른 마찰과 갈등으로부터 시작된다는 점을 재차 확인할 수 있다. 아직 절대적인 철권통치와 경찰력을 지닌 북한이 쉽게 붕괴의 조짐을 보이지는 않을 것이다. 그러나 북한의 경제가 호전되지 못할 경우, 북한의 탈북사태는 점차 확대될 것이고 신정(神政)정치에 의한 위기극복은 더 이상 가능하지 않을 것이다. 결국 북한은 더 큰 정치적 불안과 내분상태를 맞이할 가능성이 크며, 이러한 상황은 곧 주변 국가들이 어떻게 행동해야 하는가를 고민하게 만들 것이다.

결국, 북한문제는 고립된 작은 사건이 아니다. 따라서 현재 우리정부가 추진하고 있는 북한지원정책은 보다 세분화 되어야 하며, 단순한 경제개발이 아닌, 환경친화적인 고려가 반드시 포함되어야만 한다. 이런 종합적인 고려가 없는 산발적인 지원은 오염방지와 환경보전에 전혀 도움을 줄 수 없기 때문이다.

따라서 대북 재정 지원 시에도 환경을 보호하고 개선시키기 위한 사업을 시작할 수 있도록 요구해야 하며, 이를 위해서 북한의 특수한 사정과 필요성에 관한 공동연구와 환경평가를 시도해야 할 필요가 있다.

국제사회는 북한의 환경보호를 위한 기술과 재정원조를 아끼지 말아야 하지만 무엇보다도 북한의 청소년과 기성세대들을 위한 환경교육을 강화해야 할 것이다. 동시에 그들이 가장 현대적인 과학정보와 기술을 통해 오염을 방지하고 자연파괴를 감시함으로써 장기적으로 환경파괴의 부정적인 효과에서 벗어나도록 유도해 주어야 할 것이다. 오염방지분야와 자연보호를 위한 선진기술을 전수할 수 있는 경험 있는 인력들의 북한파견이 필요하며, 이러한 전반적인 도움을 줄 수 있는 KEDO와 같은 형태의 다자간 환경협력을 위한 기구의 설립도 검토해 볼 필요가 있을 것이다.

이는 북한이 선진기술과 전문가 영입에 따른 경제적 부담을 감당해 내지 못할 것이기 때문에도 더욱 중요하며, 사업의 중복을 피하고 효율성을 제고하는 데도 큰 도움이 될 것이다.

주변 국가들의 입장에서 북한의 환경피해를 미리 예측할 수 있는 조기경보체제를 설치하는 것도 매우 중요한 과제이다. 북한이 한국과 주변 국가들에게 인재 또는 자연재해로 인해 발생할 부정적인 환경위기에 대한 정보를 가급적 빨리 전달하고 그 대책을 함께 의논하게 하는 것이 가장 바람직할 것이다. 이러한 점에서 남북 또는 동아시아의 환경장관급 회담을 정례화하는 것도 필요한 일이다.

결국 이러한 협력 기반이 조성되기 위해서는 북한이 먼저 변화해야 하며, 인류의 평화를 위협하는 해로운 물질들의 확산을 방지하기 위한 결의를 국제사회에 과시해야 할 필요가 있다. 북한의 일방적인 정책결정으로 인해 피해를 보지 않도록 한국과도 긴밀한 접촉을 시도하고 임남댐과 4·15댐에 의한 피해조사와 대책모색에도 적극 협조해야 할 것이다.

한국은 북한의 경제가 자생력을 회복할 수 있고 또 "지속가능한 발전"을 할 수 있도록 적극적인 지원을 해야 하며, 단순히 대량살상무기나 안보와 관련한 중요이슈들을 다루기 위한 준비단계의 신뢰회복조치로써 환경이슈를 논하고자 한다면 결국 실패할 것이다. 환경의 복원 자체가 한반도 안보환경에 가장 중요한 토대가 된다는 적극적인 사고방식으로 북한이 스스로 자신의 환경문제에 대한 심각성을 인식하고 대책을 논의할 수 있도록 과학적 지식과 기술적 교류를 적극 추진해야 할 것이다.

남북한 당국은 기본합의서와 부속합의서에서 합의한 내용들이 지난 10년간 방치되어 온 사실에 대해 깊은 반성으로부터 새로운 협력을 모색해야 할 것이다. 한국은 북한의 심각한 환경파괴가 지역 국가들에 미치는 피해와 환경사태 악화 시 나타날 미래의 안보불안 요소들을 종합적으로 고려해, 유엔개발계획(UNDP)이나 세계은행(World Bank) 등이 보다 적극적으로 북한의 환경문제 개선을 위한 지원을 할 수 있도록 외교적 역량을 발휘해야 하며, 북한은 더 이상 인류를 위협하는 대량살상무기나 재래식 무기들을 개발하지 않겠다는 의지를 과시해야 하며, 주민들의 삶의 질을 우선 시하는 정책으로 과감한 변화를 모색하겠다는 확실한 증거를 선보여야 할 것이다.

결론적으로 북한의 환경파괴와 그로 인한 정치·사회적 불안은 지역안보의 위협요인이며, 따라서 북한이 지속적인 발전을 추구할 수 있는 장기적인 환경계획들을 모색하도록 돕는 것이 북한과 같은 생태계를 공유하고 있는 한국과 주변 국가들의 공통된 이익이다. 결국 북한이 UNDP나 UNEP와의 제한된 접촉에는 관심을 보이고 있지만 이들의 지원 역시 주요 강대국들의 지속적인 지원 없이는 불가능할 것이다. 그러나 북한의 핵 포기를 유도할 신뢰구축차원에서 대안을 제시하는 것은 주변국들의 의무이며 그 중 가장 중요한 것은 북한환경의 파괴가 더 이상 방치할 수 없는 지역차원의 문제임을 일깨워 주는 일일 것이다.

## 10장

# 동아시아 지역 환경안보 복합체: 현황과 전망

엘리자베스 이코노미(Elizabeth C. Economy)*

동아시아는 일련의 개발지향적 환경 스트레스와 자원 수요로 몸살을 앓고 있다. 가장 다급한 문제로 물 부족, 토질 악화가 심각하게 대두되고 있고, 식량안보와 이민, 대중 건강과 같은 부수적인 문제들이 등장하고 있다. 개별 국가가 앞으로 수십 년간 겪을 에너지 수요를 어떻게 해결해 나갈 것인가 하는 것은, 핵폐기물 처리와 같은 문제들뿐만 아니라 이미 중요하게 인식되고 있는 산성비나 다른 국경을 넘나드는 대기오염 문제를 해결할 수 있는 그 지역의 전체적인 능력에 있어서 중대한 의미를 지니고 있다. 게다가, 중국과 같은 지역에서 보듯 계속되는 인구증가에 대한 전망에 비해 기본적인 환경과 에너지, 위생설비의 필요를 충족시킬 기반시설이 갖춰지지 못한 경우가 이 모든 문제들의 저변에 깔려있는 것이다.

동아시아 지역 대부분의 국가 지도자들이 이러한 문제의 심각성과 자

---

\* 미국 외교협회(CFR: Council on Foreign Relations) 아시아 연구 책임자

원에 대한 훨씬 더 깊은 관심의 필요성을 대체로 인식하고 있음에도 불구하고, 이 지역이 전체적으로 이러한 위기들을 효과적으로 해결하기에 필요한 집단적 인식이나 조치를 마련해 왔다고는 결코 말할 수 없다.

이번 장에서는 다른 장에서 이미 심도있게 연구된 초국경 대기오염과 해양오염이나 어장, 그리고 식량안보와 같은 세 가지 문제 영역을 조사할 것이다. 이 장에서는 이신화 교수와 브레텔(Anna Bretell), 슈레즈(Miranda A. Schreurs)가 앞서 연구한 훌륭한 결과물들을 되풀이하지는 않는다. 오히려, 이번 장에서는 환경보호에 관한 지역협력의 수준과 가능성을 평가하고 더불어 "잠재적 지역 환경안보 복합체" 혹은 "지역레짐"을 거쳐 "이익 균형 시스템"을 통해, 혹은 이근 교수의 글에서 정의되어지듯 "상호주관적 지역 공동체"로서 그 지역이 어느 정도까지 과학적으로 적합한 수준에서 잠재적인 환경안보의 문제를 접근하고 있는지를 그가 개발한 분석틀을 통해 몇 가지 경우를 살펴 봄으로써 규명하고자 한다. 이 장은 대응 방식의 유효성 또한 평가하고, 어떻게 상황을 개선시킬 것인가에 관한 정책 제안도 할 것이다.

## I. 지역 환경안보 복합체의 성격

지역 환경보호 노력에 대해 나타나는 문제들과 그 지역 나머지 부분에 대한 잠재적인 건강과 경제적 비용에 관해 그 지역의 정책 입안자나 대중들이 완전히 이해하지 못한 한편, 어떤 다자주의적 기구도 그 지역에서 나타나는 이런 환경적인 문제와 보호 노력을 다룰 전반적 전략을 세우고 실행할 책임감을 느끼지 못해 왔다. 예비조사에 따르면 지역 환경안보 복합체의 분석틀 내에서, 여러 문제점들은 "잠재적 지역 환경안보 복합체"나 "이익 균형 시스템" 둘 중 하나의 수준에서 인식되는 경향이 있다. 약간의 예외가 아래에서 언급되겠지만 레짐을 형성하려는 노력이 상대적으로 거의 없고, 확실히 그 지역 자신을 "상호주관적 지역 공동체"[1]로서 간주하기 시작했다는 증거를 찾기가 매우 힘들다.

　듀퐁(Alan Dupont)이 지적하듯이, 효과적인 환경협력은 환경위기에 대
한 대처나 각 이슈별 환경보호를 다루기 위한 즉흥적인 방식 속에서만 나
타나는 경향이 있다. 해양환경에 초점을 맞추는 수많은 환경레짐이 이에
대한 일례가 된다. 그리고 아 · 태안보협력이사회(CSCAP)의 트랙 II 에서
환경안보에 상당한 관심을 쏟았고 해양환경을 보호하고 '환경적으로 책임
이 따르는 방어'[2]를 제공하는 것을 목표로 삼는 제안들에 주의를 기울여
왔다. APEC과 같은 이미 설립된 다른 지역 기구들은 환경적 설비 제공을
감독할 어떤 지역 환경보호기구를 갖고 있지 않다. APEC 또한 장기적 문
제들에만 초점을 맞추는 경향이 있어, 단기적 대처에 대한 구체적인 제안
을 개발하는 데는 상대적으로 관심을 덜 쏟고 있다.

　동아시아 지역에서 가장 부유하고 가장 환경 친화적인 나라인 일본은
단일 쟁점의 형성에 있어 환경레짐을 이끌어 내기 위한 (그리고 종종 일
본 환경 기술을 전파하기 위한) 약간의 과정을 밟아 오긴 했으나, 일본은
진정한 환경 지도국이 되거나 스스로 그 지역의 집단적 환경 부담을 감내
할 만한 준비가 되어 있지 않다. 일본은 지역 환경보호를 진흥하기 위해
정부 관료나 지역 환경 전문가들을 포함하는 아시아 - 태평양 환경의회
(ECO ASIA)를 창시했다. 그러나 APEC과 같은 환경을 위한 기구를 창설
하는 것에 대한 일본의 시각은 매우 신중해서 기구를 만들기 이전에 그 지
역내 공동체나 공공이익에 대한 의식을 세워나갈 필요가 있다고 주장하
고 있다. 일본은 지역체제를 위한 역사적 기초가 부족하고 다자주의적 기
구에 대한 경험이 없었다는 것과 아시아 각국들 사이에 문화적·정치적 차
이가 있음을 강조해 왔다.

　지역협력을 위한 역사적 기초의 부족뿐만 아니라, 국가들이 공동의 문

---

1) 본서에서 제2장 이근 교수의 글을 참조할 것.

2) Alan Dupont, "The Environment and Security in Pacific Asia," *Adelphi Paper 319*
　(London: The International Institute for strategic studies, 1998), p. 54.

제를 해결하기 위한 레짐 형성을 위해 쉽게 행동할 효과적인 지역 환경안
보 복합체 건설을 방해하는 많은 다른 요소가 있다. 먼저, 지역 전반의 환
경보호 대행 업체의 재정적·정치적 자원이 보편적으로 매우 빈약하다. 그
들은 환경법을 준수하기 위해 국내외로부터 지원 받은 외부 자금에 광범
위하게 의존해야 한다. 흔히, 대행사들은 환경적으로 해로운 행동을 막기
위해 노력하는 과정에서 무관심한 중앙 관료와 지방관료 그리고 사업체
들 간의 부패에 직면하게 된다. 어떤 경우에는 북한과 몽골에서 가장 두
드러지게 나타나듯이, 국가들의 경제상황이 북한에서처럼 환경보호가 기
본적으로 존재하지 않거나 몽골에서처럼 적극적인 환경정당이나 환경보
호 노력에도 불구하고 환경보호를 착실하게 실행하기가 극히 어려울 정
도다. 게다가 이들 대부분 국가들의 대중은 교육이나 비정부기구 활동, 정
부 노력을 통해 환경보호의 중요성에 대해 민감해지지 못해 왔다.

둘째, 이 지역의 대부분의 국가들은 환경보호를 비롯한 여타 사회적 필
요를 충족시켜 줄 만한 그들의 능력에 훨씬 더 큰 비중을 두는 경제적·사
회적 변환기 과정을 겪고 있다. 예를 들면, 많은 나라들은 급속한 고령화
에 직면하고 있는데, 특히 중국에서는 실업이 실질적인 문제가 되고 있고,
또한 이 지역 대부분의 부유한 나라들은 과거 3년 동안에 이전 예상했던
것보다 더 느린 성장률을 경험하고 있으며 중요한 경제적 구조조정을 필
요로 하고 있다.

또한, 비정부기구와 환경 파수꾼으로서의 대중 역할이 동아시아 지역
에서는 여전히 불충분한 상태에 머물러 있다. 그들이 적극적으로 활동하
게 되면 환경보호의 더 넓은 지역적 혹은 세계적 문제에 관한 것 보다는
'님비(NIMBY)' 현상에 주로 초점을 맞추게 될 것이다. 그러나, 중국에서
순수 비정부기구의 수가 점점 증가하고 있는 것은 한 가지 주목할 만한 발
전 사항이라고 할 수 있다.

마지막으로, 모든 국제적 합의사항에서처럼 주권의 문제는 가장 중요
하다. 어떤 나라의 환경이나 개발이익 및 필요가 다른 지역 행위자들의
이익과 필요를 침해하는 정도와 방식에 관한 동의는 어떤 레짐을 형성하

기 위한 노력이나 협동적 시도의 중심에 자리하고 있다. 그러나 이 지역 국가들은 그 지역 내의 다른 지역 행위자들의 동기에 관해 의혹을 품는 경우에, 자연적으로 의사 결정력을 외부 주체에게 양도하는 것을 기본적으로 원치 않는다. 주요 행위자들이 정보나 감독에 있어서 다른 국가가 접근하는 것을 허용하기를 꺼려할 때 협력은 종종 혼선을 빚게 된다.

그래서 매우 다른 행정능력과 국내 영향력, 개별 정부에 미치는 국제적 영향력, 주권상실에 관한 염려를 가진 동아시아 국가들은 환경문제에 관한 지역적인 대응을 조직하는 데 주저해 왔다. 식량안보와 초국경 대기오염, 해양 어업협력 이 세 문제 영역에 관한 피상적 개관을 통해서 알 수 있듯이, 이 지역이 환경문제에 반응하기에는 아직 준비가 이루어져 있지 않다. 그러나 점점 이러한 문제들에 대해 인식하기 시작했고 어떤 경우에는 장기적인 안목으로 좀더 적극적인 일련의 정책에 영향을 줄 적절한 구조를 만들어 가고 있다.

## 1. 사례 개관

### 1) 북한의 식량안보

식량안보는 "모든 사람이 활동적이고 건강한 삶을 살기 위해 필요한 충분한 식량을 공급받을 수 있는 것"[3]으로 정의되어 왔다. 동북아시아의 경우, 어떻게 식량안보를 지킬 것인가가 가장 시급한 문제로 인식되어 왔다.

문제의 일부분은 인구 증가와 이것이 현재 식량 공급에 미치는 영향에 그 근간을 두고 있다. "2030년까지 아시아는 북아메리카 농경지 단위 면적 당 인구보다 8~9배에 달하는 인구 수에 이를 것으로 예상된다."[4] 게다

---

3) Paul Smith, "Food Security and Political Stability in the Asia-Pacific Region," *Report of a Conference, Asia-Pacific Center for Security Studies*, Honolulu, HI(1998년 9월 11일), p. 1.
4) 위의 글, p. 10.

가, 아시아 인구의 90% 이상이 곡물소비의 20% 이상을 수입에 의존하게
될 것이며, 혹은 세계인구의 대략 반정도가 35년 이내로 주식량의 적어도
20% 정도를 외국 곡물에 의존할지도 모른다.[5] 물 부족과 기후변화 또한
아시아 지역 대부분의 농업생산에 해로운 영향을 미칠 것으로 짐작된다.

   식량생산 만큼이나 중요한 것이 식량분배 문제이다. 빈약한 국내 분배
망과 외환문제나 높은 자족률에 대한 열망 때문에 나타나는 국제시장에
의 불규칙적인 접근과 같은 제약 또한 한 나라의 식량안보 수준을 결정하
는데 이바지하고 있다. 이러한 것은 북한이나 약한 정도이긴 하나 최근
중국과 같은 나라에서 문제가 되어 왔다.

   1990년대의 상당 기간 동안 그리고 현재까지 계속해서 북한에서의 식
량안보문제는 동북아 전역과 주위 국가들에게 중요한 사항으로 대두되었
다. 1990년대 중반에서 말까지 북한은 심각한 기아현상을 겪고 있었다.
이러한 위기는 대부분 1990년대 초반에 러시아와 중국으로부터의 식량지
원 중단, 북한의 집단농업 본래의 비효율성과 빈약한 기술, 여타 경제적
·사회적 복지 필요성을 배제한 지나치게 높은 군사력에의 투자, 정치 상
황의 투명성 부족, 1990년대 초반부터 북한 전역을 괴롭혀 온 홍수나 가
뭄, 해일, 태풍과 같은 자연재해에 뿌리를 두고 있다는 데 논쟁의 여지가
없다.[6] 또한, 국내이주를 금지하고 일부 지역이나 사회계층에 식량배급을
금지하는 정부 자체의 정책이 그러한 문제를 더욱 가중시켰다. 1997년의
농작물 수확량은 정규 생산량의 1/80에도 못 미치는 것으로 추정된다.[7]
2001년 봄과 여름 동안 북한을 강타한 두 번째 가뭄은 그나마 제한된 자
원에 더욱 큰 타격을 주었다.

---

5) Gary Gardner, "Asia is Losing Ground," *World Watch*(1996년 11월 21일), p. 24.
6) Andrew Natsios, "The Politics of Famine in North Korea," *United States Institute of Peace Special Report*(1999년 8월 2일); and Sue Lautze, "The Famine in North Korea: Humanitarian Responses in Communist Nations," draft paper on file with author(1997년 6월).
7) *The Korea Herald*(1997년 4월 11일).

기아가 얼마나 많은 목숨을 앗아갔는지는 확실치 않지만, 어떤 경우에는 그 숫자가 실로 엄청나다. 한 탈북 관료에 의하면, 1995년과 1998년 사이에 사망자 수는 거의 250만 명에 이른다고 한다.[8] 이것은 북한의 읍·면 인구의 15%가 이 기간 동안 굶어죽었다고 주장하는 이차적 분석에 의해서도 뒷받침된다.[9]

1990년대 중반부터 말까지 북한의 식량위기를 완화하고자 하는 동북아시아 국가들의 강한 관심에도 불구하고, 이 지역은 기아가 야기한 명백한 정치적·경제적 그리고 잠재적 군사 위협에 대처할 만한 협력 노력에 이르지 못했다. 대신에 각국은 다른 나라의 행동과는 별 상관없이 개별적으로 대응했다.

이는 무엇 때문일까? 첫째로 협력의 가장 기본적인 단계인 잠재적 지역 환경안보 복합체에서조차 문제의 성격에 관한 동의가 전혀 이루어지지 않았다. 전문가 집단은 기아의 심각성이나 혹은 북한에서 기아가 존재하는지의 여부에 관해서조차 여러 부류로 나뉘어져 있었다.[10] 북한과 중국, 구 소련 간의 기아에 관해 라우츠(Sue Lautz)가 비교하고 있듯이, 북한에서는 고통의 사회경제적, 정치적, 지역적 분담에 관한 정보에 있어 심각한 차이가 있다는 것이다.[11]

그러나 이 전문가 집단이 분열되어 있는 동안 다른 집단들이 개입하게 되었다. 언론이나 인도주의적인 국제기구 및 국제연합, 개별 국가의 관료들이 북한을 여행하고 농촌지역의 인권유린과 국민의 영양실조, 식품 획득의 일반적인 부족을 목격했다. 또한 북한의 지도자인 김정일 역시 국제사회에 직접적으로 도움을 요청했다.

그래서 전문가 집단 내의 동의가 부족했음에도 불구하고, 이 지역 내의 대부분의 국가관료들은 어떤 위기가 존재하고 있음을 충분히 인식하게

---

8) Andrew Natsios, 앞의 글, p. 6.
9) *The Washington Post*(1997년 10월 19일).
10) Andrew Natsios, 앞의 글, p. 2.
11) Sue Lautze, 앞의 글, p. 3.

되었다. 게다가 몇몇 국가들은 이러한 기아위기로부터 오는 비슷한 잠재
적 위협에 직면하게 되었다. 먼저, 중국이나 남한에서는 상당한 숫자의 난
민 증가 문제가 제기되었다. 첫 번째 홍수 이후였던 1995년에 남한은 탈
북자 수가 늘어날 것을 감안하여 난민 수용소를 설치하였다. 뿐만 아니라
기아로 인해 북한의 정치체제가 무너지게 된다면, 북한의 2천 4백만 중 반
정도가 남한으로 밀려들지 않을까 예상했다. 중국도 이미 탈북자 문제에
부딪쳐 왔다. 엄격한 국경관리조치에도 불구하고 지난 수년 간에 걸쳐 북
한에서 중국으로 넘어 온 사람들은 10만 명에서 40만 명 사이에 이른다.

두 번째 가능성은 식량위기 때문에 생겨나는 사회불안이나 분열 상태
에 직면한 김정일은 국내 지지를 불러일으키기 위해 미국이나 일본, 한국
으로부터의 외부적 위협에 대한 공포를 조장할지 모른다. 북한이 1998년
에 일본의 혼슈 상공에서 대포동 1호 미사일을 시험 발사한 것과 같은 어
떤 대외적 군사 행동을 김정일이 시작할지도 모를 일이다. 실제로 북한
엘리트 내에 불안의 증거들이 존재해 왔다. 일례로 1995년에 기아로 가장
많은 피해를 본 도시 중의 하나인 함흥시에서 한 군부대가 쿠데타를 계획
하고 있다고 보고된 바 있다. 뿐만 아니라 1996년과 1997년 사이에 김정
일은 수많은 장성을 숙청하고 더 젊은 상류 계층의 신참을 등용하였다.[12]

이러한 문제에 직면해서 우리는 굳건한 지역적 대응을 기대했을지도
모른다. 그러나 다양한 요인들이 집단적이고 협력적인 행동을 방해해 왔
다. 먼저 이 지역의 각국은 식량안보 문제에 직면하고 있고 협력을 저해
해 온 북한에 관해서 서로 다른 이해관계를 갖고 있다. 무엇보다 북한과
같은 통치체제를 지닌 나라에게, 그리고 사망률을 줄이려는 인도주의적
기구들이 척도로 삼는 것과는 다른 가치에 따라 지도부가 식량을 배분할
지도 모를 그런 나라에 식량원조를 하는 것이 도덕적으로 옳은가에 관한
동의가 전혀 이루어져 있지 않다.[13] 예를 들면, 미국 정부의 어떤 관리들은

12) Andrew Natsios, 앞의 글, p. 10.
13) 위의 글, p. 2.

북한에게 지도부를 지지하기 위한 어떤 곡물도 절대 공급하지 않을 것이라는 발언을 했다. 더 나아가, 어떤 학자가 지적하고 있듯이, "북한에 식량 원조를 보류하고자 하는 어떤 정치적 결정은 사람들을 배고프게 해서 자기가 원하는 방식대로 사람들이 행동하도록 만들고자 하는 인식에서 나온 것일지도 모른다."[14] 결국, 김정일은 의심할 여지 없이, 실질적인 국제원조와 미사일 프로그램을 맞바꿀 의도로 국제사회 내에서 많은 것들을 멀리했던 것이다.

둘째로, 북한 내에서의 투명성 부족 때문에 기술원조나 식량지원과 관련해서 어떻게 가장 훌륭하게 진행시킬 것인가를 평가하는 것에 어려움을 겪고 있다. 세계 식량 프로그램(WPF)과 유니세프(UNICEF)는 식량분배를 위한 프로그램을 개발하고자 매우 활발한 활동을 해 왔다. 또한 UNDP와 FAO와 같은 다른 국제연합 산하 기구들은 경제개발이나 식량분배에 사용될 도로와 같은 여타 기반시설 개발뿐만 아니라 재식림화(reforestation) 환경보호를 위해 북한과 협력하고 있다. 뿐만 아니라, 수많은 비정부 기구와 국제연합 산하 기구들은 향상된 경작 기술을 도입하기 위해 북한 농림부와 협력하는 데 직접적으로 가담하고 있다.[15]

그러나, 어떤 정부관료들의 눈에는 세계 식량 프로그램(WPF)과 다른 인도주의적 기구들이 너무 의욕적으로 북한 정부에 의해서 운영되는 식량분배체계를 받아들이는 것이, 북한 정부에게 훨씬 더 중요하게 여겨지는 지역내나 사회경제적 지위의 사람들에게는 식량이 차단되어 있는 것으로 널리 알려져 있기 때문이다. 실제로 2001년 곡물 파동이 심각한 무렵, 북한에 보낼 식량 지원 때문에 모인 한국의 통일부 장관과 어떤 국제 비정부기구의 대표자는 식량 분배에 있어서의 투명성을 회의에서 논의될

---

14) Paul Smith, 앞의 글, p. 8.

15) "United Nations Consolidated Inter-Agency Appeal for Democratic People's Republic of Korea, January-December 1999," *Office for the Coordination of Humanitarian Affairs* (New York: United Nations, 1998).

핵심 항목으로 설정했다.[16] 동시에, 국경 없는 의사회(MSF: Medicins Sans Frontiers)는 일본에 대략 50만 톤의 쌀 지원이 북한의 211개의 군 모두에게 공급되어 질 것을 주장하도록 요청했다. 북한 정부가 이 지역 안의 식량 분배를 자유롭게 감독할 수 있는 권한을 부여하기를 거절했다는 이유로, 가난으로 가장 심하게 타격을 입은 것으로 파악되는 50개의 군이 제외되었다.[17] MSF나 Care, Oxfam을 포함한 몇몇 구호 기구들은 접근 기회의 부족과 곡물이나 다른 물품들이 필요한 대부분의 사람들에게 공급되지 못하고 있는 것을 염려해서 북한으로부터 철수했다.

셋째로, 일본과 같은 몇몇 경우에는 북한 원조에 관한 어떠한 국내 합의도 이루어져 있지 않다. 모리 전 수상이 미화 1억 1천만 달러에 해당하는 쌀 50만 톤을 북한에 지원할 것이라 발표했다가 강한 정치적 저항에 부딪혔다. 일본에서 많은 사람들은 정부가 북한의 호혜주의 원칙에 대한 약속 없이는 그렇게 많은 양의 식량을 공급할 책임이 없다고 생각했다. 그리고 두 나라 사이에는 많은 일본인들이 해결되기를 바라고 있는 북한 중개인에 의한 일본 국적인 납치와 같은 심각한 문제가 여전히 산재해 있다. 한 분석가에 따르면 모리 수상의 태도는 인도주의적 관심에서 시작되었다기보다는 북한과의 관계에서 비약적인 진보를 함으로써 그의 정치적 위상을 드높이고자 하는 욕망과, 평양과의 외교 관계를 개선하기 위해서 서양 국가들의 지지를 얻지 못할것이라는 두려움의 발로라고 볼 수 있다. 일본과 북한이 외교관계를 수립하기 위해 2000년에 회담을 시작했지만, 북한이 납치문제를 논의하는 것을 꺼려해서 회담은 아직 별 진전을 보고 있지 못하다.[18]

---

16) Unification Minister Calls for Long-term Assistance to North Korean Unification Minister Lim Dong-won yesterday called for Developing a long-term assistance program aimed at enabling North Korea to Stand on its Own Feet in Providing Food for North Koreans," *The Korea Times*(2001년 6월 19일).
17) Ko Hirano, "MSF Skeptical about Japan's Rice Aid to N. Korea," *Kyodo News Service* (2001년 2월 19일).

넷째로, 난민에 대한 안보문제와 국가붕괴에 대해 이 지역 내 모든 국가
가 공감하고 있을지라도, 중국은 여타 국가와는 다른 궁극적 목적, 즉 현
정치체제 지원이라는 것을 지켜왔다. 1990년대 중반부터 말엽까지 매년
북한에 평균 10만 톤에서 15만 톤에 이르는 곡식을 보내왔다는 추측이 있
긴 하지만, 중국은 식량지원에 대한 국제연합의 요구에 응하기 보다는 비
공식적으로 북한에 직접적인 식량원조를 하고 있다.[19] 미국의 한 분석가
에 따르면, 중국의 원조가 북한의 군대에게 공급되어지고 있다는 암묵적
이해가 이루어진 상태이다.

마지막으로, 아시아 금융위기 또한 국가들의 기여 정도를 결정하는 데
역할을 했다. 한국의 경제가 회생하면서, 북한에 대해 엄청난 수준의 지원
을 해왔다. 게다가, 김대중과 김정일 사이의 2000년 6월 정상회담의 결과
로 한국은 북한에 1억 달러의 식량 선적을 시작했다. 일본과는 대조적으
로, 북한 지원에 대한 한국 대중 정서는 강하게 나타나서 1200명을 대상으
로 이루어진 한 여론조사에 따르면 72%가 한국이 "능력 범위 안에서" 만
북한에 지원해야 한다고 말하고 있지만 65%가 한국이 북한에게 개방을
촉구하기 위해서는 원조를 해주어야 한다고 말했다.[20] 그러나 여전히 한
국 내에서도 "북한으로부터 대가로 뭔가를 받아내야 한다," 혹은 "북한은
적국들의 아량 덕분에 식량에 쓸 필요가 없는 돈을 무기에 쓰고 있다." 고
주장하는 반대의 목소리가 있다.[21] 식량정치가 이 지역의 다른 정치 내에

18) Masayoshi Kanabayashi, "Japan and Asia: Politics Plays a Part in Donation of Rice to North Koreans," *The Asian Wall Street Journal*(2000년 10월 12일), p. 8.

19) Antoaneta Bezlova, "North Korea: Food Aid Endangered by Pyongyang' s Curbs on Access," *World News Interpress Service*, www.oneworld.net (검색일: 2004년 2월 23일).

20) Michael Schuman, and Meeyoung Song, "South Koreans Urge Caution in Peace Efforts-Despite Thaw, Many Remain Wary of North," *The Asian Wall Street Journal* (2000년 10월 9일), p. 1.

21) Doug Struck, "N. Korea Food Crisis Intensifies; As Dependence Rises, South Debates Politics of Outside Aid," *The Washington Post*(2001년 5월 16일), p. A20.

서 구체화되어지는 정도는 2001년 4월에 미국이 북한과의 대화를 중지한 이래로 교착 상태를 타개하기 위해 한국이 북한에 20만 톤의 비료를 제공함으로써 명백히 드러났다.[22]

이신화 교수가 그의 글에서 밝히고 있듯이, 이 지역 내의 국가들이 기아 구조 노력을 위해 협력할 능력이 겉으로 보기에는 부족해 보이지만 일본과 함께 한국은 지역적 위기를 해결하기 위해 식량 안전망 구축 가능성을 고려 중에 있다. 이것이 실현된다면 이 지역 내의 협력을 위한 실질적인 해결책을 제시해 주지 않을까 사려된다.

북한의 사례는 중국에게 좋은 지침이 되고 있다. 중국의 경제가 성장하고 있긴 하나 앞으로 중국이 "스스로 식량을 공급할" 능력이 있는지 여부를 둘러싸고 엄청나게 많은 이야기들이 오가고 있다.[23] 많은 전문가가 향상된 종자 기술과 더 좋은 관개시설, 수입증가, 향상된 배급체계 덕분에 중국이 이러한 문제를 해결할 수 있을 것이라고 결론짓고 있지만, 그럼에도 불구하고 중국은 위기의 시나리오를 만들어낼 수 있는 일련의 사회경제적 그리고 환경적 요소에 직면하고 있는 것이 사실이다.

1998년 반복된 양쯔강 범람과 같은 자연재해와 결합해서 물부족 문제가 심각해짐으로써 국민들의 필요를 충족시키고자 하는 통치체제에 대한 심각한 도전이 생겨날지도 모른다. 이러한 상황하에서, 특히 이미 불만을 품은 농민과 생활고에 찌들린 도시 거주자들, 지방별 부족과 가격 상승으로 인해 정치 불안이 확산될 수 있다고 생각된다. 이러한 불안정은 중국뿐만 아니라 이 지역 안팎으로 영향을 미칠 수 있는 사회경제적 결과를 낳을 수도 있다.

---

22) Zeno Park, "South Korea Steps up Overtures to North to End Deadlock," *Agence France Press* (2001년 4월 26일).

23) Lester Brown, *Who Will Feed China?* (New York: W.W. Norton, 1995).

## 2) 에너지안보: 대기오염

아시아가 경제적으로 발전하면서, 농업이나 해양자원, 물리적인 기반 시설의 수명뿐만 아니라 인간의 건강에까지 중요한 영향을 미치는 공기의 질을 보호하는 데는 실패했다. 산성비와 황사는 이 지역을 병들게 하는 초국경적 오염 중에서 가장 심각한 형태이다.

석탄연소 때문에 발생하는 산성비는 이 지역의 경제에 엄청난 비용을 부가하게 한다. 세계은행의 조사에 의하면 산성비로 인해 이미 동아시아 지역의 농작물이나 산림 성장의 3%가 줄었을 수 있다고 한다. 중국-일본 합동 연구의 발표에 따르면 이산화황의 엄청난 양, 즉 일본이 고성장 시기에 기록했던 수준의 45배 만큼이 급속도로 발전하고 있는 중국의 연안 산업 구역에서 방출되어지고 있고 이것이 일본에 산성비를 내리게 하고 있다는 것이다. 일본 중앙전력개발연구소가 발표한 1992년 보고서에 따르면 일본의 산성비를 일으키는 황이온 중 15%가 한국에서, 35%가 일본에서 방출되는 한편, 중국이 50%의 황이온을 방출하고 있다고 한다. 산성비는 농작물과 산림, 건물과 해양 생물에게 피해를 준다.

동시에, 중국으로부터 건너오는 황사문제는 중국 북부에서 점점 심각해지고 있다. 수년간에 걸친 산림벌채와 사막화의 증가는 한 번에 며칠 동안이나 지속되어 중국 북부 도시, 특히 베이징에 앞이 보이지 않을 정도의 먼지폭풍을 일으키는 데 한몫 했다. 한국 또한 중국 황사 때문에 나쁜 영향을 받고 있다. 먼지는 눈과 호흡질환을 야기하고 조종사들의 시야를 가리며 정밀기계의 작동을 나쁘게 할 뿐 아니라 농업 생산량에도 손해를 미친다. 또한 2000년에는 중국에서 건너온 먼지가 한국 축산업에 치명적인 전염병을 야기한 바이러스를 옮겨왔을지도 모른다는 보고서가 발표되었다.[24]

브레텔의 글에서도 광범위하게 논의된 것처럼, 지역 식량안보 문제와는 대조적으로, 산성비나 황사문제에 관해서는 상당한 지역적 반응이 있었

---

24) "Korea, Japan, China to cope with Yellow Dust," *The Korea Herald*(2000년 9월 7일).

다. 2000년 2월, 중국과 일본, 한국은 산성비와 대기오염을 다루고 "황산가
스와 산화질소의 정확한 이동과 이들이 가져다 주는 손실"에 관한 조직적
이고 과학적인 연구노력뿐만 아니라 환경자료센터를 설립하기 위한 아홉
개의 환경 프로젝트에 동의했다.[25] 이들 3개국은 러시아와 태국 외 5개국
과 함께 2000년에 동아시아 산성비 감독망을 구축할 것에도 동의했다.[26]
게다가 이 지역 내의 산성비문제는 정부 고위 관료들의 관심을 이끌어냈
다. 2000년 11월에 열린 아세안(ASEAN) 정상회의 동안, 김대중 한국 대통
령과 주룽지 중국 총리, 모리 요시로 전 일본 수상은 산성비와 같은 초국가
적 문제를 계속해서 논의하기 위해 매년 모이기로 합의했다.

황사에 관한 협력은 매우 초기 단계에 머물러 있다. 한국이나 일본, 중
국은 이 문제에 관해 정부 관료와 전문가, 비정부 기구를 포함하는 토론회
를 2000년 12월에 갖기로 했다. 이는 황사가 이 지역에서 심각한 문제가
되고 있음을 중국이 인식하기 시작했음을 보여준다.[27] 이 모임으로부터
무엇을 얻었는지를 구체적으로 말할 수는 없지만, 여러 가지 시도들이 곧
이어서 발표되었다. 2000년 4월, 세 나라는 중국과 몽골 간 국경지역에 합
동으로 나무를 심는 계획을 시작했다.[28] 일년 후에 세 개 국가의 환경부 장
관들은 황사의 상당한 양이 시작되는 중국 서부지역 환경을 복원하는 계
획에 협력할 것 또한 동의했다.[29] 게다가 각국의 입법가들은 2001년 3월에
황사문제를 해결하는 것에 초점을 맞춘 합동 위원회를 여는데 동의했
다.[30] 첫 번째 계획은 중국 북서부 지역의 고비 사막에 잔디를 심고, 양쯔

---

25) "South Korea, Japan and China to work on acid rain, pollution projects," *Yonhap News Agency* (2000년 2월 27일).

26) "China, Japan, South Korea to cooperate on Pollution," *Kyodo News Service* (2000년 2월 27일).

27) "Korea, Japan, China to cope with Yellow Dust," *The Korea Herald* (2001년 3월 15일).

28) "Yellow Dust from China," *The Korea Herald* (2000년 4월 4일).

29) "Environment Ministers' Meeting to Tackle Asian Dust," *The Korea Herald* (2001년 3월 15일).

강을 따라 나무를 심는다는 것이다.[31] 동북아시아 환경문화연합이라 불리
는 위원회는 또한 북한과 몽골이 참석하도록 초대하려고 했다.[32] 한국과
중국 과학자들 또한 황사에 관한 합동연구에 착수하기로 했다.[33]

　동북아시아 산하 지역환경협력 프로그램은 지역 공기의 질을 향상하는
문제에도 착수하고자 시도해 왔다. 이 기구는 1993년에 설립되어서 그 후
러시아를 포함한 동북아시아 모든 나라들 간의 회의를 매년 소집해 왔다.
이 기구는 대기오염을 포함한 다양한 환경분야에서의 협력을 위한 구조
를 세워나가는 데 초점을 맞춰왔다. 2000년 3월 회의에서는 21세기를 위
한 지역 내 환경협력에 새로운 중점을 요구하는 선언문을 채택했다. 한국
이 발기자가 되어 이 그룹은 이러한 계획들을 수행하기 위해 환경협력을
위한 기금을 설립하고 2001년 회의에 북한이 참석하도록 초대할 것과
2002년에 환경에 관한 정상회담을 열 것에 동의했다. 그들은 실행 노력을
평가할 뿐만 아니라 지역 내 환경 조건이나 경향을 정기적으로 검토해 나
갈 것이다.[34] 그러나, 사무국과 운영자금, 확실한 권한이 부족하다는 비판
이 이미 제기되기 시작했다. 한 평가에 따르면 과학자 집단은 문제의 심각
성을 명확히 인식하고 있는 반면 어떤 회원국들의 관료들은 여전히 협력
적 시도의 장점을 인식하지 못하고 있다.[35]

30) "South Korea, China, Japan to launch Joint Environmental Campaign," *The Korea Herald* (2001년 3월 27일).
31) "Yellow Dust Chokes korea for the 20th Time this Year," *The Korea Herald* (2001년 4월 26일).
32) "ROK' s Yonhap: Northeast Asian Environment and Culture Union to be Formed in July," The Natioal Technical Information Service (NTIS), US Department of Commerce (2001년 5월 10일).
33) "ROK' s Yonhap: Korea, China Agree to Conduct Joint Studies on Yellow Dust," NTIS, US Department of Commerce (2001년 4월 11일).
34) "Northeast Asia Nations Say Yes to Environmental Cooperation," *Yonhap News Agency,* Seoul (2000년 3월 10일).
35) *The Korea Herald* (2000년 3월 9일).

이 지역 내 대기오염에 관한 합의나 프로그램들을 대략적으로 살펴보면 감독이나 연구, 자료 수집에 지나치게 초점을 맞추고 있다는 것이 드러난다. 이러한 노력은 상황을 향상시키기 위해, 중국 발전소에서의 전기 집진기 효율성 개선과 같은 필수적인 방법 도입을 위한 체계를 갖고 있지 못하다. 대부분의 문제는 중국이 여전히 실질적인 보상 없이는 태도를 바꾸려고 하지 않는데 있는 듯하다. 그래서, 일본과 이제는 한국까지도 중국이 행동을 수정하도록 촉구하기 위한 조치를 취하기 시작했다. 예를 들면, 산성비의 약 30%가 중국에서 넘어온 오염물질에 기초한다는 바탕에서, 한국은 이 지역 내 다른 국가들이 공헌할 것을 권유하여 연합 행동이 취해질 수 있도록 하는 한 가지 방법으로 위에서 언급한 바와 같이 신용 기금을 설립하고 있다.

일본은 양자적 원조를 통한 노력에 오랫동안 집중해 왔다. 1994년에 일본과 중국은 산성비를 포함한 많은 환경보호문제에 협력키로 하는 동의서에 서명했다. 따라서 일본은 녹색 구호 계획(Green Aid Plan)을 통해 수백억 달러의 원조와 기술지원을 해오고 있다. 두 개 발전소에 탈황장치를 설치하는 시험계획이나 더 효율적인 산업 보일러 제조를 위한 원조, 에너지 효율성과 환경보호를 위한 훈련 센터 설립과 같이 이산화황 방출을 줄이는 데 직접적으로 초점을 맞춘 프로그램들이 있다.[36] 그러나, 시간과 돈의 투자에도 불구하고, 중국의 행동에는 별 변화가 없어 왔다. 나무를 심는 공동 노력은 주로 상징적 수준에 머물러 있을 뿐이며, 중국 자신도 독립적으로 이 문제에 착수하는 데 필요한 자원을 제공하지 않고 있다.

따라서, 산성비나 황사의 경우에, 문제에 착수하기 위한 지역적 체제가 등장하긴 했으나 강제력이 없는 것에 불과했다. 최대 오염원인 중국이 그들의 행동을 수정할 적절한 조치를 취하도록 강요할 수단 없이는, 그리고

---

36) Jonathan E. Sinton, "Regional Cooperation Strategies to Mitigate Acid Rain in Northeast Asia: Promoting Energy Efficiency in China," p. 2, www.glocom.ac.jp (검색일: 2000년 2월 7일).

물론 중국이 실질적인 행동을 취하기 위해 문제를 충분히 중요하게 인식하게 되지 않는 한, 지역 내 협력 노력이 가져다 줄 최고의 성과는 연구나 감독, 자료 수집에 불과할 것이다. 실제로, 세계은행이나 아시아 개발은행과 같은 국제기구들이 시험계획 수립이나 화석연료 발전소에서의 오염 감소를 위한 프로그램을 훈련시키고 환경을 감독하며, 전기 집진기 효율성을 향상시키는 데 참여하는 것조차[37] 중국인들이 생각과 행동을 새롭게 설정하지 않고서는 상황을 개선시키는 데 큰 성과를 얻지 못할 것이다.

## 2. 동북아시아 내 해양 자원과 어업분쟁

아시아는 세계 등록 선박 톤수의 42%를 보유하는 세계 최대 어선단을 자랑하고 있다. 아시아 내에 상위 6개 어업 국가들 중 4개국, 즉 중국과 일본, 한국, 대만이 동아시아에 위치하고 있다.[38]

모든 국가가 가맹국으로 등록한 '1982 유엔 해양법협약'으로 인해 해안선으로부터 해양경계선이 200해리로 확장되었는데, 이는 세계 해수의 75%이상 그리고 세계 어류의 90%를 국가 통치권 안으로 끌어들이는 결과를 낳았다.[39] 그러나, 동아시아에서는 이 "배타적 경제수역"에 관해 겹치는 주장들이 많이 오가고 있다. 이러한 경쟁적인 주장 때문에 한국과 일본, 중국, 그리고 다른 나라들 사이에서 수많은 심각한 분쟁이 야기되어 졌다는 것은 그리 놀랄 만한 일이 아니다. 예를 들면, 1996년에 한국의 12마일 영해 내에서 중국 어선이 700회 이상 불법 어업을 했다.[40] 슈레즈의 글에서는 이들 국가들 중 어떤 두 나라의 200마일 제한선 내에 흐르는 공

---

37) "Pollution in Northeast Asia," *The Korea Herald*(2000년 3월 9일).

38) 필리핀과 인도가 상위 6개국 중 나머지 2개국이다.

39) Trish Saywell, "The Seas-Fishing for Trouble," *Far Eastern Economic Review*(1997년 3월 13일), p. 50.

40) Alan Dupont, 앞의 글, p. 54.

유 수역을 규제하는 추가적인 합의가 필요할 뿐만 아니라 그러한 합의를 도출하고 강제하는 데 어려움이 있다는 것 또한 지적하면서 해양자원을 둘러싼 국가간 갈등에 관한 실질적이고 구체적인 사항들을 밝히고 있다.

이러한 것에 대한 많은 이유가 있다. 첫째로, 어업분쟁은 각국 내 수산업의 경제적 이익뿐만 아니라 한국과 일본 간 독도/다케시마 섬에 관한 역사적인 갈등이나 일본과 중국 간의 댜오위다오/센카쿠 섬에 관한 갈등과 같은 장기간 지속적인 영토분쟁에 복합적으로 얽혀있다.

한국과 일본 간 분쟁의 경우에는, 1997년에 일본이 "분쟁 지역의 자원에 대한 이용은 극대화하고자 하면서 일본의 어장에 대한 통제는 강화"[41] 하는 조치를 먼저 취하기 시작했다. 이렇게 하면서 일본은 독도/다케시마 지역을 포함하는 200해리 배타적 경제수역을 선포했다. 한국 또한 독도/다케시마 섬을 포함하는 200해리 배타적 경제수역을 발표하면서 이에 반응했다. 일본과 한국은 합의를 도출했지만, 한국 정부는 처음에 생각했던 것보다 훨씬 많은 어민들이 일터를 잃게 된 시점에서, 한국 수산업의 이익에 대해 적절한 설명을 해주지 못한 것에 대해 국내적으로 비난을 받았다.[42]

그러나, 일본과 중국 간 그리고 한국과 중국 간의 갈등 해결은 쉬운 일이 아니었다. 일본과 중국은 1997년 어떤 합의에 서명했고 이 합의와 관련된 다양한 문제를 협의할 합동위원회를 설치하자는 결정을 포함하고 있다.[43] 그러나, 두 나라는 공동 관할권하에 각국의 200해리 수역과 일시적 수역 내에서의 조업활동에 어떤 조건을 부과할 것인지에 관해서는 합의할 수 없었다.[44] 일본은 합의를 준수하기 시작했지만 새로운 어업 합의에 줄곧 반대했던 중국 어민들은 그렇지 못했다. 그래서 중국 어민들은

41) 위의 글, p.55.
42) "Korea-China Fisheries Talks," *The Korea Herald* (2000년 3월 23일).
43) "Tokyo, Beijing Need Fisheries Deal Now," *Yomiuri Shimbun* (1999년 8월 18일).
44) 위의 글.

주요 어종의 채취 할당량에 대한 상한선을 지킬 필요가 없었다. 게다가 어떤 일본 어선은 지속적으로 동지나 해에서 잠정적 어업 수역에서의 조업을 포기했지만 중국의 대형 어선들은 계속해서 조업하고 있었다. 어떤 보고서에 의하면 일본 어민들은 방해 장치의 위협을 포함해서 중국 어선과의 갈등에 관해 여전히 염려하고 있다.[45] 협력의 가장 기본적인 수준에서 조차, 중국은 중국 어민들이 과거 채취한 양에 관한 자료 제공을 거부했다.

그러나, 2000년 6월 1일, 일본과 중국은 조업 기간을 명시하고 할당량을 매년 재협상해야 한다는 내용을 다룬 새로운 어업협정에 서명했다. 동시에 일본은 이 협정의 결과로 어민들이 배를 폐기처분하도록 설득하기 위해 어민들에게 2억 엔의 보조금을 지급해야 할 것이다. 그러나, 이 협정을 실시하는 데는 상당한 어려움이 예상된다. 중국 어선들은 일본 쪽에 가까운 지역으로부터 철수해야 할 것이고 정부가 강요한다면 많은 중국 어민들은 그들의 생계를 잃게 될 것이다. 중국 정부에 의한 유일한 강제 조치는 지방 정부가 새로운 협정을 공표하여 어민들이 어업을 중단하고 "어민 사회 내 사회 경제적 안정을 보장"[46]하기 위해 새로운 직업을 찾는 데 도움이 되도록 하라고 요청하는 것이다. 이것은 의심할 여지 없이 중국의 실직자 수 증가와 지난 몇 년간에 걸친 경제침체하에서 주어진 어려운 과제임에 틀림이 없다.

중국은 한국과도 합의를 도출하는 데 어려움을 겪고 있다. 중국 어선은 한국 해수인 황해 지역에 일상적으로 잠입해서 어획고를 바닥내고 그 지역 어장의 많은 부분을 황폐화시켰다.[47] 일시적 조업협정이 1998년 11월에 채택되었는데도 한국과 중국은 두 가지 중요한 문제, 즉 중국 동부와

45) 위의 글.
46) "New Sino-Japanese Fishery Agreement to Take Effect," *Xinhua Comtex* (2000년 3월 23일).
47) "ROK, China to Hold Fisheries Talks in June," *The Korea Times* (2000년 4월 21일).

황해에서의 배타적 경제수역의 경계 설정과 양쯔강 어귀에서의 한국 어민들을 위한 어업 할당량에 관해서는 별 진전을 보지 못했다. 게다가 중국이 이 합의를 명백히 어겼을 때 추가적인 문제가 발생했다. 이 협약하에서는, 한국과 중국은 "1년 중 2~3개월 간의 통제 기간을 제외"[48]하고는 한국 어민이 양쯔강 지역에서 조업하는 것을 허용한다는 것에 동의했다.

그러나 1999년 3월, 중국은 국내법을 개정하여 한국 어민들이 양쯔강 어귀에서 조업할 기회를 더욱 금지하였다. 그러나 중국은 다른 나라의 국내 어업법을 존중할 것을 양측에 요구하는 MOU에 서명하던 때에, 이러한 국내법의 변화를 한국에게 알리지 않았다.[49] 따라서 한국은 앞으로 원래의 거래 조건을 실질적으로 변화시킬 중국 국내법의 개정에 관해 전혀 알지 못한 채 MOU에 서명했던 것이다.

두 번째로, 어떠한 지역적 체제도 나라들 사이의 분쟁을 효과적으로 중재하는 데 일조하지 못했다. APEC의 강제 능력 부족과 회원국들이 기구의 권한을 강화할 것을 꺼려하기 때문에 APEC이 잠정적인 감독 역할을 수행하는 데 한계가 있다. 예를 들면, 시애틀에서의 APEC 어업 운영 모임(APEC Fisheries Working Group)의 2000년 7월 회의에서, 많은 회원국들은 APEC이 지역 어업 운영단체가 되기 위해 명령도 그럴만한 능력도 갖고 있지 못하며 오히려 APEC의 임무는 협력과 어업자원의 보존 운영 등을 증진시키는 것이라고 강조했다.

그들은 국제적 합의의 도입을 장려할 뿐만 아니라 정보 교환과 권고 형성을 위한 토론의 장으로서의 APEC의 역할을 강조했다.[50] 이 회의 동안, 특히 중국은 각 국가가 해양 활동의 다양한 분야에 관한 정보 제출과 같은 기구의 권고사항에 따라야 한다는 제안을 받아들이기를 꺼려했다.[51]

---

48) "Korea-China Fisheries Talks," *The Korea Herald* (2000년 3월 23일).

49) 위의 글.

50) *Report of the Eleventh Meeting of the APEC Fisheries Working Group* (Held, 2000년 7월 17~21일), Seattle Washington, p. 6.

51) 위의 글, p. 7.

마지막으로 국가가 쌍방 어업협정을 준수하려고 노력할 때조차도, 국가들은 어민들을 감독하고 강제하는 데 종종 어려움을 겪는다. 동서문화센터의 한 전문가인 마크 발렌시아에 따르면, "어떤 나라도 완벽히 결백하진 못하다. 자국의 불법 어업자에 대한 정부 통제는 그 지역 전역에 걸쳐 국내 문제이며 조금도 나아지고 있지 않다."[52] 한 국가가 국내 어업권에 관한 통제력을 잃는 정도는 2000년 2월에 서명한 남북한 민간 어업협정을 통해 살펴볼 수 있다.

이 경우에, 한국 어민 조합은 북한의 동쪽 연안에 위치한 원산 부근의 바다를 한국 어민들에게 개방한다는 '북한 인민경제협력회'와 합의를 도출했다. 북한은 이 합의를 "새로운 한·일 어업협정의 결과 때문에 한국이 겪고 있는 손실의 고통을 덜어주기"[53]위한 자비로운 행동이라고 주장했다. 그러나, 한국 일부에서는 이 합의가, 한국 민간단체가 한국 정부의 승인과는 상관없이 협상하는 선례가 될지도 모르며 흔히 그렇듯이, 한국의 안보를 위협할 수도 있다고 염려하고 있다.[54]

2001년 1월, 북한 어업부와 한국 해양수산부 모두는 한국 어선이 북한 국경 내의 바다에서 조업할 수 있도록 하는 것에 대해 논의할 준비가 되어 있다고 밝혔는데, 이는 북한이 한국의 어업 활동으로부터 경제적 이득을 볼 기회를 엿보고 있음을 보여주고 있다.[55] 이러한 회담들은 최근 2001년 6월, 북한과 남한 어선 사이에 발생한 충돌에 관한 염려에 자극을 받아 이루어진 것이다.

---

52) Trish Saywell, 앞의 글.
53) "Dubious South-North Fishing Pact," *The Korea Herald* (2000년 3월 1일).
54) 위의 글.
55) "North Korea Proposes Fish Talks with South; Seoul Says It's Ready to Talk," *The Canadian Press* (2001년 1월 13일).

## II. 함의와 정책 제안

이들 간략한 사례 연구가 갖는 함의를 세 가지 면으로 말할 수 있다. 먼저, 동북아시아는 공동의 환경문제를 해결하기 위해 효과적인 지역레짐을 만들어 내야 한다. 그러나, 각국이 일차적인 이익의 득실만 따져서 행동하고 있어서 이 지역은 필요를 충족시키기 위해 세계은행이나 세계식량계획과 같은 국제기구로부터 받는 원조에 주로 의존하고 있다. 북한의 식량안보 경우에는, 문제의 성격과 범위에 관해 전문가 집단 내에서 조차 합의를 이루지 못한 실정이다. 이 지역의 다른 나라들이 실제로 이 문제를 해결할 것을 약속했다 할지라도, 실제로는 단독으로 행동을 취해 왔고, 중국의 경우에는 구호노력을 이끌어 내려는 국제기구와의 상의조차 없이 행동해 왔다. 각기 다른 전략적 이익과 도덕적 이해, 국내 정치 모두가 이 지역 내 국가들이 각기 다른 반응을 보이는데 일조했다.

지역 어족 관리 문제는 주로 양자적인 기반위에 다뤄져 왔다. APEC이나 다른 지역 관리 조직에게 강제력 있는 지침을 세우거나 감독노력을 수행하도록 권한을 주는 것은 별 관심을 끌지 못한 듯하다. 사실, 중국이 연간 어획량조차 보고하기를 꺼려 한다면, 더 넓은 지역적 구조가 형성될 가능성은 희박하다. 슈레즈가 자세히 밝히고 있듯이, 이 지역은 토론이나 잠정적 행동 조정을 위한 수많은 장을 갖고 있긴 하나 아직 강제 조치의 형식을 취한 것은 거의 없다.

수질에 관해서만 지역레짐을 향한 실질적 발전이 이루어져 왔다. 그러나 여기서 또한, 협력은 과학적 수준, 즉 연구나 감독, 자료 수집에서만 활발한 상태이다. 나무 심기나 기술 이전을 통한 활동을 넘어서기 위한 쌍방간 혹은 3자간의 노력이 있긴 하나, 그러한 노력들은 여전히 초기 단계에 머물러 있다. 여기에는 산성비에 대한 기여도를 줄이기 위해 획기적으로 에너지 구조를 개선하거나 새로운 기술에 투자하고 사막화와 먼지 폭풍을 지연시키기 위해 잔디와 나무를 심는 것에 대해 착수하는 것을 꺼린

채, 경제 개발에만 우선 순위를 두는 중국 정부에 막대한 책임이 있다.

그러나 이 지역 내, 특히 중국 내, 정치 경제적 개혁의 문맥 안에서, 상당한 기회가 존재하고 있다. 예를 들면, 에너지 효율성을 위한 기술 개발이나 이전, 혹은 중국과 같은 나라에서의 천연 가스와 같은 대체 에너지 개발 모색은 현재 진행중인 경제 구조 개혁의 과정을 통해서 진전을 볼 수 있는 몇 가지 변화의 예라고 할 수 있다.

또한, 남북한 간이나 북·일, 북·미 간 관계가 2001년 상반기 동안 침체되었음에도 불구하고, 각종 대화들이 재개되어서 북한의 토지이용정책과 식량안보에서의 실질적 진척을 가져 올 뿐 아니라 북한 학자와 정책 입안가들이 중요한 새로운 정보와 과학적 전문 기술을 접할 가능성을 갖게 되었다.

세 번째 발전으로는 환경문제에 관해 좀더 적극적인 지역협력을 요구하는 이들 나라 내 비정부기구의 역할을 꼽을 수 있을 것이다. 중국과 한국의 시민단체가 황사문제를 해결하는 데 참여하도록 한다는 최근 결정은 이러한 방향으로 나아가기 위한 미래 변화의 전조가 될 것이다.

넷째로 북한과, 그보다 좀 더 약한 정도이긴 하나 중국이 몇몇 사례에서 문제를 일으키는 국가로 등장한다. 이들 나라가 어떠한 형태의 구속력 있는 약속이나 가장 최소한의 보고 약속 조차도 이행하기를 꺼린다는 것은 이 지역이 효과적인 지역협력을 위해 행동하는 데 어려움을 당할 수 있음을 의미한다. 그래서 이들 두 나라의 강력한 주권문제 때문에 환경문제를 해결하고자 하는 지역적 노력은 한계에 부딪힐 것이다.

실질적인 변화가 일어나기 위해서는, 이 지역이 직면하고 있는 중요한 환경문제에 관한 협력의 성격이나 형식에서 어떤 질적인 차이를 낳기 위해서 이들 나라 내의 정치 지도자나 비정부기구 측에서 국내적 관심에서 벗어나 지역적 관심을 갖도록 조화로운 노력을 이루어내야 한다. 과학적 협력이나 토론과 행동에 관한 종합적 합의를 위한 장이, 강제성 있는 합의와 한국과 일본 측에서 지역적 협력을 위해 보조하겠다는 더 큰 일방적 약속을 포함하도록 확대되어져야 할 것이다.

김정훈. "NGO와 한반도 환경공동체." 한반도환경협력 실현을 위한 국제심포지엄 발표논문, 2002년 5월 6일~7일.

손기웅. "북한의 환경정책과 환경상태."『국제정치논총』제35권 제2호, 1995.

이용범. "북한의 산림 황폐화 현황과 통일 후 관리 방안."『통일경제』. 1999년 2월.

전재경. "DMZ 보존을 위한 남북 환경협력 시스템." 한반도환경협력 실현을 위한 국제심포지엄 발표논문, 2002년 5월 6일~7일.

최주영. "비무장지대 생태계 위협요인과 보전 방안." 한반도환경협력 실현을 위한 국제심포지엄 발표논문, 2002년 5월 6일~7일.

피터 헤이즈, 데이빗 본 히펠, 윤덕룡 옮김. "북한지역의 생태적 위기와 삶의 질." 『통일연구』제3권 제1호, 1999.

홍순직. "북한의 환경오염실태와 남북환경협력방안."『통일경제』. 1999년 1월.

Adler, Emanuel, and Michael Branett, eds. *Security Communities*. Cambridge: Cambridge University Press, 1998.

*Ajia kankyo hakusho 1997-1998*. Tokyo: Toyokeizai shinposha, 1997.

*Ajia kankyo hakusho 2000-2001*. Tokyo: Toyokeizai shinposha, 2000.

Allison, Graham T. and Hisashi Owada. "The Responsibilities of Democracies in Preventive Deadly Conflict." pp. 1-6, 인터넷 열람, http://www.ccpdc. org/pubs/Democracy/democracy.htm(검색일: 1999년 10월 4일).

Arndt, R. L., and G. R. Carmichael. "Long-range transport of air pollutant in

Northeast Asia." *Water, Air and Soil Pollution*, 85, 1995.

Berkhout, Frans. "International Regulations of Nuclear Fuel Cycles: Issues for East Asia." *Case Studies 97-3*, Center for International Studies at Yonsei University, Seoul, Korea, 1997.

Berman, Ilan. "The New Battleground: Central Asia and the Caucasus." *The Washington Quarterly*, Vol. 28, No. 1, 2004~05년 겨울, pp. 59-70.

Bezlova, Antoaneta. "North Korea: Food Aid Endangered by Pyongyang' s Curbs on Access." *World News Interpress Service*, www.oneworld.net (검색일: 2004년 2월 2일).

Blatter, Joachim, Helen Ingram, and Suzanne Lorton Levesque. "Expanding Perspectives on Transboundary Water." In Joachin Blatter and Helen Ingram, eds. *Reflections on Water: New Approaches to Transboundary Conflicts and Cooperation*. Cambridge, MA and London: MIT Press, 2001.

Boserup, Ester. *The Conditions of Agricultural Growth: Economics of Agrarian Change under Population Pressure*. London: Earthscan, 1993.

Boutros-Ghali, Boutros. *An Agenda for Peace: Preventive Diplomacy, Peace-Making and Peace-Keeping*. New York: The United Nations, 1992.

Bowser, Rene, and others. *Southern Exposure: Global Climate Change and Developing Countries*. College Park, MD: Center for Global Change, University of Maryland, 1992년 11월.

Bread for the World. "Hunger Basics: International Facts on Hunger and Poverty." www.bread.org/hungerbasics/international.htm (검색일: 2002년 1월 5일).

_____. Issues & Action: A Future with Hope: Hunger 2002, http:// www. bread. org/issues/backgroundpapers/March_2002_A_Future_With_Hope_ Hunger_2002.html (검색일: 2002년 6월 10일).

Brettell, Anna, and Yasuko Kawashima, "Sino-Japanese Relations on Acid Rain." In Miranda A. Schreurs, and Dennis Pirages, eds. *Ecological Security in Northeast Asia*. Seoul: Yonsei University Press, 1998.

Broadbent, Jeffery. *Environmental Politics in Japan*. Cambridge, MA: Cambridge University Press, 1999.

Brown, Lester. *Who Will Feed China?* New York: W.W. Norton, 1995.

Brown, Lester R., and Brian Halweil,. "China's Water Shortage Could Shake World Food Security." *World Watch*, July-August 1998, http://www.worldwatch.org/mag/1998/98-4a.html (검색일 2001년 1월 29일).

Brown, Neville. "Climate, Ecology and International Security." *Survival*, No. 31, 1989년 11월, 12월.

Bush, Mark B. *Ecology of a Changing Planet* . Upper Saddle River, NJ: Prentice Hall, Inc., 1997.

Buzan, Barry, ed. *People, States and Fear: An Agenda for International Security Studies in the Post-Cold War Era*. Boulder, Colorado: Lynne Rienner Publishers, 1991.

Buzan, Barry, Ole Waeber, and Jaap de Wile. *Security: A New Framework for Analysis*. Boulder, Colorado: Lynne Rienner Publishers, 1998.

Calder, K. E. "Energy and Security in Northeast Asia." *Energy Policy Studies*, 1998년 3월.

Calder, Kent. "Energy and Security in Northeast Asia's Arc of Crisis." In Michael Stankiewicz, ed. *Energy and Security in Northeast Asia: Fueling Security*. La Jolla, CA: Institute on Global Conflict and Cooperation, University of California, 1998년 2월.

Carmichae, Gregory R., and Richard Arndt. "Baseline Assessment of Acid Deposition in Northeast Asia." *Energy, Environment and Security in Northeast Asia: Defining a U.S.-Japan Partnership for Regional Comprehensive Security*. Berkeley, CA: Nautilus Institute and Center for Global Communications, 1999년 2월.

"Changes in the magnitude, frequency, and duration of hydrological factors influence the availability of water resources, flooding intensity as well as agricultural and natural terrestrial ecosystems." *IN AIM Project Team, Environmental Changes and Their Impacts in the Asian-Pacific Region*. Tsukuba, Japan: National Institute for Environmental Studies, Global Warming Response Team, Global Environment Group, 1995.

Chen, Peter. "Water and Food Shortages Pose Security Threat to Asia." http://www.taiwan.com.au/Soccul/Services/Health/China (검색일: 2002년 7월 29일).

Cheng, Lou. "Energy Supply Capacity from the Russian Far East." *International*

*Petroleum Economics*, Vol. 8, No. 2, 2000년 2월.

Cheng, WuuKune, and Wu RueyYau. "Current Status of Radwaste Administration in Taiwan." *Fuel Cycle and Materials Administration*, Taiwan, 2001, http://www.fcma.aec.tw (검색일: 2001년 5월 1일).

Chia, Lin Sien. "Marine Carriage of Petroleum with Special Reference to Northeast Asia." *Columbia International Affairs online working paper*, 1998, http://www.cc.Columbia.edu/sec/dlc/ciao/wps/stm02/pp33-4.html (검색일: 2001년 3월 24일).

China Institute for Energy Studies. "Summary of the Symposium on China's Energy Development Strategy in the 21st Century." *World Energy Herald*, 2000년 9월 15일.

Christopherson, Robert W. *Elemental Geosystems: A Foundation in Physical Geography*. Englewood Cliffs, NJ: Prentice Hall, Inc., 1995.

Clinton, William. *A National Security Strategy for a New Century*. Washington, D.C.: The White House, 1997.

Conca, Ken. "Environmental Confidence Building and Regional Security in Northeast Asia." In Miranda A. Schreurs, and Dennis Pirages, eds. *Ecological Security in Northeast Asia*. Seoul: Yonsei University Press, 1998.

*Concise Report on the World Population Situation in 1993: With Special Emphasis on Refugees*, United Nations, 1994.

Cossa, Ralph. "PACATOM: Building Confidence and Enhancing Nuclear Transparency." *An Occasional Paper*, Council for Security Cooperation in the Asia Pacific (CSCAP) Working Group, Malaysia, 1998.

"Current Status and Trends in World Nuclear Energy Development." originally carried in *Japan's Industrial News*, April 22, 1996, Reprinted in *International Industrial Economics Herald*, No. 7, 1996, Serial No. 112.

Dabelko, Geoffrey D., and David D. Dabelko. "Environmental Security: Issues of Conflict and Redefinition." The Woodrow Wilson Centre Environmental Change and Security Project's 'Bibliographical Guide to the Literature,' pp. 3-13, on their web site at, http://ecsp.si.edu/ecsplib. nsf/ (검색일: 2001년 1월 28일).

Deng, Francis M., and Larry Minear. *The Challenger of Famine Relief: Emergency*

*Operations in the Sudan*. Washington D.C.: The Brookings Institute, 1992.

Deudney, Daniel. "The Case Against Linking Environment Degradation and National Security." *Millenium*, Vol. 19, No. 3, 1990년 겨울.

DOE(Department of Energy, USA)/ Office of Civilian Radioactive Waste Management. "Japan's Radioactive Waste Management Program."; "China's Radioactive Waste Management Program."; "Russia's Radioactive Waste Management Program."; "Radioactive Waste: an International Concern." *Fact sheets*. 2002, http://www.rw.doe.gov (검색일: 2001년 5월 1일).

Dreze, Jean, and Amartya K. Sen. *Hunger and Public Action*. Oxford: Oxford University Press, 1991.

Dunlap, Riley, Michael Kraft, and Eugene A. Rosa. *Public Reactions to Nuclear Waste: Citizens' Views of Repository Siting*. Durham, NC: Duke University Press, 1993.

Dunlap, Riley E., George H. Gallup, Jr., and Alec M. Gallup. *Health of the Planet, Princeton*. Gallup International Institute, 1993년 5월.

Dupont, Alan. *Environment and Security in Pacific Asia*. Oxford: Oxford University Press, 1989.

_____. "The Environment and Security in Pacific Asia." *Adelphi Paper 319*. London: The International Institute for Strategic Studies, 1998.

_____. "The Environment, Conflict and the Security of East Asia." 동아시아 환경 평화를 위한 국제회의에서 발표. Seoul and Wonju, Korea, 2000년 7월 5~7일.

Dyer, Hugh. "Environmental security and international relations: the case for enclosure." *Review of International Studies*, Vol. 27, No. 3, July 2001.

Economic and Social Commission for Asia and the Pacific. *Sustainable Development of Water Resources in Asia and the Pacific: An Overview*. New York: United Nations Publication, 1997.

Economic and Social Council(ECOSOC). "The Realization of Economic, Social and Cultural Rights." Commission on Human Rights, Sub-Commission on Prevention of Discrimination and Protection of Minorities, Fifty-first Session, Item 4 of the Provisional Agenda, E/CN.4/Sub.2/1999/12, http//www.unhchr.ch/Huridocda/Huridoca.nsf/ (검색일: 1999년 6월

28일).

Economy, Elizabeth C. "Negotiating the Terrain of Global Climate Change Policy in the Soviet Union and China: Linking International and Domestic Decision-Making." *Dissertation*. Ann Arbor, MI: University of Michigan, 1994.

Edkins, Jenny. *Whose Hunger? Concepts of Famine, Practices of Aid*. Minneapolis: University of Minnesota Press, 2000.

Elliott, Lorraine. *The Global Politics of the Environment*. New York: New York University Press, 1998.

"Energy, Coal Combustion and Atmospheric Pollution in Northeast Asia, Inter-Country Project." United Nations Development Program, 1994년 7월.

Esty, Daniel Mendelsohn Robert, Daniel Rosen, and Therese Feng. *Powering China: The Environmental Implications of China's Economic Development*, mimeo, 1999.

"Famine stalks North Korea, UN agency warns." http://www.oneworld.net/cgi-bin/index (검색일: 2002년 5월 8일).

FAO. Mapping of the Food Supply Gap 1998, http://www.fao.org/ (검색일: 2002년 1월 15일).

FAO. "Undernourishment around the World: Reductions in Undernourishment over the Past Decade." SOFI, *The State of Food Insecurity in the World 2001*. Rome: Food and Agriculture Organization of the United Nations, 2002, http://www.fao.org/docrep/ (검색일: 2002년 9월 10일).

FAO News. "Professor Jeffrey Sachs: More investment in agriculture could save millions from starvation and death." http://www.fao.org/english/newsroom/news/2002/6385-en.html (검색일: 2002년 6월 12일).

FAO/WFP Joint Paper. *FAO Global Information and Early Warning System on Food and Agriculture/World Food Program*. "Special Report, FAO/WFP Crop and Food Supply Assessment Mission To the Democratic People's Republic of Korea." http://www.fao.org/WAICENT/faoinfo/economic/giews/english/alertes (검색일: 2002년 7월 29일).

Food and Agriculture Organization of the United Nations(FAO). An Inter-Agency Programme to Promote Food Insecurity and Vulnerability Information and Mapping System(FIVIMS), http://www.fivims.org/index.jsp (검색일:

2002년 9월 10일).

Forum for Nuclear Cooperation in Asia(FNCA). http://www.fnca.jp (검색일: 2001년 5월 1일).

Foster, Gregory D., and Louise B. Wise. "Sustainable Security: Transnational Environmental Threats and Foreign Policy." *Harvard International Review*, Fall 1999.

Frank, Aaron. "Solving China's Environmental Problems: Policy Options from the Working Group on Environment in U.S.-China Relations." *ECSP Report* 4, 1998년 봄, http://ecsp.si.edu/ecsplib.nsf/ (검색일: 2001년 2월 2일).

Fujita, Shin-ichi. "Overview of Acid Deposition Assessment Program in CRIEPI." In Yoshihisa Kohno, ed. *Proceedings of CRIEPI International Seminar on Transport and Effects of Acidic Substances,* Central Research Institute of Electric Power Industry, 1997년 3월.

_____, Hiroshi Hayami, and Yoichi Ichikawa. "Development of Long-Range Transport Models for East Asia." In Yoshihisa Kohno, ed. *Proceedings of CRIEPI International Seminar on Transport and Effects of Acidic Substances*, Central Research Institute of Electric Power Industry, 1997년 3월.

Futile, Katsure. "Nuclear Power Development and Regional Security in Northeast Asia: The Emerging AIATOM, PACIFICATOM, AND PACATOM Concepts." In M. Scherer's and D. Pirates, eds. *Ecological Security in Northeast Asia.* Seoul: Yonsei University Press, 1998.

Gastro, Jean-Jacque, and Philippe Pride. "High Level Waste and Spent Fuel: Tackling Present and Future Challenges." Paper presented at the 23rd Annual Symposium, London, 1998년 9월 28일, World Nuclear Association, (the Uranium Institute) http://www.world-nuclear.org (검색일: 2001년 5월 1일).

GIEWS. "FAO/GIEWS-Food crops & Shortages." *Map of crop prospects and food supply situation*, No. 3, http://www.fao.org/WAICENT/faoinfo/economic/giews/english/fs/fs0206/pays/asia0206.htm (검색일: 2002년 6월 10일).

Gleick, Peter H. "Making Every Drop Count." *Scientific American*, 2001년 2월.

Global Information and Early Warning System on Food and Agriculture(GIEWS), *Food Outlook*, No. 3, Rome, 2002년 7월.

Glosserman, Brad. "Solving Asia's Nuclear Waste Dilemma." *The Japan Times*, 2001년 6월 14일.

_____. "Solving Asia's Nuclear-Waste Dilemma." *PacNet Newsletter*, No. 24, 2001년 6월 15일.

Golub, Alexander, and others. *Study on Russian National Strategy of Greenhouse Gas Emissions Reduction*. Washington, D.C.: World Bank, 1999.

Gordon, David. "US-Japanese Cooperation in the Resources Sector." In Tsueno Akaha, ed. *US-Japan Cooperation in the Sustainable Development of the Russian Far East*, Conference Proceedings, Monterey, California, April 14-15, 2000. Monterey: Center for East Asian Studies, Monterey Institute of International Studies, 2000년 9월 20일.

Greenpeace International. "History of Ocean Dumping." 1997년 9월, http://archive.greenpeace.org/~odumping/radioactive/reports/history (검색일: 2001년 5월 1일).

Haas, Peter. "Prospects for Effective Marine Governance in the Northwest Pacific Region." ESENA Workshop on Energy-Related Marine Issues in the Sea of Japan, Tokyo, Japan, 1998년 7월 11~12일.

Haas, Peter M. "Introduction: Epistemic Communities and International Policy Coordination." *International Organization*, Vol. 46, No. 1, 1992년 겨울.

Han, Gee Bong. "Water and Sustainable Development in the Republic of Korea." In Economic and Social Commission for Asia and the Pacific, *Sustainable Development of Water Resources in Asia and the Pacific: An Overview*. New York: United Nations Publication, 1997.

Han, Kong Won, Norma Heineken, and Arnold Bonne, et al. "Radioactive Waste Disposal: Global Experience and Challenges." *IAEA Bulletin*, 1997.

Han, Mukang. "Socioeconomic Impact of One Meter Sea-Level Rise on China." Center for Global Change, 1990.

Hanski, Ilkka, Jan Lindstrom, Jari Niemela, Hannu Pietiainen, and Esa Ranta, et al. *Ekologia*. Juva: Werner Soderstrom Oyj, 1998.

Hardin, Garnett. "The Tragedy of the Commons." *Science*, 162, 1968년 12월

13일.

Harris, Paul. "International Environmental Politics and Policy in East Asia: A Comparative Synopsis of Foreign Policy." International Studies Association Annual Conference, Chicago, 2001년 2월 20~24일.

Harrison, Selig S., eds. *Japan's Nuclear Future-The Plutonium Debate and East Asian Security*. Washington D.C.: A Carnegie Endowment Book, 1996.

Hayes, Peter. "Regional Cooperation for Energy and Environmental Security in Northeast Asia." *Review of Environmental Cooperation in Northeast Asia and Prospects for the New Millennium*. Seoul: The Kyobo Foundation for Education and Culture, 2001.

Hayes, Peter, and Lyuba Zarsky. "Environmental Issues and Regimes in Northeast Asia." *International Environmental Affairs*, Vol. 6, No. 4, 1994.

_____. "Regional Cooperation and Environmental Issues in Northeast Asia." 1993, p. 5, ftp://ftp.nautilus.org/napsnet/ hayes1093.txt (검색일: 2001년 1월 10일).

Hayes, Peter, and David Von Hippel. "Ecological Crisis and the Quality of Life in the Democratic People's Republic of Korea." In Chung-in Moon, ed. *Understanding Regime Dynamics in North Korea*. Seoul: Yonsei University Press, 1998.

Hayes, Peter, David von Hippel, and Yoon Duk Ryong. *An Assessment Model for Acid Rain in Asia*. RAINS-ASIA project, 1998년 11월.

Hippel, David Von. "Technological Alternatives to Reduce Acid Gas and Related Emissions from Energy-Sector Activities in Northeast Asia." *Energy, Environment and Security in Northeast Asia: Defining a U.S.-Japan Partnership for Regional Comprehensive Security*. Berkeley, CA: Nautilus Institute, 1996년 11월.

Hipper, David, and Peter Hayes. "Two Scenarios of Nuclear Power and Nuclear Waste Production in Northeast Asia." *Case Studies 97-2*, Center for International Studies at Yonsei University, Seoul, 1997.

Homer-Dixon, Thomas F. *Environment, Scarcity, and Violence*. Princeton: Princeton University Press, 1999.

_____. "On the Threshold: Environmental Changes as Causes of Acute Conflict." *International Security*, Vol. 16 No. 2, 1991년 가을.

Homer-Dixon, Thomas. "Environmental Scarcity and Intergroup Conflict." In Michael T. Klare and Daniel T. Thomas, eds. *World Security: Challenges for a New Century.* New York: St Martin' s Press, 1994.

Homer-Dixon, Thomas F., and Valerie Perceivably. *Environmental Scarcity and Violent Conflict: Briefing Book.* Prepared for Project on Environment, Population, and Security, American Association for the Advancement of Science and University College, University of Toronto, 1996, http://www.Pnl.gov/ces/academic/rimco.htm (검색일: 2001년 5월 1일).

Husar, R. B., D. M. Tratt, B. A. Schichtel, S. R. Falke, F. Li, D. Jaffee, S. Gasso, T. Gill, N. S. Laulainen, et al. "The Asian Dust Events of April 1998." *Journal of Geophysical Research,* 2000년 7월.

IAEA. *2001 Annual Report,* 2002.

IAEA. *Radioactive Waste Management Status and Trends(WMST),* 2001년 8월.

IAEA. "The Principles of Radioactive Waste Management." *Safety Series,* No. 111-F, Vienna, 1995.

IAEA Information Circular. "Communication by South Korea to the IAEA," 1997.

INSC. Action Plan 1997-1998. "Radioactive Waste." 1997, http://www2s.biglobe. ne.jp/~INSC (검색일: 2001년 5월 1일).

Intergovernmental Panel on Climate Change (IPCC). "Summary for Policy-makers: A Report of Working Group I of the Intergovernmental Panel on Climate Change."

_____. "Temperate Asia." *3rd Assessment, 2001: Regional Impacts of Climate Change,* United Nations Environment Program and the World Meteorological Organization, 2001년 1월.

IPCC Working Group I. *IPCC 2nd Assessment Climate Change 1995, Summary for Policymakers: the Science of Climate Change.* Cambridge: Cambridge University Press, 1995.

_____. *Summary for Policymakers: A Report of Working Group I of the Intergovernmental Panel on Climate Change.* United Nations Environment Program and the World Meteorological Organization, 2001.

IPCC Working Group III. *Summary For Policymakers of the IPCC Working Group III, 3rd Assessment Report.* United Nations Environment Program and the World Meteorological Organization, 2001.

Jacob, D., J. A. Logan, and P. P. Murti. "Effects of Rising Asian Emission on Surface Ozone in the United States." *Geographical Research Letters*, No. 26, 1999.

Juzo, Teruoka, ed. *Nihon npgyo 100 nen no ayumi: Shihonshugi no tenkai to nogyo mondai*. Tokyo: Yuhikaku, 1996.

Kaji, Gautam. "Challenges to the East Asian Environment." *The Pacific Review*, Vol. 7, No. 2, 1994.

Kanabayashi, Masayoshi. "Japan and Asia: Politics Plays a Part in Donation of Rice to North Koreans." *The Asian Wall Street Journal*, 2000년 10월 12일.

Kankycho. *Kankyo hakusho, Heisei 11 nenban*. Tokyo: Okurasho insatsu-kyoku, 1999.

Kasu, Kato, and Takahashi Wakana. "An Overview of Regional/Subregional Environmental Cooperation in Asia and the Pacific." Submitted to Regional Review Meeting in preparation for the Ministerial Conference on Environment and Development in Asia and the Pacific, Bangkok, Thailand, 2000년 5월 9~10일.

_____. "Whither NEAC: An Overview of the Past, Present, and Future of Environmental Cooperation in Northeast Asia." 제9차 동북아시아 환경협력회의(Northeast Asian Conference on Environmental Cooperation: NEAC)에서 발표됨, 2000년 7월 26~28일, 울란바타르, 몽골에서 개최.

Katzenstein, Peter, ed. *The Culture of National Security*. New York: Columbia University Press, 1996.

Kazuo, Nimura. *The Ashio Riot 1907: A Social History of Mining in Japan*. Durham and London: Duke University Press, 1997.

Keddy, Paul A. *Wetland Ecology: Principles and Conservation*, Cambridge Studies in Ecology. Cambridge: Cambridge University Press, 2000.

Keen, David. *The Benefits of Famine*. Princeton: Princeton University Press, 1994.

Keichi, Yokohori. "Forecast for the Supply and Demand of Expendable Energy in the Asia-Pacific in 2010." a speech at the 3rd conference of APEC ministers of energy, Chinese translation carried in *International Petroleum Economics*, Vol. 7, No. 6, 1999년 11월.

Keiji, Wada. *Higata no shizenshi.* Kyoto: Kyoto daigaku gakujutsu shup-
    pankai, 2000.

Keyfitz, Nathan. "Population Theory." *International Encyclopedia of Population.*
    New York and London: Collier MacMillan Publishers, 1982.

Kim, Hyon-Jin. "Marine Environmental Cooperation in Northeast Asia."
    ESENA Workshop on Energy-Related Marine Issues in the Sea of
    Japan, Tokyo, Japan, 1998년 7월 11~12일.

_____. "Marine Environmental Cooperation in Northeast Asia." 'ESENA 워크
    숍: 일본해의 에너지 관련 해양 문제' 에서 발표됨, 1998년 7월 11-12일,
    도쿄에서 개최, http://www.nautilus.org/papers/energy/ KimESE-
    NAY2.html (검색일: 2001년 12월 13일).

Kim, Sunwoong, and Yoshio Niho. "Regional Environmental Cooperation in
    East and Southeast Asia." *Pacific Focus,* Vol. X, No. 2, 1995.

Kim, Woosang, and In-Taek Hyun. "Toward a New Concept of Security:
    Human Security in World Politics." and Sung-Han Kim, "Human Secu-
    rity and Regional Cooperation: Preparing for the 21st Century." In
    William Tow, Ramesh Thakur, and In-Taek Hyun, eds. *Asia's Emerg-
    ing Regional Order.* Tokyo: UN University Press, 2000.

Klare, Michael T. "Redefining Security: The New Global Schism." *Current
    History,* Vol. 95, No. 604.

Kokudocho chokan kanbo mizushigenbu, ed. *Nihon no mizu shigen.* Tokyo:
    Okurasho insatsukyoku, 2000.

Lautze, Sue. "The Famine in North Korea: Humanitarian Responses in Commu-
    nist Nations." draft paper on file with author, 1997년 7월.

Lee, Charles S., and Julian Baum. "Radioactive Ruckus." *Far Eastern Econom-
    ic Review,* February 6, 1997.

Lee, Geun. "Environmental Security in East Asia: The Regional Environmental
    Security Complex Approach." *Asian Perspective,* Vol. 26, No. 2, 2002.

Lee, Shin-wha. "A New Agenda for Security: Environmental Conflict and
    Cooperation in East Asia." Kwang Il Baek, ed. *Comprehensive Securi-
    ty and Multilateralism in Post-Cold War East Asia.* Seoul: KAIS, 1999.

_____. *Environment Matters: Conflicts, Refugees & International Relations.*
    Seoul and Tokyo: World Human Development Institute Press, 2001.

_____ . "In Limbo: Environmental Refugees in the Third World." In Nils Petter Gleditsch, ed. *Conflict and the Environment.* Dordrecht/Boston/London: Kluwer, 1997.

_____ . "Not a One-time Event: Environmental Decline, Ethnic Rivalry, and Violent Conflict." *Journal of Environment and Development*, Vol. 6, No. 4, 1997년 12월.

_____ . "Preventing Refugee Crisis: A Challenge to Human Security." *Asian Perspective*, Vol. 23, No. 1, 1999.

_____ . "Response to North Korea's Food Refugees." *Security Dialogue*, Vol. 30, No. 1, 1999년 3월.

Logan, Jeffrey. "Recent Energy Trends in China and Implications for U.S. Collaboration." Paper presented at the Conference on Japan, the United States and the Promotion of Sustainable Development in East Asia, University of Maryland, 2001년 3월 8~9일.

MacLean, George. *The Changing Perception of Human Security: Coordinating National and Multilateral Responses*, Security Papers index/Canada and the UN page unac@magi.com (검색일: 1999년 10월 8일).

Maddock, R. T. "Environmental Security in East Asia." *Contemporary South Asia*, Vol. 17, No. 1, 1995년 6월.

Malthus, Thomas R. *An Essay on the Principle of Population.* Oxford: Oxford University Press, 1993.

Manning, Robert. "PACATOM: Nuclear Cooperation in Asia." *The Washington Quarterly*, 1997년 봄.

Mattews, Jessica Tichman. "Redefining Security." *Foreign Affairs*, Vol. 68, No. 2, 1989년 봄.

McDonald, Alan. "Combating Acid Deposition and Climate Change: Priorities for Asia." *Environment*, Vol. 41, No. 3, 1999년 4월.

McIntosh, Arthur, and Cesar E. Yniguez, eds. *Second Water Utilities Data Book. Asian and Pacific Region.* Manila: Asian Development Bank, 1997.

McNew, Jessica Gregg. "Specks of Dust Make Worldwide Impact." http://www.disasterrelief.org, (1998년 7월 23)(검색일: 2001년 7월 10일).

Ministry of Unification. *Sunshine Policy for Peace & Cooperation*, 2002년 5월.

MOFAT. *Environmental Diplomacy Handbook*, 1998년 4월.

Moltz, Clay. "Japanese Assistance to Russia in the Nuclear Sector." In Tsuneo Akaha, ed. *U.S.-Japan Cooperation in the Sustainable Development of the Russian Far East.* Monterey: Center for East Asian Studies, Monterey Institute of International Studies, 2000년 9월 20일.

Morgan, Michael D., Joseph M. Moran, and James H. Wiersma. *Environmental Science: Managing Biological and Physical Resources.* Dubuque, IA: Wm. C. Brown Publishers, 1993.

Morgan, Patrick. "Regional Security Complexes and Regional Orders." In Patrick Morgan, ed. *Regional Orders.* University Park, PA: Pennsylvania State University Press, 1997.

Moon, K. C., Y. P. Kim, and J. H. Lee. "Long-range transport of air pollutants in Northeast Asia." *NIER Report*, 1998.

Murayama, Toshiyuki, and others. *Lidar Network Observation of Asian Dust over Japan in the Spring of 1999.* Tsukuba, Japan: National Institute for Environmantal Studies, 1999.

Murty, V.V.N., and K. Takeuchi. *Land and Water Development for Agriculture in the Asia-Pacific Region.* Lebanon, New Hampshire: Science Publishers, 1996.

Myers, Norman. "Environment and Security." *Foreign Policy*, 74, Spring 1989.

Nam, Man-Kwon, and Sung-Tack Shin. "ENTNEA: A Concept for Enhancing Nuclear Transparency for Confidence Building in Northeast Asia." Cooperative Monitoring Center Occasional Paper 12, Sandia National Laboratories, 1999년 6월.

Natsios, Andrew. "The Politics of Famine in North Korea." *United States Institute of Peace Special Report*, 1999년 8월 2일.

Nautilus Institute, and Center for Global Communications (GLOCOM). "Energy, Environment and Security in Northeast Asia: Defining a U.S.-Japan Partnership for Regional Comprehensive Security." *Energy, Security and Environment in Northeast Asia (ESENA) Project Final Report*, 1999년 12월.

NEA. *Annual Report 2001*, 2002.

NEA/OECD. *Nuclear Waste Bulletin: Update on Waste Management Policies and*

*Programmes*, No. 14, 2000 Edition.

_____. *Radioactive Waste Management in Perspective*. Paris: OECD, 1996.

_____. *Strategic Areas in Radioactive Waste Management: The Viewpoint and Work Orientations of the NEA Radioactive Waste Management Committee*. Paris: OECD, 1998.

Nolan, Janne E., et al. "The Concept of Cooperative Security." In Janne E. Nolan, ed. *Global Engagement: Cooperation & Security in the 21st Century*. Washington, D.C.: The Brookings Institution, 1994.

"North Korea loses 3 million to famine." http://news.bbc.co.uk/hi/english/world/asia-pacific/newsid_281000/281132.stm, BBC Online Network; and UNICEF news, http://www.unicef.org/newsline/02pr21dprk.htm (검색일: 2002년 6월 20일).

Northeast Asia Peace and Security Network, Special Report, 2001년 6월 26일, http://norrth-korea.narod.ru/assistance.htm (검색일: 2002년 10월 18일).

"nuclear waste." http://archive.greenpeace.org/~comms/no.nukes/waste01 (검색일: 2001년 5월 1일).

"Nuclear share figures, 1995-2001." http://www.world-nuclear.org/info/nshare.html (검색일: 2001년 5월 1일).

Nuclear Threat Initiative. "China National Nuclear Corporation (CNNC)." http://www.nti.org/db/china/cnnc.htm (검색일: 2001년 5월 1일).

Paarlberg, Robert. "The Global Food Fight." *Foreign Affairs*, Vol. 79, No. 3, 2000년 5월/6월.

Parker, Geoffrey. *Western Geopolitical Thought in the Twentieth Century*(중국어 번역판). Beijing: P.L.A. Publishing House, 1992.

*People's Daily*, 1997년 1월 31일.

Pharr, Susan J., and Ming Wan. *Yen for the Earth: Japan's Pro-Active China Environment Policy,* in Michael McElroy, chris Nielsen, and Peter Lydon, eds. *Energizing china: Reconciling Environment Protection and Economic Growth*. Cambridge, MA: Harvard University Committee on the Environment distributed by Harvard University press, 1998.

Pogge, Thomas W. "Poverty - A Violation of Human Rights." http://www.columbia.edu/cu/humanrights/rn_poverty.htm (검색일: 2002년 5월 14일).

*Progress Report on the 3rd Tripartite Environmental Ministers Meeting*. Seoul:

Korean Ministry of Environment, 2001년 4월.

Quilop, Raymond Jose G. "Preventive Diplomacy and the South China Sea Dispute: Challenges and Prospects." OSS Working Paper, 2000년 5월.

"Regional Co-operative Agreement(RCA) -East Asia & Pacific Section." http://www.rca.iaea.org/regional/newFiles/about_rca.html (검색일: 2001년 5월 1일).

"Regional Consultation on Social and Human Science Issues in Asia-Pacific." organized by UNESCO, Regional Unit for Social & Human Sciences in Asia-Pacific, Bangkok, 2001년 12월 10일~12일, 개념 보고서.

*Report of the Eleventh Meeting of the APEC Fisheries Working Group*, Held, 2000년 7월 17~21일, Seattle Washington.

Reutlinger, S. "Food Security and Poverty in Developing Countries." In J. P. Grittinger, C. Lisle, and C. Hoisington, eds. *Food Policy: Integrating Supply, distribution and Consumption.* Baltimore: The Johns Hopkins University Press, 1987.

Riely, Jr., Frank Z. "Early Warning and Food Information Systems Project SUD/89/030." *Report of the Nutrition Consultant.* 1991.

Road Map Towards the Implementation of the United Nations Millennium Declaration: Report of the Secretary-General, United Nations General Assembly, A/56/326, 2001년 9월 6일.

"Rome Declaration on World Food Security and World food Summit Plan of Action.World Food Summit, Rome, 1996년 11월 13일-17일, http://www.fao.org/wfs/ (검색일: 2002년 6월 8일).

Rosen, Morris. "Managing Radioactive Waste: Issues and Misunderstandings." Paper presented at the 23rd Annual Symposium, London, 1998년 9월 28일, World Nuclear Association(the Uranium Institute), www.world-nuclear.org (검색일: 2001년 5월 1일).

Rosen, Stacey, and Shahla Shapouri. "Effects of Income Distribution on Food Security." *Agriculture Information Bulletin*, United States Department of Agriculture, Economic Research Service, Number 765-2, 2001년 4월.

Ruggie, John Gerard. "What Makes the World Hang Together? Neo-Utilitarianism and the Social Constructivist Challenge." *International Organization*, Vol. 52, No. 4, 1998년 가을.

Salih, M. A. Mohamed, ed. *Inducing Food Insecurity: Perspectives on Food Policies in Eastern and Southern Africa.* Uppsala: Scandinavian Institute of African Studies, 1994.

Samaranayake, Nilanthi. "Oil and Politics in East Asia." *Online Journal of Peace and Conflict Resolution,* Vol.1, No. 2, May 1998, http://members.aol.com/peacejnl/1-2sama.htm (검색일: 2001년 3월 5일).

Sandia International Waste Management Projects, http://www.nwmp.sandia.gov (검색일: 2001년 5월 1일).

Savae, Timothy, and Nautilus Team. "NGO Engagement with North Korea; Dilemmas and Lessons Learned." *Asian Perspective,* Vol. 26, No. 1, 2002.

Saywell, Trish, "The Seas-Fishing for Trouble," *Far Eastern Economic Review,* 1997년 3월 13일.

Schreurs, Miranda A. "The Future of Environmental Cooperation in Northeast Aisa." In Miranda A. Schreurs, and Dennis Pirages, eds. *Ecological Security in Northeast Asia.* Seoul: Yonsie University Press, 1998.

Schreurs, Miranda A. "Japan: Elite Newspaper Reporting on the Acid Rain Issue From 1972-1992." In William C. Clark, and Nancy M. Dickson, eds. *The Press and Global Environmental Change: an International Comparison of Elite Newspaper Reporting on the Acid Rain Issue From 1972-1992.* Cambridge, MA: Harvard University, John F. Kennedy School of Government, Center for Science and International Affairs, 1995.

_____. "Shifting Priorities and the Internationalization of Environmental Risk Management in Japan." In Social Learning Group William C. Clark and others, eds. *Learning in the Management of Global Environmental Risk: A Comparative History of Social Responses to Climate Change, Ozone Depletion and Acid Rain.* Cambridge, MA: MIT Press, 2001.

Schuman, Michael, and Meeyoung Song. "South Koreans Urge Caution in Peace Efforts-Despite Thaw, Many Remain Wary of North." *The Asian Wall Street Journal,* 2000년 10월 9일.

Sen, Amartya K. *Poverty and Famines: an Essay on Entitlement and Deprivation.* Oxford: Clarendon Press, 1981.

Shapiro, Judith. *Mao's War Against Nature: Politics and the Environment in Revolutionary China*. Cambridge: Cambridge University Press. 2001.

Shaw, Brian. "When are Environmental Issues Security Issues?" www.pnl.gov/ces/academic/ww_1shaw.htm (검색일: 2001년 5월 1일).

Shaw, Brian R. "When are Environmental Issues Security Issues?" Environmental Change and Security Project (ECSP) Report 2, 1996 봄, http://ecsp.si.edu/ecsplib.nsf (검색일: 2001년 1월 30일).

Sherk, George William, et al. "Water Wars in the Near Future? Reconciling Competing Claims for the World's Diminishing Freshwater Resources—The Challenge for the Millennium." *The Journal*, Vol. 3, No. 2, http:// www.dundee.ac.uk/petroleumlaw/html/articles3-2.htm (검색일: 2001년 1월 5일).

Shigeto, Tsuru. *The Political Economy of the Environment: The Case of Japan*. London: The Athlone Press, 1999.

Shim, Sahng-Gyoo. "Transboundary Air Pollution in the Northeastern Asian Region." 동아시아 환경 평화를 위한 국제회의에서 발표, Seoul and Wonju, Korea, 2000년 7월 5~7일.

Shizuo, Suzuki. *Mizu no kankyokagaku*, Tokyo: Uchida rokakuho, 1996.

Sinton, Jonathan E. "China's View of Acid Rain in Northeast Asia and Regional Cooperation Strategies for Mitigation." *Energy, Environment and Security in Northeast Asia: Defining a U.S.-Japan Partnership for Regional Comprehensive Security*. Berkeley, CA: Nautilus Institute and Center for Global Communications, 1999년 12월.

_____ . "Regional Cooperation Strategies to Mitigate Acid Rain in Northeast Asia: Promoting Energy Efficiency in China." p. 2, www.glocom.ac.jp (검색일: 2000년 2월 7일).

Sjoeblom, K., and G. Linsley. "The International Arctic Seas Assessment Project: Progress Report." *IAEA Bulletin*, 1996.

Slevin, Peter. "U.N. Scales Back Aid to North Korea." *The Washington Post*, 2002년 5월 5일, http://www.washingtonpost.com/ac2/wp-dyn/ (검색일: 2003년 4월 8일).

Smil, Vaclav. "Environmental Problems in China: Estimates of Economic Costs." *East-West Center Special Report*, No. 5, 1996년 4월.

Smith, Allan H., Elena O. Lingas, and Mahfuzar Rahman. *Contamination of drinking-water by arsenic in Bangladesh: a public health emergency,* Bulletin of the World Health Organization 2000, Vol. 78, No. 9.

Smith, Paul. "Food Security and Political Stability in the Asia-Pacific Region," *Conference Report for the Asia-Pacific Center for Security Studies,* Honolulu, 1998년 9월 11일.

Snider, Craig A. *Making Mischief in the South China Sea.* Canada: Canadian Consortium on Asia-Pacific Security, 1995.

SOFI. *The State of Food Insecurity in the World 2001.* Rome: Food and Agriculture Organization of the United Nations, 2002.

Song, Wucheng. "China's Development Strategy for Exploiting and Using Natural Gas in the 21st Century." *Natural Gas Industry,* Vol. 19, No. 4, 1999년 7월.

Speier, Richard, and Brian Chow. *Asiatom: Proposals, Alternatives and Next Stage.* Washington, D.C.: Rand, 1996.

Speth, James Gustave. "New Dimensions of Human Security." *The Human Development Report 1994.* New York: United Nations Development Programme, 1994.

Sprinz, Detlef, and Tapani Vaahtoranta. "The Interest-based explanation of international environmental policy." *International Organization,* Vol. 48, No. 1, 1994년 겨울.

Stein, Arthur A., and Steven E. Lobell. "Geostructuralism and International Politics: The End of the Cold War and the Regionalization of International Security." In David A. Lake, and Patrick M. Morgan, eds. *Regional Orders: Building Security in a New World.* University Park, PA: Pennsylvania State University Press, 1997.

Streets, David. "Energy and Acid Rain Projections for Northeast Asia." *Paper for 2nd Energy, Environment and Security in Northeast Asia Workshop, Energy, Environment and Security in Northeast Asia: Defining a U.S.-Japan Partnership for Regional Comprehensive Security.* Berkeley, CA: Nautilus Institute and Center for Global Communication, 1999년 12월.

Suhrke, Astri. "Pressure Points: Environmental Degradation, Migration and Conflict." *American Academy of Arts and Sciences,* Occasional Paper, No. 3,

1993년 3월.

Suliman, Mohamed. *Civil War in Sudan: The Impact of Ecological Degradation,* Occasional Paper No. 4, Zurich: Environment and Conflict Project, 1992.

Tai, John. "Religious Freedom in North Korea." paper presented at the Third International Conference on North Korean Human Rights & Refugees, Tokyo, Japan, 2002.

Takahashi, Wakana. "Formation of an East Asian Regime for Acid Rain Control: The Perspective of Comparative Regionalism." *International Review for Environmental Strategies,* Vol. 1, No. 1, 2000.

Taro, Nakayama. "On Energy Cooperation in Northeast Asia." A speech made at the Forum on Japan-China Relations and a New Order in the Asia-Pacific in the 21st Century, 1999년 11월.

Tatsujiro, Suzuki. "Lessons from EURATOM for Possible Regional Nuclear Cooperation in the Asia-Pacific Region (ASIATOM)." In Ralph Cossa, ed. *Asia Pacific Multilateral Nuclear Safety and Non-Proliferation: Exploring the Possibilities,* Conference proceedings by Council for Security Cooperation in the Asia Pacific, 1996, http://www.cmc.sandia.gov/CSCAP/newdocs/ Title_pg.htm (검색일: 2001년 5월 1일).

TED Case Studies Number: 411, Case Mnemonic: JAPANOIL, Case Name: Japan Oil Spill, http://www.american.edu/ted/japanoil.htm (검색일: 2001년 3월 17일).

Terriff, Terry, Stuart Croft, Lucy James, and Patrick M. Morgan. *Security Studies Today.* Cambridge: Polity Press, 1999.

The Database of Radwaste Information. "Programmes and Institutions in Japan." http://cobweb.businesscollaborator.com (검색일: 2001년 5월 1일).

"The Nuclear Fuel Cycle." http://www.world-nuclear.org/education/nfc.htm(검색일: 2001년 5월 1일).

Thornton, Judith. "Energy Development in the Russian Far East." In Tsuneo Akaha, ed. *US-Japan Cooperation in the Sustainable Development of the Russian Far East,* Conference Proceeding, Monterey, California, April 14-15, 2000. Monterey: Center for East Asian Studies, Monterey Institute of International Studies, 2000년 9월 20일.

Tian, Chunrong. "An Analysis of China's Oil Import and Export in 1999."

*International Petroleum Economics*, Vol. 8, No 3, 2000년 3월.

Timmer, Peter. *Food Security Strategies: The Asian Experience, FAO Agricultural Policy and Economic Development Series 3*. Rome: Food and Agriculture Organization of the United Nations, 1997.

Tuo, Cai, et al. *The Global Issues in the Current World*. Tianjin: Tianjin People's Publishing House, 1994.

Ullman, Richard H. "Redefining Security." *International Security*, Vol. 8, No. 1, 1983 봄.

UN Office of the Coordination of Humanitarian Affairs. "landslides threatens radioactive waste dumps." 2002년 5월 14일 http://www.irinnews.org /report (검색일: 2001년 5월 1일).

"UN Food Aid to North Korea to Be Cut." April 30, 2002, http://asia.news. yahoo.com/020501/ap/d7j7n2gg0.html (검색일: 2003년 4월 5일).

"UN warns of deteriorating situation in the Democratic People's Republic of Korea." http://www.unicef.org/newsline/02pr21dprk.htm; Press Center (검색일: 2003년 4월 5일).

UNDP project final report (ROK/02/003). "Lower Tumen River Area Transboundary Biosphere Reserve Proposal" (2004년 6월).

UNDP project final report (ROK/02/004). "Establishment of the Tumen River Water Resources Use and Management Plan" (2004년 3월).

UNEP. *Regional Seas: Action Plan for the Protection, Management and Development of the Marine and Coastal Environment of the Nothwest Pacific Region*, NOWPAP Publication No. 1, 1997.

*United Daily News*, Taiwan, 1997년 1월 14일, 2월 23일, 4월 14일.

United Nations. *World Population Prospects 1990*. New York: United Nations, 1991.

United Nations Development Programme(UNDP). *UNDP Poverty Report 1998: Overcoming Human Poverty*. New York: Oxford University Press, 1998.

_____. *Human Development Report*. New York: Oxford University Press, 2001.

"United Nations Consolidated Inter-Agency Appeal for Democratic People's Republic of Korea, January-December 1999." *Office for the Coordination of Humanitarian Affairs*. New York: United Nations, 1998.

Uranium Institute, World Nuclear Association. "Worldwide Advances in Radioactive Waste Management, January 1998 to June 1999." www.world-nuclear.org (검색일: 2001년 5월 1일).

U.S. Committee for Refugees. *North Korea Country Report*, 2001년.

U.S. Committee for Refugees(USCR) Country Report: North Korea 2002, http://www.refugees.org/world/countryrpt/easia_pacific/north_korea.htm (검색일: 2003년 3월 5일).

_____. *World Refugee Survey*. Washington D.C: USCR. 2001.

United States Department of Agriculture(USDA). "The U.S. Contribution to World Food Security." The U.S. Position Paper Prepared for the World Food Summit. Washington D.C.: United States Department of Agriculture, July 3, 1996.

Valencia, Mark J. "Northeast Asian Marine Environmental Quality and Living Resources: Transnational Issues for Sustainable Development." 1995, p. 6, ftp://ftp.nautilus.org/aprenet/Library/Papers/marinenv (검색일: 2001년 2월 1일).

Vayrynen, Raimo. "Environmental Security in a Conflict Zone: the Case of the Korean Peninsula." In Peace Studies in the Post-Cold War Era, The Final Report of the International Symposium at Korea Press Center, Seoul (1998년 11월 20일~21일).

Walt, Stephen. *The Origins of Alliances*. Ithaca: Cornell University Press, 1987.

Wang, Chenggang. "China's Environment in the Balance." *The World & I*, 1999년 10월.

Wang, Weixing. "Taiwan Secretly Developing Nuclear Weapons." (first part), *Global Times*, 2000년 9월 22일.

_____. "Taiwan Secretly Developing Nuclear Weapons." (second part), *Global Times*, 2000년 9월 29일.

Wendt, Alexander. "Constructing International Politics." *International Security*, Vol. 20, No. 1, 1995년 여름.

Western, Jon. "Source of humanitarian Intervention." *International Security*, Vol. 26, No. 4, 2002년 봄.

WFP. "Food Security: Overview." Country Brief Korea(DPR), http://www.wfp.org/country_brief/indexcountry.asp?country=408 (검색일: 2002년 7월 29일).

_____. "Democratic People's Republic of Korea." Projected 2002 Needs for WFP

Projects and Operations, http://www.wfp.org.appeals/bluebook/by_countries/DPR.pdf (검색일: 2002년 7월 29일).

Wirth, David. "Climate Chaos." *Foreign Policy*, 74, 1989년 봄.

Wolfson, Richard. *Nuclear Choices: A Citizen's Guide to Nuclear Technology*, Boston: MIT Press, 1991.

Working Group I. *Summary For Policymakers for information on other important changes observed over the last 100 years.*

World Bank. *World Development Report 1998*, http://www.worldbank.org/poverty/wdrpoverty/report/ (검색일: 2002년 7월 15일).

World Resources Institute (WRI). *World Resources 1994-1995*. Washington, D.C.: World Resources Institute, 1994.

Wright, Logan. "ASIATOM: Promises and Pitfalls of an Asian Nuclear Cooperation Regime." 1998, http://www.georgetown.edu/sfs/programs/stia/students/vol.02/wrightl.htm (검색일: 2001년 5월 1일).

www.Sina.com.cn (검색일: 2000년 10월 9일).

Yasuro, Kadono, and Yuma Masahide. *Ekoroji gaido: Uettorando no shizen*. Osaka: Hoikusha, 1995.

Yergin, Daniel, Dennis Eklof, and Jefferson Edward. "Fueling Asia's Recovery." *Foreign Affairs*, Vol. 77, No. 2, 1998년 3월 14일.

Ying, Zhao. *A New National Security Concept-Confrontation and Choices Other than War*. Kunming: Yunnan People's Publishing House, 1992.

_____. *Risks in China's Economy-National Economic Security*. Kunming: Yunnan People's Publishing House, 1994.

_____. eds. *Going beyond Crisis-Supervising over and Warning against National Economic Security*. Fuzhou: Fujian People's Publishing House, 1999.

Yohei, Kada, *Nosei no tenkan*. Tokyo: Yuhikaku, 1996.

Yoichi, Ichikawa, and Shin-ichi Fujita. "An Analysis of Wet Deposition of Sulfate using a Trajectory Model for East Asia." *Water, Air, and Soil Pollution*, Vol. 85, 1995.

Yoon, Esook and Hong Pyo Lee. "Environmental Cooperation in Northeast Asia: Issues and Prospects." In Miranda A. Schreurs and Dennis Pirages, ed. *Ecological Security in Northeast Asia*. Seoul: Yonsei University Press, 1998.

Yoon, Yeo-Sang. "On the Situation of North Korean Defectors in China." A field survey report conducted in China, 1998년 7월.

Young, Oran, ed. *The effectiveness of International Environmental Regimes.* Cambridge, MA: MIT Press, 1999.

Yugo, Ono. *Kawa to tsukiau: Shizen kankyo tono tsukiaikata 3.* Tokyo: Iwanami shoten, 1997.

Zarsky, Lyuba. "Energy and the environment in Asia-Pacific: Regional cooperation and market governance." In Pamela Chasek, ed. *The Global Environment in the Twenty First Century.* Tokyo: United Nations University Press, 2000.

색인

### 현인택

현 | 고려대학교 정치외교학과 교수, 일민국제관계연구원 원장,
　아태안보협력위원회 한국위원회(CSCAP-Korea) 공동의장

　　고려대학교 정치외교학과 졸업
　　미국 캘리포니아 주립대학교(UCLA) 정치학 박사
　　미국 평화연구소(USIP) 초빙교수 역임


### 김성한

현 | 외교안보연구원 교수, 미국정치연구회 회장, 국방부 · NSC 자문위원

　　고려대학교 영문학과 졸업
　　미국 텍사스대학교 정치학 박사


### 이 근

현 | 서울대학교 국제대학원 교수, 미래전략연구원 원장,
　Journal of International and Area Studies 편집자

　　서울대학교 졸업
　　미국 위스콘신대학교(Wisconsin-Madison) 정치학 박사